国家"十二五"重点图书

世界主要政党规章制度文献

丛书主编：俞可平
执行主编：陈家刚

印 度

主编：张文镝 吕增奎

中央编译局文库出版工作领导小组（编委会）

组　　长：贾高建
副 组 长：魏海生　陈和平　柴方国　季正聚
成　　员：崔友平　沈红文　杨雪冬　冯　雷　陈家刚
　　　　　赖海榕　郄卫东　张文成　葛海彦

中央编译局文库出版工作领导小组办公室

主　　任：薛晓源
成　　员：徐向梅　苗永姝

中央编译出版社文库编辑中心编辑小组

葛海彦　董　巍　贾宇琰　曲建文　苗永姝
杜永明　盛菊艳　李媛媛　薛迎春　董　妍

总　序

　　近代的政党,是基于一定的阶级或阶层之上,为了夺取和巩固国家的政治权力,从而维护特定利益的政治组织。与其他政治组织相比,政党最明显的特征,就是它有着明确的政治目标,即夺取政权和维护政权。除了执掌国家政权这一基本职能外,政党也是现代社会中最重要的利益表达和利益综合机构,是连接政府与民众的政治桥梁。政党还是国家政治生活的最重要组织者,是公民参与国家政治生活的重要平台,它履行着政治动员、公共参与和政治教育等重要的政治职能。因此,从权力的角度看,在所有政治组织中,政党是最重要的政治组织,它对近代国家的政治生活有着极为重要的影响。实际上,近代政治就是政党政治。国家权力主要由政党掌握,并且通过政党运行。

　　由于政党在国家公共政治生活中起着如此关键性的决定作用,规范政党组织本身及其成员的行为和活动,就变得极其重要。从国家的角度看,宪法及相应的专门法律,通常要对政党参与国家政权的方式、途径、范围等作出原则性规定,从而形成了不同的政党制度,如多党制、两党制、一党制、一党主导或一党独大制、多党合作制等。从政党自身的角度看,每个政党都必须有一整套政治纲领和规章制度,明确宣示政党的性质、使命、目标、任务和政策倡议,详细规定党员的资格、条件、义务、责任、权利,以及党的组织形式、选举制度、领导机制、决策程序和纪律约束等。广义上说,政党制度既包括政党的外部制度,也包括政党的内部制度,它们一起构成国家政治制度的重要组成部分。

如果说主权国家是国际政治舞台的主角，那么政党便是国内政治舞台的主角。除了少数小国之外，世界上绝大多数国家的政权实际上都掌握在执政党手中。一个个政党的产生、发展、壮大、掌权、下台、消亡，以及各个政党之间的竞争、合作、争斗、兼并、分化、组合，构成了现实政治生活一幅五彩斑斓的图景。要真正了解当代世界，就要了解世界各国的政治图景，那就不能不了解主演这些政治图景的各个政党。世界的丰富多彩，不仅体现在文化传统、生活方式和乡土风情上，也体现在社会结构、发展模式和政治体制上。进而言之，要真正了解一个国家，就要了解这个国家的政治体制；而要了解一个国家的政治体制，就不能不了解这个国家的政党制度。

中国共产党是按照马列主义原则建立起来的一个革命政党，在夺取国家政权后，特别是在改革开放后，它逐渐从一个革命党转变为执政党。党的根本宗旨没有改变，但党的群众基础、指导思想、组织结构、领导机制和执政方式等，都发生了重大的变化。坚持人民主体地位，发展人民民主已经成为中共执政的基本政治目标；民主、自由、平等、公正、法治、和谐，已经成为中共追求的核心政治价值；民主执政、依法执政和科学执政，已经成为中共的基本执政方式；建设中国特色的社会主义法治国家，推进国家治理现代化，已经成为中共全面深化改革的总目标。所有这些都表明，中国共产党自身正处于现代化的转型之中，实现治理的现代化，不仅是党执政治国的目标，也是党自身建设的目标。政党治理的现代化，是世界各国主要政党共同面临的时代课题。一些政党在推进治理现代化方面，取得了成功的经验，得以继续在本国的政坛叱咤风云；而另一些政党则付出了惨重的代价，直至失去了政权。学习和借鉴国外政党的成功经验，汲取它们的失败教训，对于中国共产党实现治理现代化，有着重要的现实意义。

1998年，我曾经主编过当时国内唯一的《当代各国政治体制》丛书，总共有16册之多，内容包括了世界各主要国家。那套丛书比较客观地介绍了各国主要政治体制，为读者全面了解当代世界的各种政治制度提供了翔

总 序

实的资料,从而广受好评。此后,我一直想编纂一套介绍世界各主要政党制度的丛书,可惜终未如愿。巧的是,前几年中央为了加强党内法规建设,需要了解和借鉴国外政党的经验做法,有关部门便委托我局编译国外主要政党的规章制度。我认为,这些党内规章制度,虽不能在整体上等同于政党制度,但却在很大程度上体现了党的组织制度、领导制度、决策制度和纪检制度,因而,编译这些国外政党的法规制度,不仅对于我们加强党内法规建设有其借鉴意义,而且将这些材料正式汇编出版,也可以在一定程度上起到帮助读者了解世界各国政党制度,从而更全面地了解世界各国政治制度的作用。

《世界主要政党规章制度文献》丛书,总共有20卷,收录了当今世界绝大多数重要政党的代表性规章制度。在收集、编选和翻译这套丛书的过程中,我们得到了社会各界的大力支持。例如,一些从事世界政党研究的专家学者提出了很好的编纂建议,一些驻外使领馆人员为我们提供了所在国主要政党的最新材料,一些译者放弃休息时间,努力按照要求完成翻译任务;国家出版基金给予了专项出版资助。在此,我代表编者向所有为本丛书出版作出过贡献的朋友们表示衷心的感谢。参与本丛书的许多译者,是年轻的博士后和博士生,他们积极性高,责任心强,但尚缺乏足够的翻译经验,错讹之处还望读者谅解并不吝批评。

俞可平
2015年1月13日于方圆阁

目 录

导 言 …………………………………………………………… 1

第一部分　宪法、全国性涉党法律 …………………………… 1
印度共和国宪法 …………………………………………… 3
印度人民代表法（摘编）………………………………… 312

第二部分　主要政党内部规章制度 …………………………… 383
印度国民大会党章程 ……………………………………… 385
印度共产党（马克思主义）章程及章程所附规定 ……… 428
印度共产党（马克思主义）纲领 ………………………… 449
印度共产党章程 …………………………………………… 483
印度共产党纲领 …………………………………………… 511
印度人民党章程和条例 …………………………………… 533
印度大众社会党章程 ……………………………………… 550
印度共产党（马克思主义）关于整风运动 ……………… 558

导　言

印度政治制度及其发展一直引人关注，更为一些人所推崇。印度被普遍认为是非西方世界中少数几个政治稳定的民主国家，也被誉为新兴国家中最完善的宪政民主体制范例之一，有所谓"世界上最大的民主国家"之称。"多年来，政治学家认定民主制度难以在穷国长期存在。印度成功打破了这个规律。尽管有四分之一人口生活在贫困线以下，但自1947年独立以来，该国几乎一直是个正常运转的民主国家。"① 美国人竭力将印度作为向发展中国家展示西方议会民主制度的"橱窗"。在美著名学者亨廷顿眼中，印度政治制度化起点高、程度深。他指出，"就政治制度化而言，印度却远非落后的国家。印度的政治制度化程度，不仅确实比亚洲、非洲、拉丁美洲国家高，就是和某些现代欧洲国家相比也不逊色。印度高度发达的政治体制具有强大的和分工明确的制度来履行政治的输入和输出职能。"当然，也有不少人对印度的政治制度提出了质疑和批评。如法国学者利昂内尔·韦龙就指出，人们常常把印度当作民主的榜样，认为该国实行了民主体制，其实不然。"只要投票就算民主国家的想法是不对的。印度根本没有中央政府，政府的决策无法在全国生效。"② A. 马达范认为，他此前对印度的民主力量所抱有的信心是"过高的评价"。他说："尽管印度的公民社会正伴随着真正的志向而展翅高飞，但这个国家的运转是极度失常

---

① ［英］吉德翁·拉赫曼：《印度民主的丑恶一面》，载英国《金融时报》2009年5月19日。

② 法国《欧洲时报》，2012年11月3日。

的。"① 多米尼克·莫伊西甚至发出了"印度的民主是不是来得太早"的疑问。因为那时的国家太弱，法制也太脆弱。② 但不管怎么说，作为一种移植过来的、外来的政治制度，经过独立后60多年的不断本土化、不断完善与发展，在错综复杂的社会结构背景下，印度的政治制度保障了社会的基本稳定和有序运转，推动了印度社会的发展。这一点已成印度民众的共识。本课题通过以下逻辑展开：先简单介绍一下印度的政治体制，再重点论述印度政治发展中独具特色的政党制度及其特点，继而介绍分析印度几个主要政党党内法规建设状况，并从中获得一些有益启示和可借鉴成分。

一、印度现行的政治体制

印度的政治体制基本上沿袭了英国式的议会民主制，打上了英国殖民统治的鲜明印记。印度前总理尼赫鲁（B. K. Nethru）曾指出，印度的政治系统是印度的建国之父们以英国多数主义的威斯敏斯特模式为蓝本而创立的，"在印度人心目中，不列颠政体是最优的政体这似乎是毫无疑问的"③。更有印度学者直言不讳地说："印度宪法的作者几乎原封不动地接受了英国的议会制度，而独立运动期间提出的种种选择均已被放弃。"④印度政治制度受西方式的宪政民主道路的影响，在独立后于1950年1月26日颁布生效的《宪法》中得到了充分体现。该《宪法》以英国统治时制定的《1935年印度政府法》为基础架构，同时吸收了其他国家宪法中的一些思想，如从英国政治体制吸收了内阁制的特点，从美国宪法中吸取了基本人权之设计、联邦政府的组织构架、司法体系，以及最高法院的司法审查，法国宪法中的自由、平等、博爱精神，从德国宪法中引入了魏玛宪法中有

---

① A. 马达范：《中国还是印度？两边都下注吧》，载《印度教徒报》网站。
② 多米尼克·莫伊西：《严重分化的印度》，载法国《回声报》。
③ Arend Lijphart, "The Puzzle of Indian Democracy: A Consociational Interpretation", *The American Political Science Review*, Vol. 90, No. 2 (Jun, 1996), p.259.
④ 霍斯特·哈特曼：《印度的政党》，密特拉，1982. *Economic and Political Weekly*, March, 2000.

关紧急状态的法律设计。①

印度国体实际上是联邦共和制。如《宪法》序言部分开宗明义指出，将印度建成一个主权的、社会的、世俗的民主共和国，并确保一切公民在社会、经济与政治方面享有公正，思想、表达、信念信仰与崇拜的自由，在地位与机会方面的平等。《宪法》第1条第1款明确规定，印度为联邦制。联邦制由联邦中央和地方各邦两级权力机构组成。联邦最高立法机构是联邦议会，分联邦院（上院）和人民院（下院）两院，最高行政机构是以总理为首的内阁，最高司法机构是最高法院。立法、行政、司法三权分立，相互制衡。

（一）行政部门

印度的行政部门由总统、内阁以及内阁总理组成。

1. **总统**。总统是联邦共和国的国家元首，可以行使各种权力，如任命官员、统帅军队、颁布紧急命令、大赦特赦、宣布召开及休会国会、签署法案使成法律等权力。如，印度《宪法》第53条第1款规定，联邦行政权授予总统，由总统直接或者通过其属下官员根据本宪法行使；第2款规定，联邦国防军之最高统帅权属于总统。总统由议会两院中之当选议员和各邦立法会议议员中之当选议员组成的选举团选举产生。任期为5年，可连选连任。《宪法》第55条第3款规定，总统之选举，应依照比例代表制，单记名可转让投票法举行之；此项选举之投票，应为秘密投票。总统当选必须取得过半数，如未过半数需要进行多轮选举，直到过半数为止。当选总统不得担任议会两院或各邦议会之议员；如议会两院或各邦议会的议员被选为总统，应认为该议员占据之议席自其就任总统之日起出缺。

另外，印度宪法规定，印度联邦设副总统一人。由选举产生，副总统为联邦院当然议长。

---

① 石忠山：《当代印度宪政体制》，载《台湾国际研究季刊》2006年第2卷第4期。

2. 内阁。印度联邦的最高行政机构是以总理为首的内阁。内阁以总理为首，协助总理并向其提出建议；总统在行使其职权时根据内阁的建议行事。但总统可要求（一般性要求或特定性要求）内阁重新考虑其建议，然后根据重新考虑后的建议行使其职权。内阁由人民院选举中获法定多数席位的政党组成，不足法定多数的政党可联合其他政党共同组成。内阁由总理、各部部长、国务部长和副部长组成。部长由总统根据总理建议任命，部长任职时间视总统意向而定。内阁对人民院负责，政府决策机构是内阁。

3. 总理。在印度的政治体制中，总理扮演着十分重要的角色，是国家行政权力的实际掌控者。总理既是政府首脑，也是内阁领导人。由总统任命人民院多数党议会党团领袖担任，任期5年，可连任，没有限制。总理必须是现任国会议员或在被任命后6个月内当选国会议员。按照《宪法》，总理主要职责有：向总统通报情况，将内阁有关联邦事务管理与立法建议的一切决定通报总统；向总统提供有关联邦事务管理与立法建议；对于已由一部长做出决定而未经内阁讨论之任何事项，经总统提出要求后，提交内阁讨论，等。

（二）立法部门

印度联邦的最高立法机构是联邦议会。联邦议会由总统及两院组成，两院分别是联邦院和人民院。

1. 联邦院。在印度，联邦院代表各邦，有250位左右议员。其中，由总统按有关规定指定12名议员，各邦与各中央直辖区的代表不超过238名。各邦在联邦院的代表，应由各邦立法院的当选议员，按比例代表制，以单记名可转让投票法选举产生。任期为6年，每两年改选议员的三分之一，联邦院主席由副总统担任，总统不能解散联邦院。

2. 人民院。人民院有不超过550名议员组成，由各邦选民直接选举产生。采用"单一选区、先驱得点"（single member district, first past the post）选制。印度《宪法》规定，各邦在人民院议席数目的分配应使各邦议席数与人口数之比例在可行情况下尽量保持一致。各邦应划分为若干选区，一邦之内各选区人口数与分配给该选区的议席数额之比例在可行情况下应尽量保持一致。代表中央直辖区的议员按议会法律规定的程序产生，总数不得超过20名。人民院的任期为5年，届满即自动解散。但遇紧急状态可延长1年。总统可以提前解散人民院。如被解散则有可能提前进行选举。除共享联邦院权利外，人民院还有对政府发动不信任案、提出国家税收及支出法案等权利。

关于联邦院和人民院之间的关系，印度宪法对此没有作出明确说明，但从相关宪法条文的安排中，可看出人民院相对于联邦院地位要优越一些。这主要体现在：**一是**从立法权角度看，根据立法程序的相关规定，两院对于一般性法案具有平等的审议权，只有当法案获得两院同意，才可送交总统签署成为正式法律，在此之前，两院对同一法案若有不同见解，总统可召开联席会议化解双方分歧，此时如该法案获得全体在场联席会议成员，以简单多数同意即算通过，这对人数上占多数的人民院来说，显然是有利的设计。**二是**从财政立法角度看，人民院几乎独享该项权限，尽管人民院所通过的财政法案，必须送交邦议会继续审查，但无论联邦院是否同意，一旦人民院通过任何财政法案，该法案即形同定案，联邦院在此至多只能拖延法案的通过，无法改变人民院原先的决议，除非人民院多数成员愿意接受由邦议会所提出的相关修正意见。**三是**印度宪法规定，内阁集体对人民院而非联邦院负责，这尤其表现在不信任投票的结果影响上，如果不信任案是由人民院所提出和通过，则相关当事人必须辞职，这种情况如果发生在联邦院，则会有不同结果，邦议会虽亦有权对特定部会首长提出不信任案，但即使不信任案获得通过，相关当事人可以不必辞职，因为行政部门成员只对直接民选之人民院负责。[①]

（三）司法部门

印度有独立的司法体系，基于其联邦国家体制，印度在制宪过程中，设计出一套具联邦色彩的司法体系，其特点是由最高法院构成该体系的最

[①] 石忠山：《当代印度宪政体制》，载《台湾国际研究季刊》2006年第2卷第4期。

高单位，负责诠释联邦宪法和一般制定法。印度联邦的最高司法机构是最高法院。最高法院由 1 名首席大法官和 7 名其他法官组成，但议会可以通过法律增加法官数量。最高法院的所有法官，由总统在同总统认为有必要征询其意见的最高法院法官及邦高等法院法官磋商后任命。首席大法官以外的其他法官的任命，必须征询印度首席大法官的意见。最高法院法官不得免职，除非两院于同一会期中以该法官行为失检或不胜任为由向总统同时提出咨文由总统下令免除其职务，上述咨文须由各院分别以全体议员的过半数及出席投票议员的三分之二多数通过方可提出。最高法院执行联邦议会法律，管辖全联邦事务，其判决或法令对全印度有效，是最高上诉法院。

与中央联邦相对应，各邦设立法院、首席部长为首的邦内阁和高等法院，分别实施立法、行政和司法权力。但印度的联邦制具有强烈的中央化倾向，对各邦政府有很大的控制权。

二、印度政党发展情况和特点

在印度政治发展进程中，其政党制度的发展可谓别具一格、颇有特色。

（一）印度政党之多令人惊叹

印度政党林立，是世界上政党最多的国家。有关材料表明，1952 年印度独立后的第一次大选时，就有 192 个政党。1957 年第 2 届大选、1962 年第 3 届大选和 1967 年第 4 届大选时政党总数约 200 个左右。1971 年第 5 届大选和 1977 年第 6 届大选时全国政党总数超过 200 个。1999 年第 13 届大选时政党为 550 个。2004 年第 14 届大选时，政党数高达 750 多个。[1] 到 2009 年第 15 届大选时，有资格参加印度人民院选举的选民达到创纪录的 7.14 亿，543 个议席有 4000 多名候选人竞争，分别来自印度 50 多个政党。

---

[1] 陈金英：《两大党制：印度多党制分析》，载《国际论坛》2008 年第 1 期。

选民之多、参选人之多令人咂舌，对于印度政府和印度选举委员会来说，要保证如此规模庞大的选举公平、顺利地进行，实属不容易。

  印度政党不仅数量众多，而且构成十分复杂。按印度中央选举委员会制定的标准划分，可分为全国性政党、地方性政党。根据印度选举法的有关规定，在4个州以上被认定的政党为全国性政党；在各州得到某些数量的选票或席位的政党可被认定为州政党，至于选票和席位数量各州规定不同；被认定为州政党者得保有选举符号的权利。许多政党虽有登记但尚未被认定为州政党；有些自称为政党但未登记。如选举委员会2005年10月所发布的统计数字显示，印度有730个已登记但未获该委员会所承认的政党，有30多个组织没有向官方登记而自称为政党。[①] 有学者指出，印度中央选举委员会关于全国性政党和地方性政党的划分标准并不是固定不变的。中央选举委员会在不同时期对全国性政党和地方性政党会提出不同的标准。如1952年大选后，选举委员会规定，凡是上届大选中获得3%以上有效选票的可被认定为全国性政党；凡在邦议会选举中获得3%以上有效选票的可被承认为邦政党。而1961年，将全国性政党和邦政党获票标准提至4%。1968年，又对标准作了变更。一个政党必须连续5年参加政治活动并获得人民院议席的二十分之一或者邦议会议席的三十分之一才能被当作全国性政党或邦政党。1996年全国性政党的标准则是，在上一届邦议会选举中至少获得4%的选票或在人民院获得4%的议席，或者至少在4个邦议会选举中获得3%以上的议席或4%的选票。[②] 当然，还可以从其他角度对印度政党的性质进行划分。如按意识形态分，可分为民族主义政党、共产主义政党、社会民主主义政党、教派主义政党、人权主义政党等。按阶级属性分，可分为工人和农民政党、低种姓政党、贱民政党。按政治地位分，可分为执政党、在野党、反对党。按政治倾向分，可分为左翼激进型

[①] 李宪荣：《印度的政治参与和国会选举》，载《台湾国际研究季刊》2006年第2卷第4期。

[②] 陈金英：《印度地方政党及其政治分析》，载《南亚研究季刊》2007年第3期。

政党、中间自由型政党、右翼保守型政党。就发展趋势来说，印度全国性政党的数量呈下降之势，相反，地方性政党的数量却不断增长。比如，1951年登记的地方性政党仅有39个，到2004年已增加到224个。目前，印度有影响的全国性政党主要有印度国民大会党（INC）（通常称为国大党）、印度人民党（BJP）、大众社会党（BSP）、印度共产党（CPI）、印度共产党（马）（CPI［M］）和民族主义者大会党（NCP）等。而长期以来主宰印度政治和左右政局发展的核心力量是则国大党。从规模上讲，各政党相差巨大。印度的主要政党特别是全国性政党，一般都组织严密、规模庞大。如印度国大党拥有3000万初级党员，积极党员150万。印度人民党自称有350万党员。印度共产党（马）和印度共产党分别拥有80万和70万党员。而大量的地方政党组织松散、规模较小。不少所谓的"精英党"或"骨干党"，只能在议会中活动，有些"个人党"仅有一、两个领袖和少数追随者，绝大部分地方性小党是为了参加竞选而新成立的，影响力极为有限。有的政党甚至只有"一张桌子、一把椅子、一部电话，但没有一个人"，这些政党收到钱后竟直接投资股市、珠宝等行业，一旦受到调查后就改名字。所以，印度每周平均有3个新政党登记。①

（二）印度政党众多的原因

印度政党如此众多，有其深刻、复杂的社会历史背景。

一是印度的社会状况为政党的发展提供了土壤。印度是一个高度多元的社会。印度的社会结构以多元尚难以形容，而是多层和错综复杂的多元，也就是说印度有多元语言文化、多元宗教、多元族群、多元种姓、多元种族。以语言为例，据统计，印度有18种主要语言和844种地方语言。而在1961年人口普查中，印度有1652种语言被登记为母语。官方规定的在印度各邦使用的语言也有16种之多，就是印度各邦的行政划定也主要是以语言为基础，这种情况为世所罕见。有学者认为，印度社会多元的程度

---

① 《金钱主导选举政治　武装袭击不断上演　"世界最大民主选举"面临组织难题》，载《参考消息》，2009年4月23日。

远远超过美国。根据世界政治与社会指示手册的调查数据，印度只有11%的机率能随机选择两个人发现他们来自相似的族群。而在美国这个数字是50%。① 在印度，种族、宗教、语言和利益的多元将社会分为不同多样的小团体，每个团体都有自己的政治主张和利益诉求，从而形成为数众多的党派。还有，印度政府和政治干预印度人民的日常生活既深且广，绝大多数印度人民的生计依赖政府。绝大多数的中产阶级在州或下级政府就职，他们的购房、升迁等都要政府的批准。农民生产等也都要向政府申请，农产品的销售等都要政府的许可。新闻自由、政府广告、广播节目等都要政府的批准。由于印度政府是人民生活的提供者也是规范者，人民也就不得不积极地参与政府事务和政治。印度人相信，在好的政府下，人民透过好的关系可自求多福，提高与生俱来的种姓地位。因此政治行动是他们追求经济福祉和社会地位必要的手段。低阶层的人要追求政治力量以改善他们的社会地位，高阶层的人为了保护自己既有的地位和利益，必须使用政治影响力来阻碍土地改革，取得良好的教育机会和政府的工作。政治参与最广泛的方式是直接和地方官员、各级民意代表，和政党的领导人接触。② 因此，印度民众参与政治的程度很高，这可以从选举投票率中略见一斑。有关统计数据表明，1951年印度第一次大选时，实际投票率就达44.87%。到2004年第14届大选时，投票率高达58.07%。许多人为了自身的利益关心政治，直接参与或依附某个政党，这客观上也导致了政党的众多。

二是相关法律规定导致印度政党的数量众多。印度宪法第19条第1款明确规定，一切公民均有和平而无武装之集合和结社或建立工会的权利。宪法还确认了政党自由竞争的原则。这就为印度政党的成立和发展提供了法律上的支持。而选举规则的修改特别是反背叛法使政党数量急速增长。按照卡萨巴·尼可雷伊的分析，印度选举委员会在1953年选举之后发展了

---

① 陈金英：《印度地方政党及其政治影响》，载《南亚研究季刊》2007年第3期。
② 李宪荣：《印度的政治参与和国会选举》，载《台湾国际研究季刊》2006年第2卷第4期。

一套新规则,直接导致参加 1957 年选举政党的数目的增多。1968 年选举规则的修改,规定协会成为政党的强制注册导致了 1971 年选举的参选政党实际数目双倍增长。宪法修正案第 52 条的通过,即反叛离法,更导致了政党的膨胀。该法实际上鼓励了想要成为代表的人,在选举之前去组建规模更小又思想高度集中的政党。组建意识形态更团结的政党的动机具有重要意义,因为这些政党,通过界定,相对于意识形态涣散的政党来说,减少了独立代表和政党领袖之间的冲突范围。同时,组建更小的在议会中拥有更少代表的政党的动机,在法案的三分之一原则之下具有数字上的意义:预备会议越小,组织避免涉及的递补选举处罚的集体叛离越容易。反叛离法在新政党形成的数目上确实有爆炸性的效果。对比宪法修正案通过的上一次选举,新政党总数目从 33 个增加到 113 个,超过了 3 倍。[①]

(三) 印度政党发展的特点

复杂的社会结构、根深蒂固的文化传统以及经济社会发展状况造就了印度独特的政党制度。尽管印度政党众多,大小各异,有不同的群众基础和支持者,有不同的纲领和要实现的目标,但在发展过程中也有一些带有共性和规律性、趋向性的现象,呈现以下特点。

1. 一党执政风光不再

印度独立后,国大党因在国家独立中发挥的作用,无可争辩地成为执政党。凭借健全的组织、坚实的群众基础、崇高的威望等因素,国大党独霸政坛 20 多年,不仅在人民院中保持稳定的多数,在全国所有邦议会中也处于多数党的地位,几乎垄断了从中央到地方的政治权力,形成了"一党独大制"。这一点可以从独立后最初几次大选的结果中得到充分体现。在 1952 年大选中,国大党获得人民院的 364 个席位,占总席位的 74.5%。在邦立法院选举中,国大党获得 2248 个席位,占总席位的 68.4%。在 1957 年大选中,国大党获得人民院 371 个席位,占总席位的 75.1%。在邦立法

---

① Csaba Nikolenyi:《印度政党认可规则、标签和数目》,http://ppq.sagepub.com/content/14/2/211。

院选举中，获得2012个席位，占总席位的64.9%。在1962年大选中，国大党获得人民院席位361个，占总席位的73.1%；得到邦席位1984个，占总席位的60.2%。然而，这种情况从1967年人民院第四届选举出现了变化。在这次大选中，国大党只获得人民院的54.6%的席位，仅以微弱优势保持了在中央政府的执政地位。在各邦只获得席位总数的48.6%，在占全国人口三分之二的半数邦败于反对党或反对党联盟。从1967年到1989年这20多年里，国大党的执政地位遇到了来自各方面的挑战，独自执政的局面在艰难中维持，开始走下坡路。期间，还曾经历过党的分裂和政权的丧失。如在1977年大选中，人民党取得了胜利，国大党沦为在野党。1989年，印度政党发展发生了重大转折，在这一年举行的第9次人民院选举中，国大党获得525个竞选席位中的193席。全国阵线则获得143席，成为印度政坛上的重要力量。印度人民党只获得88席成为人民院第三大党。国大党、全国阵线与印度人民党三足鼎立之势渐成。由于没有一个政党能在大选中单独赢得过半数的席位，印度政坛从此进入了"悬浮议会"和联合政府的时代。① 印度政党政治进入一个新的发展阶段，真正意义上的多党民主体制初步形成。1998年以后，印度政党发展再次发生重大变化。1999年印度人民党为首的24党"全国民主联盟"执政。2004年第14届人民院选举中，以国大党为首的"团结进步联盟"获得组阁权。2009年4月，印度进行第15届大选，国大党在选举中获胜。在国会543个议席中，由国大党领导的"团结进步联盟"获得262席，在野的以印度人民党为首的"民族民主联盟"获得160席，其他党派组成的第三力量获得66席。印度政党发展表现为两大党制下的多党竞争模式。学者陈金英认为，以1998年的大选为界，印度政党发展可分两个阶段。前一阶段，多党竞争格局初露端倪，主要的竞争者是国大党、印度人民党和以人民党为代表的中间势力，印度政坛一度出现三足鼎立的局面。1998年以后，国大党和印度人民党成为印

---

① 邢广程主编：《俄罗斯东欧中亚国家发展报告（2009）》，北京：社会科学文献出版社2009年版。

度政坛上最大的两个全国性政党,各自在人民院占有三分之一左右的席位。其他为数不多的全国性政党和数量众多的地方政党各拥有若干个席位。大选也开始围绕国大党和印度人民党两大党展开竞争。印度的政党制度表现为两大党制下的多党竞争模式。①

对此,也有学者持不同的看法。印度政治学家雅达维认为,印度政党体制的第一个阶段是国大党一党独大体制。第二个阶段可以称作为国大党——反对党体制,不再是国大党一党独大,它也常失去政权,但地位仍然比较突出。第三阶段以1993—1995年邦选举为分界线,明确显示出竞争性多党体制的特征,开始了印度民主政治的新时代。② 李普哈特把印度大联盟的政党政治统称为"结盟民主"(Consociational Democracy),并将其进一步限定为四个比较宽泛的原则:大联盟、相互否决、比例性原则、局部自治。大联盟意味着在一个多元社会中"各个局部的政治领袖在一个大联盟的体制内共同合作治理国家"③。他指出,"印度完全可以作为验证结盟民主理论正确主张的一个典型依据……如果详加分析则不难发现,印度的民主清晰地展示了结盟民主权力分享的四个原则性特征"。④ 克劳福德·杨表达了完全相同的观点,"李普哈特的结盟民主理论完全可以用于解释印度的政治模式……在政治的最高层次,各派别的政治精英通过相互讨价还价和协商合作来协调各自的立场"⑤。不管学者们如何界定印度政党发展的状况,但有一点可以肯定,印度各政党力量的此消彼长将成为一种常态,一党执政的局面一段时期内难以再现。

---

① 陈金英:《两大党制:印度多党制分析》,载《国际论坛》2008年第10卷第1期。

② Y. Yadav, "Reconfiguration in Indian Politics", *EPW*, January 13–20, pp. 95–104, 1996.

③ 〔美〕阿伦·李普哈特:《多元社会的民主》,张慧芝译,台北:桂冠图书股份有限公司2003年版,第29—30页。

④ Arend Lijphart, "The Puzzle of Indian Democracy: A Consociational Interpretation", *The American Political Science Review*, Vol. 90, No. 2 (Jun, 1996), pp. 258–259.

⑤ Crawford Young, *The Politics of Cultural Pluralism*, University of Wisconsin Press, 1976, p. 314.

2. 地方性政党左右政局

印度政党发展过程中，非常引人注目的现象是地方势力的崛起和日益强大。这种情况的出现有着深厚的社会历史根源和现实基础：**一**是从社会历史角度看，印度民族、语言、宗教、种姓极为多样，决定了印度社会的离散性。加上历史上的地区分割、地区发展不平衡，都为地方政党的发展提供了条件。**二**是从选举制度设计角度看，印度《宪法》规定，印度选举采用相对多数制，人民院的议席总数由各邦议席数组成，而各邦拥有的议席数额与邦人口数量成正比。这种规定造成的结果是，人口多的大邦往往决定着政党的命运。如北方邦（被称为印度第一大邦）、比哈尔邦、马哈拉施特拉邦、安德拉邦、西孟加拉邦、中央邦和泰米尔纳德邦，这7个邦一般占人民院总席位的三分之二。[①] **三**是从中央政府掌控力角度看，为了维护国家统一，减少因地方势力的要求得不到满足而引起的骚乱，印度政府不得不满足地方势力的一些要求，客观上助长了地方政党的发展，弱化了中央与邦、邦与邦之间的经济、社会和政治联系。如，1965年，中央政府试图让北印度语成为官方语言，而南部诸省的印度教徒却强烈反对这一举措，他们拒绝放弃英语作为官方语言的地位，进而动用了否决权使中央政府的这一设想破产。还有像20世纪80年代中期，居于少数地位的穆斯林群体认为高等法院在对一名穆斯林的判决中侵犯了他的宗教自由，危害了"个人立法"的传统。随后，穆斯林群体通过阐述和运用宪法赋予少数的否决权成功地说服议会和政府提议和建立了否决法院判决的法律。这些无疑是助长了地方势力的发展。

事实上，独立以来，一些地方性政党在全国一直具有相当的影响力。如旁遮普邦的阿卡利党（1920年）、泰米尔纳德邦的德拉维达进步联盟和全印安纳德拉维达进步联盟（1944年）、马哈拉施特拉邦的印度农工党（1949年）、安德拉邦的泰卢固之乡党（1983年）、阿萨姆邦的阿萨姆人民

[①] G. N. Rao, K. Balakrishnan, *Indian Elections: the Nineties*, Har-Anand Publications, PVT LTD, 1999, p.16.

联盟（1985年）、比哈尔邦的贾尔坎党、西孟加拉的廓尔喀联盟等。① 有的还成为一些邦长期的执政党。如在西孟加拉邦，以印共（马）为主的左翼阵线连续7次在选举中获胜，成为印度历史上唯一一个连续30年赢得邦内选举的政党，并在那里长期执政，加上另外两个邦（特里普拉邦和喀拉拉邦）的部分地区，由印共（马）组织的地方政府管辖着1亿多人口，占印度全国人口的十分之一以上。政党体制的地方化，还可以从邦立法会选举结果中得到印证。1967年，全国17个邦中有8个邦政权落入了地方党手中，1977年人民党在比哈尔和卡纳塔克建立了较稳固的根据地，1994年底的邦选举中，原由国大党或国大党联盟执政的安德拉、卡纳塔卡、果阿、旁遮普等邦，全部变为由地方性政党掌权。1996年大选后，国大党仅仅在几个邦（包括边陲小邦）单独或联合执政，取代国大党的绝大多数是地方性政党。关于这一点，也可以从地方性政党在联邦人民院选举中获得的席位和得票率中看出。以2004年大选结果为例，虽然国大党领导的联合进步同盟击败印度人民党所带领的全国民主同盟，但在全部应选举的541席位中，国大党只获得145席，只比印度人民党的138席多7席。如将2004年选举结果和两党在1999年大选的总得票率作比较，政党政治地方化的倾向更容易显现出来：国大党的总得票率从1999年的28.30%，下降到2004年的26.21%；印度人民党的总得票率从23.75%降到21.48%。换言之，两党之外的第三势力，特别是地方性政党，显然是此次大选的最大赢家。② 选民比例的变化也可看作一项指标，1991—1996年地方性政党的选民比例从15%增长到25%，1998年增长到30%。那些在一个邦占有4%以上的选民的地方性政党的数目从1989年的20个、1991年的27个增加到1996年的30个、1998年的38个。③ 因此，印度政治发展的重要趋向是，政治权

---

① S. Pai, *State Politics: New Dimensions*, Shipra Publications, 2000, p. 6.
② 吴得源：《从单极、多极到两极式代表机制？——印度政党体系之演进特征与民主实践》，载《台湾国际研究季刊》2006年第2卷第4期。
③ G. N. Rao, K. Balakrishnan, *Indian Elections: the Nineties*, Har-Anand Publications, PVTLTD, 1999, pp. 18–19.

力不断由中央转向地方,地方性政党在国家政治生活中掌握了越来越多的话语权。有学者将印度政党的发展概括为,"全国政党日益走向联邦化,成为稳定的地方化的多党体制"①。

3. 宗教影响难以去除

虽然印度《宪法》规定,印度是一个世俗的国家,明定政教分离。但在已有4000多年宗教历史的印度,要实现这一目标绝非易事。

在印度,绝大多数民众都信奉宗教。据印度政府1981年的统计,印度约有99.36%的人笃信宗教。1998年人口普查统计也显示,98%的印度人是宗教信徒。印度不仅信教人数多,而且宗教众多,有印度教、伊斯兰教、基督教、锡克教、佛教、祆教、耆那教等。在各种宗教中,印度教是第一大教。据1991年的人口普查数据,印度教的教徒有8亿多,约占印度总人口的82%。一直以来宗教对印度社会有着广泛而深刻的影响,至今仍对印度的政治、经济、社会生活以及人们的社会心理和行为习惯等有着重要影响。美国学者威尔·杜兰指出:"在印度,宗教不仅仅作为一种信仰,也是一种价值观念,一种生活方式,一种文化。"②

宗教广泛地影响着人们的行为方式。作为一种潜在的精神力量,它对信教者的思想观念和行为方式起支配性作用。印度独立运动的方式清楚地表现出宗教影响的特点。在20世纪二三十年代,圣雄甘地在印度发动的两次非暴力不合作运动,都是借助宗教的力量吸引大批印度教信徒参加。这种革命方式在世界上是独一无二的。

宗教也深深地影响着印度的政治生活。在印度,每一个社会集团往往是以某一宗教为联系纽带。宗教把印度分裂为许多不同的社会集团,而这些社会集团又与不同的种姓相联系,宗教观念浸透了人们的头脑。议会选举不仅是不同党派之争,更是不同教派间的竞争。其结果必然会导致议会

---

① S. Pai, "Transformation of the Indian Party System", *Asia Survey*, No. 12, 1996, p. 1182

② 〔美〕威尔·杜兰:《世界文明史》(第1卷),台湾幼狮文化公司译,北京:东方出版社1999年版,第609页。

民主制的变异，制约着印度政治的发展。这种情况毫无疑问地也会制约着印度政党的发展。

在印度有许多政党本身就具有宗教色彩。印度独立之初，主要政党中半数以上是宗教团体或教族主义政党。陈金英认为，地方政党大多数是教派主义政党。其中，影响比较大的有阿卡利党和湿婆军。阿卡利党是旁遮普邦的主要政党，也是清一色的锡克教徒的宗教政治组织，只允许锡克教徒参加，该党经常用宗教口号煽动群众情绪，进行组织动员，具有浓厚的政教合一色彩。后者是马哈拉施特拉邦一个极具有印度教民族主义色彩的地方政党。从该党的名称就可以看出，该党在意识形态上是亲印度教的。①

随着印度政治的发展，宗教势力及其政党对印度政治的影响呈现上升趋势。这种影响主要体现在两个方面：一是影响政府的政策。例如拉吉夫·甘地执政期间，在伊斯兰教原教旨主义者的压力下通过了穆斯林妇女离婚法。在印度教徒的强烈要求下，他下令重新开放长期关闭的阿约迪亚巴布里清真寺，致使印度教徒与穆斯林因此而多次发生大规模的冲突，该寺在1992年被印度教狂热分子强行拆毁。特别是在有些绝大多数人口信仰某种宗教的邦，政教就很难分离。例如在泰米尔纳德邦，印度教的庙宇都由政府经管。李宪荣指出，印度的政治，特别是在1960年之后，常见某种宗教的基本教义派要求政府机构要遵守某种教义，否则诉诸暴力的威胁。②二是直接挑起教派冲突，制造社会动乱。1990年、1992年印度人民党等两次发起向阿约迪亚巴布里清真寺进军的活动，酿成印度教徒与穆斯林之间的大冲突，造成全印度社会局势的动荡。

4. 种姓制度根深蒂固

种姓制度是印度社会特有的现象。古老的《摩奴法典》就将古代印度

---

① 陈金英：《印度地方政党及其政治分析》，载《南亚研究季刊》2007年第3期。
② 李宪荣：《印度的政治参与和国会选举》，载《台湾国际研究季刊》2006年第2卷第4期。

人分为四个种姓（caste）：婆罗门（Brahmin），刹帝利（Kshatriya），吠舍（Vaishya）和首陀罗（Sudra），他们分别代表了宗教祭司和神职人员，帝王贵族，平民农工商和奴隶。此外还有比这四种更低的"贱民"（Untouchable），代表战俘和违背种姓而结合被逐出种姓的人。从社会实际情况看，印度的种姓远远不止这几个。有材料显示，全印度共有种姓和亚种姓约上万个，一个语言地区大约有上百个种姓和上千个亚种姓。

印度独立后，明确提出废除种姓制度，宪法规定不准有阶级歧视。印度政府还沿用英国殖民统治时期的社区分类以作为"平权措施"的根据。这种社区分类方法，是把社会精英区定为高等种姓区，其他为低等种姓（或低等阶级）区。低等种姓区又分为三类：第一类（最低层）称为"表列种姓"（Scheduled Castes），也就是指"贱民"区；第二类称"表列部落"（Scheduled Tribes）区，指不接受种姓制度而远在森林或高山的区；第三类称"落后阶级"（Backward Classes）区，指种姓制度中最低等的首陀罗和前为"贱民"由印度教改为其他宗教的人的区。这三类社区都可享有"平权措施"，在教育和政府公职上享有特殊保障的优待，越低层优待越大。但时至今日，这一措施并未改变印度社会的阶级问题。高等种姓继续保有高等地位，低等种姓仍然处于低等地位。这个政策反而造成社会的紧张关系，高等种姓的人认为他们的工作机会被保留给低等种姓的人而愤愤不平，而被保留的机会有时无人填补，低等种姓区之间也有这种紧张关系。被列为低等种姓的社区即社会和政治情况有改进也能被升级，而那些人可享"平权措施"也常引起争执，造成许多政治、法律和社会问题。①

种姓制度，这个在印度延续了近3000年之久的等级制度给印度社会带来了严重影响，这种制度明显同平等、民主等现代观念格格不入，使印度民众思想相对比较保守，缺少变革的动力，一定程度上阻碍了社会的进步。同时，它也影响了印度政治和政党的发展。

---

① 李宪荣：《印度的政治参与和国会选举》，载《台湾国际研究季刊》2006年第2卷第4期。

种姓对印度政党发展的影响主要表现在两个方面：**一是**，各政党把目光投向种姓特别是低等种姓，并在他们中积极发展党员。因为，在印度议会民主制下，争取更多选民支持、赢得更多议席、组建政府是各政党的根本目标。在传统的种姓制度下，选民基本上是按照谁代表本种姓的利益就投谁的票，在广大的农村更是这样。出于选举的考虑，各政党在选前，会充分研究选民种姓的构成和地域分布状况，在势力占优的种姓中发展党员，从中推选出本党在该地区的候选人，以此保证本党在该地区获得选举的胜利。政党发展的现实需要，不仅没有清除、削弱印度社会的种姓因素，反而进一步强化了种性在印度社会中的作用。**二是**，种姓走向政治化，种性政党纷纷出现，实力不断壮大。随着印度经济社会的发展，低种姓教育水平的提高和生活的改善，以及受选举文化的长期影响，越来越多的低种姓包括表列种姓和表列部落参与到政治活动中，他们积极参与投票，还建立了自己的政党。因为，现实使他们认识到，低种姓人无法仅凭个人力量得到高种姓人的尊重，他们的利益也得不到维护，各种姓的人只有建立自己的政党，才能使自己的利益要求得到满足。从20世纪70年代起，特别是在20世纪80年代和90年代，印度涌现出一批代表低种姓利益的政党，这些种姓政党不仅在邦议会选举中取得胜利，在本邦建立政权或成为邦内最大在野党，而且在人民院选举中的席位也不断增加，对中央政权的影响不断增强。如在1993—1995年的邦一级选举中，在印度两个最大的邦[Uttar Pradesh(U. P.)和Bihar(人口接近1亿)]，获得胜利的政党既非印度人民党，也非国大党，而是获得该邦中、低种姓支持的不起眼的两个政党。在印度，较有代表性的种姓政党有大众社会党、全国人民党和社会党等。像全国人民党就是比哈尔邦代表主导的亚达夫种姓的利益主要地方政党。该邦有两大种姓，一个是亚达夫，一个库米尔。后一种姓受教育程度比较高，在政府供职的人更多，引起了亚达夫种姓的不满。1997年，亚达夫种姓领袖亚达夫组建了全国人民党，并在该邦迅速扩大，长期在该邦执政，在人民院也拥有一定的席位。① 应该说，低种姓的崛起和参政是印度民主进程中的一个重要方面，它不仅会对未来的政治发展和政治力量对比产生重大影响，而且将对沿袭了几千年的种姓制度构成有力的挑战。

三、印度政党内部规章制度建设情况

政党作为一种社会政治组织，通常都有正式的章程和各项规章制度以及相应的组织系统和机构。党内各项规章制度的存在主要是为了规范党组织工作、活动和党员行为。有学者将党内各项规章制度的意义概括为两个方面：一是有利于建构政党的合法性。一个政党只有把自己的命运交给稳定的制度，就会获得组织合法性。二是有利于政党的持续发展。从政党发展演变的历史看，有的政党历经百年，有的昙花一现。如果一个政党有稳定的组织结构和程序，它可以总结经验和教训，为政党的持续发展所用。所以，组织的稳定性很重要，而组织的稳定依赖于党内法规建设。② 对印度各种政党而言，制定各项规章制度除了出于上述原因外，还有一个重要的原因是，《印度人民代表法》第四A篇《政党登记》中明确规定，"凡自称为政党并意图利用本篇规定的印度公民的社团或组织，都必须按照本法规定向选举委员会提交登记为政党的申请"，"每一份申请书必须包含下列详情：(a) 社团或组织名称；(b) 总部所在邦；(c) 信件和其他通讯联系地址；(d) 主席、秘书长、财务官和其他官员的姓名；(e) 党员数量，若党员存在类别，每一类别党员的数量；(f) 是否拥有地方组织；若有，哪些层级；(g) 议会各院或邦立法机构中是否有代表；若有，代表数量"。申请书还"必须附有社团或组织不论以何种名称命名的规章制度，且这些规章制度必须包含如下具体条文：社团或组织必须依法真诚地效忠印度宪法，真正地效忠社会主义、世俗主义和民主原则，维护印度的主权、统一和领土完整"。否则不得登记为政党。这就使得印度各类政党必

---

① 陈金英：《印度地方政党及其政治分析》，载《南亚研究季刊》2007 年第 3 期。
② 王立峰：《依法执政与党内法规建设》，载《中国党政干部论坛》2012 年第 1 期。

须注重规章制度建设。

而在党的各项规章制度中,党章则处于核心地位,"是最根本的党规党法"。它集中体现了一个政党在一定时期的指导思想、基本纲领和主要政策,并对党员、党的组织、党的纪律等重大问题作出详细规定。其他党内规章制度只是党章有关规定的具体化。考虑到印度政党的众多和党内规章制度的多样性,这里我们侧重于介绍印度主要政党以党章为核心的规章制度建设情况。

(一)印度有影响的主要政党

前面我们已经论及,印度政党众多,而属全国性政党和影响比较大的政党主要有:

1. **印度国大党**。印度国民大会党(以下简称"国大党")创建于1885年12月。最初的目标是争取为受良好教育的印度人分享政府权利,随后由于主张的激进遭到英国殖民当局的反对,国大党开始转向反对英国殖民统治、争取印度独立为目标。1947年印度独立后,国大党成为执政党,并在此后的50年里一直处于执政地位(除1977年3月—1980年1月和1989年12月—1991年6月外)。1991年拉吉夫·甘地遇刺之后,开始走下坡路,1996年沦为在野党。2004年再度执政,2009年继续联合执政。该党主张,坚持"民族主义、世俗主义、民主主义、社会主义",强调团结、统一、教派和睦;在坚持"混合经济"和"计划经济"的前提下,突出改革和发展;以互不干涉、和平共处和不结盟为其对外关系的指导原则。虽然国大党已失去了往日一党独大的雄风,但仍然是印度政坛上最有影响、最具实力的政党。

2. **印度人民党**。印度人民党1980年4月从原人民党(印度)分立,前身是1951年成立的印度人民同盟。主要支持者为印度教教徒和城镇中产阶级即城镇中小商人,具有鲜明的民族主义和印度教教派色彩,被认为是教派主义政党。竭力鼓吹将印度建成一个政教合一的印度教国家,通过唤起民众对印度教传统文化的宗教热忱和强烈的民族主义感情而获得政治上的支持,力量迅速壮大。1996年大选中,该党成为议会第一大党并组织了政府。2004年大选中败于国大党。失去执政地位后,人民党的建党原则趋向平民主义,政策主张趋于务实、理性,有进一步向社会民主主义靠拢的倾向。

3. **印度共产党**。该党于1920年10月在苏联塔什干成立。1933年加入共产国际。1936年党员以个人名义加入国大社会党和国大党。1950年印共通过了新《纲领草案》和《政策声明》强调,印度革命要走"适用于印度情况的列宁主义的道路",党的目标是建立社会主义和共产主义。1957年,印度共产党通过合法途径在喀拉拉邦地方选举中获胜并执政,第一次取得执政地位。1964年党内发生分裂,以普·孙达拉雅为首的一派起初仍用印共原名,1966年11月改称印度共产党(马克思主义),简称印共(马)。以丹吉为主席和拉奥为总书记的一派沿用印度共产党名称。1967年5月,印共(马)又发生分裂,党内以查鲁·马宗达为代表的一派于1969年4月成立印共(马列)。70年代末至80年代,印共和印共(马)开始调整政策,逐步走上联合道路。

4. **印度共产党(马)**。印度共产党(马)前身是1920年10月成立的印度共产党。1964年,印度共产党由于在革命的性质、政府的阶级属性、中印边界及国际共运等重大问题上发生严重分歧而分裂。以孙达拉雅为首的一派于1966年正式改称印度共产党(马克思主义)。该党明确提出,要"通过建立无产阶级专政的国家实现社会主义和共产主义"。对内政策上,主张民主、世俗和国家统一,维护国家经济主权,反对公有部门及国家要害经济部门的私有化,主张实施土地改革。2005年4月该党十八大提出党的中心任务是进一步"反对教派主义",呼吁所有民主、世俗和左翼力量团结起来建立广泛的人民阵线。2004年大选中,该党在人民院中取得44个席位,在联邦院中拥有17个席位,成为议会第三大党。以印共(马)为首的左翼阵线目前在西孟加拉邦、喀拉拉邦和特里普拉邦执政,其中在西孟加拉邦执政时间长达30年,是印度执政时间最长的地方性政府。该党是印度最大的左翼政党,也是资本主义国家中人数最多的共产党。

5. 大众社会党。大众社会党是 20 世纪 80 年代上半期在低种姓政治觉悟运动中产生的,是种姓等级中最低的"贱民"阶层的典型代表,也得到了低种姓穆斯林和其他落后阶层的支持。党的名称的含义就是"非高种姓的大众群体"。创始人是达利特运动的先驱者 K. 拉姆。党的主要主张是,要打破旧的政府结构,建立被压迫民众参与政府和公共管理的新秩序。通过控制政权,给达利特群众提供更多的教育和就业机会。该党的社会基础是达利特运动的主体力量查尔马种姓。它是北方邦的主要地方政党之一,在旁遮普和中央邦也有相当的影响力。

(二) 印度主要政党规章制度建设情况和特点

印度主要政党的党内规章制度建设,既有与其他政党相似的地方,也有其特殊性。

1. 完备和系统的党内规章制度

从世界各国政党的党章来看,一般都包含党的指导思想、宗旨、成为党员的条件、党员的权利和义务、各级党组织的形式、权限和工作程序以及对违纪行为的处理等内容。印度各主要政党制定的党章自然也涵盖上述内容,而且堪称完备而系统。这些政党的章程都包含了以下主要内容:

一是明确了党必须在宪法范围内活动。世界各国政党大多有这方面的规定。如越南共产党、加拿大自由党和保守党、土耳其正义与发展党等党的章程都强调,党应当在宪法和法律范围内开展活动,受《宪法》的约束。我国《宪法》也明确规定,"一切国家机关和武装力量,各政党和各社会团体、各企业事业,都必须遵守宪法和法律","任何组织或者个人都不得有超越宪法和法律的特权"。印度各主要政党党章中,都鲜明地提出要遵守和真诚忠于印度宪法。如国大党章程指出,印度国民大会党坚持社会主义、世俗主义、民主主义原则,支持印度的主权、团结、统一,拥护和遵守印度宪法。印度人民党章程规定,忠诚于依法成立的印度宪法,忠诚于社会主义、世俗主义和民主原则,维护国家主权、统一和完整。大众社会党章程强调,坚决忠诚于依法确立的印度宪法和社会主义、世俗主义和民主主义原则,坚持国家主权、领土统一和完整。特别是总结了以下摘录的宪法序言:"我们印度人民,庄严地决定把印度建成一个[主权的、社会的、世俗的民主共和国]①,保障其公民享有:社会、经济及政治的正义;思想、表达、信仰、信教及崇拜的自由;地位和机会的平等,并增进他们所有人之间的确保个人尊严与[国家统一和完整]②的博爱。"印度共产党和印度共产党(马)章程提出,要真诚忠于依法制定的印度宪法以及社会主义、世俗主义和民主的原则,维护印度的主权、统一和完整。

二是明确了党的宗旨。印度国大党章程开宗明义指出,印度国民大会党的宗旨是为印度人民谋求幸福与进步,以和平与宪法规定的方式,在印度建立一个以议会民主制为基础的社会主义国家。在国内实现机会均等以及政治、经济、社会权利的平等,并谋求世界和平与友谊。印度人民党把党的宗旨确定为,将印度建成一个强大、繁荣的具有现代、进步、开明前景的国家,它从印度古代文化和价值中汲取灵感,因此,能够作为伟大的世界力量,在确立世界和平和公正的国际秩序中发挥效力。党致力于建立一个民主国家,确保每位公民,不论种姓、信仰和性别,社会和经济平等,机会均等,信仰和表达自由。印度共产党和印度共产党(马)的宗旨强调,党是印度工人阶级的革命先锋队,以马克思主义和列宁主义作为行动指南,致力于实现社会主义和共产主义。大众社会党章程将党的主要宗旨和目标确定为,作为社会经济运行的推动者,在实践中以实现印度宪法所阐述的普遍正义、自由、平等、博爱的最高原则,其次是国家治理,同时党应将自己的理念视为一种运动,与以上阐述的主要宗旨,以及作为一种工具推动此运动的政治活动和参与治理一道,致力于消除对弱势群体的剥削,消灭社会经济变革过程中的贫穷与不均。

三是明确了党员应具备的资格。印度国大党、印度人民党、印度共产党、印度共产党(马)和大众社会党的章程都对成为党员的条件作了具体

---

① 原文注:1976 年《宪法第 42 修正案》第 2 条替换。
② 原文注:1976 年《宪法第 42 修正案》第 2 条替换。

规定，都要求年满18周岁、未加入其他政党的印度公民、愿意接受党的章程、填写申请表、按规定缴纳一定的党费、经过一段预备期等，才能成为一名党员。如，印度国大党党章规定，年满18周岁，承认党章第一章内容，填写党籍表，每三年交纳3卢比党费，没有参加其他具有独立成员资格、章程和纲领的政党或教派者，可以成为印度国民大会党党员。大众社会党有关党员的资格是，年满18周岁印度公民，接受党的纲领和章程，未加入未经党中央执行委员会批准的其他政治和社会组织，定期缴纳党费，才有资格入党。

四是明确了党员的权利和义务。印度一些主要政党的章程，对党员拥有的权利和应承担的义务作了规定。如，印度共产党、印度共产党（马）章程规定，党员享有选举权和被选举权；参加有关党的政策的制订和党的决议的讨论，对党的工作提出建议；在党的会议上对党的各级委员会和工作人员提出批评；党支部或党组织讨论对党员给予纪律处分或评定党员犯有严重错误时，党员有权要求出席和申辩；有权向上级委员会直至全国委员会和党的代表大会说明情况，有权向上级党组织直至全国委员会和党的代表大会提出申诉等权利。也有定期参加所属党组织的活动并忠实执行党的政策、决定和指示；对党忠诚老实，不辜负党的信任；学习马列主义并努力提高理论水平；维护党的团结；将人民和党的利益置于个人利益之上等义务。

五是明确了党的组织结构、权限和工作程序。大众社会党党章规定，该党的组织结构由大众社会党中央组织与地方性组织构成。中央组织包括：党的国家主席，党的国家副主席，党的秘书长，各部部长，财务大臣，中央议会和中央执行委员会。设中央秘书处协助国家主席贯彻党和中央议会的政策和计划。地方性组织包括：各邦议会，各邦执行委员会，地区议会和地区执行委员会。地区执行委员会是党的基层组织，中央执行委员会是党最高权力机构。各邦、各地区执行委员会应在各自管辖范围内为党负责。印度国大党的组织结构由全国委员会；工作委员会；邦委员会（包括属地）；县/市委员会；初级委员会（如乡或选区委员会），以及邦委员会设立的其他下级委员会和特别委员会组成。党章还对各个委员会的设置和权限作了非常详细的规定。印度人民党的组织结构分为国家级和邦级、地方委员会、地区委员会、曼达尔委员会、克拉姆/沙哈里·肯德拉、基层委员会。曼达尔或基层委员会由所属邦执行委员会决定。人口达到5000以上才可设立基层委员会。国家级由党的全体会议和特别会议，全国委员会，全国执行委员会构成。邦级由邦委员会和邦执行委员会组成。印度共产党和印度共产党（马）章程中也分别对组织结构和职能作了规定，以规范各级党组织的行为，确保组织运转顺畅。

六是明确了党员违纪行为的处理。印度各主要政党的章程都列出了党员违纪行为的具体表现和相应的处理方式。如，国大党将党员违反纪律行为分为，蓄意从事违背党的规划和决议的宣传，故意违反任何主管当局的规定或命令，从事与党的基金、党员登记或委员会选举有关的欺骗行为，从事道德沦丧、黑市、通奸、贿赂、腐败、仿造、挪用党的基金、卖酒等犯罪行为，故意开展降低党的声望的活动，或者负面宣传委员会及其官员等5种。大众社会党将违背党的政策；公开批判党的政策，且屡禁不止；党内拉帮结派，或者为以挑战党的领导的权威为目的的人员提供支持；以任何方式阻碍党的工作；侵占党的资金；加入不被党认可的团体、党派或者社团，或者该组织的原则未经中央执行委员会批准等情况列为违纪行为。该党对违纪党员应接受的处罚包括：（1）永久开除党籍；（2）留党察看；（3）开除公职；（4）暂时或永久取消任职资格。印度共产党和印度共产党（马）对党员党的纪律处分分为：警告；严重警告；公开警告；撤销党内职务；为期不超过一年的留党察看；开除党籍等，以此保持党的纯洁性和凝聚力。

七是鲜明的党派特征。虽然印度各主要政党制定完备而系统的规章制度特别是党章，而且包含了一般党章所共有的一些内容，但在这些内容的表述上是有区别的。正如美国学者熊彼特所说的那样，"任何政党在任何特定时间里当然要为自己准备一套原则或者政纲，这些原则或政纲可能是采取它们政党的特征,对它的成功极为重要"①。正是这为"自己准备一套原则或者政纲"把不同的政党区分开来,并显示了自己的党派特征。这种党派特征在印度各主要政党党章特别是指导思想和宗旨等方面得到充分体现。如印度共产党(马)公开标明,是印度工人阶级的革命先锋队,党以马克思主义和列宁主义的哲学和原理作为行动指南,目的是要通过建立无产阶级专政的国家,实现社会主义和共产主义。这些恰恰是共产党的鲜明标记,也彰显了与印度其他政党的不同之处。而印度人民党秉承的基本理念是完整的人本主义,以民主主义、甘地主义、积极的世俗主义和价值政治,着手社会经济问题,建立一个摆脱剥削的平等主义社会。

印度国大党则提倡,以和平与宪法规定的方式,在印度建立一个以议会民主制为基础的社会主义国家。大众社会党的特别目标是,牢记下层种姓,在册部落,其他落后阶层,以及少数民族,是印度最受压迫和剥削的人民这一个广大群体,将这些大众组织起来,为这些遭受践踏的大众效力。这些核心内容使印度各主要政党的规章制度建设具有鲜明的党派特色和"个性"特征。

2. 充分考虑国情和历史文化传统

政党作为代表一定阶级、阶层或集团的利益,旨在执掌或参与国家政权以实现其政纲的政治组织,要获得生存和发展必须获得民众的广泛支持。尤其是在现代政治制度中,一个政党无论是执政还是在野都必须尽最大努力争取足够选民的支持。印度各主要政党自然也不例外。而印度作为一个宗教的国度、作为种姓制度根深蒂固的国度,政党的发展以及能否执政就不能不考虑这种国情和历史传统。还有印度《宪法》的有关规定也使得各主要政党不得不关注宗教和种姓对自身的影响。如《宪法》第325条规定,不得以宗教、种族、种姓、性别等为由而使任何人丧失选民登记之

---

① 〔美〕约瑟夫·熊彼特:《资本主义、社会主义与民主》,吴良健译,北京:商务印书馆2002年版,第413页。

资格以及不得以此为由而主张将任何人列入特别的选民名册。每一地方选区应该仅有一本选民总名册，任何人不得仅仅因为宗教、种族、种姓、性别等方面的理由，失去列入某选区的选民名册的资格或被要求列入该选区的特别选民名册。第326条规定，人民院和邦立法会议选举采用成人普选制——人民院和邦立法会议的选举采取成人普选制，即凡在有权的立法机关所制定的法律规定的登记之日年满［18周岁］且未被根据本宪法或者有权立法机关制定的法律以非居民、障碍、犯罪或者腐败或者违法行为而剥夺资格的印度公民，均有权登记为相应选区的选民。根据1991年的人口普查，印度表列种姓人数为1.38亿，表列部族人数为6780万，两者之和占全国人口总数的25％。在这样的社会环境下，印度各个政党不可能不关注宗教和种姓，这种关注必然会在各政党制定的规章制度中有所体现，以动员更多的支持者。

印度各主要政党的规章制度中，一般都有维护信仰自由的内容。如印度人民党章程提出，要致力于建立一个民主国家，确保每位公民，不论种姓、信仰和性别，社会和经济平等，机会均等，信仰和表达自由。印度共产党章程指出，印度共产党坚决维护社会各阶层表达他们选择和信奉宗教信仰的权利，但不允许宗教之间互相敌视。

各主要政党的章程都宣称要改变种姓制度，同这种观念和制度作斗争。如大众社会党就提出，党的特别目标之一是，印度的社会结构建立在由种姓制度所产生的不平等之上，党的运动应着眼于改变社会制度，并在平等和人的价值的基础上重建社会制度。维护我国人民的团结，就必须与种姓观念和种姓制度作斗争。党员有坚决反对教派主义、种姓制度以及国家和地区沙文主义等分裂倾向的义务。印度国大党章程中要求每名党员，必须支持建立一个没有宗教和种姓制度区别的统一社会，积极推动表列种姓和表列部落的福利。通过这种规定和要求，拉住种姓这一庞大的社会群体。

鉴于印度的社会现实，印度一些主要政党规定，要在各级机构中给种姓留有一定的名额。如，印度人民党党章和条例中规定，在曼达尔委员会当中，第一类曼达尔委员会应包括 1 名主席和至多 30 名委员，其中至少 10 女性和 3 名低种姓/贱民部落。曼达尔主席应从所辖委员会委员中任命至少 1 名低种姓/贱民部落。第二类曼达尔委员会应包括 1 名主席和至多 45 名委员，其中至少 15 名为女性，3 名低种姓/贱民部落。曼达尔委员会主席应从其所辖委员会委员中任命至少 4 名女性和 1 名低种姓/贱民部落。第三类曼达尔委员会应包括 1 名主席和至多 60 名委员，其中至少 20 名为女性，4 名低种姓/贱民部落。曼达尔主席应从其所辖委员会委员中任命至少 5 名女性和 2 名低种姓/贱民部落。在一、二、三类地区委员中应分别包括 1 名主席和至多 45 名委员，其中至少 15 名女性和 1 名低种姓/贱民部落；1 名主席和至多 66 名委员，其中至少 22 名女性和 6 名低种姓/贱民部落；1 名主席和至多 90 名委员，其中至少 30 名为女性，6 名邦委员会委员。地区委员会主席应从所辖委员会委员中任命至少 7 名为女性，2 名低种姓/贱民部落。在邦执行委员会中，第一类邦执行委员会应包括 6 名低种姓/贱民部落；第二类邦执行委员会应有 7 名低种姓/贱民部落；第三类邦执行委员会应有 9 名低种姓/贱民部落。全国执行委员会应包括 12 名低种姓/贱民部落。主席应从全国执行委员会委员中任命至多 13 名副主席，9 名秘书长，1 个总秘书长（组织），1 名财务主管和 15 名秘书。其中至少 13 名为女性，3 名低种姓/贱民部落。印度国大党章程中也有类似的规定，在第六章（A）为女性、表列种姓、表列部落、其他落后阶级、少数民族保留席位部分明确要求，各个委员会要为女性保留 33% 的席位，为表列种姓、表列部落、其他落后阶级和少数民族保留的席位不得少于 20%。各级委员会执行委员会委员中至少要有 33% 的女性和不少于 20% 的表列种姓、表列部落、其他落后阶级或少数民族。印度共产党章程第三十八条第 7 款规定，党中央必须在党的代表大会前，邦委员会必须在党的邦级代表大会前发布指导原则，其中包括旨在提高妇女、表列种姓、表列部落和落后种姓在各级领导机关代表比例的具体意见。这种做法应该说是同上面提到的反对和消除种姓的目标相违背的，一定程度上使种姓制度合法化了。但从另一角度看，反映了印度各主要政党善于立足现实，顺势而为，也使得印度各主要政党的规章制度建设具有一定的民族特色，富有深厚的历史文化成分。

3. 根据形势和任务的变化对党内规章制度进行修订

印度各主要政党党章中都对党章的修改作了有关规定。如国大党章程第二十八章指出，全国委员会在年会闭会期间，可以对除第一章以外的党章内容进行修改和完善。印度共产党章程第三十八条也指出，党的章程只能由党的代表大会或者在紧急情况下由全国委员会三分之二多数同意的情况下修改等。在实践中，这些政党注意紧跟时代潮流，顺应社会的变化，对有关规章制度及时进行修订。比如，2010年印度国大党在新德里召开第八十三次中央全会，会议通过了《印度国大党第八十三次中央全会政治决议》，该《决议》清楚地指出，印度国大党是与时俱进的政党，善于顺应联合政府的客观趋势。党一直致力于实现在中央和地方主政，领导印度实现复兴，步入人类文明进步的领先行列。并对该党根据形势提出相应的奋斗目标进行了阐述。在甘地时期，印度国大党为民族自由和国家独立而奋斗；在尼赫鲁时期，印度国大党奠定了印度立国的四大支柱，即民主主义、世俗主义、社会主义和不结盟运动，在英迪拉·甘地时期，印度国大党倡导"消除贫困"，建立了与底层民众和贫弱阶层的密切联系，提出更加注重经济社会平衡发展，推动建立社会公平、关爱贫困人口和弱势群体的社会；拉吉夫·甘地提出"予权与民"，使城市和农村的基层自治得到很大发展；索尼娅·甘地更加关注社会公平公正问题。在党的第八十三次中央全会的政治决议中提出，印度国大党现阶段的目标策略是实现经济发展、社会包容和正义。党的当前任务主要是恢复民众对政治的信任，重树崇高的价值观。保护好印度的民主制度，加强党的地方和基层组织建设，提高党员的工作能力和各级组织的领导能力。经济上主要是推动经济持续快速增长，确保民众从中普遍受益，关注弱势群体和落后地区，促进经济社会协调发展等。

印度共产党（马）在这方面也有比较突出的做法。该党1964年第七次全国代表大会讨论通过了《党纲》。1964年以来，印度共产党（马）一直在根据形势发展总结经验,以更新纲领。特别是上世纪90年代,苏联和东欧一些社会主义国家崩溃以及世界共产主义运动遭受了严重挫折,加上独立后半个世纪以来,印度社会也发生了重大变化和发展。因此该党认为,有必要重新评估国际形势和国际共运的经验教训,对《党纲》进行修订。1992年1月,印度共产党(马)召开了第十四次全国代表大会,大会通过了《关于修改党纲的决议》,这个《决议》肯定了1964年通过的《党纲》中有关党的战略、印度政府和国家性质、"人民民主阵线"等方面的阐述。同时强调1964年《党纲》中有关国际形势和国内发展的分析、政策声明的内容需要作出更新,并责成有关部门对《党纲》作必要的修改。2000年10月,在特里凡特朗特别会议上通过了最新修订的《党纲》。还有1968年4月印度共产党(马)中央全会通过了《关于意识形态决议》,对党所处的时代和资本主义发展趋势作了论述。1990年5月中央委员会会议上明确指出,现在看来,党当时关于形势的判断简单化和机械化了。印度共产党(马)总书记苏特指出:"我们对党和国家所面临的各种问题的政治态度,都带有这种对于形势错误理解的痕迹。"[1] 这次会议上通过的《关于一些社会主义国家局势发展的某些政治意识形态问题的决议》对原来一些过时的认识进行了修正。正是由于这些政党根据形势和任务的变化,不断对党的规章制度进行修订,才使它们能够在印度众多的政党站稳脚跟,巩固自己的地位,壮大自己的实力,在推动印度社会进步中发挥至关重要的作用。

四、印度政党内部规章制度建设的启示

印度各主要制定的党内规章制度,虽然是基于印度国情、经济社会发展以及各政党自身的实际情况制定而成,具有不同其他国家政党的特殊性

---

[1] The Communist Paty of India(Marxist) ,On Paty Programme ,Published by Hari Singh Kang on behalf of the Communist Paty of India(Marxist) ,New DeLhi,2002,pp. 8 – 9.

和显著的民族特点和时代特征,但对其他政党仍有一定的参考价值和启示意义。

(一) 党内规章制度的制定必须符合国情党情

党内各项规章制度,本质是一种"观念形态"的东西,按照有的学者的说法,它是"一种人造的工具"或"人为事物",是制定者在特定的历史条件下,对事物及其发展的规律性认识,是对党在特定阶段面临的形势和任务的"抽象"。正如毛泽东同志所说的那样:"我们是马克思主义者,马克思主义叫我们看问题不要从抽象的定义出发,而要从客观存在的事实出发,从分析这些事实中找出方针、政策、办法来。"①

而每个国家所处的自然环境不同,社会发展各有差异,生活方式、价值观念、宗教信仰和文化传统各有特色,情况都千差万别,因此各国政党只能根据自己的实际情况、自己的特点,来制定适合自己各项规章制度。恩格斯早19世纪中叶就指出,"每一个支部均有权根据当地条件和本国法律的特点制订自己的地方性章程和条例,但是,此种章程和条例的内容,不得与共同章程和条例有任何抵触。"② 邓小平也说过,要"根据我们自己的经验,我们尊重各个国家、各个地区共产党自己的选择。他们应该根据自己国家或地区的特点,制定自己的方针、政策"③。从印度各主要政党制定的规章制度中,我们可以清楚地看出,无论是这些政党指导思想和宗旨的确定,还是对宗教和种姓的关注都是对印度特定的社会历史环境的反映,显示出印度社会的特征。中国的国情既不同于西方,也不同于印度等东方国家,有着自己的特殊性。

这种特殊性决定了中国革命和建设,必须走符合中国国情的道路,同样,党的建设和发展,也必须从这种特殊性出发,这种特殊性自然会

---

① 《毛泽东选集》第三卷,北京:人民出版社1991年版,第853页。
② 《马克思恩格斯全集》第18卷,北京:人民出版社1972年版,第79—80页。
③ 《邓小平年谱(1975—1997)》(上),北京:中央文献出版社2004年版,第627页。

体现在我们党制定的规章制度中。以党的十八大通过的章程总纲部分为例，像中国共产党是中国工人阶级的先锋队，同时是中国人民和中华民族的先锋队有关党的性质的表述；把"三个代表"重要思想和科学发展观同马克思列宁主义、毛泽东思想、邓小平理论一道作为自己的行动指南；按照中国特色社会主义事业总体布局，全面推进经济建设、政治建设、文化建设、社会建设、生态文明建设；坚持社会主义道路、坚持人民民主专政、坚持中国共产党的领导、坚持马克思列宁主义毛泽东思想四项基本原则；坚持改革开放，是我们的强国之路；加强党的执政能力建设、先进性和纯洁性建设，以改革创新精神全面推进党的建设新的伟大工程；整体推进党的思想建设、组织建设、作风建设、反腐倡廉建设、制度建设，全面提高党的建设科学化水平；坚持立党为公、执政为民，坚持党要管党、从严治党，发扬党的优良传统和作风，提高拒腐防变和抵御风险的能力；建设学习型、服务型、创新型的马克思主义执政党等内容的表述，都是中国共产党所特有的，体现出鲜明的民族特点，中国作风和中国气派。实践证明，一个政党只有按照本国的国情，制定符合自身特点的规章制度，才能获得广大党员和群众的支持，不断增强党的阶级基础和扩大党的群众基础。

（二）党内规章制度制定必须坚持与时俱进

每个时代有自己的课题，不同的时代对一个政党提出的任务和要求也各不相同，党在不同的历史阶段对自身建设，党员、党的干部、党的组织的管理也有不同的要求，这些都要求政党应当始终根据形势的变化不断适时地调整自己的目标和策略、制定合理的政策，不断实现规章制度的与时俱进，以保证党的行动符合实际和社会发展规律，才能始终保持旺盛的生命力和长久不衰。像印度国大党和印度共产党（马）等印度主要政党在党的历次代表大会上，都自觉地根据形势的变化对党的奋斗目标和策略进行调整，并将这些调整融入到党的规章制度中。

导 言

中国共产党堪称是实现党的规章制度与时俱进的典范。这可以从中国共产党党章的制定和修订中得到充分证明。1921年中国共产党成立之后不久的党的第二次全国代表大会通过了正式的《中国共产党章程》，到党的十八大，我们党对党章先后作了16次修订。现行党章是1982年9月党的十二大修改制定的，根据形势和任务发展变化，1987年党的十三大对条文作了部分修改，主要涉及党的组织制度、中央组织和党组等有关规定；1992年党的十四大对总纲和条文作了部分修改，主要是把邓小平建设有中国特色社会主义理论和党的基本路线及一系列方针政策写入了党章；1997党的十五大对总纲作了修改，明确规定了邓小平理论与马列主义、毛泽东思想是一脉相承的理论体系，都是党的指导思想；2002年党的十六大把"三个代表"重要思想同马列主义、毛泽东思想、邓小平理论一道确立为党的指导思想写入党章，并对条文作了部分修改；2007年党的十七大党章增写了科学发展观的内容，充分肯定了科学发展观的指导地位，并对有关条文作了修改；2012年党的十八大通过的党章修正案，把科学发展观正式列入党的指导思想，同时对中国特色社会主义事业总体布局、党的建设总体要求等进行了充实、修改和完善，实现了党章的又一次与时俱进。在执政实践中，我们党还根据世情国情党情的深刻变化，不断加强以党章为核心的制度建设。如党的十六大以来，建立党内情况通报制度、情况反映制度、重大决策征求意见制度；制定党员权利保障条例，颁布《党内监督条例》，创新党的基层组织工作制度，完善党的作风建设的相关制度，等等，初步构建了系统完备、科学规范、运行有效的制度体系。这充分显示了我们党与时俱进的理论品格，也标志着我们党对党的建设规律、执政规律认识的不断深化。实践证明，一个党只有根据时代的变化、任务的改变制定和不断完善规章制度，才能始终保持先进性，始终站在时代潮流的前头。

(三) 党内各项规章制度必须切实得到贯彻

党的各项规章制度对于调整党内关系、规范党员行为、维护党内秩序、保持党的活力具有十分重要的作用。因此，政党一般都会把制度建设放在重要位置。但这仅仅是问题的一个方面。更重要的方面还在于制度的执行。因为制度的生命力在于执行，制度一旦形成，就具有极大的权威性，对全党具有普通适用性、强制性和约束力，如果不能严格执行，它的价值得不到体现，也就失去了它的意义。印度主要政党在这方面给我们留下了宝贵的经验。他们虽然制定了完备的规章制度，但并没有得到严格的维护和执行。如印度国大党在党章中公开声明，要"在国内实现机会均等以及政治、经济、社会权利的平等"。但在执政过程中，他们没能自觉做到这一点。他们的最大失误在于，没有通过推进经济发展以改善普通民众生活状况。长期以来，印度经济发展落后，广大民众生活水平低下。在独立后 30 年里，印度经济增长缓慢。直到 1980 年前，基本处于半封闭状态。80 年代后，印度人民的住房、卫生设施、教育状况没有得到显著改善，逐渐失去民心，导致政权的丧失。还比如，印度人民党在党章中承诺，要"着手社会经济问题，建立一个摆脱剥削的平等主义社会"。但实践中，人民党没有很好地兑现这一承诺。人民党执政期间，通过不断的改革，印度连续 10 年经济增长平均达到 6%；2003 年达到 8.2%，外汇储备也达到 1100 亿美元以上。但是，普通百姓特别是农民从没有在他们领导下真正获得实惠，城乡差别进一步扩大，从中受益的主要是占人口总数 20% 的中产阶级，或是少数"知本阶级"和资产阶级，直接导致了该党在 2004 年大选的失败。印度共产党近年来在发展过程中也遭遇了困境，党的发展停滞，党在各地的力量分布失衡，议席大大减少，这同样与他们没有严格执行党的各项规章制度有密切的关系。印度共产党章程在序言部分明确提出，党要在"民主集中制和党内充分民主的基础上组织起来和工作"，"不允许以政治、组织或机会主义理由拉帮结派。"而实际情况是，有的地方党组织自行其是，中央权威得不到维护，党的决议得不到很好的贯彻；不少党员纪律涣散，有的党员不参加党的有关会议，不参加党支部的活动，不参与任何群众组织的工作；有些邦委会不遵从党的统一的立场和观点，擅自在某些问题上自作主张背离中央的政治路线；有的党委内部缺乏民主气氛，少数人独断专行，使党"成为一个非常自由的松散的群体"，战斗力大大削弱。实践证明，一个党只有认真执行制定的各项科学的规章制度，不断提高制度的执行力，维护好制度的权威性，才能做到纪律严明、步调一致，始终保持蓬勃的生机和活力。

第一部分
宪法、全国性涉党法律

印度共和国宪法

（1949年11月26日制宪会议通过，1950年1月26日生效）

印度，国名全称为印度共和国。印度是南亚次大陆最大的国家，领土面积约为298万平方公里（不包括中印边境印占区和克什米尔印度实际控制区等），印度政府自称328.78万平方公里，居世界第7位。首都新德里。人口12.1亿（2011年），居世界第二位。官方语言为英语和印地语。

印度是一个多民族、多种族、多宗教及多语言的国家。在总人口中，印度斯坦族占46.3%、泰卢固族占8.6%、孟加拉族占7.7%、泰米尔族占7.4%；信仰印度教的占80.5%，伊斯兰教占13.4%，基督教占2.3%，锡克教占1.9%，佛教占0.8%，耆那教占0.4%。

古印度是人类文明的发祥地之一，有着悠久的历史和文化传统。16世纪之后，印度成为欧洲列强觊觎和争夺的对象。18世纪后半叶，印度沦为英国的殖民地。20世纪初，随着印度现代化进程的加快和深入，印度的民族意识也得到了发展。在甘地和尼赫鲁等人的领导下，印度的民族独立和解放运动也得以发展，并最终于1947年独立。1950年1月26日，印度共和国成立，为英联邦成员国。

印度制宪始于19世纪末期，不过，现行宪法的制定过程则应追溯至1946年5月16日的《内阁特派团法案》，该法案为印度宪法提供了一个基本的形式，并且设立了制宪会议以实施该计划。1946年12月13日提出的《目标决定》案确定了印度制宪会议起草宪法所应遵循的总体目标。1949年11月26日，制宪会议通过印度共和国宪法，于1950年1月26日生效。最初，宪法由序言、正文22编计395条和12个附件构成，长达8万个英语单词。截至 2012 年年初，已经过 97 次修正，是世界上最长的宪法之一。其仿效欧美宪法制度，尤其是威斯敏斯特法，确立了议会内阁制和准联邦制。

序　言

我们印度人民，庄严地决定把印度建成一个［主权的、社会的、世俗的民主共和国］①，保障其公民享有：

社会、经济及政治的正义；

思想、表达、信仰、信教及崇拜的自由；

地位和机会的平等，

并增进他们所有人之间的确保个人尊严与［国家统一和完整］② 的博爱。

兹于 1949 年 11 月 26 日由我们的制宪会议通过本宪法，并公之于众。

第一编　联邦及其领土

第 1 条　联邦的名称及领土

1. 印度，即婆罗多，应为联邦制。
2. ［其邦和直辖领③由附件一作出规定。］④
3. 印度的领土应包括：
（1）各邦的领土；
（2）［附件一所规定的联邦直辖领；及］⑤

---

① 原文注：1976 年《宪法第 42 修正案》第 2 条替换。
② 原文注：1976 年《宪法第 42 修正案》第 2 条替换。
③ 译者注：旧译中或者将"Union Territory"译为联邦直辖区，但由于涉及与"district"（区）和"region"（地区）等词的区分，就其行政建制而言，其地位相当于邦。
④ 原文注：1956 年《宪法第 7 修正案》第 2 条替换。
⑤ 原文注：1956 年《宪法第 7 修正案》第 2 条替换。

（3）其他可能并入的领土。

第 2 条　新邦的接纳和设立

依联邦认为合适的条件，议会得以法律接纳或者设立新邦。

[**第 2—1 条　锡金加入联邦**]①

第 3 条　新邦的设立和现有邦的区域、边界或者名称的改变

议会得以法律——

（1）经由分割任一邦的领土、合并两个及两个以上邦或者邦的部分或者将任何领土并入任一邦的部分而形成新邦；

（2）扩大任一邦的区域；

（3）缩小任一邦的区域；

（4）改变任一邦的边界；

（5）改变任一邦的名称。

除根据总统建议且总统已将其中建议影响一邦区域、边界或者名称的法案移交给各该邦立法会，以待其在总统咨文中可能规定的期限内或者总统可能允许的延长期限内就此发表意见，而规定或者允许的期限业已届满的外，议会任一院不得提出此类法案。

[**释 1.** 本条第（1）项至第（5）项的"邦"包括联邦直辖领，但是，但书中的"邦"不包括联邦直辖领。

释 2. 第（1）项赋予议会的权力包括通过合并邦或者联邦直辖领的部分并入其他邦或者联邦直辖领而形成新的邦和联邦直辖领的权力。]②

第 4 条　第 2 条和第 3 条的法律应包含对附件一和附件四的修正条文及补充、附带以及后续事项的规定

1. 任何第 2 条和第 3 条所指的法律应包含对附件一和附件四的修正等法律条文生效所必须的规定，也可以包括议会认为必要的补充、附带以及

---

① 原文注：1975 年《宪法第 36 修正案》第 5 条废除。
② 原文注：1966 年《宪法第 18 修正案》第 2 条增加。

后续的规定（包括关于在议会和在受该法案影响的一邦或者两个以上邦的立法机关的陈述的规定）。

2. 不得认为前述法律是第368条所称的本宪法的修正案。

第二编 国 籍

第5条 宪法施行时的国籍

在本宪法施行之时，任何人定居于印度境内且——

（1）出生于印度境内的；或者

（2）父母一方出生于印度境内的；或者

（3）截至本宪法生效时经常居住于印度境内5年以上的，

为印度公民。

第6条 从巴基斯坦迁入印度的特定人的国籍权

尽管有第5条的规定，应视任何在本宪法生效时从现属巴基斯坦领土迁入印度领土的人为印度公民，如果——

（1）父母或者祖父母一方出生于1935年《印度政府法案》（系指修改前的法律）所界定的印度境内的；且

（2）

1）于1948年7月19日前迁入的，自迁入之日起经常居住于印度境内；或者

2）于1948年7月19日当日或者之后迁入的，在本宪法生效之前已根据当时自治领政府规定的形式和方式提出申请，并被代表自治领政府的官员登记为印度公民的。

任何人不得登记为印度公民，除非截至提出申请之日，其已在印度境内居住满6个月。

第7条 迁入巴基斯坦的人的国籍权

尽管有第5条和第6条的规定，于1947年3月1日后从印度领土迁至现属巴基斯坦领土者不得视为印度公民。

但是，本规定不适用于在迁入现属巴基斯坦领土后但已依法取得定居或者永久归国许可的人；根据第6条第2）款的意旨，应视其为于1948年7月19日后迁入印度领者。

第8条　现居印度境外的印度裔的国籍权

尽管有第5条的规定，凡本人或者其父母或者祖父母一方出生于1935年《印度政府法案》（未加修正前）所规定的印度境内，目前经常居住于该法所规定的印度境外的但本人在本宪法施行前后，依照印度自治领政府或者印度政府规定的形式和方式向其当时居住地的印度派驻该国的外交代表或者领事提出申请，且为该外交代表或者领事登记为印度公民的，应视为印度公民。

第9条　自愿获得他国国籍者不是印度公民

不得以第5条、第6条或者第8条的规定为由而视任何自愿获得他国国籍者为印度公民。

第10条　国籍的存续

任何依据本编前述任一规定而是印度公民或者被承认为印度公民的，根据议会有权制定的法律的规定，继续为印度公民。

第11条　议会得立法规制国籍权

本编前述规定不得损害议会制定任何关于国籍的获得和终止及其他与国籍相关事宜的法律的权力。

第三编　基本权

一般事项

第12条　定义

在本编中，除有特别说明外，"国家"包括印度政府和议会，各邦政府和立法机关以及印度境内或者印度政府所辖的所有地方政府和其他机关。

第 13 条　与基本权规定不一致或者侵害基本权的法律

1. 自本宪法生效之日起,所有在印度境内施行的法律,其与本章规定不一致的部分无效。

2. 国家不得制定任何剥夺或者克减本章赋予的权利的法律,任何违反本款规定而制定的法律,其冲突部分无效。

3. 除非另有说明,本条规定中的——

(1)"法律",包括(总统)政令、命令、地方法规、判决、规章、公告,以及在印度境内具有法律效力的习惯和惯例;

(2)"现行法律",包括那些在本宪法生效之前,由立法机关和印度境内其他有权机关制定的,未予以废除的法律,无论各该法律的全部或者部分究竟是适用于印度全境或者部分地区。

4. [本条规定不适用于根据第 368 条而对本宪法所作的修正。]①

平等权

第 14 条　法律面前的平等

国家不得拒绝给予任何人在印度境内的法律面前的平等或者法律的平等保护。

第 15 条　禁止基于宗教、种族、种姓、性别或者出生地的歧视

1. 国家不得仅以宗教、种族、种姓、性别、出生地或者其中之一为由而对公民有所歧视。

2. 在下列情形下,不得以宗教、种族、种姓、性别、出生地或者其中之一为由而限制公民能力、课以负担或者附加限制或者条件:

(1)商店、公共饭店、旅馆或者公共娱乐场所的使用;

(2)全部或者部分以国家基金予以维持或者捐献给一般公众使用的水井、贮水池、沐浴用的河边阶梯、道路及公共场所的使用。

---

① 原文注:为 1971 年《宪法第 24 修正案》第 2 条增加。

3. 不得以本条规定禁止国家为妇女和儿童制定特别规定。

〔4. 不得以本条或者第 29 条第 2 款的规定禁止国家制定旨在促进任何公民中的社会或者教育上落后阶层或者附件规定的种姓或者附件规定的部族的特别规定。〕①

〔5. 不得以本条或者第 19 条第 1 款第（7）项禁止国家以法律形式制定旨在促进任何公民中之社会和教育上的落后阶层或者附件规定的种姓或者附件的部族进入包括接受或者不接受国家援助的私人教育机构在内的教育机构，但不包括第 30 条第 1 款规定的少数民族教育机构。〕②

第 16 条　公职雇用和任命的机会平等

1. 所有公民均有公职雇用和任命的平等机会。

2. 不得以宗教、种族、种姓、性别、出身、出生地、住所或者其中任一项为由而剥夺任何公民担任政府职务的资格或者对其予以歧视。

3. 本规定不禁止议会就一类或者若干类邦或者联邦直辖领的地方政府或者其他机关公职的雇用或者任命作出以在该邦或者领地居住等为优先受雇或者任命条件的规定。

4. 本条规定不禁止国家制定任何有利于公民中落后阶层的任命或者职位的保留规定，只要国家认为其在国家公职中未得到充分的代表。

〔4—1. 只要国家认为附件规定的种姓或者附件规定的部族在公职中未得到充分的代表，则本条规定不禁止国家就一类或者若干类根据资历而进行的〔公职职务提拔〕③ 作出有利于其的保留规定。〕④

〔4—2. 本条规定不得禁止国家将某年中根据第 4 款或者第 4—1 款的保留规定而作出公职保留但其空缺且未能在该年里得以填补者在次年或者之后数年中作为独立的一类有待填补的空缺而予以对待；在确定之后各年

---

① 原文注：为 1951 年《宪法第 1 修正案》第 2 条增加。
② 原文注：为 2005 年《宪法第 93 修正案》增加。
③ 原文注：部分文字为 2001 年《宪法第 85 修正案》第 2 条替换。
④ 原文注：为 1995 年《宪法第 77 修正案》第 2 条增加。

不超过50%的保留职位数时，不得将该空缺与各该年的空缺合并计算。]①

5. 不得以本条规定妨碍法律关于与宗教或者教派机构事务相关的职务或者此类事务管理机构的成员应由从事特定宗教或者属于特定教派者担任的规定的施行。

第 17 条　贱民制的废除

废除"贱民制"（Untouchability）并禁止以任何形式实行"贱民制"。任何以"贱民制"剥夺他人权利的行为均构成应依法予以惩处之犯罪行为。

第 18 条　头衔的废除

1. 国家不得授予非军事性或者学术性的头衔。
2. 印度公民不得接受外国授予的头衔。
3. 非印度公民，在其担任由印度政府支付报酬或者受印度政府委托之职务期间，非经总统同意不得接受外国授予的头衔。
4. 任何担任由印度政府支付报酬或者受印度政府委托之职务者，非经总统同意不得接受外国政府或者外国政府机构的礼物、报酬或者任何职务。

自由权

第 19 条　某些关于言论自由的权利的保护及其他

1. 所有的公民都享有如下权利：
（1）言论和表达自由；
（2）举行和平且不携带武器的集会；
（3）组建社团联盟［或者合作社］②；
（4）在印度境内自由迁徙；

---

① 原文注：为2000年《宪法第81修正案》第2条增加。
② 原文注：为2011年《宪法第97修正案》第2条增加。

（5）在印度境内任何地方居住或者定居；[以及]①

[……]②

（7）从事任何专业，或者从事任何职业、贸易或者商业。

2. [如果法律为〔印度的主权和统一〕③、国家的安全、与他国的友好关系、公共秩序、礼仪与道德之利益，或者就藐视法庭、毁谤以及煽动犯罪，而对本条第1款第（1）项规定赋予的权利的行使课以合理限制的，不得以前款第1项的规定而妨碍该现行法的施行。]④

3. 如果法律为了[印度的主权和统一或者]⑤公共秩序的利益而对第1款第（2）项的权利课以合理限制的，不得以第1款第（2）项的规定而妨碍此类现行法的施行或者禁止国家制定此类法律。

4. 如果法律为了[印度的主权和统一或者]⑥公共秩序或者道德的利益而对第1款第（3）项的权利课以合理限制的，不得以第1款第（3）项的规定而妨碍此类现行法的施行或者禁止国家制定此类法律。

5. 如果法律为了保障一般的公共利益或者保护任何附件规定的部族的利益而对第1款第（4）项和第（5）项规定的权利课以合理限制的，不得以第1款第（4）项和第（5）项的规定而妨碍该现行法的施行或者禁止国家制定此类法律。

6. 如果法律为保障一般的公共利益而对第1款第（7）项规定的权利课以合理限制的，不得以第1款第（7）项的规定而妨碍该现行法的施行或者禁止国家制定此类法律，尤其不得以该项规定而妨碍国家施行或者禁止国家制定下列法律：

（1）关于从事任何专业，或者从事任何职业、贸易或者商业所必要的

---

① 原文注：为1978年《宪法第44修正案》第2条增加。
② 原文注：为1978年《宪法第44修正案》第2条删除。
③ 原文注：为1963年《宪法第16修正案》第2条增加。
④ 原文注：为1951年《宪法第1修正案》第3条替换，并溯及既往。
⑤ 原文注：为1963年《宪法第16修正案》第2条增加。
⑥ 原文注：为1963年《宪法第16修正案》第2条增加。

专业或者技术资格的法律；

（2）关于由国家经营或者企业经营的或者国家所有或者控股的贸易、商业、工业或者服务业是否完全或者部分不准公民或者其他人经营的法律。

第 20 条　判罪的保障

1. 非以行为时即规定该行为构成犯罪的有效法律不得对其科罪，所科的刑罚不得重于行为时有效法律所可能科以的刑罚。

2. 不得对同一犯罪行为进行重复的检控或者惩罚。

3. 不得迫使犯罪嫌疑人自证其罪。

第 21 条　生命和人身自由保障

非依法定程序，不得剥夺任何人的生命和人身自由。

第 21—1 条　受教育权

应以国家法律规定的方式向 6 周岁至 14 周岁的儿童提供免费的义务教育。

[第 22 条　特定案件中免受逮捕和羁押的保障

1. 应将被逮捕者羁押于拘留所并及时告知其被逮捕理由，且不得拒绝其向自己选择的律师进行咨询或者由之进行辩护的权利。

2. 应当在逮捕之后的 24 小时内将被逮捕者和羁押者带至最近的治安法官面前，但从逮捕之处到治安法庭的在途时间不计算在内；在此期限外，如果无治安法官的授权，则不得继续羁押。

3. 本条第 1 款和第 2 款不适用于：

（1）当时作为敌侨者；或者

（2）根据预防性羁押法律而予以逮捕者或者羁押者。

4. 任何规定预防性羁押之法律不得授权超过 3 个月以上的羁押，除非——

（1）由在任或者曾任高等法院法官或者具有被任命为高等法院法官资格者组成的顾问委员会在前述期限届满前作出报告，认为有充分理由采取

3个月以上羁押的;

但是,依据本项而授权的羁押期限不得超过议会根据第7款第(1)项和第(2)项而以法律规定的最长期限;或者

(2)该人因议会根据第7款第(1)项和第(2)项制定的法律的规定而被羁押的。

5. 一旦某人因为根据规定有预防性羁押的法律而作出的命令而被羁押的,作出该命令的机关应当尽快告知该人作出该决定的理由,并尽早为其提供针对该决定进行陈述的机会。

6. 不得以第5款之规定而要求作出该款所指之命令的机关披露其认为不利于公共利益的事实。

7. 议会得以法律规定:

(1)在未根据第4款第(1)项之规定获得顾问委员会意见的情形下,在何种情形下或者某类或者数类案件中,得根据授权进行预防性羁押的法律处3个月以上的羁押;

(2)在一类或者数类案件中,根据授权预防性羁押的法律而采取羁押的最长期限;或者

(3)顾问委员会根据第4款第(1)项进行调查应遵循之程序。]①

反剥削的权利

第23条 禁止人口买卖和强制劳役

1. 人口买卖,佃农为地主无偿劳役制及其他类似形式的强制劳役皆予以禁止;凡违反本规定之行为均为应依法予以惩罚之犯罪行为。

2. 本条规定不禁止国家为公共目的而规定课征强制服务,但在课征此种服务时,国家不得以宗教、种族、种姓、阶级或者其中任一项为由而有歧视。

---

① 原文注:为执行1978年《宪法第44修正案》第3条的规定,本条根据该条的规定作出修正后予以适用。

第 24 条　禁止工厂雇用童工等

不得雇用未满 14 周岁的儿童从事工厂或者矿场工作或者其他危险工作。

宗教自由权

第 25 条　良心自由和信仰宗教、参与宗教活动与传播宗教的自由

1. 除为公共秩序、道德和卫生以及本章规定而作出限制外，所有人都平等地享有良心自由，自由地信仰宗教、参与宗教活动与传播宗教的权利。

2. 不得以本条规定妨碍国家施行或者禁止国家制定下列法律：

（1）规制或者限制与宗教活动相关的经济、财务、政治或者其他世俗活动的法律；

（2）规定社会福利或者改革，或者规定印度教的公共设施向所有的阶层或者印度教各教派开放的法律。

释 1. 佩戴和持有继而班匕首应视为信仰锡克教应有之义。

释 2. 第 2 款第（2）项所指之"印度教"应解释为包括信仰锡克教、耆那教或者佛教，印度教机构亦应作同样的解释。

第 26 条　管理宗教事务的自由

除受公共秩序、道德和卫生的限制外，任何宗派和教派都有权利：

（1）建立和维持宗教和慈善机构；

（2）管理其本身之宗教事务；

（3）拥有或者获得动产或者不动产；以及

（4）依法管理上述财产。

第 27 条　决定是否为促进某宗教而纳税的自由

如果开支中包含一定特别比例的、旨在促进和维持一定宗教或者教派的税收，则不得强迫任何人缴纳该部分税收。

文化和教育权

第 28 条　参加特定宗教机构的宗教课程和宗教仪式的自由

1. 其资金完全由国家支持的教育机构，不得开设宗教课程。

2. 第 1 款不适用于由国家管理但依靠以设置宗教课程为条件的捐赠或者信托成立的教育机构。

3. 为国家所承认或者接受国家资助的教育机构，其在校生非经本人同意，不得强迫其参加该教育机构内可能设置的任何宗教课程，或者该机构或者其附属场所可能举行的宗教仪式；如果本人为未成年人，则须经其监护人同意。

第 29 条　保护少数民族的权利

1. 任何居住在印度境内或者其部分地区的公民，其地方独特的语言、文字或者文化者均有权保存之。

2. 国家运营的或者接受国家资助的教育机构不得以宗教、种族、种姓、语言为由拒绝录取任何公民。

第 30 条　少数民族建立和运营教育机构的权利

1. 少数民族，无论是基于语言或者宗教所形成，均有权建立和运营他们所选择的教育机构。

1—1. [在制定法律强制征收第 1 款所指的少数民族所建立和管理的教育机构的财产时，国家应确保前述征收此类财产的法律所确定或者决定的补偿金额不会限制或者克减该款所保障的权利。]①

2. 在给予教育机构援助时，国家不得因该教育机构由少数民族管理而歧视之，无论该少数民族是基于宗教或者语言而形成。

[……]②

---

① 原文注：为 1978 年《宪法第 44 修正案》第 4 条增加。
② 原文注：此处的小标题"财产权"为 1978 年《宪法第 44 修正案》第 5 条删除。

[第 31 条　财产的强制征收]①

特定法律的维持

第 31—1 条　征收土地等财产的法律的维持

1. 无论第 13 条作何规定，不得以其违反、剥夺或者克减［第 14 条和第 19 条赋予的权利］② 为由而认为任何授权下列事项的法律无效：

（1）国家征收土地或者其他权利或者剥夺或者调整此种权利；

（2）国家为公共利益或者为确保财产的妥善管理而暂时接管该财产；

（3）为公共利益或者为确保任一企业的妥善管理而合并两个或者两个以上的企业；

（4）剥夺或者调整企业的管理机构、秘书和会计、执行主任、主任或者经理的权利，或者剥夺或者调整股东的表决权；

（5）剥夺或者调整任何以协议、租赁合同或者许可而获得的、旨在开探矿藏或者原油的权利，或者提前终止或者废止该协议、租赁合同或者许可。

但如果该法律系邦立法机关制定的，则不适用本条规定，除非其已提呈总统考量并获得其批准；

［但是，任何法律授权国家征收任何土地的，如果所征收的土地中包含了个人所有的、本人耕作的，除非按不低于市价予以补偿，否则国家对当时有效法律规定限度内的土地或者土地之上的房屋或者建筑及其附属物的征收均系违法。］③

2. 在本条中——

［（1）"土地"一词，与任何地区相关时，其含义与在当地有关土地所有权的现行法律中该词的含义或者当地相应用语的含义相同，包括：

---

① 原文注：为 1978 年《宪法第 44 修正案》第 6 条废除。
② 原文注：为 1978 年《宪法第 44 修正案》第 7 条替换。
③ 原文注：为 1964 年《宪法第 17 修正案》第 2 条增加。

1）札吉尔、因南或者穆瓦菲（Muafi）或者类似许可，以及〔泰米尔纳德〕① 和喀拉拉二邦的兼曼（Janman）权；

2）留特瓦尔（Ryotwari）定居者持有的土地；

3）农民、农业工人或者其他农村工匠为农业的目的或者为与之相关的其他目的而拥有或者租赁的土地，包括荒地、林地、牧场或者建筑或者其他建筑用地。

（2）"权利"一词，与土地相关时，包括授予地主、二地主、转租人、承租人、〔来亚特、次来亚特〕② 或者其他中介的权利，以及有关土地岁入的权利和特权。〕③

[第 31—2 条　特定法律和条例的有效性

如果其不损害第 31—1 条的一般性规定，不得以附件九所列举的法律和条例及其规定与本编的规定不一致，或者剥夺或者侵害任何其所赋予的权利而认为其无效或者使其无效，即使法院或者裁判所作出相反的裁决、令状或者判决；在其为有权的立法机关废止或者修改前，其继续有效。〕④

[第 31—3 条　实施某些指导原则的法律的例外条款

无论第 13 条作何规定，不得以其与〔第 14 条或者第 19 条〕⑤ 不一致，或者剥夺或者侵害其所赋予的权利而认为实施旨在实现〔第四编所规定的全部或者任一原则〕⑥ 的国家政策的法律无效，〔也不得以其中包含其将实施该政策的宣称但未实施该政策为由而向任何法院提出质疑。〕⑦

但如果此类法律为邦立法机关所制定，除其保留由总统考量并获得其

---

① 原文注：为 1968 年《马德拉斯邦更名》（1968 年第 53 号）第 4 条替换。
② 原文注：为 1955 年《宪法第 4 修正案》第 3 条增加（具有溯及力）。
③ 原文注：为 1964 年《宪法第 17 修正案》第 2 条替换。
④ 原文注：为 1951 年《宪法第 1 修正案》第 5 条增加。
⑤ 原文注：为 1978 年《宪法第 44 修正案》第 8 条替换。
⑥ 原文注：为 1976 年《宪法第 42 修正案》第 4 条替换。
⑦ 原文注：在 Kesavananda Bharati v. State of Kerala 案中为最高法院宣告违宪无效。

批准外，不适用本条规定。]①

[第 31—4 条　反对国家活动的法律合宪性和维持]②

第 32 条　为实施本编赋予的权利的救济

1. 保障向最高法院就实施本编所赋予的权利提起适当诉讼的权利。

2. 最高法院有权发布对于实施本编所赋予的权利而言适当的指令、命令，或者包括人身保护令、执行令、禁制令、质询令及调卷令在内的令状。

3. 在不影响第 1 款和第 2 款赋予最高法院的权利的前提下，议会得以法律授权任何其他法院在各该院管辖的地域范围内行使应由最高法院依据第 2 款行使的全部或者部分权力。

4. 除本宪法另有规定外，不得中止本条保障的权利。

[第 32—1 条　在依第 32 条提起的诉讼中其合宪性不受审查的法律]③

[第 33 条　议会对本编赋予的权利的适用进行调整的权力及其他

议会得以法律决定在何种范围内，本编赋予的权利在其适用于以下人员时：

（1）武装部队成员；或者

（2）负责维护公共秩序之部队的成员；或者

（3）受雇于邦为间谍或者反间谍而设立的局或者机构的成员；或者

（4）受雇于为第（1）项至第（3）项的部队、局或者机构的目的而设立的电信系统或者与该系统相关的人，应受限制或者克减，以确保他们妥善履行其职责并维持他们之间的纪律。]④

---

① 原文注：为 1971 年《宪法第 25 修正案》第 3 条增加。
② 原文注：为 1977 年《宪法第 43 修正案》废除。
③ 原文注：先为 1976 年《宪法第 42 修正案》第 6 条增加，后为 1977 年《宪法第 43 修正案》废除。
④ 原文注：为 1984 年《宪法第 50 修正案》第 2 条替换。

第 34 条　在实施戒严法的期间和地区限制本编赋予的权利

无论本编此前作何规定，议会得以法律免除在联邦或者邦服役的人或者任何其他人，为维护或者恢复印度境内实施戒严法的地区的秩序或者为实施根据该地区的戒严法而通过的判决、所课的刑罚、所判决的没收而为的行为或者据此而为的其他行为的责任。

第 35 条　为实施本编规定的立法

无论本宪法作何其他的规定——

（1）议会对下列事项具有立法权：

1）第 16 条第 3 款、第 32 条第 3 款、第 33 条和第 34 条所规定的，得由议会立法的事项；

2）对被本编宣告为犯罪行为的刑罚作出规定。

在本宪法施行之后，议会应尽快规定第 2）亚项所规定行为的刑罚。

（2）在本宪法施行前在印度境内施行的有关第 1 项第 1）亚项的事项或者规定第 2）亚项的行为的刑罚的法律，应在第 372 条规定的条件下，按照根据该条规定作出调整后继续适用，直至议会对其作出调整、废除或者修正时止。

释：在本条中的施行的法律与第 372 条的含义相同。

第四编　国家政策指导原则

第 36 条　定义

除有特别说明外，本编中"国家"的含义与第三编相同。

第 37 条　本编规定的原则的适用

本编的所有规定不可由法院实施，但其所确立的原则是治理国家的根本原则，国家在立法时有贯彻这些原则的义务。

第 38 条　国家维持一定社会秩序以促进人民福祉的义务

[1.]① 国家应通过尽可能有效地实现和保障社会、经济和政治上公正的社会秩序从而致力于促进人民之福祉,并将之贯彻到国民生活的各项制度中。

[2. 特别是,国家应致力于缩小收入的不平等,致力于消除个人之间以及定居于不同地区或者从事不同职业的人群之间的身份、设施和机会上的不平等。]②

第 39 条　国家应遵循的某些方针、政策

国家尤其应使其政策致力于保障——

(1) 男女公民平等地获得足够的生活资料的权利;

(2) 社区物质资源的所有权和管理应以最有利于公共福祉的方式进行分配;

(3) 经济制度的运行不至于造成财富和生产资料的集中而损害公共利益;

(4) 男女同工同酬;

(5) 不得滥用男女工人、年幼的儿童的健康和体力,公民不得因经济上的需要而被迫从事与其年龄和体力不相适应的职业;

[(6) 应给予儿童以机会和便利以使其得以健康、自由和有尊严的成长,保护儿童和青少年免受剥削以及道德或者物质上的遗弃。]③

[第 39—1 条　司法平等与无偿的法律援助

国家应确保法律制度的运行得在机会平等的基础上促进正义,尤其应以适当的立法或者机会或者其他方式提供无偿的法律援助,以确保公民不致因经济或者其他不利条件而丧失追求正义的机会。]④

---

① 原文注:序号为 1978 年《宪法第 44 修正案》第 9 条变更。
② 原文注:为 1978 年《宪法第 44 修正案》第 9 条增加。
③ 原文注:为 1976 年《宪法第 42 修正案》第 7 条替换。
④ 原文注:为 1976 年《宪法第 42 修正案》第 8 条增加。

第 40 条　村级潘查亚特①的组织

国家应采取措施组建村级潘查亚特并赋予其发挥其作为自治机构的作用所必需的权力和权威。

第 41 条　在特定情形下工作、受教育和获得公共援助的权利

在其经济能力和发展范围内，国家应制定有效的规定，保障公民在失业、年老、生病或者残疾以及其他极度困难的情形下的劳动、受教育和获得公共援助的权利。

第 42 条　关于公正和人道的工作条件和产假的规定

国家应作出规定以保障公正和人道的工作条件和产假。

第 43 条　工人的最低工资及其他

国家应通过适当的立法、经济组织或者其他方式保障从事农业、工业或者其他工作的工人的最低工资，使他们获得能够实现体面的生活水平的工作条件，并使他们能够充分享受休闲和获得社会上和文化上的机会，国家尤其应致力于发展农村地区建立在个体或者合伙基础上的家庭手工业。

[第 43—1 条　工人参与企业的管理

国家应采取措施，通过适当的法律或者其他方式，保障各产业的工人参与各行业之企事业及其他组织的管理。]②

[第 43—2 条　促进合作社

国家致力于促进合作社的自愿组建、自治功能、民主化控制及专业化管理。]③

第 44 条　由所有公民一同遵行的统一民法典

国家应致力于为所有公民制定一部在印度全境施行的统一民法典。

---

①　译者注：潘查亚特（The Panchayats），或者音译为"潘查亚特"、"潘查耶特"、"盘查亚特"，或者"潘查雅特"，字面含义为"乡村五人长老会"。该制度在南亚地区有悠久的历史，传统上，"乡村五人长老会"通过定期举行的乡村辩论会竞争产生。其相当于我国的村委会。

②　原文注：为 1976 年《宪法第 42 修正案》第 9 条增加。

③　原文注：为 2011 年《宪法第 97 修正案》第 3 条增加。

[第 45 条　关于 6 岁以下儿童的幼托照顾和教育的规定

国家应致力于为所有未满 6 岁的儿童提供幼托照顾和教育。]①

第 46 条　增进附件规定的种姓、部族以及其他弱势群体的教育和经济利益

国家应特别注意增进弱势群体，尤其是附件规定的种姓和部族的教育和经济利益，应保护他们使其免受社会的不公和各种形式的剥削。

第 47 条　国家提高营养水平和生活水平以及改善公共卫生的义务

国家应视提高人民的营养水平和生活水平以及公共卫生的改善为其首要的义务，尤其应致力于禁止非为医疗目的而消费有害健康的酒精饮料和毒品。

第 48 条　农牧业的组织

国家应致力于组织现代化、科学化的农牧业，尤其应采取措施保护和改良母牛、牛犊其他奶牛和耕牛的品种，并禁止宰杀它们。

[第 48—1 条　保护和改善环境以及保护森林和野生动物

国家应致力于保护和改善环境，并致力于保护本国的森林和野生动物。]②

第 49 条　保护国家的重要遗址以及场所和物品

国家有义务保护 [议会所宣告的或者根据议会的法律而宣告的]③ 国家的重要的有艺术或者历史价值的场所或者物品，根据具体情况而使其免受掠夺、损毁、破坏、搬迁、出卖或者出口。

第 50 条　司法独立于行政

国家应采取措施使国家公务部门中的司法和行政分立开来。

第 51 条　促进国际和平和安全

国家应致力于——

---

① 原文注：为 2002 年《宪法第 86 修正案》第 3 条替换。
② 原文注：为 1976 年《宪法第 42 修正案》第 10 条增加。
③ 原文注：为 1956 年《宪法第 7 修正案》第 27 条修改。

（1）促进国际和平和安全；

（2）维持国家间的公平和体面的关系；

（3）在有组织的民族间的交往中培养对国际法和条约的义务的尊重；

（4）鼓励通过仲裁解决国际争议。

第四编之一 基本义务

第51—1条 基本义务

所有印度公民均有义务——

（1）遵守宪法并尊重其理念和制度、国旗及国歌；

（2）珍惜并追随那些激发我们为自由而进行民族斗争的高尚理想；

（3）维护印度的主权、统一与完整；

（4）应召集而保卫国家和服兵役；

（5）超越宗教、语言和地区或者区域差异而促进所有印度人民间的和谐和博爱精神；摒弃有损妇女尊严的习惯；

（6）尊重和维护我们多元文化的宝贵遗产；

（7）保护和改善包括森林、湖泊、河流，以及野生动物在内的自然环境，珍惜生物；

（8）促进科学态度、人道主义及钻研和改革的精神；

（9）保护公共财产和摒弃破坏公共财产的暴力行为；

（10）努力发扬个人和集体活动领域的优点，使国家不断提升其奋斗和成就水平；

[（11）父母或者监护人应为其年满6周岁未满14周岁的子女或者特定情况下的被监护人提供受教育的机会。]①

---

① 原文注：为2002年《宪法第86修正案》第4条增加。

第五编 联 邦

第一章 行 政

总统与副总统

第 52 条 印度总统

设印度总统一人。

第 53 条 联邦行政权

1. 联邦行政权授予总统，由总统直接或者通过其下属官员根据本宪法行使。

2. 在不损害前款规定的一般性的情形下，联邦武装力量的最高统率权授予总统，该权力的行使由法律作出调整。

3. 不得认为本规定——

（1）将现行法赋予任何邦政府或者其他机关的职能转移给总统；或者

（2）禁止议会以法律将职权赋予总统以外的其他机关。

第 54 条 总统的选举

总统由选举团成员选举产生，选举团由下列人员组成：

（1）议会两院选举出的议员；

（2）邦立法会选举出的议员。

[**释**：本条和第 55 条中的"邦"包括德里国家首都直辖领和本地治里联邦直辖领。]①

第 55 条 总统选举的方式

1. 在总统选举中，应尽可能使各邦代表的比例②相同。

---

① 原文注：为 1992 年《宪法第 70 修正案》第 2 条增加。
② 译者注：此处系指代表数和人口的比例。

2. 为了确保前述各邦代表比例相同以及各邦作为整体和联邦之间的均等，议会和各邦立法会得就总统选举而进行表决的当选议员的表决票数依下列方式确定：

（1）各州立法会每位当选议员的表决票数为该州人口数除以该州立法会当选议员人数以及 1000 之后所得的商；

（2）在除以 1000 之后，如果其余数不小于 500，则前项中的议员的表决票数应增加一票；

（3）议会当选议员的表决票数为依第（1）项和第（2）项分配给各邦立法机关当选议员的表决票数的总和除以议会两院当选议员总数的商，小数部分超过 0.5 的视为 1，余则不计。

3. 总统的选举应采用可转移单票制，按比例代表制进行，其投票为秘密投票。

[释：本条中的"人口数"为最近一次人口普查确定并公布的人口数据；

在〔2026〕① 年人口普查数据公布之前，本解释中所谓的最近一次人口普查确定并公布的人口数据应视为 1971 年人口普查确定并公布的数据。]②

第 56 条　总统的任期

1. 总统每届任期 5 年，自任职之日起算。

但是——

（1）总统得以亲笔辞呈向副总统辞去其职务；

（2）如果总统违反宪法，则得以第 61 条规定的方式被弹劾；

（3）即便其任期已经届满，但在其继任者上任之前，总统得继续任职。

2. 根据第 1 款但书第（1）项而提出的辞呈送达副总统时，其应立即通知下院议长。

---

① 原文注：为 2001 年《宪法第 84 修正案》第 2 条替换，原为"2000"。
② 原文注：为 1976 年《宪法第 42 修正案》第 12 条替换。

第 57 条　再次当选的资格

再任或者曾任总统者，在满足本宪法其他规定的条件下，有再次当选该职务的资格。

第 58 条　总统候选人的资格

1. 非具备下列资格者，不得当选总统：

（1）为印度公民；

（2）年满 35 周岁；且

（3）具备当选下院议员应具备的资格。

2. 在印度政府或者邦政府或者前述政府所辖的地方机关或者其他机关担任有报酬的职务者不得当选总统。**释**：不得仅以某人任联邦总统、副总统，各邦总督［……］①，或者联邦或者各邦的部长，而认为其为本条所谓的"担任有报酬的职务者"。

第 59 条　总统的任职条件

1. 总统不得任议会两院任一院或者邦立法会的议员；如果议会两院任一院或者邦立法会的议员当选总统，则其在该议院的议席自其就任总统职位之日起空缺。

2. 总统不得担任其他有报酬的职务。

3. 总统有权免付租金而使用其官邸，并享有议会以法律规定的薪俸、津贴和特权。在制定此类规定之前，其薪俸、津贴和特权按附件二的规定执行。

4. 在其任期内，不得削减总统的薪俸和津贴。

第 60 条　总统的誓言或者声明

总统或者代行或者暂行总统职权者，在其就任之前，应在印度首席大法官的面前，在印度首席大法官缺席的情形下则在最高法院最资深的法官的面前，以如下形式作出宣誓或者声明：

---

① 原文注：部分文字为 1956 年《宪法第 7 修正案》第 29 条和附件删除。

"本人……以神的名义起誓/庄严声明：本人将忠诚地履行总统的职责（暂行总统的职责），尽本人所能维护、保护并保卫宪法和法律，本人将为印度人民服务并致力于他们的福祉。"

第 61 条　总统的弹劾程序

1. 总统因违反宪法而应予以弹劾的，议会任一院均得提出指控。

2. 非满足以下条件，不得提出此项指控：

（1）此项指控的建议应以议案的形式提出。此类议案的提出，应先予以书面公告，公告期不得少于 14 日，并且仅得在得到该院全部议员的四分之一以上要求提出该动议的议员的联名后方能为之；且

（2）此项决议须由该院全部议员的三分之二以上多数通过。

3. 一旦任一议院提出此项指控，则另一议院应对此项指控进行调查，或者促成此项调查；总统有权亲自或者委派代表到场。

4. 调查后，如果进行调查或者促成此项调查的议院以其全部议员的三分之二以上多数通过决议，宣告维持对总统的指控，则自该决议通过之日起免除总统的职务。

第 62 条　为填补总统职位空缺而举行选举的时间以及填补该空缺者的任期

1. 为填补因任期届满而出现的总统职务空缺的选举应于总统任期届满前完成。

2. 为填补因总统死亡、辞职或者被免职或者其他原因而出现的总统职位空缺的选举应在该职位出现空缺后尽快进行，无论如何，最迟不晚于职位出现空缺后的 6 个月；当选以填补该空缺者，根据第 56 条的规定，有权任满完整的 5 年任期，该任期自其就任之日起计算。

第 63 条　印度副总统

设印度副总统一人。

第 64 条　印度副总统为联邦上院的当然议长

副总统为联邦上院的当然议长，其不得担任其他任何有报酬的职务。但是，在副总统根据第 65 条的规定临时担任总统或者行使总统职权的

期间，其不得行使联邦主席的职权，也不得享有第 97 条规定的应向议长支付的工资和津贴。

第 65 条　总统职位空缺或者缺席时，副总统暂行总统或者代理总统职权

1. 在总统因死亡、辞职或者被免职或者其他原因而出现职务空缺时，由副总统临时担任总统，直至依据本章的规定选举出的新总统就任。

2. 当总统因缺席、疾病或者其他原因而不能行使其职权时，由副总统代理总统职权直至总统重新行使职权。

3. 副总统在临时担任总统或者代理总统职权期间，享有总统所有的权力和豁免权；有权享有议会以法律规定的薪俸、津贴及特权；在制定此类规定之前，其享有附件二规定的薪俸、津贴及特权。

第 66 条　副总统的选举

1. 副总统由议会两院议员组成的选举团采用可转移单票制，并按照比例代表制选举产生，其投票为秘密投票。

2. 副总统不得为议会两院之一或者任一邦立法机关的议员。如果议会两院之一或者任一邦立法机关的议员当选为副总统，自其就任副总统之日起应视为放弃其席位。

3. 非满足下列条件者，不得当选为副总统：

（1）为印度公民；

（2）年满 35 周岁；且

（3）具有当选上院议员的资格。

4. 在印度政府或者邦政府或者前述政府所辖的地方机关或者其他机关担任有报酬的职务者不得当选为副总统。

释：不得仅以某人任联邦总统、副总统，各邦总督 [……]①，或者联邦或者各邦部长，而认为其为本条所谓的"担任有报酬的职务者"。

第 67 条　副总统的任职条件

副总统每届任期 5 年，自任职之日起算。

---

① 原文注：部分文字为 1956 年《宪法第 7 修正案》第 29 条和附件删除。

但是——

（1）副总统得以亲笔辞呈向总统辞去其职务。

（2）上院得以其全部议员的多数通过提案，并经下院同意，免除副总统的职务；但该类议案在提出前应先予以书面公告，公告期限不得少于14日。

（3）即便其任期已经届满，但在其继任者上任之前，副总统得继续任职。

第 68 条　为填补总统职位空缺而举行选举的时间以及填补该空缺者的任期

1. 为填补因任期届满而出现的副总统职位空缺的选举应于副总统任期届满前完成。

2. 为填补因副总统死亡、辞职或者被免职或者其他原因而出现的副总统职位空缺的选举，应在该职位出现空缺后尽快进行；被选举出填补该空缺者，根据第 67 条的规定，有权任满完整的 5 年任期，该任期自其就任之日起计算。

第 69 条　副总统的誓言和声明

副总统在就任之前，应在总统或者总统指派的代表面前，以如下形式作出宣誓或者声明：

"本人……以神的名义起誓/庄严声明：本人将真诚地依照法律的规定遵守宪法并忠实地履行本人即将承担的职责。"

第 70 条　非常情形下总统职权的行使

对本章未作规定的情形，议会得制定其认为对总统在非常情形下行使其职责所必要的规定。

[第 71 条　总统、副总统选举的相关事宜

1. 所有在总统和副总统选举中产生的异议和争议，以及与总统、副总统选举相关的异议和争议，应由最高法院予以调查和裁决；最高法院的裁决为最终裁决。

2. 如果总统或者副总统者之当选被最高法院宣告为无效，则当选者在最高法院作出决定之日或者之前行使总统或者副总统职权或者履行其义务的行为不因最高法院作此宣告而无效。

3. 在本宪法规定的范围内，议会得以法律规制与总统或者副总统选举相关之事宜。

4. 不得以选举总统或者副总统的选举团成员因任何原因出现空缺而质疑总统或者副总统的当选。]①

第 72 条　总统赦免、中止、暂缓或者减轻某些案件判决的执行权

1. 总统有权赦免、暂缓或者减轻刑罚或者中止、暂缓或者改变任何人的任何有罪判决：

（1）所有由军事法院科处刑罚或者作出判决的案件；

（2）违反任何关于联邦行政权所管辖的事项的法律而被科处刑罚或者作出判决的案件；

（3）作出死刑判决的案件。

2. 本条第 1 款第（1）项的规定不得损害法律赋予联邦武装部队军官中止、暂缓或者减轻军事法院判决的权力。

3. 本条第 1 款第（2）项的规定不得损害邦总督 [……]② 根据当时有效的法律中止、暂缓或者减轻死刑判决的权力。

第 73 条　联邦行政权的范围

1. 在本宪法规定的范围内，联邦的行政权及于：

（1）议会有权立法的事项；

（2）行使依条约或者协议得由印度政府行使的权利、权威和管辖权，

但是，除非本宪法或者议会制定的法律有明文规定，否则第（1）项所提及的行政权及于 [……]③ 各邦者不得及于各邦立法机关也有权立法

---

① 原文注：该条先为 1975 年《宪法第 39 修正案》第 2 条替换，后又为 1978 年《宪法第 44 修正案》第 10 条替换。

② 原文注：部分文字为 1956 年《宪法第 7 修正案》第 29 条和附件删除。

③ 原文注：部分文字为 1956 年《宪法第 7 修正案》第 29 条和附件删除。

的事项。

2. 除非议会另作规定,否则无论本条规定为何,在本宪法实行前,邦及其官员和机关有权就属于在本宪法施行后议会为邦立法的事项行使其行政权或者职能的,在本宪法施行后,邦及其官员和机关得继续就该事项行使其行政权或者职能。

内　阁

第 74 条　赞襄总统和为之提供顾问的内阁

[1. 设立以总理为首而组成的内阁,以赞襄总统,便其垂询,总统应遵照其建议行使其职权。]①

[但是,总统得一般性地或者特别地要求内阁重新考量其建议,但其应遵照内阁经重新考量后提交的建议采取行动。]②

2. 部长是否向总统提交建议,如有提交,其建议为何,此类问题法院不得审查。

第 75 条　关于部长的其他规定

1. 总理由总统任命,其他部长由总统根据总理的建议任命。

[1—1. 包括总理在内的内阁部长的总数不得超过下院全部议员的 15%。

1—2. 属于任一政党的议会任一院的议员依附件十第 2 条而丧失该院议员资格的,自其丧失该院议员资格之日起至其原任期届满之日止,或者其在任期届满日前参与议会任一院的竞选的,至其被宣布当选之日止,亦丧失被任命为部长的资格,后两个日期以在先者为准。]③

2. 部长④秉承总统的意愿而任其职。

3. 内阁集体向下院负责。

---

① 原文注:为 1976 年《宪法第 42 修正案》第 13 条替换。
② 原文注:为 1978 年《宪法第 44 修正案》第 11 条增加。
③ 原文注:为 2003 年《宪法第 91 修正案》第 2 条增加。
④ 译者注:此处的部长包括总理。

4. 在部长任职前,总统应依附件三规定的就职宣誓和保密宣誓的形式主持其宣誓。

5. 任何部长连续6个月非议会任一院议员的,在该6个月期限届满之日终止其部长职务。

6. 部长的薪酬和津贴由议会随时以法律作出规定,在议会就此作出规定之前,按照附件二的规定执行。

印度总检察长

第76条 印度总检察长

1. 总统应任命有资格被任命为最高法院法官者为印度总检察长。

2. 总检察长有权就法律事项向政府提供建议,并履行总统所移送或者分配给他的其他法律职责,并行使本宪法或者根据本宪法或者当时有效法律赋予的职能。

3. 在行使其职责时,总检察长有权在印度境内所有法院听审。

4. 总检察长的任期和薪酬由总统决定。

政府事务的执行

第77条 印度政府事务的执行

1. 印度政府的所有行政行为应以总统的名义施行。

2. 以总统名义作出和执行的命令或者其他文件应以总统制定的条例的明确规定为根据;如果命令或者其他文件的合法性是以此为基础的,则不得以其并非由总统作出或者执行的命令或者其他文件为由而质疑其合法性。

3. 总统应当制定为使印度政府事务能够得以顺利处理的以及将前述事务分配给各部长的条例。

[……]①

---

① 原文注:原第4款为1976年《宪法第42修正案》增加,后被1978年《宪法第44修正案》删除。

第 78 条　总理向总统通报信息的义务

总理有义务——

（1）就所有内阁所作出的有关联邦行政事务或者法律提案的决定与总统进行沟通；

（2）应总统的要求向其通报有关联邦行政事务或者法律提案的信息；

（3）若总统要求总理将部长未经内阁讨论而作出的决定交付内阁讨论，则其应将该决定交付内阁讨论。

第二章　议　会

一般规定
议长与副议长

第 79 条　议会的构成

联邦设一议会，其由总统和两院组成。两院即上院和下院。

第 80 条　上院的构成

1. ［……①上院］②的组成人员如下：

（1）总统根据第 3 款的规定提名的 12 名议员；

（2）不超过 238 名的邦［和联邦直辖领］③的代表。

2. 上院中应由邦和［联邦直辖领］④分配的议席应根据附件四的规定进行分配。

3. 总统依第 1 款第（1）项提名的议员应由具有下列专业知识或者实际经验的人员组成：文学、科学、艺术与社会服务。

4. ［……］⑤各邦在上院中的代表应由各邦立法机关的议员按照比例代

---

① 原文注：部分文字为 1975 年《宪法第 36 修正案》第 5 条删除。
② 原文注：为 1974 年《宪法第 35 修正案》第 3 条替换。
③ 原文注：为 1956 年《宪法第 7 修正案》第 3 条增加。
④ 原文注：为 1956 年《宪法第 7 修正案》第 3 条增加。
⑤ 原文注：部分文字为 1956 年《宪法第 7 修正案》第 3 条删除。

表制和单记名可转让投票制选举产生。

5. [联邦直辖领]① 在上院中的代表由议会以法律规定的方式选任。

[第 81 条　下院的构成

1. 〔根据宪法第 331 条（……）②〕③ 的规定，下院的构成如下：

（1） 由各邦选区直接选举出的代表，不超过〔530 人〕④；

（2） 按照议会以法律规定的方式选举的、代表联邦直辖领的议员，不超过〔20 人〕⑤。

2. 就第 1 款第 (1) 项的规定而言——

（1） 各邦在下院均应有一定的议席，如有可能，应使各邦的议席数与人口数比例相一致；并且

（2） 如有可能，各邦选区的划分，应使全邦各选区所有的人口数与其所有议席数的比例相一致。

〔但是，其人口数不超过 600 万的邦在下院的议席分配不适用本款第 (1) 项的规定。〕⑥

3. 本条中的"人口数"为最近一次人口普查确定并公布的人口数据。但是，在〔2026〕⑦年人口普查数据公布之前，本条中所谓的最近一次人口普查确定并公布的人口数据，〔应解释为：

（1） 就第 2 款第 (1) 项及其但书而言，系指 1971 年的人口普查；

（2） 就第 2 款第 (2) 项而言，则为 2001 年的人口普查。〕⑧〕⑨

---

① 原文注：为 1956 年《宪法第 7 修正案》第 3 条所替换。
② 原文注：部分文字为 1975 年《宪法第 36 修正案》第 5 条删除。
③ 原文注：为 1974 年《宪法第 35 修正案》第 4 条替换。
④ 原文注：为 1987 年《果阿、达曼和丢重组法案》（1987 年第 18 号）第 63 条修改。
⑤ 原文注：为 1973 年《宪法第 31 修正案》第 2 替换。
⑥ 原文注：为 1973 年《宪法第 31 修正案》增加。
⑦ 原文注：为 2001 年《宪法第 84 修正案》第 2 条替换，原为"2000"。
⑧ 原文注：为 2001 年《宪法第 84 修正案》替换。
⑨ 原文注：第 81 条和第 82 条为 1956 年《宪法第 7 修正案》第 4 条替换。

第 82 条 每次普查之后的重新调整

每次人口普查完成之后，各邦在下院的议席的分配和邦选区的划分应由有权机关按照议会以法律规定的方式进行重新调整。

但是，在现届下院解散之前，该重新调整不得影响下院的代表。

〔此外，如果总统以法令规定了该重新调整的生效日期，在其生效之前，下院的选举得在其生效前的选区进行。

在〔2026〕①年后第一次人口普查的相关数据公布之前，无须根据本条重新调整：

（1）根据 1971 年人口普查而重新调整的各邦在下院议席的分配；

（2）根据〔2001〕② 年人口普查对各邦的选区划分所作的调整。〕③

第 83 条 议会两院的任期

1. 上院不受解散，但其三分之一左右的议员应按照议会为其制定的法律的规定于第二年届满之日退休。

2. 除非被解散，否则下院的任期为〔5〕④年，自第一次会议召集时起算，不得延长；前述〔5〕⑤ 年期限届满，下院自动解散。

但是，宣布进入紧急状态期间，前述期限可由议会以法律延长，但每次延长不得超过一年；在紧急状态宣布结束后，其延长不得超过 6 个月。

第 84 条 议会议员的资格

任何人不得当选议员，除非其——

（1）为印度公民，并在选举委员会专门指定的监督人面前按照附件三

---

① 原文注：为 2001 年《宪法第 85 修正案》替换。
② 原文注：为 2003 年《宪法第 87 修正案》第 3 条替换。
③ 原文注：为 1976 年《宪法第 42 修正案》第 16 条增加。
④ 原文注：先后为 1976 年《宪法第 42 修正案》第 17 条和 1978 年《宪法第 44 修正案》第 13 条替换。
⑤ 原文注：先后为 1976 年《宪法第 42 修正案》第 17 条和 1978 年《宪法第 44 修正案》第 13 条替换。

规定的形式作出宣誓或者声明;

（2）担任上院议员者不得小于30周岁，担任下院议员者不得小于25周岁;

（3）并满足议会以法律或者根据议会的法律规定的其他资格。

[第85条 议会的会期、休会与解散

1. 总统得随时召集议会任一院在其认为合适的时间和地点开会，但上次会期最后一次会议与下一会期的第一次会议之间的间隔不得少于6个月。

2. 总统得随时——

（1）宣布两院或者其中一院闭会;

（2）解散下院。]①

第86条 总统向两院发表演说或者致送咨文的权利

1. 总统得向任一议院或者两院联合会议发表演说，为此得要求议员出席。

2. 总统得向议会任一议院致送咨文，无论其是否与议会在审议的法案相关，而受送该咨文的议院应提供一切便利对咨文所要求讨论的事项进行讨论。

第87条 总统的特别演说

1. [下院大选之后的第一个会期开始时以及在每年的第一个会期]②开始时，总统应向两院联席会议发表演说并告知议会其召集的目的。

2. 调整各院的议事规则应对总统演说所提及的事项的讨论时间 [……]③作出规定。

第88条 部长和总检察长相对于议会的权利

所有部长和总检察长有权在任一议院、两院联席会议或者其可以作为

---

① 原文注：为1951年《宪法第1修正案》第6条替换。
② 原文注：为1951年《宪法第1修正案》第7条替换。
③ 原文注：为1951年《宪法第1修正案》第7条删去数语。

成员的议会委员会发言，并可以参与其活动，但是，其不因为本条规定而获得表决权。

第89条　上院的主席和副主席

1. 副总统为上院的当然主席。

2. 上院应尽快从其议员中选出一人作为上院副主席；但凡副主席职位出现空缺，上院应另选其他上院议员作为上院副主席。

第90条　副主席的空缺、辞职以及免职

担任上院副主席职务的议员——

（1）在其丧失联邦上院议员身份时应空出该职位；

（2）得随时以亲笔辞呈向主席辞去该职务；

（3）得以上院当时全部议员的多数的决议被免职。

但是，在提出第（3）项的决议之前，应先行14日预告提出该决议案的意向，否则，不得提出。

第91条　副主席以及其他行使主席职权或者执行主席者的权力

1. 主席职位空缺时，或者在副总统执行总统或者行使总统职权期间，其职位的职责应由副主席行使；在副主席的职位也空缺的情形下，则由总统提名的上院议员执行或者行使其职务。

2. 无论何时主席缺席上院会议，则由副主席担任主席；在副主席也缺席时，则由上院议事规则所确定的人担任主席；议事规则未作此等规定的，则由上院指定的其他人担任主席。

第92条　上院审议罢免其职务的决议时主席或者副主席本人不得主持上院会议

1. 上院会议在审议罢免副总统或者上院副主席的职务时，主席或者副主席即便其在场，也不得主持会议，并且应视为主席或者副主席缺位而适用第91条第2款的规定。

2. 在上院审议罢免其副总统职务时，主席有权在上院发言，此外，并可参与其活动，且无论第100条的规定为何，其对此决议或者会议中讨论

的事项无表决权。

第 93 条　下院的议长和副议长

下院应尽快选任两人分别为下院议长和副议长。但凡议长或者副议长职位出现空缺，下院应相应地另选其他议员为议长或者副议长。

第 94 条　议长和副议长的空缺、辞职或者免职

任下院议长或者副议长职务的议员——

（1）在其丧失下院议员身份时应空出该职位。

（2）得随时以亲笔辞呈辞去该职务。议长辞职的，由其向副议长提出；副议长辞职的，由其向议长提出。

（3）得以下院当时全部议员的多数的决被免职。

但是，在提出第（3）项的决议之前，应先行 14 日预告提出该决议案的意向，否则，不得提出。

此外，无论下院于何时被解散，议长在解散后的下院第一次会议召开之前不得空缺其职位。

第 95 条　副议长或者其他行使议长职权或者执行议长者的权力

1. 议长职位空缺时，其职责由副议长行使；副议长的职位空缺时，则由总统为此目的而提名的下院议员行使。

2. 无论何时议长缺席下院的会议，均由副议长担任议长；副议长缺席的，则由下院议事规则确定的人担任议长；议事规则并未作此等规定的，则由下院指定的其他人担任议长。

第 96 条　在下院审议罢免其职务的决议时，议长或者副议长本人不得主持下院会议

1. 下院的会议在审议罢免其议长或者副议长职务时，议长或者副议长即便在场，也不得主持该会议；并且应视为议长或者副议长缺席而适用第 95 条第 2 款的规定。

2. 在下院审议罢免其副总统职务时，议长有权在下院发言并参与会议进程；无论第 100 条的规定为何，其对该决议或者会议中讨论的事项无表

决权，但票数相等的情形除外。

第 97 条　上院主席、副主席和下院议长、副议长的薪俸及津贴

应向上院主席、副主席和下院议长、副议长支付议会以法律规定的薪俸和津贴，在议会制定此类规定之前，按照附件二规定的薪俸和津贴执行。

第 98 条　议会秘书处

1. 议会各院各有其秘书机构。

但是，本条规定不禁止议会两院设立共同的秘书岗位。

2. 议会得以法律对议会任一议院的秘书机构的招聘和任职条件加以规定。

3. 在议会根据第 2 款制定规定之前，总统得在咨询下院议长和上院主席后，以条例对下院或者上院的秘书机构的招聘和任职条件加以规定，各该条例与依前款制定的法律具有同等效力。

事务性问题

第 99 条　议员的誓言和声明

议会任一议院的议员在就职前应在总统或者总统委任的代表的面前依照附件三规定的方式宣誓或者发表声明。

第 100 条　两院的表决、各院在议员缺额时采取行动的权力以及法定人数

1. 除本宪法另有规定外，议会任一议院或者两院联席会议讨论的所有问题应由除议长或者代行上院主席或者下院议长者之外的所有出席的议员以多数通过。

上院主席或者下院议长，或者代行上院主席或者下院议长者，在第一次表决时不得投票；但在出现票数相等的情形下，其有权投票并应投出决定票。

2. 即便其议席有空缺，议会各院仍有权采取行动；即便议事后发现出席、投票或者以其他方式参与议事者并无相应的权利，议会的议事仍然有效。

3. 除议会以法律另有规定外,议会各院开会的法定人数为各该院全部议员的十分之一。

4. 如果各院在开会时出现法定人数不足的情形,上院主席或者下院议长,或者代行各该职者,得宣布该院休会或者中止会议直至达到法定人数。

议员资格的丧失

第101条 议席的空缺

1. 任何人不得同时为议会两院的议员,议会应以法律规定,如果一人同时被选为两院议员时,其应辞去其中一院的议席。

2. 任何人不得同时为议会和 [……]① 邦立法机关任一议院的议员,任何同时被选为议会和 [邦]② 立法机关议员者,在总统以条例规定的期限③届满时,其在议会的议席即行空缺,但其先行辞去邦立法机关的议席的除外。

3. 议会各院的议员——

(1) 出现 [第102条第1款和第2款]④的情形的;

[(2) 可以亲笔辞呈向上院主席或者下院议长辞职,且其辞职得到上院主席或者下院议长同意的,]⑤

则其议席因而空缺。

[但是,对于第(2)项所称的辞职,如果上院主席或者下院议长已经得知或者经过其他其认为合适的调查之后,认为该辞职并非真实自愿的,则不予同意。]⑥

---

① 原文注:部分文字为1956年《宪法第7修正案》第29条和附件所删除。
② 原文注:为1956年《宪法第7修正案》第29条和附件替换。
③ 原文注:1956年《防止双重议员身份条例》。
④ 原文注:为1985年《宪法第52修正案》第2条替换。
⑤ 原文注:为1974年《宪法第33修正案》第2条替换。
⑥ 原文注:为1974年《宪法第33修正案》第2条增加。

4. 议会各院的议员在 60 日内，未经各该院批准而缺席其间该院全部会议的，该院得宣告其议席空缺。

但是，在计算前述 60 日的期限时，议会闭会的或者连续休会 4 日以上的时间不得计算在内。

第 102 条　议员资格的丧失

1. 凡有下列情形的，无当选及充任议会任何一议院议员的资格：

（1）在印度政府或者各邦政府担任任何有报酬的职务者，该职务为议会以法律宣告不影响其议员资格的除外；

（2）经有权法院宣告为精神不健全者；

（3）未清偿债务之破产者；

（4）非印度公民、自愿取得外国国籍者或者承诺效忠于外国者；

（5）议会或者议会以法律剥夺其议员资格者。

[释：不得认为担任联邦和邦部长乃是本条所谓的"在印度政府或者各邦政府担任任何有报酬的职务者"。]①

[2. 如果其议员资格因附件十的规定而丧失者，则丧失议会任一议院议员的资格。]②

[第 103 条　关于议员资格丧失问题的裁决

1. 如果就是否应对议会任一议院的议员适用第 102 条第 1 款的规定，而使其丧失议员资格产生争议，则该争议应移交总统裁决。总统的裁决为生效裁决。

2. 在对任何此类问题作出裁决前，总统应取得选举委员会的意见并应根据该意见作出裁决。]③

---

① 原文注：先后为 1985 年《宪法第 52 修正案》第 3 条替换。
② 原文注：为 1985 年《宪法第 52 修正案》第 3 条增加。
③ 原文注：先后为 1976 年《宪法第 42 修正案》第 20 条和 1978 年《宪法第 44 修正案》第 14 条替换。

第 104 条　对未根据第 99 条的规定作出宣誓或者声明以及不具备资格或者丧失资格而与会或者表决者的处罚

在依照第 99 条的规定作出宣誓或者声明之前，或者明知其不具备议员资格或者丧失议员资格，或者为议会的法律禁止其如此行为，而以议会任一议院的议员与会或者表决者，则其每出席会议或者参加表决一日，应向联邦缴纳 500 卢比的罚金。

议会及其议员的权力、特权与豁免权

第 105 条　议会的议院、议员与委员会的权力与特权等

1. 在本宪法、议会议事规则和议事程序规定的范围内，议会议员在议会中有言论自由。

2. 议会议员不因其在议会或者议会委员会的发言或者表决而受追诉，任何人不因在议会或者议会任一院的机构发表报告、文章及进行表决或者议事而受追诉。

3. 此外，议会得随时以法律规定议会各院及其议员及各院的委员会的权力、特权与豁免权。在制定此类规定之前，[适用 1978 年《宪法第 44 修正案》第 15 条生效前的议会各院及其议员及各院的委员会的权力、特权与豁免权。]①

4. 对依据本宪法有权在议会任一议院或者其委员会发言和议事者，应视为议会议员，并适用本条第 1 款、第 2 款、第 3 款的规定。

第 106 条　议员的薪俸和津贴

议会各院议员有权获得议会以法律规定的薪俸和津贴；在议会制定此类规定之前，其薪俸与津贴的数额及条件按照本宪法实施前印度自治领立宪议会议员的薪俸与津贴的数额及条件执行。

---

① 原文注：为 1978 年《宪法第 44 修正案》第 15 条替换。

立法程序

第 107 条　关于法案的提出和批准的规定

1. 除第 109 条和第 117 条规定的财政法案或者其他财政法案外，任何法案得在议会任一议院提起。

2. 除第 108 条和第 109 条的规定外，法案除非不经修正地获得两院或者任一议院同意，有修正案的获得两院的一致同意，否则，其不得被视为已通过。

3. 下院在审的法案不因该院闭会而被废弃。

4. 上院在审而尚未经下院批准的法案，不因下院的解散而被废弃。

5. 如果下院被解散，则下院在审的法案，或者下院已经通过但上院在审的法案，应依本宪法第 108 条的规定废弃。

第 108 条　某些情形下的两院的联席会议

1. 如果法案已为一院通过并移送给另一院——

（1）该法案为另一院拒绝的；或者

（2）两院就对法案所作的修正最终未能达成一致的；或者

（3）自该法案送达另一院之后但一直未获批准，时逾 6 个月的，

除非该法案因下院的解散而被废弃，否则总统得在两院开会期间得以咨文形式，若两院不在开会期间，则得以公告形式，告知两院将召集他们召开联席会议以审议并表决该法案。

但本款不适用于财政法案。

2. 在计算第 1 款中的 6 个月期限时，第（3）项中所称的各院闭会或者连续休会 4 日以上的时间不得计算在内。

3. 在总统根据第 1 款的规定告知其将召集两院召开联席会议后，任何议院都不得再讨论该法案。但在通知之后，总统得为通知的目的随时召集两院召开联席会议，如果总统如此为之，则两院应据此而集会。

4. 如果在两院联席会议中，法案包括对其所作的为联席会议所接受的修正案，获得出席并表决的两院议员的多数批准，则根据本宪法视为其获

得两院的批准。

但是,在联席会议上——

(1) 如果一法案已为一院批准,另一院附加修正案后未能予以通过而退给提出该法案的议院的,则对该法案不得提出任何修正案,但因该法案通过的延迟而成为必要的修正案的(如果有)除外;

(2) 如果附加修正案的法案为另一院批准并退回的,则对该法案仅得提出前述修正案以及关于议会未能达成一致意见的事项的修正案,

联席会议主席就修正案是否本款所允许的修正案所作的决定为生效决定。

5. 即便在总统通知其将召开联席会议之后下院被解散,仍得依据本条召开联席会议并通过法案。

第 109 条　关于财政法案的特别程序

1. 不得在上院提起财政法案。

2. 在下院通过财政法案之后,应将其移送上院审议。上院在收到该法案之日起的 14 日内将该法案及其意见返回下院,下院得接受或者拒绝上院的全部或者部分意见。

3. 如果下院同意接受上院的任一意见的,则应视为,该财政法案在附加了由上院建议并为下院所采纳的修正案后为两院同时通过。

4. 下院不接受上院的任何建议的,则应视为该财政法案仅以下院通过的条文且不附加任何上院所作的修正案而为两院通过。

5. 如果财政法案在下院通过后移送上院审议,但在前述期限,即收到该法案之日起的 14 日内,上院未将该法案返回下院的,在前述期限届满后,应视为该财政法案以下院通过的条文而为两院通过。

第 110 条　"财政法案"的定义

1. 包含涉及下列一项或者多项规定的法案方为本章所指的"财政法案":

(1) 税收的征收、废除、豁免、变更或者规制;

（2）关于印度政府的借款、提供担保的规定，或者印度政府承担或者将承担的金融债务的法律的修正；

（3）印度统一基金或者印度非常基金的保管，以及该项基金的收支；

（4）印度统一基金的拨付；

（5）任何由印度统一基金支付的开支的申报或者任何此类支出数额之增加等；

（6）印度统一基金和印度公款账目的收入，或者此类账目的保管和拨付，或者联邦或者邦账目的审计；

（7）任何与第（1）项到第（6）项所列举的事项相关的事项。

2. 不得认为规定罚金、罚款和其他财产罚或者许可费用或者服务费用的征缴的法案，或者地方当局或者其他地方机构关于税收的征收、废除、豁免、变更或者规制的法案为财政法案。

3. 如果对一项法案是否财政法案存在疑问，下院议长的决定为生效决定。

4. 所有依第109条的规定移送上院审议、依第111条呈交总统签署的法案应有证明，即下院议长应以本人签署的证明书证明其为财政法案。

第111条　法案的批准

议会两院通过法案之后，应呈交总统，总统应宣告其赞成或者不赞成该法案。

但是，在该法案呈交其批准之时，如果其非财政法案，总统得将之退回并附咨文要求他们重新审议该法案或者其中的部分规定，特别是，应审议其咨文建议的修正案的必要性。当法案被如此退回之后，两院应据此审议该法案；如果两院再次通过未经修改的法案并将之呈交总统批准，则总统不得拒绝批准。

财政事项程序

第112条　年度财政报告

1. 总统应于每个财政年度向议会两院提交印度政府当年财政收支的预算报告，本编称为"年度财政报告"。

2. 年度财政报告应分别列举下列各项开支预算：

（1）为支付本宪法所规定的应以印度统一基金支付的开支的总额；

（2）为支付其他应以印度统一基金支付的开支的总额，

并应区分税收账户的开支与其他开支。

3. 下列开支为应以印度统一基金支付的开支：

（1）总统的薪俸、津贴和其办公开支。

（2）上院主席和副主席、下院议长和副议长的薪俸和津贴。

（3）印度政府所负担的债务及其利息的费用，偿债基金和贴现的费用，与借贷、服务以及偿债相关的其他开支。

（4）

1）应向最高法院法官支付的薪俸、津贴及退休金；

2）应向联邦法院法官支付的退休金；

3）应向在印度境内任何地区行使管辖权的和本宪法施行前在［印度自治领总督辖下行省］① 内的任何地区行使管辖权的高等法院法官支付的退休金。

（5）应向总审计长支付的薪俸、津贴及退休金。

（6）所有法院或者仲裁法庭执行法院裁决、令状或者判决所需款项。

（7）本宪法或者议会以法律规定的应支付的开支。

第113条　议会关于预算的程序

1. 但凡应以印度统一基金支付的开支预算不必提交议会表决，但是，不得认为本条规定禁止议会讨论此类预算。

2. 其他开支的预算应以请求拨款的形式提交下院，下院有权批准或者拒绝批准任何的拨款请求，或者在削减请求拨款金额后予以批准。

3. 没有总统的建议，不得提出拨款请求。

第114条　拨款法案

1. 下院批准第113条规定的拨款后，应随即提出法案，以便从印度统

---

① 原文注：为1956年《宪法第7修正案》第29条和附件替换。

一基金内拨付一切款项以满足下列需要：

（1）下院批准的拨款；

（2）应以印度统一基金支付的开支，但不得超过先前向议会提交的报告所确定的金额。

2. 不得在议会任一议院提出有改变已经批准的拨款数额或者变更其用途，或者改变从统一基金支付任何开支数额效果的修正案；对于某修正案依本款是否不得提出，会议主持人的决定为生效决定。

3. 根据第115条和第116条的规定，除根据本款规定制定的法律所通过的拨款外，不得从印度统一基金支出任何资金。

第115条 补充、追加或者超支拨款

1. 有下列情形的——

（1）依第114条规定制定的法律所批准的用于当下财政年度特定开支的经费不敷该年度所需的，或者当下财政年度出现了该年度财政报告中未曾提及的新的开支因而需要补充或者追加经费的；或者

（2）某财政年度内用于某一用项的经费超过当年拨付该用项的款项时，

总统应要求另外向议会提出一份财政报告，说明该项开支预算的总额，或者建议向下院提出超支的拨款请求。

2. 与适用于年度财政报告及其中所列的开支或者拨款请求，并适用于为满足这些开支和拨款而制定的授权从印度统一基金拨款的法律一样，第112条、第113条及第114条的规定也适用于前述报告和开支或者拨款请求，并适用于为满足上述开支或者拨款请求而制定的授权从印度统一基金而拨款的法律。

第116条 账目的表决、贷款和额外拨款的表决

1. 无论本章以上规定为何，下院有权——

（1）在完成第113条规定的对拨款的表决程序以及第114条规定的拨款法案批准程序以前，提前批准该财政年度某一阶段的开支预算；

（2）为满足某规模庞大或者性质不确定因而难以在年度财政报告中对经费需求如常地加以详细说明的项目的非常需求而拨款；

（3）批准未列入财政年度经常项目的额外拨款，

并且议会有权为上述拨款的目的而以法律授权从印度统一基金中拨款。

2. 与适用于就已列入年度财政报告的开支的拨款及为满足上述开支而制定的授权从印度统一基金中提取款项的法律一样，第113条及第114条的规定也适用于本条第1款所述的拨款以及根据该款规定制定的法律。

第117条 关于财政法案的特别规定

1. 非根据总统的建议，不得提出或者动议关于第110条第1款第（1）项至第（6）项所列事项的法案或者修正案；此类法案不得在上院提出。

但是，本款不要求提出税收的减免或者取消的修正案须有总统的建议。

2. 不得仅以其规定了罚金、罚款和其他财产罚，或者许可费用或者服务费用的征缴，或者地方当局或者其他地方机构关于税收的征收、废除、豁免、变更或者规制为由，认为一项法案或者修正案是前述法案或者修正案。

3. 一项法案的批准和施行涉及印度统一基金开支的，议会任一议院不得批准该法案，但总统建议该院审议该法案的除外。

一般程序

第118条 议事规则

1. 在本宪法规定的范围内，议会各院得制定［……］① 议事规则。

2. 在依第1款制定规则以前，议会应适用本宪法施行前印度自治领立法机关的议事规则；如有必要，则上院主席或者下院议长得对之进行修正

---

① 原文注：为1976年《宪法第42修正案》第22条增加，1978年《宪法第44修正案》第45条删除。

或者调整。

3. 在咨询上院主席和下院议长之后，总统得制定两院联席会的议事规则和两院进行沟通的规定。

4. 两院联席会议由下院议长主持；在其缺席的情形下，由依第 3 款而制定的议事规则确定的人主持。

第 119 条　以议会的议事法律调整财政事务的审议

为及时完成对财政事务的审议，议会得以法律调整议会各院关于财政事务或者从印度统一基金进行拨款的法案的审议程序及议事行为。如果议会为此而制定的法律的规定与议会各院根据第 118 条第 1 款而制定的规则或者依该条第 2 款而适用于议会的规则或者议事规则不一致的，优先适用议会为此而制定的法律的规定。

第 120 条　得在议会中使用的语言

1. 无论第十七编作何规定，依第 348 条的规定，议会处理事务应使用印地语或者英语。

但是，上院主席或者下院议长或者其他代行其职务者，若不能以印地语或者英语作充分表达的得允许以其他语言向各该院发表演说。

2. 除议会以法律另作规定外，自本宪法施行之日起满 15 年，本条中的"或者英语"自行删除。

第 121 条　议会讨论的限制

不得在议会中讨论在职的最高法院法官或者高等法院法官的品行，但按如下规定向总统呈送罢免该法官咨文的动议除外。

第 122 条　法院不得调查议会的议事

1. 不得以程序不合法为由而质疑议会议事的效力。

2. 议会官员或者议员在行使本宪法或者根据本宪法赋予的规制议会的程序或者行为或者维持议会秩序的权力时，其行使各该权力的行为不受任何法院的管辖。

第三章 总统的立法权

第 123 条 议会休会期间总统颁布法令的权力

1. 除两院均处于会期外,如果总统认为出现了其有必要立即采取行动的情形,则其得根据情势颁布必要的法令。

2. 依本条颁布的法令与议会的法律具有同等效力,但该法令——

(1) 应提交议会两院并在议会重新集会之日起的 6 周后终止;在上述期限内议会两院通过否决该法令的决议的,则该令自该否决议案通过二读之日起即行失效;并且

(2) 得随时由总统撤回。

释:如果召集议会两院重新集会的日期不同,则本款规定的 6 周时间的计算以较后的集会日起算。

3. 如果根据本条颁布的法令规定了依本宪法的规定为议会无权规定的内容,则该法令自始无效。

[……]①

第四章 联邦司法

第 124 条 最高法院的设立及构成

1. 设印度最高法院,其由一名印度首席大法官和不超过 [7]② 名的其他法官组成,但议会可以以法律增加其他法官的人数。

2. 最高法院所有法官应由总统在其认为必要的情况下,经咨询最高法院的法官和邦高等法院的法官之后,以亲自签署并加盖印章的委任状任命。最高法院的法官的任期截至其年满 65 周岁。

---

① 原文注:为 1975 年《宪法第 38 修正案》第 2 条增加并溯及既往地适用,后为 1978 年《宪法第 44 修正案》第 16 条删除。

② 原文注:目前是"25",其由 1986 年《最高法院(法官人数)修正法案》(1986 年第 22 号)修改。

如果任命的是首席大法官以外的法官,总统必须咨询首席大法官。

此外——

(1) 法官得以亲笔信向总统辞职。

(2) 得以第 4 款规定的方式免除法官的职务。

[2—1. 最高法院法官的年龄由议会以法律规定的机关和方式予以确认。]①

3. 任何人,除非其为印度公民且——

(1) 在同一高等法院或者在两个及两个以上此类法院连续担任法官 5 年以上者;或者

(2) 在同一高等法院或者两个及两个以上此类法院连续担任出庭律师 10 年以上者;或者

(3) 总统认为其系杰出法学家者,

否则,不得被任命为最高法院法官。

释 1. 本条的"高等法院"系指在包括在本宪法生效之前在内的、在印度境内任何地区行使管辖权的高等法院。

释 2. 在计算上述条款中出庭律师的任期时,其在担任出庭律师之后所担任的不低于地区法官的法官职位的任期应被计算在内。

4. 除议会各院以其三分之二以上成员出席并表决,且以各该院全部议员的多数通过致总统的呈请后,并以总统令在该弹劾的会期内以其有被证明的不当行为和丧失行为能力为由而免除其职务外,最高法院法官不被免职。

5. 议会得立法规制第 4 款中提出呈请和调查法官不当行为和丧失行为能力的证据的程序。

6. 任何被任命为最高法院法官者,在其就任前,应依附件三规定的形式在总统或者其代表面前作出宣誓或者声明。

7. 曾任最高法院法官者不得在印度境内的法院或者其他机关从事律师业务。

---

① 原文注:为 1963 年《宪法第 15 修正案》第 2 条增加。

第 125 条　法官的薪俸及其他

[1. 应向最高法院法官支付议会以法律规定的薪俸；在制定此类规定前，应向其支付附件二规定的薪俸。]①

2. 所有法官均享有议会或者议会制定的法律规定的特权和津贴，以及休假和领取退休金的权利；在就此作出规定前，其享有附件二规定的特权、津贴与权利。

在法官就任之后，不得对其所享有特权和津贴，或者对其休假和领取退休金的权利作出不利于其的变更。

第 126 条　执行首席大法官的任命

当印度首席大法官的职位出现空缺，或者当首席大法官因缺位或者其他原因而无法履行其职责时，该职责得由总统为此而任命的其他最高法院法官履行。

第 127 条　特别法官的任命

1. 无论何时，如果最高法院法官的人数未达到开庭或者继续开庭的法定人数，印度首席大法官得在事先征得总统同意，并经咨询相关高等法院首席法官的情形下，以书面形式邀请高等法院中确实有资格担任最高法院法官者为特别法官，在首席大法官认为必要的期限内参加最高法院的开庭。

2. 为此而任命的特别法官得在被要求其出席的时间和期限内优先于其他职责而出席最高法院的庭审；出庭时他享有最高法院法官的管辖权、权力和特权，并承担最高法院法官应承担的义务。

第 128 条　退休法官出席最高法院的开庭

无论本章作何规定，印度首席大法官在事先获得总统的同意后，得随时邀请曾任最高法院法官或者联邦法官者［或者曾任高等法院法官且完全

---

① 原文注：原第 1 款为 1986 年《宪法第 54 修正案》第 2 条替换。

有被任命为最高法院法官的资格者]①出庭并暂行最高法院法官的职责;接受此项邀请者,出庭和履行职责时,有权享有总统以命令确定的津贴并享有最高法院法官的管辖权、权力和特权。除此之外,其不得被视为最高法院法官。

但是,不得以本条规定而要求前述人员出庭并暂行最高法院法官职责,但其本人同意的除外。

第 129 条　最高法院作为存卷法院

最高法院是存卷法院,其享有此类法院所享有的一切权力,包括对藐视最高法院予以处罚的权力。

第 130 条　最高法院所在地

最高法院坐落于德里,或者由印度首席大法官经总统批准而指定的其他一地或者数地。

第 131 条　最高法院的初审管辖权

根据本宪法的规定,最高法院对下列争议享有排他性的初审管辖权:

(1) 印度政府与一个或者一个以上邦之间的争议;或者

(2) 印度政府与一个或者一个以上邦为一方当事人,另一个或者一个以上邦为另一方当事人的争议;或者

(3) 两个或者两个以上邦之间的争议中,涉及决定法定权利之存在或者范围的(法律或者事实)的问题。

[但是,上述管辖权不及于在本宪法施行前已经订立或者业已执行的,或者在本宪法施行后仍然有效的,或者其明确规定不适用上述管辖权规定的条约、协定、契约、合约或者其他类似文件引起的争议。]②

[第 131—1 条　最高法院对联邦法律合宪性问题的排他性管辖权]③

---

① 原文注:为 1963 年《宪法第 15 修正案》增加。
② 原文注:为 1956 年《宪法第 7 修正案》第 5 条替换。
③ 原文注:先为 1976 年《宪法第 42 修正案》增加,后为 1977 年《宪法第 43 修正案》第 4 条删除。

第 132 条　最高法院对从高等法院上诉的特定案件的上诉管辖权

1. 对印度境内的高等法院在民事、刑事或者其他诉讼中作出的裁决、裁定或者生效命令，[如果高等法院遵照第134—1条证明，]① 案件涉及解释本宪法的实质性法律问题，得向最高法院提起上诉。

[……]②

3. 高等法院给予前述证明的，[……]③该案的任一方当事人得以前述问题未能得以正确处理为由向最高法院提起上诉[……]④。

释：本条所谓的"生效命令"包括那些有利于上诉人且足以作为案件之最终处理的判决。

第 133 条　最高法院对从高等法院上诉的民事案件的上诉管辖权

[1. 对印度境内的高等法院在民事诉讼中作出的判决、法令或者生效命令，〔如果高等法院遵照第134—1条证明〕⑤：

（1）该案件存在具有普遍重要性的实质性法律问题；

（2）根据高等法院的意见，前述问题应由最高法院予以解决的，

得向最高法院提起上诉。]⑥

2. 无论第132条作何规定，任何当事人得根据第1款，以其案件中存在涉及本宪法的解释的实质性法律问题但未能得到妥当的解决为由而提起上诉。

3. 无论本条作何规定，除非议会以法律另行规定，否则不得对高等法院的法官作出的判决、法令和生效命令向最高法院提出上诉。

第 134 条　最高法院对从高等法院上诉的刑事案件的上诉管辖权

1. 对印度境内的高等法院在刑事诉讼中作出的判决、法令或者生效命

---

① 原文注：为1978年《宪法第44修正案》第17条替换。
② 原文注：为1978年《宪法第44修正案》第17条删除。
③ 原文注：部分文字为1978年《宪法第44修正案》第17条删除。
④ 原文注：部分文字为1978年《宪法第44修正案》第17条删除。
⑤ 原文注：为1978年《宪法第44修正案》第18条替换。
⑥ 原文注：原第1款为1972年《宪法第30修正案》第2条替换。

令,如果高等法院有下列行为的,得向最高法院提出上诉:

(1) 其在上诉程序中推翻无罪开释被告人的判决并该判其死刑的;

(2) 高等法院从下级法院调出案件自行审理,经审理判决被告人有罪并判处死刑的;

(3) 其 [根据第134—1条的规定证明]①该案件宜向最高法院提出上诉的。

但是,根据第(3)项提起上诉的,应满足第145条第1款的规定以及高等法院所设立和规定的条件。

2. 议会得以法律赋予最高法院以其他根据该法律规定的条件和追诉时效而受理和审理对印度境内高等法院在刑事诉讼中作出的判决、法令或者生效命令提起上诉的权力。

第134—1条　向最高法院提出上诉的证明

作出判决、法令、生效命令或者刑事判决的高等法院,参照第132条第1款或者第134条第1款——

(1) 如果其认为妥当,则得依其动议;

(2) 如果受侵害一方当事人或者其代理人在前述判决、法令、生效命令或者刑事判决作出时随即提出口头申请,则应,

在作出上述决定后,随即决定是否就系争案件出具第132条第1款、第133条第1款或者第134条第1款第(3)项意义上的证明。

第135条　现行法下联邦法院的管辖权和权限由最高法院行使

对于不能适用第133条和第134条规定的事项,如果在本宪法施行前依据当时施行的法律而由联邦法院行使与该事项相关的管辖权和权力,则最高法院也可行使该管辖权和权力,但议会以法律另作规定者除外。

---

① 原文注:为1978年《宪法第44修正案》第19条替换。

第 136 条　向最高法院提出上诉的特别许可

1. 无论本章作何规定，最高法院得依其裁量权对印度境内的法院或者裁判所就任何争议或者事项所作出的判决、裁定、决定、科刑或者命令提出的上诉予以受理。

2. 第 1 款不得适用军事法律或者依照军事法律所组成法院和裁判所作出的判决、裁定、决定、科刑或者命令。

第 137 条　最高法院的判决和命令的审查

根据议会制定的法律或者根据第 145 条而制定的规定，最高法院有权审查自己宣告的判决或者作出的命令。

第 138 条　最高法院管辖权的扩大

1. 对联邦清单上的事项，最高法院享有议会以法律赋予的其他管辖权。

2. 对印度政府和邦政府以特别协议委托之事务，如果议会以法律规定由最高法院行使对此类事项的管辖权和权力，则最高法院有此管辖权和权力。

第 139 条　授予最高法院签发特定令状的权力

议会得以法律授权最高法院以第 32 条第 2 款之外的目的签发指令、命令或者令状，包括人身保护令、执行令、禁令、质询令以及诉讼文件移送令性质的令状。

[第 139—1 条　特定案件的移送

〔1. 当最高法院和一个或者一个以上高等法院，或者两个及两个以上高等法院在审的案件涉及同样的或者实质上相同的法律问题，且最高法院依其本身的动议或者印度总检察长或者任何此类案件的当事人的申请而认为，此类问题为具有普遍意义的重大问题，则最高法院得提审高等法院在审的案件并自行处理。

在就前述法律问题作出决定后，最高法院得将其提审的案件及其关于法律问题所作出的判决的副本一并发回原受理的高等法院；高等法院在接收后，应依据此判决进行处理。]①

2. 如果最高法院认为为实现正义的目的，可将某高等法院在审的案件、上诉案件或者其他未决诉讼移送任何其他高等法院审理，则得如此为之。]②

第 140 条　最高法院的补充性权力

在对最高法院更为有效地行使宪法和法律赋予的管辖权有必要或者有益的情形下，议会得通过法律授予最高法院补充性权力，该权力不得违反本宪法的规定。

第 141 条　最高法院宣告的法律对所有法院有约束力

最高法院宣告的法律对印度境内的所有法院都有约束力。

第 142 条　最高法院的法令和判决的执行、送达命令及其他

1. 最高法院在行使管辖权时，如果对充分、公正地处理其在审的诉讼和案件有必要的，得通过法令或者作出命令，该法令或者命令在印度全境得以议会所规定的或者议会法律规定的方式执行；在制定此类规定之前，总统得以总统令规定其执行方式。

2. 根据议会为此而制定的法律，就印度全境而言，最高法院应有为确保被传唤者到庭、送达文书以及文件出示、对藐视最高法院的行为进行调查和惩罚而作出命令的全部权力。

第 143 条　总统向最高法院咨询的权力

1. 如果总统认为出现了或者即将出现对公众而言具有重要性的法律或者事实问题，宜咨询最高法院意见的，得将该法律问题移送最高法院考量；在举行其认为必要的聆讯之后，最高法院得将其意见呈交总统。

2. 无论第 131 条但书 [……]③作何规定，总统得将 [前述但书]④ 所

---

① 原文注：原条文为 1978 年《宪法第 44 修正案》第 21 条替换。
② 原文注：为 1976 年《宪法第 42 修正案》第 24 条增加。
③ 原文注：原有的"第（1）项"为 1956 年《宪法第 7 修正案》第 29 条和附件删除。
④ 原文注：原为"前述项"，为 1956 年《宪法第 7 修正案》第 29 条和附件替换。

规定的争议移送最高法院以咨询其意见；在举行其认为必要的听证之后，最高法院应将其意见呈交总统。

第 144 条　行政和司法机关协助最高法院的义务

印度境内的所有行政和司法机关应协助最高法院。

[第 144—1 条　关于处理关涉法律合宪性问题的特别规定]①

第 145 条　法院规则等

1. 根据议会制定的法律，经总统批准，最高法院为一般性地调整最高法院的业务和程序得随时制定下列规则：

（1）关于在最高法院执业者的规则；

（2）关于上诉的审理程序和包括向最高法院提起上诉的时效在内的其他与上诉相关的规则；

（3）关于为实现第三编所赋予的权利而向本院提起诉讼的规则；

[（3—1）基于〔第 139—1 条〕② 而向本院提起诉讼的规则；]③

（4）关于根据第 134 条第 1 款第（3）项提起上诉的条件的规则；

（5）关于最高法院所宣告的判决或者所作出的命令的审查条件与包括得请求对其进行审查的期限在内的审查程序的规则；

（6）关于在最高法院进行诉讼的成本和附带成本以及收取诉讼费用的规则；

（7）关于准许保释的规则；

（8）关于中止诉讼的规则；

（9）关于以简易程序裁定上诉是否属于无意义的、无理缠讼或者故意拖延的规则；

（10）关于第 317 条第 1 款之调查程序的规则。

---

① 原文注：为 1977 年《宪法第 43 修正案》第 5 条废除。
② 原文注：为 1977 年《宪法第 43 修正案》第 6 条替换。
③ 原文注：为 1976 年《宪法第 42 修正案》第 26 条增加。

2. 根据［〔……〕①第 3 款的规定］②，根据本条制定的规则得规定任何开庭所需法官人数的下限，并得规定各个法官和法庭的权力。

3. 审理涉及本宪法解释的案件或者依据第 143 条而审理的案件的法官［〔……〕③ 最少］④ 为 5 人。

但是，如果最高法院在审理本章除第 132 条以外的其他规定所指的上诉案件时出庭法官少于 5 人，而且在聆讯过程中法庭认为上诉案件涉及本宪法解释的重大法律问题，这一问题的解决是解决上诉案件所必需的，则该法庭应将此问题移交给根据本款的规定而组成的、旨在解决存在此类问题的案件的法庭，并在接到其意见之后据之再对案件进行处理。

4. 非以公开之法庭，最高法院不得作出判决，并且非以公开法庭亦不得根据第 143 条作出报告。

5. 非以出庭审理案件的法官的多数一致，不得作出任何判决或者意见，但本条规定不妨碍持不同意见的法官发表不同的判决或者意见。

第 146 条　最高法院官员、公务员以及开支

1. 最高法院的官员和公务员应由印度首席大法官或者他所指定的法官或者官员任命。

但是，总统得以条例规定，在条例规定的范围内，不得任命非在最高法院工作者为最高法院的官员，但经咨询联邦公务员铨叙委员会的除外。

2. 在议会法律的规定范围内，印度首席大法官或者受其委托制定规则的最高法院法官或者官员得以规则规定最高法院官员和公务员的任职条件。

根据本款制定规则，涉及薪酬、津贴以及退休金的，应获得总统的批准。

---

① 原文注：部分文字为 1977 年《宪法第 43 修正案》第 6 条删除。
② 原文注：为 1976 年《宪法第 42 修正案》第 26 条替换。
③ 原文注：部分文字为 1977 年《宪法第 43 修正案》第 6 条删除。
④ 原文注：为 1976 年《宪法第 42 修正案》第 26 条替换。

3. 最高法院的行政支出，包括应向最高法院官员和公务员支付的工资、津贴以及退休金，由印度统一基金支付，最高法院收取的费用以及其他款项均应纳入基金。

第 147 条　解释

对本章和第六编第五章中所谓"涉及本宪法解释的重大法律问题"应理解为，包含涉及 1935 年《印度政府法》（包括对该法所作的所有修正或者补充规定）、枢密院的所有法令或者根据此类法令发布的命令，1947 年《印度独立法》以及根据该法律制定的所有法令之解释的情形。

第五章　印度总审计长

第 148 条　印度总审计长

1. 设印度总审计长一人，其由总统亲自签署并加盖印章的委任状任命，仅得以最高法院法官的方式和理由免除其职务。

2. 被任命为印度总审计长者，在其就任前，应依附件三规定的形式在总统或者其代表面前作出宣誓或者声明。

3. 总审计长的薪酬和任职条件由议会以法律规定，在此之前，按附件二的规定执行。

在总审计长就任之后，不得对其所享有特权和津贴，抑或对其休假和领取退休金的权利作不利于其的变更。

4. 担任总审计长者在其卸任后不得担任联邦或者邦政府官员。

5. 在本宪法和议会制定的法律规定的范围内，在印度审计和会计部（the Indian Audit and Accounts Department）供职者的任职条件和总审计长的行政权由总统经咨询总审计长后制定条例作出规定。

6. 总审计长办公室的行政支出，包括应向在该办公室服务之人员支付的工资、津贴以及退休金，由印度统一基金支付。

第 149 条　总审计长的义务和权力

总审计长，就联邦、各邦以及其他机关或者机构的账目，应履行议会以法律或者依照议会法律而规定的义务并行使相应的权力。在制定此类规定以前，总审计长对联邦和各邦账目的职权与本宪法实施前印度自治领总审计长对印度自治领和各省账目的职权相同。

［第 150 条　联邦和邦的账目格式

联邦和邦账目的格式应由总统〔根据总审计长的建议］①作出规定。］②

第 151 条　审计报告

1. 印度总审计长关于联邦账目的报告应呈交总统，总统将其移送议会两院。

2. 印度总审计长关于邦账目的报告应呈交邦总督［……］③，邦总督应将其移送邦立法会。

第六编　　［……］④ 邦

第一章　一般规定

第 152 条　定义

在本编中，除语境另有要求外，"邦"一词不包括查谟－克什米尔邦。

第二章　行　政

总　督

第 153 条　邦总督

各邦设总督一人。

---

① 原文注：为 1978 年《宪法第 44 修正案》第 22 条替换。
② 原文注：为 1976 年《宪法第 42 修正案》第 27 条替换。
③ 原文注：为 1956 年《宪法第 7 修正案》第 29 条和附件删除数词。
④ 原文注：为 1956 年《宪法第 7 修正案》第 29 条和附件删除数词。

[但是，本条规定并不排除任命同一人为两个以上邦总督的可能。]①

第 154 条　邦行政权

1. 邦行政权属于总督，其由总督直接或者经其下属官员遵照本宪法行使。

2. 不得认为本条的规定——

（1）旨在将现行法赋予其他任何机关的职权转授给总督；或者

（2）阻止议会或者邦立法会以法律将职权授予总督的下属机关。

第 155 条　总督的任命

邦总督由总统亲自签署并加盖印章的委任状任命。

第 156 条　总督一职的任期

1. 邦总督得由总统免职。

2. 邦总督得以亲笔辞呈向总统辞职。

3. 除本条前两款规定的情形外，总督每届任期 5 年，自其任职之日起计算。

在其继任者上任之前，邦总督应继续任职，即使其任期已经届满。

第 157 条　总督的任职资格

非为印度公民且年满 35 周岁者不得被任命为总督。

第 158 条　总督的任职条件

1. 总督不得担任议会或者附件一所列举的各邦立法机关的议员，议会或者邦立法机关的议员一旦被任命为总督的，则自其就任总督之日起，其在议会或者邦立法机关的议席即行空缺。

2. 总督不得担任其他有收益的职务。

3. 邦总督有权免付租金而使用其官邸，并享有议会以法律所规定的薪俸、津贴和特权。在制定此类规定之前，其薪俸、津贴和特权按附件二的规定执行。

---

① 原文注：为 1956 年《宪法第 7 修正案》第 6 条增加。

[3—1. 同一个人兼任两个或者两个以上邦总督的,其薪金和津贴应由各邦按总统令确定的比例分摊。]①

4. 在其任期内,不得削减总督的薪俸和津贴。

第159条　总督的誓言或者声明

总督或者代行总督职权者,在其就任之前,应在对该邦行使管辖权的高等法院首席法官的主持下,在首席法官缺席的情形下则在该法院最资深法官面前,以如下形式作出宣誓或者声明:

"本人……以神的名义起誓/庄严声明:本人将忠诚地履行……(邦的名称)邦总督的职责(暂行总督的职责),尽本人所能维护、保护并捍卫宪法和法律,本人将为……(邦的名称)邦的人民服务并致力于其福祉。"

第160条　非常情形下总督职权的行使

对本章未作规定的情形,如果总统认为对于邦总督在非常情形下行使其职责有必要的,总统得制定相应的规定。

第161条　邦总督赦免及中止、暂缓或者减轻某些案件判决执行等的权力

在联邦政府的管辖范围内,邦总督有权赦免、减轻、暂缓或者免除刑罚,或者中止、免除或者减轻任何人因违法而被定之罪。

第162条　邦行政权的范围

在本宪法规定的范围内,邦行政权可以拓展至邦立法机关有权立法的事项。

但是,就邦立法机关和议会有权立法之事项而言,邦行政权限于本宪法、议会所制定的法律或者其他有权机关所赋予其的权力,并受其限制。

内　阁

第163条　赞襄总督和为之提供顾问的内阁

1. 设立以首席部长为首组成的内阁,为总督行使其职权赞襄总督、供

---

① 原文注:为1956年《宪法第7修正案》第7条增加。

其垂询，但是，总督根据本宪法之规定应依其裁量行使其职权者除外。

2. 对某一事项是否为总督根据本宪法的规定可便宜行事的事项存在争议时，总督的决定为最终决定，不得以其应或者不应行使裁量权为由就总督的任何行为向法院提出诉讼。

3. 部长是否向总督提交建议，如有提交，其建议为何，此类问题法院不得审查。

第 164 条　关于部长的其他规定

1. 首席部长由总督任命，其他部长由总督根据首席部长的建议任命。部长秉承总督的意愿任其职。

但是在 [恰蒂斯加尔邦、恰尔肯德邦]①、中央邦、奥里萨邦各邦，应设立负责部族福利的部长，其得另外负责附件规定的种姓和落后阶层的福利以及其他工作。

1—1. 包括首席部长在内的内阁部长总人数不得超过该邦立法会议员数的 15%。

但是，包括首席部长在内的一邦部长总人数不得少于 12 人。

此外，在 2003 年《宪法第 93 修正案》施行之日，包括首席部长在内的内阁部长人数超过该邦立法会议员数的 15% 或者不足前述但书规定的 12 人的，应在总统以公告指定的日期之日起的 6 个月内使之与本款规定相一致。

1—2. 属于某一政党的邦立法会或者设有立法委员会的邦的立法机关之一院的议员，依据附件十第 2 条的规定而丧失该院议员的资格的，自其丧失议员资格之日起至其原任期届满之日止，或者其竞选邦立法会或者设有立法委员会的邦立法机关之一院议员的，至其宣布当选之日止，亦不得被任命为部长；前述两个截止时间以在先者为准。

2. 内阁集体向邦立法会负责。

3. 在部长任职前，总督应依附件三规定的就职宣誓和保密宣誓的形式

---

① 原文注：为 2006 年《宪法第 94 修正案》替换。

主持其宣誓。

4. 任何部长如果连续 6 个月不是邦立法机关议员，自 6 个月期限届满之日终止其部长职务。

5. 部长的薪酬和津贴由邦立法机关随时以法律作出规定；在邦立法机关就此作出规定之前，按照附件二的规定执行。

邦总检察长

第 165 条　邦总检察长

1. 各邦总督应任命有资格被任命为高等法院法官者为该邦总检察长。

2. 总检察长有职责就法律事项向邦政府提供建议，并履行总督所移送或者分配给他的其他法律职责，并行使本宪法或者根据本宪法或者其他当时暂行之法律赋予其的职能。

3. 总检察长秉承总督的意愿任职，其薪酬由总督决定。

政府的行事规则

第 166 条　邦政府的行事规则

1. 邦政府的行政行为应明示以总督的名义为之。

2. 以总督名义制定和实施的命令及其他文件，应根据由总督制定的规章中规定的方式认证，对于该命令、文件的合法性，不得以其非总督亲自制定或者实施为由提出异议。

3. 总督应制定条例以便于邦政府的事务能够更顺利地开展，并将根据本宪法要求总督应依其裁量而决定的事项以外的事项分配给各部部长。

[……]①

第 167 条　首席部长向总督通报信息的义务及其他

各邦首席部长有义务——

（1）就所有内阁作出、关于邦行政事务或者法律提案的决定与总督进

---

① 原文注：先为 1976 年《宪法第 42 修正案》第 28 条增加，后为 1978 年《宪法第 44 修正案》第 23 条删除。

行沟通；

（2）应总督的要求向其通报关于本邦行政事务或者法律提案的信息；

（3）若总督要求将部长未经内阁讨论而作出的决定交付内阁讨论，其应将该决定交付内阁讨论。

第三章 邦立法机关

一般性规定

第 168 条 邦立法机关的构成

1. 各邦均设立法机关——

（1）在［安德拉］①、比哈尔、［……］②、［中央邦］③、［……］④、［马哈拉施特拉］⑤、［卡纳塔克］⑥和［……］⑦［以及北方］⑧各邦，由总督和两院组成；

（2）在其他邦，由总督和一院组成。

2. 在立法机关为两院的邦，其立法机关一为立法委员会，二为立法会；在仅有一院的邦，其立法机关为立法会。

第 169 条 邦立法委员会的取消和设立

1. 无论第 168 条作何规定，如果邦立法会以其全部成员的多数出席，并以出席并参与表决的成员的三分之二以上多数通过决议，则立法会得以法律取消设有立法委员会的邦的立法委员会或者在未设有该委员会的邦设立立法委员会。

---

① 原文注：为 2005 年《安德拉邦立法委员会法案》第 3 条增加。
② 原文注：为"孟买"一词为 1960 年《孟买重组法案》（1960 年第 11 号）第 20 条删除。
③ 原文注：为 1956 年《宪法第 7 修正案》增加。
④ 原文注：为 1986 年《废止泰米尔纳德立法委员会法案》（1986 年第 40 号）删除。
⑤ 原文注：为 1960 年《孟买重组法案》（1960 年第 11 号）第 20 条增加。
⑥ 原文注：为 1973 年《迈索尔邦更名法案》第 4 条修正。
⑦ 原文注：为 1969 年《废止旁遮普邦立法委员会法案》（1969 年第 46 号）第 4 条删除。
⑧ 原文注：为 1969 年《废止西孟加拉邦立法委员会法案》（1969 年第 20 号）第 4 条替换。

2. 任何本条第 1 款所提及的法律应包括为实施该法而对本宪法所作的修正以及议会认为必要的补充、附带或者后续的规定。

3. 不得认为任何前述法律是第 368 条规定的宪法修正案。

第 170 条　立法会的组成

1. 根据本宪法第 333 条的规定，各邦邦立法会由该邦各地区选区以直接选举产生的 60 人以上 500 人以下的议员组成。

2. 为第 1 款的目的，各邦的地区选区的划分应以尽可能确保各地区选区人口数之比同分配给各该选区的立法会议席数之比相统一的方式确定。

[释：所谓"人口数"系指最近一次人口普查确定并公布的人口数据。

但是，在〔2026〕①年人口普查数据公布之前，本解释中的最近一次人口普查确定并公布的人口数据应视为〔2001〕②年人口普查所确定并公布的数据。]③

3. 在每次人口普查完成之后，各邦立法会的总议席数以及各邦地区选区的划分应当由立法会以法律规定的机关根据立法会以法律规定的方式调整。

但是，在当届立法会解散之前，此种调整不得影响立法会的议席状况。

[此外，上述调整应当在总统令规定之日起生效；在该调整生效之前，立法会的选举得以调整之前的地区选区为基础进行。]④

[但是，下列事项在〔2026〕⑤ 年之后的第一次普查数据公布之前，无须根据本条调整——

1）在 1971 年普查的基础上进行调整后的邦立法会总议席数；

---

① 原文注：为 2001 年《宪法第 84 修正案》替换。
② 原文注：为 2003 年《宪法第 87 修正案》第 4 条替换。
③ 原文注：为 1976 年《宪法第 42 修正案》第 29 条增加。
④ 原文注：为 1976 年《宪法第 42 修正案》第 29 条增加。
⑤ 原文注：为 2001 年《宪法第 84 修正案》第 5 条替换。

2）在2001年普查的基础上进行调整后的各邦地区选区的划分。]①

第171条　邦立法委员会的组成

1. 设有立法委员会的邦，该委员会的议员总数不得超过该邦立法会议员总数的［三分之一］②。

但是，一邦立法委员会的议员总数不得少于40人。

2. 除由法律另作规定外，邦立法委员会依照第3款的规定组成。

3. 在邦立法委员会的议员总数中：

（1）应有近三分之一由市政委员会、地区委员会以及其他议会以法律列举的该邦其他地方机关的成员组成的选举团选举产生；

（2）应有近十二分之一由在该邦居住的在印度境内的大学受过3年以上研究生教育的人或者从事议会以法律或者根据议会的法律规定的相当于受过任何前述大学的研究生教育的职业3年以上的人组成的选举团选举产生；

（3）应有近十二分之一由议会以法律规定的在该邦的中学及中学以上教育机构从事教学3年以上的人组成的选举团选举产生；

（4）应有近三分之一由邦立法会议员从非邦立法会议员中选任；

（5）其余的由总督根据第5款提名。

4. 根据第3款第（1）项、第（2）项及第（3）项选任的议员应从议会以制定的法律和根据议会所制定的法律而规定地区选区选举，前述各项以及该款第（4）项的选举应依比例代表制以单记名可转移投票制的方式进行。

5. 总督根据第3款第（5）项提名的议员应由有下列专业和实践知识的人员组成：

文学、科学、艺术、互助运动以及社会服务。

---

① 原文注：为2001年《宪法第84修正案》第5条替换。
② 原文注：为1956年《宪法第7修正案》第10条替换。

第172条　邦立法机关的任期

1. 各邦立法会，除被解散的外，从其被任命的第一次会议之日起算任期［5年］①，不得延长，5年任期届满则议会即行解散。

但是，如果正处于紧急状态，则立法会得以法律延长其任期，其延长之期限不得超过一年；在紧急状态结束后，其延长期限不得超过6个月。

2. 邦立法委员会不得解散，但其中应有近三分之一的委员在其第二年任期届满时根据议会制定的法律退休。

第173条　邦立法机关议员的资格

凡不具备下列资格者不得当选邦立法机关议员：

［（1）为印度公民，并在选举委员会专门指定的监誓人面前按照附件三规定的形式进行宣誓或者作出声明；］②

（2）任立法会议员者不得小于25周岁，任立法委员会议员者不得小于30周岁；

（3）并满足议会以法律或者根据议会法律规定的其他资格。

［第174条　邦立法机关的会期、休会与解散

1. 总督得随时召集议院或任一议院在其认为合适的时间和地点开会，但上次会期最后一次会议与下一会期的第一次会议之间的间隔不得少于6个月。

2. 总督得随时——

（1）宣布议院或者两院之一闭会；

（2）解散立法会。］③

第175条　总督向议院或者两院发表演说或者致送咨文的权利

1. 总督得向立法会，在设有立法委员会的邦得向邦立法机关之一院或

---

① 原文注：先后为1976年《宪法第42修正案》和1978年《宪法第44修正案》替换。
② 原文注：为1963年《宪法第16修正案》第4条替换。
③ 原文注：为1951年《宪法第1修正案》第8条替换。

者两院联合会议发表演说，为此得要求议员出席。

2. 无论其是否与邦立法机关在审的法案相关，总督得向邦立法机关的议院或者任一议院致送咨文，受送该咨文的议院应提供一切便利对咨文所要求讨论的事项进行讨论。

第 176 条　总督的特别演说

1. [在邦立法机构大选之后的第一个会期开始时以及每年的第一个会期]① 开始时，总督应向立法会，设有立法委员会的则向两院联席会议发表演说，并告知其召集会议的目的。

2. 调整议院或者任一院的议事规则时，应对总督演说中提及的事项的讨论时间 [……]②作出规定。

第 177 条　邦部长和总检察长在邦立法机关的权利

所有邦的部长和总检察长有权在邦立法会，设有立法委员会的则有权在两院、两院联席会议或者其可能属于的立法机关委员会发言，并可以参与其活动，但是不因本条规定而获得表决权。

邦立法机关官员

第 178 条　立法会的议长和副议长

邦立法会应尽快从其议员中选出二人分别为立法会议长、副议长；但凡议长或者副议长职位出现空缺的，立法会应另选其他立法会议员为议长或者副议长。

第 179 条　议长和副议长的空缺、辞职和免职

任立法会议长或者副议长职务的议员——

（1）在其丧失立法会议员身份时应空出该职位；

（2）得随时以亲自签署的辞呈辞去职务，其中，议长辞职的应向副议长提出，副议长辞职的应向议长提出；

---

① 原文注：为 1951 年《宪法第 1 修正案》第 9 条替换。
② 原文注：为 1951 年《宪法第 1 修正案》第 9 条删去数语。

(3) 得以立法会以当时全部议员的多数通过的决议被免职。

但是，在提出第（3）项的决议之前应先行 14 日预告提出该决议的意向，否则，不得提出该决议。

但是，无论立法会于何时被解散，议长在下一届立法会第一次会议召开之前不得离职。

第 180 条　副议长以及其他行使议长职权或者代行议长职务者的权力

1. 议长职位空缺时，其职责应由副议长行使；副议长的职位也空缺时，则由总督提名的立法会议员代行议长职务。

2. 无论何时议长缺席立法会会议，由副议长担任议长之职；副议长也缺席的，则由立法会议事规则确定的人担任议长；议事规则没有作出规定的，则由立法会指定的其他人担任议长之职。

第 181 条　在审议罢免其职务的决议时，议长或者副议长本人不得主持立法会的会议

1. 在立法会会议审议罢免其议长或者副议长职务的决议时，议长或者副议长即便在场，也不得主持该会议，并且应视为议长或者副议长缺席而适用第 180 条第 2 款的规定。

2. 在立法会审议罢免其议长职务的决议时，议长有权在立法会发言，并可参与议事，且无论第 180 条第 2 款的规定为何，其仅有权参与该决议或者该议程的其他事项的第一轮表决，但出现票数相等的情形时，其不得参与投票。

第 182 条　立法委员会主席和副主席

设有立法委员会的各邦的立法委员会应视情况选择两名议员分别任主席和副主席；一旦主席或者副主席职位出现空缺，立法委员会应视情况选择其他议员任主席或者副主席。

第 183 条　主席或者副主席的空缺、辞职和免职

任立法委员会主席或者副主席者——

（1）一旦不再是该委员会议员则应空出其职位；

（2）得随时以亲自签署的辞呈辞去其职务；主席辞职的向副主席提出，副主席辞职的则向主席提出；

（3）得被立法委员会以当时全部成员的多数通过之决议免除其职务。

但是，除非在提出第（3）项的决议之前应先行14日预告提出该决议案的意向，否则，不得提出该议案。

第184条　副主席以及其他行使主席职权者的权力

1. 主席职位空缺时，其职位的职责应由副主席行使，副主席的职位也空缺的，则由总督提名的立法委员会议员代行主席职责职务。

2. 无论何时主席缺席立法委员会会议，由副主席担任主席之职；副主席也缺席的，则由立法委员会议事规则确定的人担任主席之职；立法委员会的议事规则未作出规定的，则由该委员会指定的其他人担任主席之职。

第185条　审议罢免其职务的决议时主席或者副主席本人不得主持立法会的会议

1. 在立法委员会会议审议罢免其职务的决议时，主席或者副主席即便在场，也不得主持该会议，并且应视为主席或者副主席缺席而适用第184条第2款的规定。

2. 在立法委员会审议罢免其主席职务的决议时，主席有权在立法委员会发言，并可参与议事，且无论第189条第2款的规定为何，其仅有权参与该决议或者其他事项的第一轮表决，但出现票数相等的情形时，其不得参与投票。

第186条　议长、副议长和主席、副主席的薪俸、津贴

应向邦立法会议长、副议长和邦立法委员会主席、副主席支付邦立法机关以法律分别规定的薪俸和津贴，在邦立法机关制定此类规定之前，按照附件二规定的薪俸和津贴执行。

第187条　议会秘书处

1. 邦立法机关议院设其秘书机构。

邦立法机关中设有立法委员会的，不得以本条规定禁止其立法机关两院设立共同的秘书机构。

2. 邦立法机关得以法律规定邦立法机关之议员或者任一议院的秘书机构的招聘及其任职条件。

3. 在邦立法机关根据第2款制定规定前,总督得在咨询立法会议长或者视情况咨询立法委员会主席后,以条例对立法会或者立法委员会的秘书机构的招聘和任职条件加以规定,该条例与依前款制定的法律具有同等效力。

第188条 议员的誓言和声明

邦立法机关立法会或者立法委员会的议员在就职前应在总督或者总督委任的代表的主持下依照附件三规定的方式宣誓或者发表声明。

第189条 议院的表决、议院在议员缺额和法定人数不足时采取行动的权力

1. 除本宪法另有规定外,邦立法机关之一院之会议讨论的所有问题应由除议长、主席或者代行其职责者之外的所有出席会议的议员以多数通过。

议长、主席或者代行其职责者在第一轮表决时不得投票,但在出现票数相等的情形时,其应有并应投决定性的一票。

2. 即便其议席有空缺,邦立法机关的一院仍有权采取行动;议事后发现出席、投票或者以其他方式参与议事者中有人并无出席和表决权利或者其他权利的,议会的议事仍然有效。

[3. 除邦立法机关以法律另有规定外,邦立法机关任一院开会的法定人数为该院议员10人或者其全部议员数的十分之一。

4. 如果邦立法会或者立法委员会在开会时未达到法定人数的,议长或者主席以及代行其职责者,有义务宣布该院休会或者中止会议直至达到法定人数。]①

---

① 原文注:该两款规定此前曾为1976年《宪法第42修正案》第31条废止,后为1978年《宪法第44修正案》第45条恢复。

议员资格的丧失

第190条 议席的空缺

1. 任何人不得同时为邦立法机关两院之议员,邦立法机关应以法律规定若一人同时被选为两院议员时,其应空缺其中一院的议席。

2. 任何人不得同时为两个以上附件一所列举的邦的立法机关议员;任何人同时被选为两个以上邦立法机关议员的,在总统以条例①规定的期限届满时,其在所有各邦的议席均空缺,但其先行辞去一邦以外的其他邦立法机关议席的除外。

3. 邦立法机关议员——

(1) 出现[第191条第1款和第2款]②规定的丧失资格的情形的;

[(2) 以亲笔辞呈向立法会议长或者立法委员会主席辞职,且得到立法会议长或者立法委员会主席同意的,]③

则其议席因此空缺。

[但是,对于第(2)项所称之辞职,如果立法会议长或者立法委员会主席已经得知或者经过其他其认为合适的调查之后,认为该辞职并非真实自愿的,则不予同意。]④

4. 邦立法机关各院的议员在60日内,未经各该院批准而缺席其间该院全部会议的,该院得宣告其议席空缺。

但是,在计算前述60日期限时,议会闭会时间或者连续休会4日以上的时间不得计算在内。

第191条 议员资格的丧失

1. 凡有下列情形者,无当选及充任邦立法委员会或者邦立法会议员的资格:

---

① 原文注:1956年《防止双重议员身份条例》。
② 原文注:为1985年《宪法第52修正案》第4条替换。
③ 原文注:为1974年《宪法第33修正案》第3条替换。
④ 原文注:为1974年《宪法第33修正案》第3条增加。

（1）在印度政府或者附件一所列举的邦政府担任任何有报酬的职务，但是，该职务为邦立法机关以法律宣告的不影响其议员资格的除外；

（2）经有权法院宣告为精神不健全者；

（3）未清偿债务之破产者；

（4）非印度公民、自愿取得外国国籍者或者承诺效忠于外国者；

（5）议会或者议会以法律剥夺议员资格者。

[释：就本条而言]①，不得认为担任联邦和邦部长为在印度政府或者附件一列举的邦政府担任任何有报酬的职务者。

[2. 如果其议员资格因附件十的规定而丧失，则丧失邦立法委员会或者邦立法会议员的资格。]②

[第192条　关于议员资格丧失问题的裁决

1. 如果就是否应对邦立法机关任一议院的议员适用第191条第1款的规定而使其丧失议员资格产生争议，则该争议应移交总督裁决，其裁决为生效裁决。

2. 在对任何此类问题作出裁决前，总督应征求选举委员会的意见并应根据该意见作出裁决。]③

第193条　对未根据第188条的规定作出宣誓或者声明以及不具备资格或者丧失资格而与会或者表决者的处罚

在依照第99条的规定而为宣誓或者声明之前，或者明知其不具备议员资格或者已丧失议员资格，或者为议会或者邦立法机关的法律禁止如此行事者，而以邦立法委员会或者邦立法会之一之议员身份与会或者表决者，则其每出席会议或者参加表决一日，应向邦缴纳500卢比的罚金。

---

① 原文注：为1985年《宪法第52修正案》第5条替换。

② 原文注：为1985年《宪法第52修正案》第5条增加。

③ 原文注：先后为1976年《宪法第42修正案》第33条和1978年《宪法第44修正案》第25条替换。

邦立法机关及其议员的权力、特权与豁免权

第 194 条　邦立法机关的议院、议员与委员会的权力与特权等

1. 在本宪法及邦立法机关议事规则和议事程序规定的范围内，议员在各邦立法机关中有言论自由。

2. 邦立法机关议员不因其在邦立法机关或者其委员会的发言或者表决而受追诉；任何人不得因根据邦立法机关的职权发表报告、文章和进行表决、议事而受追诉。

3. 此外，邦立法机关得随时以法律规定邦立法机关各院、其议员以及各院委员会的权力、特权与豁免权；在制定此类规定之前，[其各院、议员以及各院委员会的权力、特权与豁免权沿用 1978 年《宪法第 44 修正案》第 15 条生效前的规定。]①

4. 对依据本宪法有权在邦立法机关任一议院或者其委员会中发言和议事者应视为该立法机关议员而适用本条第 1 款、第 2 款和第 3 款的规定。

第 195 条　议员的薪俸和津贴

邦立法委员会和邦立法会议员有权获得邦立法机关以法律规定的薪俸和津贴；在议会制定此类规定之前，其薪俸与津贴的数额及条件按照本宪法实施前印度自治领各省立法会议员的薪俸与津贴的数额及条件执行。

立法程序

第 196 条　法案的提出和通过程序

1. 在设有立法委员会的邦，除第 198 条和第 207 条规定的财政法案或者其他财政法案外，任何法案得在有邦立法委员会的邦的任一议院提起。

2. 在设有立法委员会的邦，除第 197 条和第 198 条的规定外，法案除非不经修正地获得立法机关的两院或者任一院同意，有修正案的获得两院一致同意，否则，不得视为经立法机关通过。

3. 邦立法机关在审的法案不因为一院或者两院闭会而废弃。

---

① 原文注：为 1978 年《宪法第 44 修正案》第 26 条替换。

4. 邦立法委员会在审的尚未经立法会批准的法案不因立法会的解散而废弃。

5. 邦立法会被解散的，其在审的或者其通过而立法委员会在审的法案应予以废弃。

第 197 条　对邦立法委员会处理财政法案之外的法案权力的限制

1. 设有立法委员会的邦，其立法会通过法案之后应将之移送给立法委员会——

（1）该法案为该委员会拒绝的；或者

（2）自该法案送达该委员会后，一直未获批准，时逾 3 个月的；或者

（3）立法委员会对该法案作出修改后予以通过，立法会不同意该修正案的，

立法会得根据其议事规则的规定，在同一会期或者之后的任何会期内重新通过未作修改的法案，或者附有依立法委员会建议而作的修正案或者立法委员会同意的修正案的法案，并将通过的法案移送立法委员会。

2. 立法会第二次通过法案并将之移送立法委员会的，如果——

（1）该法案被立法委员会否决的；或者

（2）自该法案送达立法委员会后一直未获批准，其时间已过一个月的；或者

（3）立法委员会对该法案作出修改后予以通过，立法会不同意该修正案的，

则视为该法案已为邦立法机关两院，以立法会第二次通过的、附有立法委员会所作的或者依照其建议所作且经立法会同意的修正案的形式通过。

3. 本条不适用于财政法案。

第 198 条　关于财政法案的特别程序

1. 财政法案不得在立法委员会提起。

2. 设有立法委员会的邦，其立法会通过财政法案之后，应将之移送立

法委员会审议，立法委员会在收到该法案之日起的 14 日内将该法案及其意见返回立法会，立法会得接受或者拒绝立法委员会的全部或者部分意见。

3. 立法会同意接受立法委员会任何意见的，则应视为该财政法案附加了立法委员会建议并为立法会采纳的修正案后为两院一致通过。

4. 立法会不接受立法委员会的任何建议的，则应视为该财政法案按立法会通过的内容而不附加立法委员会任何修正案为两院通过。

5. 如果财政法案在立法会通过后移送立法委员会审议，但在前述收到该法案之日起的 14 日内，立法委员会未将该法案返回立法会的，在前述期限届满后，应视为该财政法案按立法会通过的内容为两院通过。

第 199 条　"财政法案"的定义

1. 包含涉及下列一项或者多项事项的法案才为本章所指的"财政法案"：

（1）税收的征收、废除、豁免、变更或者规制；

（2）关于邦政府的借款、提供担保的规定，或者邦政府所承担或者将承担的金融债务的法律的修正；

（3）邦统一基金或者印度应急基金的保管，以及该两项基金的收支；

（4）邦统一基金的拨付；

（5）任何由邦统一基金支付的开支的申报或者任何此类支出数额的增加等；

（6）邦统一基金和邦公共账目的收入，或者此类账目的保管和拨付；

（7）任何与第（1）项至第（6）项所列举的事项相关的事项。

2. 不得认为规定罚金、罚款和其他财产罚或者许可费用或者服务费用的征缴的法案，或者地方当局或者其他地方机构关于税收的征收、废除、豁免、变更或者规制的法案为财政法案。

3. 如果就一项在邦立法机关提出的法案是否财政法案存在疑问，则该邦立法会议长的决定为最终决定。

4. 所有依第 198 条规定移送立法委员会审议、依第 200 条呈交总督签署的财政法案应有下院议长本人签署的证明书，证明其为财政法案。

第 200 条　法案的批准

邦立法会通过法案后，在设有立法委员会的邦由立法机关两院通过法案之后，应将其呈交总督，总督应宣布同意该法案或者拒绝同意而保留该法案呈送总统考虑。

但是，如果财政法案在呈交总督批准时，总督可以将之退回并附咨文要求邦立法机关重新审议该法案或者其中的部分规定，特别应审议其咨文所建议的修正案的必要性。当法案被这样退回之后，立法机关应据此重新审议该法案。如果立法机关再次通过该法案，无论有无修正，在呈交总督批准时，总督不得拒绝批准。

但是，如果总督认为该法案成为法律后将损害高等法院的权力并进而危及本宪法赋予高等法院的地位，应不予批准并将该法案呈送总统考虑。

第 201 条　呈送总统考虑的法案

对邦总督呈送总统考虑的法案，总统应宣布其是否同意该法案。

但是，如果该法案不是财政法案，总统得指示总督将该法案退回邦立法机关，并附第 200 条第一条但书规定的咨文。当法案被这样退回后，立法机关应于收到咨文之日起的 6 个月内对其进行审查，如果该法案再次被通过，无论有无修正案，应再次呈送总统考虑。

第 202 条　年度财政报告

1. 总督应于每个财政年度向邦立法机关各院提交该邦当年财政收支的预算报告，本编称为"年度财政报告"。

2. 年度财政报告应分别列举下列各项开支预算：

（1）本宪法所规定的应从邦统一基金支付的开支的总额；

（2）其他应从邦统一基金支付的开支的总额，

并区分收入账目开支和其他开支。

3. 下列开支为应从邦统一基金支付的开支：

（1）总督的薪俸和津贴以及其办公开支；

（2）邦立法会议长和副议长，设有立法委员会的邦的立法委员会主席和副主席的薪俸和津贴；

（3）邦所负担之债务，包括利息偿债基金和贴现的费用以及与借贷、服务和偿债相关的其他开支；

（4）高等法院法官的薪俸、津贴及退休金的开支；

（5）所有法院或者仲裁法庭执行法院裁决、令状或者判决所需款项；

（6）本宪法或者邦立法机关以法律规定的应从中支付的开支。

第203条　邦立法机关与预算有关的程序

1. 但凡应从邦统一基金支付的开支预算不必提交立法会表决，但是，不得认为本条规定禁止立法会讨论此类预算。

2. 其他开支的预算应以请求拨款的形式提交立法会，立法会有权批准或者拒绝批准任何拨款请求，或者在削减金额后批准。

3. 非有总督的建议不得提出拨款请求。

第204条　拨款法案

1. 立法会依第203条批准拨款后，应随即提出法案，规定从邦统一基金中拨付的一切款项应符合下列条件：

（1）立法会批准的拨款；

（2）应从邦统一基金支付的开支，但不得超过先前向邦立法机关提交的报告确定的金额。

2. 不得在邦立法机关之议院或者任一议院提出改变已经批准的拨款数额，或者变更其用途，或者改变从统一基金支付任何开支数额的修正案。对于某修正案是否依本款而不得提出，会议主持人的决定为最终决定。

3. 根据第205条和第206条的规定，除非根据本条规定通过的法律允许的拨款外，不得从邦统一基金支出任何资金。

第205条　补充、追加或者超支拨款

1. 有下列情形的——

（1）依第204条规定制定的法律批准的用于当下财政年度特定事项的经费不敷该年度所需的，或者当下财政年度出现了该年度财政报告中未提

及的新的事项而需要补充或者追加经费的；或者

（2）某财政年度内用于某一用项的经费超过当年批准的拨款时，

总督应向邦立法机关之一院或者两院提交另外一份财政报告，说明该项开支预算的总额，或者向邦立法会提出超支的拨款请求。

2. 第202条、第203条和第204条的规定，对本条第1款所述财政报告、开支、拨款要求，以及为应对此开支而授权从邦统一基金拨付款项，或者批准上述拨款需求的法律具有的效力，与其对年度财政报告、年度预算开支、拨款要求，以及为应对该开支而授权从邦统一基金拨付款项或者批准该拨款要求的法律，具有同等效力。

第206条　账目的表决、贷款和额外拨款的表决

1. 无论本章之前作何规定，邦立法会有权——

（1）在完成第203条规定的对拨款的表决程序以及第204条规定的拨款法案批准程序以前，提前批准该财政年度某一阶段的开支预算；

（2）为满足因规模庞大或者性质不确定而不能如常在年度财政报告中对经费需求加以详细说明的项目的非常需求而予以拨款；

（3）批准未列入财政年度经常项目的额外拨款，

并且邦立法机关有权为上述拨款之目的而以法律授权从邦统一基金中拨款。

2. 第203条及第204条的规定适用于已列入年度财政报告的开支的拨款及为满足上述开支而制定的授权从邦统一基金中提取款项的法律，同样也适用于本条第一款所述的拨款以及根据该款规定制定的法律。

第207条　关于财政法案的特别规定

1. 非根据总督的建议，不得提出或者动议关于第199条第1款第（1）项至第（6）项所列事项的法案或者修正案；此类法案不得在邦立法会提出。

但是，本款不要求动议税收的减免或者取消修正案必须有总督的建议。

2. 不得仅以其规定罚金、罚款和其他财产罚，或者许可费用或者服务费用的征缴，或者地方当局或者其他地方机构关于税收的征收、废除、豁免、变更或者规制为由，而认为一项法案或者修正案是关于前述事项的法案或者修正案。

3. 一项法案如果其批准和施行涉及从邦统一基金开支的，则邦立法机关任一议院不得通过，但总督建议该院审议该法案的除外。

第208条 议事规则

1. 邦立法机关任一议院在本宪法规定的范围内，得制定规制其程序和议事办法的规则。

2. 在第1款所述规则制定以前，以及本宪法施行之前相应省的立法机关的程序规则和议事规则在经立法会议长或者立法委员会主席修正和调整后适用于该邦立法机关。

3. 在设有立法委员会的邦，总督经咨询立法会议长和立法委员会主席后，得就两院的交流程序制定规则。

第209条 以立法机关议事法律调整财政事务的审议

为及时完成对财政事务的审议，邦立法机关得以法律调整邦立法机关各院关于财政事务或者从邦统一基金拨款的法案的审议程序及议事行为，如果邦立法机关为此而制定的法律的规定与立法机关各院根据第208条第1款而制定的规则或者依据该条第2款而适用于邦立法机关的规则或者议事规则不一致的，优先适用邦立法机关为此而制定的法律的规定。

第210条 得在立法机关中使用的语言

1. 无论第十七编作何规定，在第348条规定的范围内，邦立法机关处理事务应使用官方语言、该邦语言、印地语或者英语。

但是邦立法会议长或者立法委员会议长及其他代行其职务者，在无法用前述语言作充分表达时，得以其母语向该院发表演说。

2. 除邦立法机关以法律另作规定外，自本宪法施行之日起满15年，本条中的"或者英语"自行删除。

［但就〔喜马偕尔邦、曼尼普尔邦、梅加拉亚邦、特里普拉邦的立法机关］① 而言，本款中的"15 年"应更替为"25 年"。］②

［此外，就〔（阿鲁那恰尔邦、古阿邦与米佐拉姆邦)③的立法机关］④ 而言，本款中的"15 年"应更替为"40 年"。］⑤

第 211 条 立法机关讨论的限制

邦立法机关不得讨论任何最高法院或者高等法院法官履行职责的行为。

第 212 条 法院不得审查立法机关议事

1. 不得以邦立法机关议事不符合议事程序而质疑其合法性。

2. 邦立法机关的官员或者议员，为本宪法或者依本宪法授权负责议事程序、议会事务或者维持秩序者，其行使这些权力的行为不受任何法院的审查。

第四章 总督的立法权

第 213 条 邦立法机关休会期间总督颁布法令的权力

1. 除邦立法会处于会期外，在设有立法委员会的邦则是立法机关两院均处于会期外，如果总督认为出现了其有必要立即采取行动的情形，其得根据情势颁布必要的法令。

但是，如果无总统指示，总督不得颁布下列法令：

（1）根据本宪法，包含同样规定的法案向立法机关提出前需要得到总统批准的；或者

（2）其认为包含同样规定的法案有必要提交总统考量的；

---

① 原文注：为 1971 年《东北各区重组法案》（1971 年第 81 号）第 71 条替换。
② 原文注：为 1970 年《喜马偕尔邦法案》（1970 年第 53 号）第 46 条增加。
③ 原文注：为 1987 年《古阿邦、达曼邦和丢邦重组法案》（1987 年第 18 号）第 63 条替换。
④ 原文注：为 1986 年《阿鲁那恰尔邦法案》（1986 年第 69 号）第 42 条替换。
⑤ 原文注：为 1986 年《米佐拉姆邦法案》（1986 年第 34 号）第 39 条增加。

（3）根据本宪法，包括同样规定之邦立法机关法律，如果未提交总统考量并获得其批准，将无效的。

2. 依本条颁布的法令和邦立法机关制定并获得总督批准的法律具有同等效力，但该法令——

（1）应提交邦立法会，在设有立法委员会的邦则应提交立法机关两院；并在该立法机关重新召集之日起满6周时失效；如果在上述期限届满时，立法会通过否决该法令的决议，在设有立法委员的邦并经立法委员会同意，该法令在该否决决议二读通过之时失效；并且

（2）得随时被总督撤回。

释：如果在设有立法委员会的邦，召集邦立法机关各院重新集会的日期不同，则本款中6周的计算以二者集会日较晚者起算。

3. 如果根据本条而颁布的法令包含了某些规定，即便由邦立法机关的法律加以规定并获得总督批准也是无效的，则其自始无效。

但是，依本宪法关于邦立法机关法律与议会法律或者关于附件一之共享清单事项中的现行法律相冲突的规定，遵循总统指示而依本条公布的法令应视为邦立法机关制定并提交总统考量且获得其批准的法律。

[……]①

第五章　邦高等法院

第214条　邦高等法院

[……]②各邦应设立一高等法院。

[……]③

第215条　高等法院作为存卷法院

高等法院作为存卷法院，享有此类法院的一切权力，包括对藐视高等

---

① 原文注：为1975年《宪法第38修正案》第3条增加并溯及既往地适用，后为1978年《宪法第44修正案》第27条删除。
② 原文注：为1956年《宪法第7修正案》第29条和附件删除原有的序号。
③ 原文注：为1956年《宪法第7修正案》第29条和附件删除原有的第2款和第3款。

法院予以处罚的权力。

第 216 条　高等法院的组织

高等法院由一名首席法官以及其他总统认为有必要而任命的法官组成。

[……]①

第 217 条　高等法院法官的任命和任职条件

1. 高等法院法官应由总统在咨询印度首席大法官和邦总督后，除任命首席大法官外，还应咨询高等法院首席法官后，由总统以其亲自签署并加盖印章的委任状任命，［其中，编外或者代理法官的任期按第 224 条规定执行，其他法官的任期至其年满〔62 周岁〕②时止。］③

此外——

（1）法官得以亲笔辞呈向总统辞职；

（2）得以第 124 条第 4 款规定的免除最高法院法官的方式免除高等法院法官的职务；

（3）高等法院法官被总统任命为最高法院法官或者被总统调往印度境内的其他高等法院时，其职位空缺。

2. 非印度公民且不具备下列条件者，无被任命为高等法院法官的资格：

（1）在印度境内的担任司法职务 10 年以上者；或者

（2）在［……］④ 同一高等法院或者两个及两个以上的此类法院连续担任出庭律师 10 年以上。

[……]⑤

---

① 原文注：为 1956 年《宪法第 7 修正案》第 11 条删除了原有的但书条款。
② 原文注：为 1963 年《宪法第 15 修正案》第 4 条替换。
③ 原文注：为 1956 年《宪法第 7 修正案》第 12 条替换。
④ 原文注：为 1956 年《宪法第 7 修正案》第 29 条和附件删去数语。
⑤ 原文注：为 1976 年《宪法第 42 修正案》第 36 条增加了词语与条文，但后为 1978 年《宪法第 44 修正案》第 28 条删除。

释：就本款规定而言——

[（1）某人在印度境内担任司法职务的时间，应包括其担任司法职务后，担任高等法院出庭律师或者裁判所裁判员或者联邦或者邦下属的任何需要专门法律知识的职务的时间。]①

[（1—1）]② 某人担任高等法院出庭律师的时间，应包括自该人担任高等法院出庭律师以来，其担任［司法职务或者裁判所裁判员或者联邦或者邦下属的任何需要专门法律知识的职务的时间。]③

[（2）]④ 某人在印度境内担任司法职务或者担任高等法院出庭律师的时间，应包括本宪法施行之前，在那些在1947年8月15日前属于1935年《印度政府法》规定的印度领土的地区担任司法职务或者高等法院出庭律师的时间。

[3. 一旦就高等法院法官的年龄产生异议，则该问题应由总统经咨询印度首席法官后作出决定；总统的决定为最终决定。]⑤

第218条　某些适用于最高法院的规定准用于高等法院

第124条第4款和第5款关于最高法院将案件移送高等法院的规定也适用于高等法院将案件移送最高法院的情形。

第219条　高等法院法官的宣誓或者声明

任何被任命为［……]⑥高等法院法官者，在其任职之前，应在总督或者总督所委任的代表面前，依附件三规定的形式进行宣誓或者发表声明。

[第220条　常任法官执业的限制

自本宪法施行之后，任何曾任高等法院法官者不得在最高法院和高等

---

① 原文注：为1978年《宪法第44修正案》第28条增加。
② 原文注：为1978年《宪法第44修正案》第28条对其序号作了变更。
③ 原文注：为1976年《宪法第42修正案》第36条修改。
④ 原文注：序号为1978年《宪法第44修正案》第28条改变。
⑤ 原文注：为1963年《宪法第15修正案》第4条替换，溯及既往地适用。
⑥ 原文注：部分文字为1956年《宪法第7修正案》第29条和附件删除。

法院以外的任何法院或者机关进行辩护或者代理。

释：本条中的"高等法院"不包括在 1956 年《宪法第 7 修正案》施行前附件一第二部分规定的邦高等法院。]①

第 221 条 法官的薪酬及其他

[1. 应向各高等法院法官支付议会以法律所规定的薪俸；在制定此类规定之前，应向其支付附件二规定的薪俸。]②

2. 所有法官均享有议会或者议会所制定的法律规定的特权和津贴，以及休假和领取退休金的权利；在就此作出规定前，其享有附件二规定的特权、津贴与权利。

但是，在法官就任之后，不得对其所享有特权和津贴，或者对其休假和退休金的权利作出不利的变更。

第 222 条 高等法院法官的调任

1. 总统得在咨询印度首席大法官之后，将某高等法院法官调任至［……］③另一高等法院。

[2. 受如此调任的法官，自 1963 年《宪法第 15 修正案》施行时起，在其担任另一高等法院法官期间，在其工资之外有权获得议会以法律规定的补贴；在议会作出规定之前，该补贴得由总统以总统令作出规定。]④

第 223 条 执行首席法官的任命

当高等法院首席法官的职位出现空缺，或者当首席法官因缺席或者其他原因而无法行使其职责时，该职责得由总统为此而任命的其他高等法院法官行使。

---

① 原文注：为 1956 年《宪法第 7 修正案》第 13 条修改。
② 原文注：原第 1 款为 1986 年《宪法第 54 修正案》第 3 条替换。
③ 原文注：为 1956 年《宪法第 7 修正案》第 14 条删除。
④ 原文注：第 2 款曾为 1956 年《宪法第 7 修正案》第 14 条删除，现条文为 1963 年《宪法第 15 修正案》第 5 条增加。

[第 224 条 特别法官的任命

1. 高等法院案件数量临时增加或者出现积压时,总统认为应暂时增加该法院法官人数时,得任命确实适格者担任该高等法院的特别法官,其任期由总统规定,但不得超过两年。

2. 当首席法官以外的高等法院法官因缺席或者其他原因无法履行其职责或者被任命临时担任首席法官,总统得任命确实适格者暂行该法院法官直至常任法官复职。

3. 任何被任命为高等法院特别法官或者执行法官的人年满〔62 周岁〕①的不得担任该职务。]②

[第 224—1 条 任命退休法官出席高等法院的开庭

无论本章作何规定,高等首席法官在事先获得总统的同意后,得随时邀请曾任该高等法院法官或者其他高等法院法官者出庭并暂行该邦高等法院法官之职;接受此项邀请者,在出庭和行使职责时,有权享有总统以命令确定的津贴并享有高等法院法官的管辖权、权力和特权;除此之外,其不得被视为高等法院法官。

但是,不得以本条规定而要求前述人员出庭并暂行高等法院法官之职,其本人同意的除外。]③

第 225 条 现有高等法院的管辖权

除遵循本宪法及相关立法机关根据本宪法授权制定的法律的规定外,现有高等法院的管辖权、所执行的法律及其法官为进行审判而享有的权力,包括制定法院议事规则、规制法院庭审以及独任庭或者合议庭主持庭审的权力,均与本宪法实施前相同。

[但是,在本宪法实施前夕,高等法院对税收或者收税等事项行使初

---

① 原文注:为 1963 年《宪法第 15 修正案》替换。
② 原文注:为 1956 年《宪法第 7 修正案》第 15 条替换。
③ 原文注:为 1963 年《宪法第 15 修正案》第 7 条增加。

审管辖权时所受的限制，今后均不再适用。]①

[第 226 条　高等法院颁发特定令状的权力

1. 无论第 32 条作何规定〔……〕②，所有高等法院在其管辖权所及的地域范围内均有权向该地域范围内的任何人和机关，包括在适当情形下，向任何政府发布指令、命令或者令状，包括〔人身保护令、执行令、禁令、责成有关机关说明职权行使的理由令和调卷令，以实现第三编保障的权利或者其他目的。]③]④

2. 如果诉讼标的全部或者部分要求其所在地的高等法院行使第 1 款赋予的向任何政府、机关或者个人发布指令、命令或者令状之权力的，则无论该政府和机关所在地以及个人的住所是否在该地域范围内，高等法院均可以行使该权力。

[3. 第 1 款所述诉状而发布的临时命令或者与第 1 款所述诉状有关的诉讼产生的临时命令，如果使诉讼一方处于不利境地，无论通过禁止令和中止令，还是以其他方式，但——

（1）未向该当事人提供该诉状的副本以及其他支持该临时命令的所有文件；以及

（2）未给予该当事人陈述机会，

一旦该当事人申请撤销该命令，应将该申请的副本抄送另一方当事人，即法院为其利益而作出该命令的当事人，或者该另一方当事人的律师。高等法院应在接受申请之日起或者副本送达之日起的两周内审理该申请。如果申请日期和副本送达日期不一致，以时间较近者为准；如果该期限的最后一天，高等法院休庭的，以之后最近的高等法院开庭日的第二日为期限届满日。如果法院在此期限内未对该申请作出处理的，则该命令应

---

① 原文注：此前为 1976 年《宪法第 42 修正案》第 37 条删除，后为 1978 年《宪法第 44 修正案》第 29 条恢复。

② 原文注：部分文字为 1977 年《宪法第 43 修正案》第 7 条删除。

③ 原文注：为 1978 年《宪法第 44 修正案》第 30 条替换。

④ 原文注：为 1976 年《宪法第 42 修正案》第 38 条修改。

于该期间届满后失效；或者视情况，该期限于前述第二日届满的，则该命令在该第二日之后失效。]①

[4. 不得以本条赋予高等法院的权力侵害第 32 条第 2 款赋予最高法院的权力。]②

[第 226—1 条　不得根据第 226 条的程序审查部分法律的合宪性]③

第 227 条　高等法院对所有法院的监督权

[1. 各高等法院对有管辖权的地域范围内的所有法院和裁判所有监督权。]④

2. 在不损害前款规定一般性的前提下，高等法院得——

（1）要求法院进行汇报；

（2）制定和发布一般规则，规定调整各法院的规程；

（3）规定任何此类法院官员保存图书、目录和账本的规程。

3. 高等法院得为下级法院的执行官、书记员、职员以及在此类法院执业的代理人、辩护人、申诉人等制定收费标准。

但是，根据第 2 款或者第 3 款制定的规则，所规定的规程和标准不得与当时有效的法律不一致，并应事先获得总督的批准。

4. 不得认为本条规定授予高等法院有监督武装部队相关法律或者根据此类法律设立的法院或者裁判所的权力。

[……]⑤

---

① 原文注：为 1978 年《宪法第 44 修正案》第 30 条替换。
② 原文注：为 1978 年《宪法第 44 修正案》第 30 条替换。
③ 原文注：为 1976 年《宪法第 42 修正案》第 39 条增加；后为 1977 年《宪法第 43 修正案》第 8 条删除。
④ 原文注：先后为 1976 年《宪法第 42 修正案》第 40 条和 1978 年《宪法第 44 修正案》第 31 条替换。
⑤ 原文注：为 1976 年《宪法第 42 修正案》第 40 条增加，后为 1978 年《宪法第 44 修正案》第 31 条废除。

［第 228 条］①

［第 228—1 条　关于处理邦法律合宪性问题的特别规定］②

第 229 条　高等法院的官员、雇员及开支

1. 高等法院的官员和雇员由该法院首席法官或者其指定的该法院的其他法官或者官员任命。

但是，［……］③ 邦总督得以条例规定，在条例规定的情形下，不得任命任何与法院无关者出任与法院有关的职务，但经咨询邦公务员铨叙委员会的除外。

2. 在邦立法机关制定的法律规定的范围内，高等法院官员和雇员的任职条件由该法院首席法官制定的条例或者由首席法官授权的其他法官或者官员制定的条例规定。

但是，根据该款制定的条例，如果涉及薪酬、津贴、假期以及年金，须得到［……］④ 邦总督的批准。

3. 高等法院的行政开支，包括应向法院官员和官员支付的薪酬、津贴和年金，应从邦统一基金支付，其他高等法院所收取的费用和其他款项应纳入该基金。

［第 230 条　扩展高等法院的管辖权以及于联邦直辖领

1. 议会得以法律扩展高等法院的管辖权及于联邦直辖领或者排除其对联邦直辖领的管辖权；

2. 在邦高等法院对联邦直辖领行使管辖权的情形下——

（1）不应认为本宪法的规定授权邦立法机关增加、限制或者取消该管辖权；

---

① 原文注：1977 年《宪法第 43 修正案》第 10 条废除。
② 原文注：为 1976 年《宪法第 42 修正案》第 42 条增加，后于 1977 年《宪法第 43 修正案》第 10 条删除。
③ 原文注：部分文字为 1956 年《宪法第 7 修正案》第 29 条和附件删除。
④ 原文注：部分文字为 1956 年《宪法第 7 修正案》第 29 条和附件删除。

(2) 第 227 条所称的总督，就其涉及该直辖领范围内的下级法院的规则、规程和标准者，应解释为总统。

第 231 条　为两个或者两个以上邦设立共同的高等法院

1. 无论本章此前作何规定，议会得以法律为两个或者两个以上邦和一个联邦直辖领设立一个共同的高等法院。

2. 就该高等法院——

(1) 第 217 条所称的邦总督应解释为该高等法院管辖权范围内的所有邦的总督；

(2) 第 227 条所称的总督，就其涉及该直辖领范围内的下级法院之规则、规程和标准者，应解释为各该下级法院所在邦的总督；另外

(3) 第 219 条和第 229 条所称的邦应解释为该高等法院主要所在地的邦。

但是，如果其主要所在地位于联邦直辖领的，第 219 条和第 229 条所称的总督、公务员铨叙委员会、立法机关和邦统一基金应相应地解释为总统、联邦公务员铨叙委员会、议会和印度统一基金。]①

[第 232 条]②

第六章　下级法院

第 233 条　地区法官的任命

1. 地区法官的任命、委派及提升由邦总督经咨询在该邦行使管辖权的高等法院后进行。

2. 已在联邦或者邦任职者，仅在其任公诉人或者辩护人 7 年以上且由高等法院推荐才有资格被任命为地区法官。

---

① 原文注：为 1956 年《宪法第 7 修正案》第 16 条替换。
② 原文注：为 1956 年《宪法第 7 修正案》第 29 条和附件废除。

第 233—1 条　某些地区法官的任命及其所作出的判决等的有效性

尽管任何法院作出过任何判决或者裁定——

（1）在 1966 年《宪法第 20 修正案》施行之前，

1）对已担任各邦司法职务的人或者担任公诉人或者辩护人已满 7 年的人，将其任命为该邦地区法官；或者

2）委派、提拔或者调任此类人员为地区法官的，

除依照第 233 条或者第 235 条进行任命、委派、提拔或者调任的外，对此类人员的任命、委派、提拔或者调任不得认定其为违法或者无效，或者不得仅因对其的任命、委派、提拔或者调任未遵照上述条款的规定而归于非法或者无效。

（2）在 1966 年《宪法第 20 修正案》施行之前，对未遵照第 233 条或者第 235 条的规定而任命、委派、提拔或者调任为地区法官的人而言，其对管辖权的行使，作出的判决、裁定、宣判或者命令，或者作出的其他行为或者措施，不得被认定为非法或者无效或者不得仅因对其的任命、委派、提拔或者调任未遵照上述条款的规定而归于非法或者无效。

第 234 条　地区法官以外的司法职务的聘用

地区法官以外的邦司法人员由总督按照其为此而制定的规则，经咨询邦公务员铨叙委员会和在该邦行使管辖权的高等法院之后予以任命。

第 235 条　对下级法院的管理

对县法院及其下级法院的管理，包括邦内司法部门县法官以下司法人员的委派、提升、休假等事宜的管理权属高等法院，但本条规定不得理解为剥夺任何此类人员根据有关其待遇的法律进行上诉的权利，也不得理解为授权高等法院可按任何法律规定的待遇条件对待他们。

第 236 条　解释

在本章中——

（1）"地区法官"包括城市民事法院法官、编外地区法官、区共同法院法官、助理地区法官、简易法庭首席法官、首席治安法官、编外首席治

安法官、庭期法官、编外庭期法官和助理庭期法官；

（2）"司法局"系指完全由有意担任地区法官或者其他职位低于地区法官的民事司法岗位的人组成的部门。

第237条　将本章规定适用于某类或者数类治安法官

总督得以公告规定，自其制定之日起适用于被任命至邦司法局的人员的本章前述规定和依据前述规定而制定的规定在依其公告的规定作出保留和调整后，也适用于该邦某类或者数类治安法官。

［第七编　附件一第二部分的邦］①
第八编　［联邦直辖领］②

［第239条　联邦直辖领的行政管理

1. 除议会法律另有规定外，联邦直辖领由总统在其认为适当的范围内，通过其所任命的行政长官治理。行政长官的称呼由总统予以规定。

2. 无论第六编作何规定，总统得任命邦总督为该邦相邻的联邦直辖领的行政长官，受此任命的邦总督应独立于其邦内阁而行使该行政长官的职权。］③

［第239—1条　某些直辖领地方立法机关或者内阁的设立

1. 议会得以法律为［本地治里］④联邦直辖领设立——

（1）由选举、部分任命或者部分选举产生的人组成的机关，作为联邦直辖领的立法机关；或者

（2）内阁；

或者同时设立上述两个机构，并得以法律规定其组织、权力和职能。

---

① 原文注：第七编第238条为1956年《宪法第7修正案》第29条和附件废除。
② 原文注：为1956年《宪法第7修正案》第17条替换。
③ 原文注：为1956年《宪法第7修正案》第17条替换。
④ 原文注：为2006年《本法治里更名法案》（2006年第44号）第4条修改。

2. 不得认为本条第 1 款中的法律为第 368 条规定的本宪法的修正案，即便其包含修正本宪法或者有修正本宪法的效果的条文。]①

[第 239—1—1 条　关于德里的特别规定

1. 自 1991 年《宪法第 69 修正案》施行后，德里联邦直辖领改称为德里国家首都直辖领（在本编之后简称为国家首都直辖领），依第 239 条任命的行政长官为副总督。

2.（1）国家首都直辖领设立法会，其议席由国家首都直辖领的各选区以直接选举产生的议员充任。

（2）立法会的议席数、保留给附件所规定种姓的议席、国家首都直辖领的选区的划分（包括划分标准）以及其他立法会相关事项由议会以法律作出规定。

（3）第 324—327 条和第 329 条适用于邦、邦立法会和邦立法委员会的议员的规定同样适用于国家首都直辖领的立法会及其议员；第 326 条和第 329 条称的"有权立法机关"系指议会。

3.（1）在本宪法规定的范围内，立法会有权为国家首都直辖领的部分地区或者全部地区就适用于联邦直辖领的，邦清单第 1 项、第 2 项、第 18 项以及第 64 项、第 65 项、第 66 项中与第 1 项、第 2 项、第 18 项有关的部分之外的邦清单和共享清单的事项制定法律。

（2）本款第 1 项的规定不得损害议会根据本宪法对联邦直辖领或者其部分地区的事项进行立法的权力。

（3）如果立法会就任何事项所制定的法律的规定与其前后议会就该事项所制定的法律或者更早之前的非由立法会制定的法律相冲突，则在上述任一情形下，议会制定的法律或者更早之前的法律应优先适用，立法会制定的法律与其冲突的部分无效。

如果该立法会制定的法律呈送总统审议并获得其同意，则该法律在国家首都直辖领优先适用。

---

① 原文注：为 1962 年《宪法第 14 修正案》第 4 条增加。

此外，本项的规定不得妨碍议会就同一事项制定法律对立法会制定的法律予以补充、修改、变更或者废除。

4. 设内阁，由不超过立法会全部议员中不超过十分之一的议员组成，首席部长为内阁首脑，其为副总督行使与立法会有权立法的事项相关的职权提供协助和建议，但该事项依法应由副总督自行裁量的除外。

如果副总督与部长就某事项的意见存在分歧，则其应呈送总统决定并按照总统的决定处理；等待总统决定期间，如果副总督认为事出紧急有必要立即行动，则其有权采取行动并发布其认为必要的指令。

5. 首席部长由总统任命，其他部长则由总统根据首席部长的建议任命，总统有权免除其部长的职务。

6. 内阁集体向立法会负责。

〔7. （1）〕① 议会得立法以实施或者补充前述各款的规定，并就所有附带或者后续事项进行立法。

〔（2）不得认为本条第 1 款中的法律为第 368 条规定的本宪法修正案，即便其包含修正本宪法或者有修正本宪法的效果的条文。〕②

8. 第 239—2 条适用于本地治里联邦直辖领、其行政长官和立法机关的规定同样适用于国家首都直辖领、副总督与立法会；第 239—2 条中的"第 239—1 条第 1 款"系指第 239—1—2 条。〕③

［第 239—1—2 条　关于宪法制度失灵的规定

如果总统收到副总督的报告后或者通过其他渠道认为：

（1）出现行政长官依照第 239—1—1 条规定或者根据该条而制定的法律的规定无法处理的情形；或者

（2）为妥善治理国家首都直辖领所必需或者必要的，

则依第 239—1—1 条规定的法律，在其规定的期限内和情形下，总统

---

① 原文注：为 1992 年《宪法第 70 修正案》第 3 条替换。
② 原文注：为 1992 年《宪法第 70 修正案》第 3 条增加。
③ 原文注：为 1991 年《宪法第 69 修正案》第 2 条增加。

得以法令中止第239—1—1条或者根据该条而制定的法律的部分或者所有规定的适用,并得根据第239条和第239—1—1条的规定,就其认为对国家首都直辖领治理而言是必需或者必要的事项作出补充或者后续规定。]①

[**第239—2条　立法机关闭会期间行政长官颁布法令的权力**

1. 除〔(本地治里)② 直辖领〕③ 立法机关处于会期外,如果行政长官认为出现了有必要立即采取行动的情形,则其得根据情势颁布必要的法令。

行政长官如果未就此获得总统的指示,则不得颁布此类法令。

此外,一旦前述立法机关被解散或者其职能为根据第239—1条第1款的规定采取的措施中止的,行政长官在该解散期或者中止期内不得颁布此类法令。

2. 依本条并遵照总统的指示而颁布的法令与联邦直辖领立法机关制定的法律具有同等效力,但该法令——

(1) 应提交联邦直辖领立法机关,并在联邦直辖领立法机关重新集会之日起满6周即失效;在上述期限内联邦直辖领立法机关通过否决该法令的决议的,则该法令在该否决决议通过之时失效;并且

(2) 得随时为行政长官在获得总统的指示后予以撤回。

3. 根据本条制定的法令所作的规定,即便由联邦直辖领立法机关以法律加以规定,但因包括第239—1条第1款所指的法律规定而无效者,则其规定无效。]④

[……]⑤

---

① 原文注:为1991年《宪法第69修正案》第2条增加。
② 原文注:为2006年《本地治里更名法案》(2006年第44号) 第4条修改。
③ 原文注:为1987年《古阿邦、达曼邦以及丢邦重组法案》(1987年第18号) 第63条修改。
④ 原文注:为1971年《宪法第27修正案》第3条增加。
⑤ 原文注:为1975年《宪法第38修正案》第4条增加并溯及既往适用,后为1978年《宪法第44修正案》第32条删除。

第 240 条　总统为某些联邦直辖领制定条例的权力

1. 总统得为下列联邦直辖领的和平、进步和善治而制定条例：

（1）安达曼和尼科巴群岛；

[（2）拉克沙群岛；]①

[（3）达德拉和纳加尔哈维利；]②

[（4）达曼和丢；]③

[（5）〔本地治里④；〕]⑤

[……]⑥

[……]⑦

[但是，一旦根据第 239—1 条为〔（本地治里）⑧ 直辖领〕⑨ 设立立法机关，则自该立法机关第一次会议召开之日起，总统不得再就该联邦直辖领的和平、发展或者善治制定条例。]⑩

[此外，一旦〔本地治里〕⑪ 联邦直辖领的立法机关被解散，或者该立法机关的运行因根据第 239—1 条第 1 款所称的法律采取的措施而中止的，则在其解散或者中止期间，总统得就该联邦直辖领的和平、发展和善治制定条例。]⑫

---

① 原文注：为 1973 年《拉克代夫、米尼科伊及阿明迪维群岛改名法案》（1973 年第 34 号）第 4 条替换。

② 原文注：为 1961 年《宪法第 10 修正案》第 3 条增加。

③ 原文注：为 1962 年《宪法第 12 修正案》第 3 条增加，后为 1987 年《古阿邦、达曼邦和丢邦重组法案》（1987 年第 18 号）第 63 条替换。

④ 原文注：为 2006 年《本地治里更名法案》（2006 年第 44 号）第 4 条替换。

⑤ 原文注：为 1962 年《宪法第 14 修正案》第 5 条和第 7 条增加。

⑥ 原文注：原第（5）项为 1986 年《米佐拉姆邦法案》（1986 年第 34 号）第 39 条删除。

⑦ 原文注：原第（6）项为 1986 年《阿鲁那恰尔邦法案》（1986 年第 69 号）第 42 条删除。

⑧ 原文注：为 2006 年《本地治里更名法案》（2006 年第 44 号）第 4 条替换。

⑨ 原文注：为 1971 年《宪法第 27 修正案》第 4 条替换。

⑩ 原文注：为 1962 年《宪法第 14 修正案》第 5 条增加。

⑪ 原文注：为 2006 年《本地治里更名法案》（2006 年第 18 号）第 4 条替换。

⑫ 原文注：为 1971 年《宪法第 27 修正案》第 4 条增加。

2. 如此制定的条例得废止或者修改当时适用于该联邦直辖领的议会制定的法律或者［任何其他法律］①，其经总统宣布后，与议会制定的适用于该直辖领的法律具有同等效力。

第241条 联邦直辖领高等法院

1. 议会得以法律为［联邦直辖领］②设立高等法院或者宣布［各该直辖领］③内的任何法院为本宪法全部或者部分条款所称的高等法院。

2. 与其适用于第214条的高等法院一样，在按照议会法律的规定进行修正或者保留后，第六编第五章规定亦适用于第1款所称的各高等法院。

［3. 除本宪法有关条款和相应立法机关根据本宪法和该立法机关授权制定的法律另有规定外，所有在1956年《宪法第7修正案》施行前对联邦直辖领有管辖权的高等法院，在本宪法施行后，继续行使对该直辖领的管辖权。

4. 不得以本条减损议会将某邦高等法院的管辖权扩展及于联邦直辖领或者其部分地区，或者排除该高等法院对联邦直辖领或者其部分地区的管辖权。］④

［第242条 库格省］⑤

第九编 潘查亚特

第243条 定义

在本编中，除另有说明外——

(1) "区"指一邦之区；

(2) "村民大会"系指由在村级潘查亚特地区的村选民名册登记者组

---

① 原文注：为1971年《宪法第27修正案》第4条修改。
② 原文注：为1956年《宪法第7修正案》第29条和附件替换。
③ 原文注：为1956年《宪法第7修正案》第29条和附件替换。
④ 原文注：为1956年《宪法第7修正案》第29条和附件替换。
⑤ 原文注：为1956年《宪法第7修正案》第29条和附件废除。

成的机构；

（3）"中级"系指介于邦总督为本编的目的以公告明确规定的介于村和邦的区之间的级别；

（4）"潘查亚特"（无论其名称为何）系指农村地区依第243—2条组建的自治机构；

（5）"潘查亚特地区"系指潘查亚特的领地；

（6）"人口数"系指最近一次人口普查所确定并公布的人口数据；

（7）"村"系指总督为本编之目的以公告规定的村，其包括以此方式规定的村落。

第243—1条　村民大会

村级村民大会得行使邦立法机关以法律规定的权力和职责。

第243—2条　潘查亚特的设立

1. 各邦应根据本编的规定建立村级、中级和区级潘查亚特。

2. 无论第1款的规定为何，其人口不超过200万的邦不得设立中级潘查亚特。

第243—3条　潘查亚特的组成

1. 在本编规定的范围内，邦立法机关得以法律规定潘查亚特的构成。

各级潘查亚特的疆域的人口与应以选举充任之潘查亚特的席位的比例，但凡可行，全邦应相同。

2. 潘查亚特的席位应由潘查亚特选区以直接选举产生的人担任，为此目的应按照各选区人口和分配给该选区的席位的比例——但凡可行，此比例在该潘查亚特区应相同——将潘查亚特区分成若干选区。

3. 邦立法机关得以法律规定——

（1）村级潘查亚特主席在中级潘查亚特的发言，在没有中级潘查亚特的邦则指在区级潘查亚特的发言；

（2）中级潘查亚特在区级潘查亚特的发言；

（3）代表完全或者部分由潘查亚特区——非村级潘查亚特——构成的

选区的下院议员或者邦立法会议员在各该潘查亚特的发言；

（4）上院或者邦立法委员会的议员在其作为选民的

1）中级潘查亚特区的中级潘查亚特的发言；

2）区级潘查亚特区的区级潘查亚特的发言。

4. 潘查亚特的主席或者其他潘查亚特成员，无论其是否由潘查亚特选区以直接选举产生，在潘查亚特的会议上有表决权。

5. （1）村级潘查亚特的主席依邦立法机关以法律规定的方式选任；

（2）中级或者区级潘查亚特的主席应由其成员从成员中选任。

第243—4条　席位保留

1. 在各潘查亚特中，应为——

（1）附件规定的种姓；

（2）附件规定的部族，

保留一定席位。其席位数与直接选举产生的潘查亚特全部席位数的比例，应尽可能和在该潘查亚特区的附件规定的种姓或者部族与该区人口的比例相同。该保留席位得轮流分配给该潘查亚特中的不同选区。

2. 根据本条第1款而保留的全部席位应有不少于三分之一保留给附件规定的种姓和部族的妇女。

3. 各潘查亚特应由直接选举产生的全部席位中应有不少于三分之一的席位保留给妇女（包括保留给附件规定的种姓和部族的妇女的议席在内），该保留席位得轮流分配给该潘查亚特中的不同选区。

4. 村级或者其他级别的潘查亚特的主席职位应依法律规定的方式保留给附件规定的种姓和附件规定的部族或者妇女，但是：

——邦内各级潘查亚特保留给附件规定的种姓和部族的主席职位的数量和各级潘查亚特的全部该职位数量的比例，应和该邦附件规定的种姓和部族的人口数与该邦总人口数的比例相同。

根据本款保留的职位也应轮流分配给各级的、不同的潘查亚特。

5. 第1款和第2款的席位保留及第4款的主席职位保留（除保留给妇女之外的）在第334条规定的期限届满后应终止适用。

6. 本编的任何规定不得阻止邦立法机关制定有利于公民中弱势群体的潘查亚特席位保留或者各级潘查亚特主席职位保留的规定。

第243—5条 潘查亚特的任期及其他

1. 所有潘查亚特,除依据当时现行有效的法律而被解散外,其任期为5年,自其被任命的第一次会议之日起算,不得延长。

2. 在第1款规定的任期届满之前,当时现行有效的法律的任何修正不得导致任何级别的在其施行前已经在运行之潘查亚特解散。

3. 潘查亚特的选举应在下列时间之前完成:

(1) 在其第1款规定的任期届满之前;

(2) 自其解散之日起的6个月期限届满前。

被解散的潘查亚特的剩余任期少于6个月的,则无须依据本款规定选举旨在完成该剩余任期的潘查亚特。

4. 因潘查亚特在其任期届满前被解散而组建的新的潘查亚特的任期,为被解散的潘查亚特在如果未被解散的情形下根据第1款的规定所剩余的任期。

第243—6条 成员资格的丧失

1. 下列人员丧失当选潘查亚特成员的资格,其为潘查亚特成员者则应丧失其成员资格:

(1) 其资格依照现行有效的适用于相关邦立法机关选举的法律予以剥夺的。

对于年满21周岁者,不得以其不满25周岁而剥夺其资格。

(2) 其资格依照邦立法机关制定的法律予以剥夺的。

2. 凡就是否应对潘查亚特成员适用第1款规定剥夺其资格出现争议的,应呈交邦立法机关以法律所规定的有权机关,由其依照邦立法机关以法律规定的方式解决。

第243—7条 潘查亚特的权力、权威及职责

在本宪法规定的范围内,邦立法机关得以法律赋予潘查亚特发挥其作

为自治机关功能所必要的权力和权威,该法律得将下列权力和职责委托给所规定的、适当的各级潘查亚特:

(1) 制定经济发展和社会正义的规划;

(2) 执行被委托由其执行的经济发展和社会正义计划,包括与附件十一所列事项相关的规划。

第 243—8 条 潘查亚特的课税权与基金

邦立法机关得以法律——

(1) 授权潘查亚特依照法定的程序、在法律规定的范围内课征、收缴和使用税收、关税、通行费及其他费用;

(2) 将应由邦政府课征和收缴的税收、关税、通行费及其他费用委托潘查亚特在法律规定的条件和范围内予以课征和收缴;

(3) 对从邦统一基金中拨付给潘查亚特的财政补贴的拨付进行规定;

(4) 为分别将潘查亚特或者以其名义收到的全部资金分别计入各潘查亚特基金中以及从上述基金支出款项而规定潘查亚特基金的构成。

第 243—9 条 审查财政状况的财政委员会的组成

1. 在 1992 年《宪法第 73 修正案》施行一年内,其后在每个第 5 年期届满之后,邦总督应立即设立财政委员会以审查潘查亚特的财政状况,并就规制下列事项的原则为总督提供建议:

(1)

1) 邦与潘查亚特根据本编的规定就应由邦收取的税收、关税、通行费及费用的净收益以及各级潘查亚特就该净收益的应享份额进行分配的原则;

2) 得分配给潘查亚特或者得由其适用的税收、关税、通行费和其他费用的确定原则;

3) 从邦统一基金拨付给潘查亚特的财政资金的规则。

(2) 改善潘查亚特的财政状况所需的手段。

(3) 邦总督为潘查亚特财政利益而移交给该委员会的其他事项。

2. 邦立法机关得以法律规定该委员会的构成、其委员者应具备之资格及其选任方式。

3. 该委员会得决定其工作程序并且有权行使邦立法机关以法律赋予的职能。

4. 总督应将该委员会根据本条提出的有关采取措施的建议，连同其说明提交给邦立法机关。

第 243—10 条 潘查亚特账户的审计

邦立法机关得以法律规定潘查亚特账户的维护和审计。

第 243—11 条 潘查亚特的选举

1. 对潘查亚特选举中选民登记筹备工作进行监督、管理及控制的权力和举行选举的权力赋予邦选举委员会，其由总督任命的邦选举委员会委员组成。

2. 在邦立法机关制定的法律规定的范围内，邦选举委员会的任职条件和任期由总统以条例作出规定。

非以免除高等法院法官职务之相同方式和理由，不得免除邦选举委员会委员的职务；在其任职后，不得对其作为选举委员会委员的任职条件作出不利的变更。

3. 应邦选举委员会的请求，邦总督得任命其他对选举委员会履行第 1 款赋予的职能所必需的职员。

4. 在本宪法规定的范围内，邦立法机关得以法律对潘查亚特选举及其相关事项作出规定。

第 243—12 条 对联邦直辖领的适用

本编规定适用于联邦直辖领，在其适用于联邦直辖领时，所称的总督系指根据第 239 条任命的联邦直辖领行政长官；所称的邦立法机关或者邦立法会系指有立法会的联邦直辖领的立法会。

但是，总统得在公告中对本编的规定作保留或者调整后适用于联邦直辖领的全部或者部分地区。

第243—13条 不适用本编的特定地区

1. 本编的规定不适用于第244条第1款所指称的附件规定的地区以及第2款所指称的部族地区。

2. 本编的规定不适用于——

（1）那加兰、梅加拉亚与米佐拉姆各邦；

（2）根据当时现行有效的法律设有区委员会的曼尼普尔邦之山区。

3. 本编中——

（1）关于区级潘查亚特的规定，不适用于西孟加拉邦根据当时有效的法律设有大吉岭廓尔喀山区委员会之大吉岭区的山区；

（2）规定的解释不得损害根据该法律设立的大吉岭廓尔喀山区委员会的职能和权力。

[3—1. 第243—4条关于为附件规定的种姓保留席位的规定不适用于阿鲁那恰尔邦。]①

4. 无论本宪法的规定为何——

（1）除第1款规定的地区外，第2款第（1）项提及的邦，如果其立法会以其三分之二以上议员出席并表决且以其全部议员的多数通过决议，则邦立法机关得以法律规定将本编适用于该邦；

（2）议会得以法律扩张本编规定的适用范围，在法律中作出保留和调整之后，本编适用于第1款提及的附件规定的地区和部族地区，不得认为此类法律是第368条规定的宪法修正案。

第243—14条 既有法律和潘查亚特的存续

无论本编作何规定，任何在1992年《宪法第73修正案》施行之前已在一邦施行的有关潘查亚特的法律，其与本编的规定不一致的，在其被立法机关或者其他有权机关修正或者废除之前，或者在前述修正案施行满一年之前的任何时间里，其应继续有效。

---

① 原文注：为2000年《宪法第83修正案》第2条增加。

凡在前述修正案施行前就已经存在的潘查亚特，除其为邦立法会，在设有立法委员会的邦则由邦立法机关两院以决议解散的外，应继续存在直至任期届满。

第243—15条　禁止法院干预选举事务

无论本宪法的规定为何，

（1）有关选区的划定或者各该选区议席的分配或者依第243—11条对选区议席进行分配的法律的有效性的争议不得向法院提起；

（2）除依据或者按照邦立法机关规定的法律规定的方式向规定的有权机关提出选举请愿外，不得审查潘查亚特的选举。

第九编之一　市政府

第243—16条　定义

除另有说明外，本编中的——

（1）"委员会"系指依第243—19条组建的委员会；

（2）"区"系指邦的区；

（3）"大都市区"系指有100万或者100万以上人口，包括一个或者一个以上区以及两个或者两个以上市政府或者潘查亚特的地区，或者总督为本编的目的以公告规定其为大都市区的其他相邻地区；

（4）"市区"系指总督公告的市政府的辖区；

（5）"市政府"系指根据第243—17条设立的自治机关；

（6）"潘查亚特"系指根据第243—2条而设立的潘查亚特；

（7）"人口数"系指最近一次人口普查确定并公布的人口数据。

第243—17条　市政府的构成

1. 各邦应根据本编的规定——

（1）在过渡地区，即农村向城市过渡的地区，设立纳加尔潘查亚特（无论其名称为何）；

（2）在较小的城区设立市政委员会；或者

（3）在较大的城区设立市政府。

如果总督在对一个市区的规模以及该地区的工业企业所提供或者应提供的市政服务以及其他其认为适当的因素作出考量后，得不在该市区设立本款之市，而以公告设立工业区。

2. 在本条中，"过渡地区"、"较小的市区"或者"较大的市区"系指在总督考量该区的人口数、人口密度以及地方行政收入、非农行业就业率、经济地位以及其他其认为合适的因素后，为本编的目的以公告界定的地区。

第 243—18 条　市政府的构成

1. 除第 2 款规定的情形外，市政府的所有席位应由该市区的所有选区以直接选举产生的人担任，为此目的，应将市区分成若干选区，称为行政区。

2. 邦立法机关得以法律规定——

（1）下列人员在市政府的发言：

1）有城市管理方面的专业知识和经验者；

2）代表涵盖整个市区或者部分市区的选区的下院议员或者立法会议员；

3）在市区登记为选民的上院或者邦立法委员会议员；

4）依第 243—19 条第 5 款组成的委员会的主席。

但是，第 1）亚项所指称的人在市政府会议中无表决权。

（2）市政府主席的选举方式。

第 243—19 条　行政区委员会的组织和构成及其他

1. 在其人口达 30 万或者超过 30 万的市辖区设立行政区委员会，其由一个或者一个以上的行政区组成。

2. 邦立法机关得以法律规定——

（1）行政区委员会的构成及其辖区；

（2）行政区委员会的席位的选任方式。

3. 代表行政区委员会辖区内的行政区市政府成员为行政区委员会的委员。

4. 当行政区委员会——

（1）由一个行政区组成时，该行政区在市政府的代表；或者

（2）由两个或者两个以上行政区组成时，由该行政区委员会委员选举的上述行政区在市政府的代表，

应为各该委员会的主席。

5. 不得以本条规定限制邦立法机关就行政区委员会的构成作出补充规定。

第 243—20 条　席位的保留

1. 在市政府中，应为附件规定的种姓和部族保留一定席位，其席位与应由直接选举产生的市政府的全部席位的比例，应尽可能和在该市区的附件规定的种姓或者部族与该市区人口的比例相同，该保留席位得轮流分配给该市区的不同选区。

2. 根据本条第 1 款保留的全部席位应有不少于三分之一保留给附件规定的种姓和部族的妇女。

3. 应由直接选举产生的市政府的全部席位中应有不少于三分之一的席位保留给妇女（包括保留给附件规定的种姓和部族的妇女的议席在内），该保留席位得轮流分配给该市区的不同选区。

4. 市政府的主席职位应依法律规定的方式保留给附件规定的种姓、部族或者妇女。

5. 第 1 款和第 2 款的席位保留及第 4 款的主席职位保留（保留给妇女的除外）在第 334 条规定的期限届满后应终止其适用。

6. 本编的任何规定不得阻止邦立法机关制定有利于公民中的弱势群体的市政府席位保留或者市政府主席职位保留的规定。

第 243—21 条　市政府的任期及其他

1. 所有市政府，除依据当时现行有效的法律而被解散外，其任期为 5

年，自其被任命的第一次会议之日起算，不得延长。

在解散市政府之前，应给予其合理的听证机会。

2. 在第1款规定的任期届满之前，对现行有效的法律的任何修正不得导致在其施行前已经在运行的任何级别的市政府的解散。

3. 市政府的选举应在下列时间之前完成：

（1）在其第1款规定的任期届满之前；

（2）自其解散之日起的6个月期限届满前。

被解散的市政府的剩余任期少于6个月的，则无须依据本款规定选举组建旨在继续剩余任期的市政府。

4. 因市政府在其任期届满前被解散而组建的市政府的任期为被解散的市政府的剩余任期。

第243—22条　成员资格的丧失

1. 下列人员丧失当选市政府成员的资格，其为市政府成员的则应丧失其成员资格：

（1）其资格为或者依照现行有效的、适用于相关邦立法机关选举的法律予以剥夺的。

对于年满21周岁者，不得以其不满25周岁而剥夺其资格。

（2）其资格为或者依照邦立法机关制定的法律予以剥夺的。

2. 凡就是否应对市政府的成员适用第1款规定剥夺资格出现争议的，应呈交邦立法机关以法律所规定的有权机关，由其依照邦立法机关以法律所规定的方式解决。

第243—23条　市政府的权力、权威与职责及其他

1. 在本宪法规定的范围内，邦立法机关得以法律赋予市政府发挥其作为自治机关功能所必要的权力和权威，该法律得将下列权力和职责委托给市政府：

（1）制定经济发展和社会正义规划；

（2）执行被委托的经济发展和社会正义规划，包括与附件十二所列事项相关的规划。

2. 赋予委员会履行包括与附件十二所列事项相关的职责在内的职责所必需的权力和权威。

第243—24条　市政府的课税权与基金

邦立法机关得以法律——

（1）授权市政府依照法定的程序、在法律规定的范围内课征、收缴和使用税收、关税、通行费及其他费用；

（2）将应由邦政府课征和收缴的税收、关税、通行费及其他费用委托市政府在法律规定的条件和范围内予以课征和收缴；

（3）对从邦统一基金中拨付给市政府的财政补贴的拨付进行规定；

（4）为分别将市政府或者以其名义收到的全部资金分别计入各市政府基金中以及从上述基金支出款项而规定市政府基金的构成。

第243—25条　财政委员会①

1. 根据第243—9条设立财政委员会，其应审查市政府财政状况，并就下列事项为总督提供建议：

（1）

1）邦和市政府之间根据本编的规定，就分配给的邦得征收之税收、关税、通行费及费用的净收入以及各级市政府就该收益所享有的相应配额进行分配的原则；

2）得分配给市政府或者得由其使用的税收、关税、通行费和其他费用的确定原则；

3）从邦统一基金拨付给市政府的财政资金的规则。

（2）改善市政府财政状况所需的手段。

（3）邦总督为市政府财政利益而移交给该委员会的其他事项。

---

① 译者注：在其适用于联邦达德拉和纳加尔哈维利直辖领时，第1款中的两处"总督"均应替换为"总统"。[参见S.O. 615(E)，2004年5月21日，《印度政府公报》增刊，第二编第3条第2项，2004年5月21日]。

2. 总督应将该委员会根据本条作出的建议，以及附有说明理由的根据委员会的建议而采取的措施提交给邦立法机关。

第 243—26 条　市政府账户的审计

邦立法机关得以法律规定市政府账户的维护和审计。

第 243—26—1 条　市政府的选举

1. 对市政府选举中选民登记的筹备工作进行监督、指导和管理的权力和举行选举的权力由第 243—11 条规定的邦选举委员会行使。

2. 在本宪法规定的范围内，邦立法机关得以法律对市政府的选举及其相关事项作出规定。

第 243—26—2 条　对联邦直辖领的适用

本编规定适用于联邦直辖领，在其适用于联邦直辖领时，所称的"总督"系指根据第 239 条任命的联邦直辖领的行政长官；所称之邦立法机关或者邦立法会系指有立法会的联邦直辖领的立法会。

但是，总统得在公告中对本编的规定作保留或者调整后，将其适用于联邦直辖领的全部或者部分。

第 243—26—3 条　不适用本编的特定地区

1. 本编的规定不适用于第 244 条第 1 款所指称的附件规定的地区以及第 2 款所指称的部族地区。

2. 不得以本编的规定损害根据当时现行有效的法律在西孟加拉邦大吉岭区设立的大吉岭廓尔喀山区委员会的职能和权力。

3. 无论本宪法作何规定，议会得以法律扩大本编规定的适用范围，在法律中对其作保留和调整之后，将其适用于第 1 款提及的附件规定的地区和部族地区，不得认为此类法律是第 368 条所称的宪法修正案。

第 243—26—4 条　区规划委员会①

1. 各邦应在区一级设立区规划委员会，以统一各该区潘查亚特和市政府准备之规划，其在起草发展规划时应将该区作为整体考虑。

2. 邦立法机关得以法律对下列事项作出规定：

（1）区规划委员会的构成。

（2）各该委员会委员的选任方式。

但是，各该委员会中应有不少于五分之四的成员从由区级潘查亚特和市政府中经由选举产生的议员中按照城乡人口比例选举产生。

（3）得委托给各该委员会与区规划相关的职能。

（4）该委员会主席的选任方式。

3. 区规划委员会准备发展规划草案时，

（1）应考虑——

1）潘查亚特和市政府有共同利益的事项，包括空间规划、水和其他物理及自然资源的分享、基础设施和环境保护的统一发展；

2）包括财政和其他可支配资源的范围和种类。

（2）应咨询总督以总督令指定的机构和组织。

4. 各区规划委员会主席应根据该委员会的建议将发展规划提交给邦政府。

第 243—26—5 条　大都市规划委员会

1. 各大都市区应设立大都市委员会以为作为整体的大都市区的发展规划草案。

2. 邦立法机关得以法律对下列事项作出规定：

（1）大都市规划委员会的构成。

（2）各该委员会委员的选任方式。

但是，各该委员会中应有不少于三分之二的成员由市政府中经由选举

---

① 译者注：第 243—26—4 条的规定不适用于新德里国家首都直辖领，参见 S. O. 1125（E），2001 年 11 月 12 日。

产生的议员和大都市区潘查亚特主席从中按照城市和潘查亚特的人口比例选举产生。

(3) 在印度政府、邦政府以及其他对于履行委托给各该委员会职能所必要的机构和组织的发言。

(4) 得委托给各该委员的大都市规划和协调相关的职能。

(5) 各该委员会主席的选任方式。

3. 大都市规划委员会准备发展规划草案时——

(1) 应考虑——

1) 该大都市区市政府和潘查亚特准备的规划;

2) 潘查亚特和市政府有共同利益的事项,包括协调该区空间规划、水和其他物理及自然资源的分享、基础设施和环境保护的统一发展;

3) 印度政府和邦政府设定的总体目标和优先事项;

4) 印度政府和邦政府的机构可能投入大都市区的投资、其他财政支持及其他可支配资源的范围和类型。

(2) 应咨询总督以总督令指定的机构和组织。

4. 大都市规划委员会主席应根据该委员会的建议将发展规划提交给邦政府。

第 243—26—6 条　既有法律和市政府的维持

无论本编作何规定,任何在 1992 年《宪法第 74 修正案》施行前已在某邦施行的有关市政府的法律,其与本编的规定不一致的,在其被有权的立法机关或者其他有权机关修正或者废除之前,或者在前述修正案施行满一年之前的任何时间里,其应继续有效。

凡在前述修正案施行前就已经存在的市政府,除被邦立法会解散的,或者在设有立法委员会的邦则由邦立法机关两院以决议解散的外,应继续存在直至任期届满。

第 243—26—7 条　禁止法院干预选举事务

无论本宪法作何规定,

（1）有关选区的划定或者各选区议席的分配，或者依第243—26—1条有关选区议席进行分配的法律的有效性的争议不得向法院提起；

（2）除依据邦立法机关规定的法律规定的方式向规定的有权机关提出选举请愿外，不得审查市政府的选举。

[第九编之二　合作社

第243—26—8条　定义

在本编中，除非另有说明，否则——

（1）"受权之人"系指第243—26—17条所称之人；

（2）"委员会"系指被委以合作社的事务的指导和管理权的合作社的主管委员会或者管理机构，无论其名称为何；

（3）"合作社"系指依或者被视为依当时有效的关于合作社的法律而注册的协会；

（4）"跨邦合作社"系指其对象不限于一邦，并依或者被视为依当时有效的关于合作社的法律而注册的协会；

（5）"合作社官员"系指合作社社长、副社长、主席、副主席、秘书或者会计，并包括其他当选合作社委员会主管者；

（6）"登记官员"系指印度政府就跨邦合作社而任命的中央登记官员以及邦政府根据邦立法机关制定的有关合作社的法律而任命的合作社登记官员；

（7）"邦法律"系指邦立法机关制定的法律；

（8）"邦级合作社"系指其运作区域及于全邦并因此而为邦立法机关制定的法律界定为邦级合作社的合作社。

第243—26—9条　合作社的合并

在本编规定范围内，邦立法机关得在自愿组建、成员民主控制、成员之经济参与和自治运营的原则的基础上以法律对合作社的合并、规制和分立进行规定。

第 243—26—10 条　委员会及其官员的人数及任期

1. 合作社委员会由邦立法机关制定的法律规定的成员组成。

但是，其主管人数不得超过 21 人。

并且，由个人组成合作社，其有附件规定的种姓或者附件规定的部族或者妇女成员的，邦立法机关应以法律规定在合作社委员会中为附件规定的种姓或者部族保留一个席位、为妇女保留两个席位。

2. 当选的合作社委员会成员和合作社官员的任期为 5 年，合作社官员的任期与委员会的任期相一致。

如果主管的任期过半后出现空缺，则委员会得任命一名与空缺的主管属于同一群体的成员以填补该偶然出现的空缺。

3. 邦立法机关应以法律规定，选任具有金融、管理、财政以及其他与合作社的目标或者所从事的活动相关的专业经验的人员为合作社委员会主管。

但是，除第 1 款但书规定的 21 名主管外，如此选任的主管不得超过两人。

但是，如此任命的人在合作社的选举中不得享有委员会成员所享有的投票权，也无权当选委员会的官员。

委员会的执行主管也是委员会成员，但是，不计入第 1 款但书规定的主管人数。

第 243—26—11 条　委员会成员的选举

1. 无论邦立法机关制定的法律作何规定，委员会成员的选举应在委员会任期届满前举行，以确保新当选的委员会成员能够在即将离任的委员会成员任期届满之时上任。

2. 所有合作社的选举登记的准备的监督、指导和控制权以及合作社选举的管理权属于邦立法机关以法律规定的机关或者机构。

但是，邦立法机关得以法律规定举行各该选举的程序和准则。

第 243—26—12 条　委员会的更迭和中止及过渡期管理

1. 无论当时现行有效的法律作何规定，委员会的更迭或者中止不得超过 6 个月。

但是，在下列情形下，委员会得更替或者中止：

（1）其持续缺席的；或者

（2）不履行其职责的；或者

（3）委员会有某些不利于合作社或者其成员的利益的行为的；或者

（4）委员会的构成或者功能陷入困境的；或者

（5）邦立法机关根据第 243—26—11 条规定的机关或者机关未能依照邦法律的规定举行选举的。

但是，如果政府在合作社未持有股份，或者向其提供政府贷款、财政援助或者担保的，则不得替换或者中止各该合作社的委员会。

但是，在合作社处理财政事务时，应适用 1949 年《财政规制法》的规定。

但是，除跨邦合作社外，合作社在处理财政事务时，本款中的"6 个月"应替换成"一年"。

2. 就委员会的更替而言，被委任以处理该合作社事务的行政官员，应当在第 1 款规定的期限内举行选举并将管理权转交给当选的委员会。

3. 邦立法机关得以法律规定该行政官员的任职条件。

第 243—26—13 条　合作社账目的审计

1. 邦立法机关得以法律规定合作社的账目的保持和每个财政年度至少对各该账目进行一次审计。

2. 邦立法机关得以法律规定有资格审计合作社账户的审计师和审计公司的最低资格和经验。

3. 应由合作社全体大会任命的第 2 款所称的审计师或者审计公司对各合作社进行审计。

但是，该审计师或者审计公司应由邦政府或者邦政府为此而授权的机关批准的小组予以任命。

4. 合作社的账目的审计应在各该账目的财政年度结束的 6 个月内完成。

5. 邦法律所规定的最高合作社的账目审计报告应按照邦立法机关规定的方式提交给邦立法机关。

第 243—26—14 条　召集合作社全体大会

邦立法机关得以法律规定，在财政年度结束的 6 个月内，应召开合作社全体大会以处理该法律可能规定的事项。

第 243—26—15 条　合作社成员的知情权

1. 邦立法机关得以法律规定合作社的成员查阅合作社在日常处理与其有关的事务中保存的账本、信息和账户的权利。

2. 邦立法机关得以法律规定与会成员人数的下限和利用最少的部门层级，以确保成员参与合作社的管理。

3. 邦立法机关得以法律规定合作社成员的合作教育和培训。

第 243—26—16 条　报告

所有合作社应在财政年度结束后的 6 个月内就下列事项向邦政府指定机关作书面报告：

（1）其活动的年度报告；

（2）其账目的审计报告；

（3）合作社全体大会所批准的盈余的处理计划；

（4）合作社章程的修正案清单；

（5）关于合作社全体大会开会日期，如果恰逢选举年的，和举行选举日期的说明；

（6）登记官员依邦法的规定而要求提供的信息。

第 243—26—17 条　犯罪与刑罚

1. 邦立法机关得以法律对有关合作社的犯罪和此类犯罪的刑罚进行规定。

2. 邦立法机关根据第 1 款制定的法律应将下列行为或不作为视为犯罪加以规定：

（1）合作社或者合作社官员故意作虚假回呈或者提供虚假信息的，或者任何人不依根据邦法相关规定而授权之人的要求故意不向其提供所要求的信息的；

（2）任何人故意或者无合理理由不服从根据邦法律的规定而为的召唤、正式请求或者合法的书面命令；

（3）雇主无充分理由而未能在自从其雇员的薪酬中扣除一定额度之日起的15日内将该款项支付给合作社的；

（4）任何合作社官员或者管理人故意不将其所保管的其就职的合作社的账本、账户、文书、档案、现金、债券或者其他财产交给受权之人的；

（5）任何人在委员会和官员选举之前、期间或者之后有腐败行为的。

第243—26—18条 对跨邦合作社的适用

本编适用于跨邦合作社，但在适用时应作如下调整，即将"邦立法机关"、"邦法律"或者"邦政府"分别解释为系指"议会"、"中央法律"或者"中央政府"。

第243—26—19条 对联邦直辖领的适用

本编规定也适用于联邦直辖领。在其适用于未设立法会的联邦直辖领时，所称之立法会指根据第239条而任命的联邦直辖领行政长官；在其适用于设立立法会的联邦直辖领时，则指联邦直辖领立法会。

但是，总统得在政府公报发表通告规定本编规定或者通告所规定的部分不适用于联邦直辖领。

第243—26—20条 既有法律的继续适用

无论本编的规定为何，在2011年《宪法第97修正案》施行前在一邦施行的有关合作社的法律的规定，其与本编的规定不一致的，继续有效直至其为有权立法机关或者其他机关修改或者废止时或者至前述修正案施行满一年为止，时间以在先者为准。] ①

---

① 原文注：为2011年《宪法第97修正案》第4条增加。

第十编 附件规定的地区和部族地区

第244条 附件规定的地区和部族地区的行政

1. 附件五的规定适用于除［阿萨姆、〔（梅加拉亚、特里普拉及米佐拉姆）①］② 各邦］③ 外的［……］④ 各邦的附件规定的地区和部族地区的行政和管理。

2. 附件六的规定适用于［阿萨姆、〔（梅加拉亚、特里普拉及米佐拉姆）⑤］⑥ 各邦］⑦ 的部族地区的行政和管理。

［第244—1条 由阿萨姆邦特定部族地区构成的自治邦的设立和地方立法机关或者内阁的设立

1. 无论本宪法作何规定，议会得以法律在阿萨姆邦内设立一个由附于附件六第20条之后的表的〔第一部分〕⑧ 所规定的部族地区的全部或者部分地区构成的自治邦，并为其设立——

（1）一个机构作为自治邦的立法机关，其成员由选举产生，或者部分由提名、部分由选举产生；

（2）一个内阁；

或者同时设立二者，在上述情形下，上述机构的组织、权力与职能由法律规定。

2. 特别是本条第1款所指的法律得——

（1）规定自治邦立法机关享有排除阿萨姆邦或者其他立法机关而为自

---

① 原文注：为1986年《米佐拉姆邦法案》第39条替换。
② 原文注：为1984年《宪法第49修正案》第2条替换。
③ 原文注：为1971年《东北各区重组法案》（1971年第81号）第71条替换。
④ 原文注：为1956年《宪法第7修正案》第29条和附件删除。
⑤ 原文注：为1986年《米佐拉姆邦法案》（1986年第34号）第39条替换。
⑥ 原文注：为1984年《宪法第49修正案》第2条替换。
⑦ 原文注：为1971年《东北各区重组法案》（1971年第81号）第71条替换。
⑧ 原文注：为1971年《东北各区重组法案》（1971年第81号）第71条替换。

治邦全部或者部分就邦清单和共享清单所列的事项进行立法的权力；

（2）确定自治邦行政权所涵盖的事项；

（3）如果阿萨姆邦所征税的收益得分配给自治邦的，规定将该税收委托给自治邦；

（4）规定本宪法哪个条文中所称的邦应解释为包括自治邦在内；以及

（5）制定必要的补充、附带或者后续的规定。

3. 前述各法之修正案，如果其修正涉及第 2 款第（1）项和第（2）项规定的事项，非由议会各院三分之二以上议员出席并表决通过，不产生效力。

4. 即便本条所指的前述各法包含修改本宪法的规定或者具有修改本宪法的规定效果的规定，也不得认为其是第 368 条所指的本宪法的修正案。]①

第十一编　联邦和邦的关系

第一章　立法关系

立法权的分配

第 245 条　议会和邦立法机关的立法权限

1. 在本宪法规定的范围内，议会得为印度全部或者部分领土制定法律，邦立法机关得为邦全部或者部分地区制定法律。

2. 不得因议会法律适用于印度境外而认为其无效。

第 246 条　议会和邦立法机关有权立法的事项

1. 无论第 2 款或者第 3 款作何规定，议会就附件七清单 1（在本宪法中称为"联邦清单"）所列的事项享有排他的立法权。

---

① 原文注：为 1969 年《宪法第 29 修正案》第 2 条增加。

2. 无论第 3 款作何规定，议会享有，及在第 1 款规定的范围内［……］①，邦立法机关也享有就附件七之清单 3（在本宪法中称为"共享清单"）所列事项的立法权。

3. 在遵守第 1 款和第 2 款规定的前提下，［……］② 邦立法机关有在邦全部或者部分地区享有就附件七清单 2（在本宪法中称为"邦清单"）所列事项的排他的立法权。

4. 议会有权就任何非属于邦的印度领土的事务制定法律，即便该事项列于邦清单。

第 247 条　议会就增设法院进行立法的权力

无论本章作何规定，议会为更好地实施议会所制定的法律或者任何有关联邦清单所列事项的现行法律，得以法律增设法院。

第 248 条　其他立法权

1. 就共享清单和邦清单未作规定的事项，议会享有排他的立法权。

2. 此项权力包括各清单未提及的制定征税法律的权力。

第 249 条　议会为国家利益就邦清单的事项进行立法的权力

1. 无论本章此前作何规定，如果上院以其全部成员的三分之二以上出席和表决通过决议，认为国家利益由议会就决议中规定的、邦清单列举的事项进行立法是必要或者适当的，则在该决议生效期间，议会有权为印度全境或者部分地区就此事项进行立法。

2. 依据第 1 款通过的决议在其规定的期限内有效，但不得超过一年。

但是，如果批准延长前述决议有效期的决议依第 1 款规定的方式获得通过，则该决议继续有效，期限为一年，该期限从其依本款本应终止实施之日起计算。

3. 议会制定的、非依第 1 款通过的决议则无权立法的法律，其无权立

---

① 原文注：为 1956 年《宪法第 7 修正案》第 29 条和附件删除。
② 原文注：为 1956 年《宪法第 7 修正案》第 29 条和附件删除。

法的部分应在决议失效之日起的 6 个月期限届满后终止其效力，但在上述期限届满前已经完成或者因疏忽而未完成的事项除外。

第 250 条　紧急状态公告实施期间议会就邦清单的事项进行立法的权力

1. 无论本章此前作何规定，在紧急状态公告实施期间，议会有权为印度全境或者部分地区就邦清单列举的事项进行立法。

2. 议会制定的、非因宣告紧急状态则无权立法的法律，其无权立法的部分应在紧急状态公告停止实施之日起的 6 个月期限届满后终止其效力，但在上述期限届满前已经完成或者因疏忽而未完成的事项除外。

第 251 条　议会根据第 249 条和第 250 条制定的法律和邦立法机关制定的法律之间的冲突

不得以第 249 条和第 250 条限制邦立法机关根据本宪法而享有的立法权，但是如果邦立法机关制定的法律与议会行使前述两条之一的权力所制定的法律相冲突，无论后者制定在前还是在后，均应优先适用；邦立法机关制定的法律中与议会制定的法律相冲突的部分，在议会制定的法律施行期间，不产生效力。

第 252 条　联邦议会经有关邦同意后为两个以上邦立法的权力

1. 对于除按照第 249 条、第 250 条规定外，联邦议会原无权为各邦制定法律的任何事项，如果两个以上的邦认为宜由议会以法律为其作出规定时，在有关邦的立法机关通过如上决议后，联邦议会据此就上述事项通过的法律应属合法。如此通过的立法不仅适用于上述有关各邦，而且也适用于邦立法机关通过决议表示愿意采用该项法律的其他各邦。

2. 联邦议会如此通过的法律，可由以同样方式通过或者采用的联邦议会法令加以修正或者废止，但就适用该项法律的各邦而言，邦立法机关无权以法令对其加以修正或者废止。

第 253 条　为实施国际条约的立法

无论本章此前作何规定，议会有权为印度全境或者部分地区制定法律，以执行双边或者多边条约、协定、公约，或者其他在国际会议、组织或者其他机构所作的决定。

第 254 条　议会制定的法律和邦立法机关制定的法律的冲突

1. 如果邦立法机关制定的法律与议会就其有权立法的事项制定的法律或者与现行的、议会就共享清单所列举事项所制定的法律相冲突的，则根据第 2 款的规定，议会的立法，无论其制定是在邦立法机关法律制定之前还是之后，其与前述现行法均应优先适用，邦立法机关制定的法律中与议会的立法及现行法律相冲突的部分无效。

2. 如果［……］①邦立法机关就共享清单所列举的事项制定的法律包含任何与议会此前的立法或者现行有效的法律中关于该事项的规定相冲突的规定的，邦立法机关制定的该法，如果已经呈交总统考量并获得其批准，则在该邦优先适用。

但是，本款规定不得妨碍议会随时就相关事项制定法律，包括制定法律以补充、修改、变更以及废除邦立法机关制定的法律。

第 255 条　关于建议和事先批准作为程序事项的规定

如果议会或者［……］②邦立法机关制定的法律获得如下批准，则不得以欠缺本宪法规定的建议该法律或者事先批准为由而使该法律或者其部分条款无效：

（1）应获得总督之建议的法律，获得该总督或者总统的批准的；

（2）应获得土邦总督（Rajpramukh）的建议的法律，获得该土邦总督或者总统批准的；

（3）应获得总统的建议或者事先批准的法律，获得总统批准的。

---

① 原文注：为 1956 年《宪法第 7 修正案》第 29 条和附件删除。
② 原文注：为 1956 年《宪法第 7 修正案》第 29 条和附件删除。

第二章 行政关系

一般规定

第256条 邦和联邦的义务

各邦行政权的行使应遵守议会制定的法律以及适用于该邦的所有现行法，联邦的行政权包括在印度政府认为必要的情形下向邦发布命令的权力。

第257条 在特定事项上联邦对邦的管理

1. 各邦行政权的行使不应妨碍或者损害联邦的行政权的行使，联邦的行政权包括在印度政府认为必要的情形下向邦发布命令的权力。

2. 联邦行政权应包括就联邦认为具有全国意义和军事意义的交通线的建设和维护问题向各邦下达指示。

但本款规定并不限制议会宣布公路、水道为国家公路、军事公路或者国家水道的权力；不限制联邦对经此宣布的公路、水道的权力，也不限制作为联邦对陆、海、空军军事工程所负职责的组成部分对建设和维护交通线的权力。

3. 联邦的行政权包括向邦发布命令采取措施保护该邦内铁路的权力。

4. 如果邦在执行联邦根据第2款发布的建设和维护通信手段的命令或者第3款发布的保护铁路的命令时，其开支超出了接受该命令前该邦履行其正常职责可能发生的开支的，则印度政府应就该邦发生的该笔额外开支向该邦支付经印度首席大法官任命的仲裁员认可、默认或者确定的金额。

[第257—1条 适用联邦武装部队或者其他部队以援助各邦]①

第258条 特定情形下联邦赋予邦权力的权力

1. 无论本宪法作何规定，在征得邦总督同意的情形下，总统得附条件

---

① 原文注：为1976年《宪法第42修正案》第43条增加；1978年《宪法第44修正案》第33条废除。

地或者不附条件地委托该邦政府或者其官员处理联邦行政权所及的事项的职能。

2. 议会制定的适用于邦的法律，即便其是关于邦立法机关无权立法的事项，也得授予邦或者邦的官员或者机关以权力或者课以其义务，或者授权邦或者邦的官员或者和机关授予权力或者课以其义务。

3. 根据本条而授予邦或者邦的官员或者和机关以权力或者课以其义务的，则印度政府应就该邦发生的与行使该权力和履行该义务相关的额外行政开支向该邦支付经印度首席大法官任命的仲裁认可、默认或者确定的金额。

[第258—1条　邦将职权委托给联邦的权力

无论本宪法作何规定，邦总督在征得印度政府同意后，得附有条件或者不附条件地委托印度政府或者其官员处理该邦行政权所及之事项的职能。]①

[第259条　附件一第二部分规定的邦的武装力量]②

第260条　联邦对于印度境外领土的管辖权

印度政府可与非属印度领土的政府达成协议，行使该领土所属政府享有的行政权、立法权和司法权，但所有此类协议应受当时现行有效的关于治外权的法律的约束和制约。

第261条　公共法令、记录与法院判决

1. 在印度全境应给予联邦和各邦的公共法令、记录和法院判决以充分信任和尊重。

2. 查验第1款所称的法令、记录与法院判决以及确定其效力的方式和条件由议会制定的法律作出规定。

3. 印度境内任何地区的民事法院所作出或者通过的生效裁决或者判决在该地区内的任何地方依法均具有执行力。

---

① 原文注：为1956年《宪法第7修正案》第18条增加。
② 原文注：为1956年《宪法第7修正案》第29条和附件废除。

水域纠纷

第 262 条　邦际河流或者河谷的水域纠纷的裁决

1. 议会得以法律对邦际河流或者河谷的水域的使用、分配或者控制纠纷或者诉愿的裁决作出规定。

2. 无论本宪法作何规定，议会得以法规定：无论是最高法院抑或其他任何法院对第 1 款所述的纠纷或者诉讼无管辖权。

邦际协作

第 263 条　关于邦际委员会的规定

如果总统认为为实现公共利益有必要设立行使下列权力的委员会——

（1）调查邦之间可能产生的争议，并就其解决提出建议；

（2）调查或者讨论部分或者所有邦或者联邦与一个或者以上邦有共同利益的事项；

（3）就任何前述事项提供建议，尤其是就促进各邦在有关该事项的政策或者行动上的协作提供建议，

则依法总统得以总统令设立该委员会，并明确其所行使的职责的性质、其组织与程序。

第十二编　财政、财产、合同以及诉讼

第一章　财　政

一般规定

[第 264 条　解释

在本编中，"财政委员会"系指根据第 280 条设立的财政委员会。]①

第 265 条　非有法律授权不得课税

非有法律授权不得征缴税收。

---

① 原文注：为 1956 年《宪法第 7 修正案》第 29 条和附件替换。

第 266 条　印度和邦的统一基金和公共账户

1. 在第 267 条规定的范围内，以及和本章关于将某些税收和关税的净收益全部或者部分分配给各邦的规定的范围内，印度政府的一切税收收入，以及该政府通过发行国库券取得的一切款项、贷款、贷款与筹款预付、他人偿还政府贷款而交付的一切款项，均应纳入称为"印度统一基金"的统一基金中；邦政府的一切税收收入，邦政府通过发行国库券取得的一切款项、贷款、贷款与筹款预付、他人偿还政府贷款所交付的一切款项，均应纳入称为"邦统一基金"的统一基金中。

2. 印度政府或者代表印度政府以及邦政府或者代表邦政府而收到的其他公共款项应视情况记入印度公共账户或者邦公共账户中。

3. 非依法律的规定和为本宪法规定的目的、按照其规定的方式，不得从印度统一基金或者邦统一基金中拨付任何款项。

第 267 条　非常基金

1. 议会得以法律设立一个具有垫付款性质的非常基金，称为"印度非常基金"，并应随时将该法律确定的金额注入该基金，在等待议会依第 115 条或者第 116 条规定以法律批准拨款以前，总统可以先从此项基金中支取预付款，以应付无法预见的支出。

2. 邦立法机关得以法律设立一个具有垫付款性质的非常基金，称为"邦非常基金"，并应随时将该法律确定的金额注入该基金，在等待邦立法机关依第 205 条或者第 206 条规定以法律批准拨款以前，[……]① 总督可以先从此项基金中支取预付款，以应付无法预见的支出。

联邦和邦之间的税收分配

第 268 条　由联邦课征但由邦收缴并拨给邦的税

1. 联邦清单所列的印花税、医药及化妆品的消费税，应由印度政府课征，但是其收缴——

---

① 原文注：为 1956 年《宪法第 7 修正案》第 29 条和附件删除。

（1）若在［联邦直辖领］① 内课征收该税，由印度政府收缴；

（2）在其他情形下，其他课征的税分别由邦收缴。

2. 各财政年度在各邦课征的上述税的收益不纳入印度统一基金，而应分配给各邦。

[**第 268—1 条　由联邦课征但由联邦和邦收缴并拨给联邦和邦的劳务税**

1. 劳务税由印度政府课征，其由印度政府和邦按照第 2 款规定的方式收缴并分配。

2. 各财政年度依第 1 款课征的税应依议会和以法律所规定的收缴和划拨原则，

（1）由印度政府和邦收缴；

（2）拨给印度政府和邦。]②

第 269 条　由联邦课征和收缴但分配给邦的税

[1. 销售或者消费税和寄售税由印度政府课征和收缴，但应分配给各邦，而且应视为已在 1996 年 4 月 1 日分配给各邦，就第 2 款规定之事项而言，视为在 1996 年 4 月 1 日之后分配给各邦。

释：就本款规定而言——

（1）"销售或者消费税"系指对邦际商业贸易中除报纸以外的货物买卖课征的税；

（2）"寄售税"系指对发生于邦际商业贸易的货物寄售（无论其寄售于制造者或者任何其他人）课征的税。

2. 各财政年度的税收的净收益，除应划拨给联邦直辖领的部分外，不应记入印度统一基金，应分配给在年度可征收该税的邦，其分配应根据议会以法律所确定的分配原则进行。]③

---

① 原文注：为 1956 年《宪法第 7 修正案》第 29 条和附件替换。
② 原文注：为 2003 年《宪法第 88 修正案》第 2 条增加。
③ 原文注：为 2000 年《宪法第 80 修正案》第 2 条替换。

3. 在这种情形下，在邦际商业贸易中发生［货物买卖或者寄售］①，其确定原则得由议会得以法律作出规定。

［第 270 条　由联邦和邦课征和分配的税

1. 除第 268 条和第 269 条所提及的税收和关税外，联邦清单所提及之所有税收和关税以及与之相应的第 271 条所提及的税收和关税的附加税以及为议会制定的法律之特定目的而课征的附加税须由印度政府课征和收缴，并由联邦和邦按照第 2 款规定的方式分配。

2. 在各财政年度任何税收或者关税的净收益中规定一定比例不记入印度统一基金，但是，应将之分配给得征收该税收和关税的邦，并按照第 3 款规定的方式和时间分配给各邦。

3. 在本条中，"规定的"——

（1）在设立财政委员会前，是指由总统以总统令规定的，并且

（2）在财政委员会设立后，是指总统在考量财政委员的建议后以总统令规定。］②

第 271 条　为联邦的目的而征收的特定关税和税收的附加税

无论第 269 条和第 270 条作何规定，议会得随时为联邦的目的以附加税的方式提高该条文中所提及的税收和关税，该附加税的全部收益纳入印度统一基金。

［第 272 条　由联邦课征和收缴的、得分配给联邦和邦的税收］③

第 273 条　黄麻和黄麻产品出口税补助

1. 每年应从印度统一基金中按照规定对阿萨姆、比哈尔、奥里萨、西孟加拉各邦拨付税收补贴，以代替本应划归各邦的黄麻及黄麻制品的出口税留成。

---

① 原文注：为 1982 年《宪法第 46 修正案》第 2 条替换。
② 原文注：为 2000 年《宪法第 80 修正案》第 3 条替换。
③ 原文注：为 2000 年《宪法第 80 修正案》第 4 条废除。

2. 在印度政府继续对黄麻与黄麻制品收征出口税期间，或者本宪法实施满 10 年以前（两个时间以在前者为准），应每年从印度统一基金中支付上述规定款项。

3. 在本条中，所谓"规定的"其含义同第 270 条的解释。

第 274 条　其涉及与邦有利益关系的税收的法案应事先获得总统的推荐

1. 任何课征或者变更与邦有利益关系的税收或者关税的，或者变更印度所得税相关法律界定的"农业所得"的，或者涉及本章此前各项规定确立的、规定某些资金应分配或者分配的原则，或者那些本章此前规定提到的联邦的目的而课征的附加税的法案或者修正案，事先获得总统的推荐外，不得在邦立法机关任一院提出或者动议。

2. 在本条中，"与邦有利益关系的税收或者关税"系指：

（1）税收或者关税，其净收益的全部或者部分分配给任一邦者；或者

（2）税收或者关税，目前应参照其当时净收益的额度从印度统一基金向任一邦支付财政补贴者。

第 275 条　联邦对特定邦的拨款

1. 每年应从印度统一基金中，按照议会以法律确定的数额，向议会所确定的需要援助的邦支付财政补贴，向各邦支付的数额可以不同。

但是，应从印度统一基金中，以财政补贴方式向一邦支付如下本金总额及常规金额，其应能弥补该邦为执行经印度政府批准的、旨在增进该邦中的附件规定的部族的福利或者提高该邦中附件规定的地区的管理水平，使之达到该邦其他地区的管理水平的发展计划而发生之成本。

此外，应从印度统一基金中，以财政补贴的方式向阿萨姆邦支付相当于如下本金总额和常规金额的财政补贴：

（1）本宪法实施前两年内，附件六第 20 条的附表［第 1 部分］① 所列的部族地区的行政开支超出当年收入的超支部分的年平均数额。

---

① 原文注：为 1971 年《东北区各重组法案》（1971 年第 81 号）第 71 条替换。

（2）该邦为执行经印度政府批准的、为提高上述地区的管理水平，使之达到该邦其他地区水平的发展计划而发生的成本。

[1—1. 自依第244—1条设立自治邦之日起，包括当日——

（1）如果该自治邦包括了所有上述部族地区，则以上第1款第二条但书第（1）项所述拨付款项应全部付给该自治邦。如果该自治邦仅仅包括其中部分部族地区，则此项拨款应根据总统的命令规定，在阿萨姆邦与自治邦间进行分配。

（2）为使该自治邦的行政水平达到阿萨姆邦其余地区的水平，该自治邦可以实施经过印度政府批准的发展计划。从印度统一基金中为该自治邦拨付的作为岁入补助拨款的款项（包括资金和经常经费在内）应等于上述发展计划的成本费用。]①

2. 在议会根据第1款作出规定之前，该款赋予议会的权力应由总统以总统令行使，总统依据该条而发布的任何总统令在议会依其而作出规定的范围内有效。

但是，在财政委员会设立后，非经考量财政委员会的建议，总统不得依该款发布总统令。

第276条 职业税、贸易税、行业税及就业税

1. 无论第246条作何规定，不得以其与所得税相关为由，而使为了邦或者该邦的市政委员会、地区委员会、地方委员会或者其他地方机关的利益而课征之职业税、贸易税、行业税或者就业税无效。

2. 个人应向邦或者该邦的市政委员会、地区委员会、地方委员会或者其他地方机关支付的职业税、贸易税、行业税或者就业税的总额每年不得超过［2500卢比］②。

［……］③

---

① 原文注：为1969年《宪法第22修正案》第3条增加。
② 原文注：为1988年《宪法第60修正案》第2条替换。
③ 原文注：但书为1988年《宪法第60修正案》第2条删除。

3. 不得认为前述邦立法机关就职业税、贸易税、行业税或者就业税制定法律的权力以任何方式限制了议会就职业、贸易、行业或者就业征收所得税的事项制定法律的权力。

第 277 条　维持

本宪法开始实施前，邦政府、市或者地方机构和团体为本邦、市、地区或者其他地方使用合法征收的各种税费，即使属于联邦清单中所列事项，在议会未另作法律规定以前仍可继续征收，并应用于原来的用途。

[第 278 条　附件一第二部分的邦就某些财政事务的协议]①

第 279 条　"净收益"等的计算

1. 在本章此前各规定中的"净收益"系指税收和税收扣除其收缴成本之后的收益，各规定所指在各地区或者划归各该地区的税收或者关税的净收益或者部分税收或者关税的净收益应由印度总审计长核实并予以证明，其证明书为最终证明。

2. 根据前款规定以及本章其他条款的明确规定，在依据本编的规定应将或者得将关税或者税收分配给邦的情形下，议会得以法律或者总统得以总统令规定收益的计算方式、自何时或者于何时以及应以何种方式而为该支付、财政年度间调整之作出、任何其他附带事项以及杂项。

第 280 条　财政委员会

1. 在本宪法施行之日起的两年内，其后每第 5 年期届满之后或者在总统认为合适的其他较早的时间，总统得以总统令设立财政委员会，其由总统任命的委员会主席和其他 4 名委员组成。

2. 邦议会得以法律规定该委员会委员应具备的资格及其选任方式。

3. 委员会有义务就下列事项向总统提供建议：

（1）根据本章规定应该由联邦与各邦分享的捐税的实收税款在联邦与各邦之间以及在各邦之间的分配比例；

---

① 原文注：为 1956 年《宪法第 7 修正案》第 29 条和附件废除。

（2）印度统一基金为各邦拨付税收补助拨款的原则；

[（2—1）根据邦财政委员会的建议而提出增加邦统一基金以补充该邦内的潘查亚特收入所需之措施；]①

[（3）根据邦财政委员会的建议而提出增加邦统一基金以补充该邦内的城市之收入所需之措施；]②

[（4）]③ 总统为良好财政利益而移交给该委员会的其他事项。

4. 该委员会得决定其程序并且有权行使议会以法律赋予的职能。

第281条　财政委员会的建议

总统应将财政委员会根据本宪法规定作出的所有建议，附上对根据该建议而采取的措施的解释性备忘录提交给议会各院。

其他财政规定

第282条　可由联邦或者邦以其财政收入支付的开支

联邦或者邦得为任何公共目的拨款，无论议会或者邦立法机关就该目的是否有立法权。

第283条　统一基金、应急基金以及记入公共账户的资金的保管及其他

1. 印度统一基金和印度应急基金的保管，各该基金的收支，除记入各该基金之外的、印度政府或者代表印度政府收受的公款的保管，该公共账户的收支，以及与前述事项相关的事项或者补充事项由议会制定的法律调整；在议会就此作出规定前，应由总统制定的条例调整。

2. 邦统一基金和邦应急基金的保管，各该基金的收支，除记入各该基金之外的、邦政府或者为代表邦政府收受的公款的保管，该公共账户的收支，以及与前述事项相关的事项或者补充事项由邦立法机关制定的法律调

---

① 原文注：为1992年《宪法第73修正案》第3条增加。
② 原文注：为1992年《宪法第74修正案》第3条增加。
③ 原文注：序号为1992年《宪法第74修正案》第3条变更。

整；在邦立法机关就此作出规定前，应由邦总督［……］① 制定的条例调整。

第284条　保证金存款以及公务员和法院收到的其他资金的保管

所有收到的或者存入的资金——

（1）处理联邦或者本邦事务的官员，因履行职务而收取或者保管的款项，但由印度政府或者邦政府征收或者收取的税款或者公款除外；

（2）印度国内所有法院为任何诉讼、事项、账目或者个人而收取、保管的款项，

应视情况存入印度公共账户或者邦公共账户。

第285条　联邦财产在各邦免税

1. 除议会以法律另的规定的外，邦或者邦内之有权机构不得对联邦财产课税。

2. 在本宪法施行前，该财产是可课税的或者视为可课税的，除议会以法律另行规定外，不得以第1款规定阻止该邦继续对其课税。

第286条　课征货物销售税的限制

1. 邦法律不得或者授权课征下列货物销售税：

（1）该货物销售发生于该邦之外的；或者

（2）该货物销售发生于进、出口印度过程中的。

［……］②

［2. 议会得以法律规定确定在第1条规定的方式下何时发生货物销售之原则。

〔3. 任何邦法，但凡对或者授权对：

（1）议会以法律所宣告的、对邦际贸易和商业具有特殊重要性的货物买卖，进行课税的；

---

① 原文注：为1956年《宪法第7修正案》第29条和附件所删除。
② 原文注：为1956年《宪法第6修正案》第4条删除。

（2）课征的销售税，其为第 366 条第 29—1 款第（2）项、第（3）项或者第（4）项性质的税收者，应受议会所制定的有关课税、税率以及其他事项的法律的限制和条件的约束。]①]②

第 287 条　电力免税

除议会以法律另行规定外，邦法律不得对或者授权对下列电（无论其由政府或者其他人所生产）的消费和销售课税：

（1）其为印度政府消费或者销售给印度政府以供其之用的；或者

（2）印度政府为铁路的建设、维护及运营，或者铁路运营公司为其运营的铁路的建设、维护或者运营而消费的电力，或者销售给政府或者上述铁路公司以供其建设、维护或者运营铁路之用的，

各该对或者授权对电进行课税之法律应确保销售给印度的以供印度政府消费之用的或者销售给前述铁路公司以供其建设、维护或者运行铁路之用的电的价格，应为向其他用电大户开出的价格扣除其税额后的价格。

第 288 条　特定情形下邦不得对水、电课税

1. 除总统以总统令另作规定外，在本宪法施行前在一邦施行的法律得对或者授权对由现行法律或者议会为规制或者发展邦际的河流或者河谷而制定的法律设立的机关储存、生产、消费、分配或者销售的水或者电进行课税。

释：本条中"施行的法律"包括在本宪法施行前一邦所通过或者制定的且未必废除的法律，即便其部分或者全部之后在该邦全部地区或者部分地区失效。

2. 邦立法机关得以法律课征或者授权课征第 1 款所提及的税，但此类法律如果未提请总统考量并获得其同意，则不产生效力；如果其他机关依据该法律以条例或者命令规定该税收税率或者其他相关事项的，除事先获得总统的同意外，该条例或者命令无效。

---

① 原文注：为 1982 年《宪法第 46 修正案》第 3 条替换。
② 原文注：为 1956 年《宪法第 6 修正案》第 4 条替换。

第 289 条　对邦的财产和收入免征联邦税

1. 对邦的财产和收入免征联邦税。

2. 在议会有权以法律对邦政府或者代表邦政府从事的贸易或者商业，或者与之相关的其他业务，或者为该贸易或者商业目的而使用或者占有的财产，或者由此生或者产生的收入作出规定的情形下，不得以第 1 款禁止联邦课税或者授权课税。

3. 第 2 款不适用于那些被议会以法律宣告为与政府一般职能相关的某一项或者某一类贸易或者商业。

第 290 条　关于就特定开支和退休金所作的调整

根据本宪法的规定，从印度统一基金或者邦统一基金支付的法院或者委员会的开支，或者应向在本宪法施行之前在英王驻印度政府供职或者在本宪法施行之后从事联邦或者邦事务者支付的退休金，如果其有以下情形：

（1）从印度统一基金向为实现邦之特别需求之法院或者委员会，或者向曾经全职或者兼事邦之事务者支付的；或者

（2）从邦统一基金向为实现联邦之特别需求的法院或者委员会，或者向曾经全职或者兼事联邦之事务者支付的，

则应从邦统一基金，或者视情况，从印度统一基金或者其他邦的统一基金支付。各该基金的应支付的开支或者退休金的份额协议确定；未有协议的，由印度首席大法官任命的仲裁员决定。

［第 290—1 条　向特定的庙产基金注入的年度资金

喀拉拉邦统一基金中每年应向特拉凡柯尔庙产基金（Travancore Devaswom Fund）支付 360 万卢比；〔泰米尔·纳德邦〕①统一基金每年应向该邦所设立的为维护自 1956 年 11 月 1 日起由特拉凡柯尔—柯钦邦转入该邦的

---

① 原文注：为 1968 年《马德拉斯更名法案》（1968 年第 53 号）第 4 条替换。

印度教寺庙的庙产基金。]①

[第291条　向各土邦首领支付的岁入部分的数额]②

第二章　借　款

第292条　印度政府的借款

在议会随时以法律确定的范围内，联邦政府有权以印度统一基金为担保贷款。数额的限度由上述法律规定。

第293条　邦的贷款

1. 在本条规定的范围内，邦政府有权在该邦立法机关随时以法律确定的范围内，在印度境内以该邦统一基金作为担保借款。数额的限度由上述法律规定。

2. 印度政府在议会以法律规定的条件下，得贷款给邦政府；或者，在292条确定的范围内，为邦的贷款进行担保。各该贷款所需支付的款项从印度统一基金支付。

3. 如果邦尚未偿还其向印度政府或者其前任政府的贷款，或者其未偿还的贷款是由印度政府或者其前任政府提供担保的，则未征得印度政府的同意，其不得再贷款。

4. 在印度政府规定的其认为适当的条件下，得给予第3款所指的同意。

第三章　财产、契约、权利、债务、义务与诉讼

第294条　特定情形下财产、固定资产、权利、债务和义务的继承

自本宪法实施之日起——

（1）本宪法实施前，印度自治领政府及印度总督下属省政府支配的英

---

① 原文注：为1956年《宪法第7修正案》第19条所增加。
② 原文注：为1971年《宪法第26修正案》第2条废除。

王政府财产和资产自本宪法实施后，应分别归属印度联邦及相应各邦；

（2）印度自治领政府与印度总督下属各省政府的一切权利、债务及义务，不论基于契约产生的还是其他原因导致，自本宪法实施后应分别成为印度政府及各相应邦政府的权利、债务与义务；

但是由于本宪法实施前建立了巴基斯坦自治领、西孟加拉省、东孟加拉省、西旁遮普省、东旁遮普省等省，必须作出调整予以规制。

第295条 其他情形下财产、固定资产、权利、债务和义务的继承

1. 自本宪法施行之日起——

（1）所有在本宪法施行之前归由与附件一第二部分所列各邦相对应的印度土邦所有的财产和固定资产，如果在本宪法施行前持有该财产和固定资产的目的在本宪法施行后成为与联邦清单中所列事项相关的联邦目的的，应归联邦所有；

（2）与附件一第二部分所列各邦相对应的土邦政府的权利、债务和义务，无论其是否源于契约，如果在本宪法施行前该权利的取得、债务或者义务的发生的目的在本宪法施行后成为与联邦清单中所列事项相关的联邦目的的，应为印度政府的权力、债务和义务，

但其受印度政府为此而与该邦政府达成的协议的约束。

2. 就第1款规定之外的所有财产和固定资产，所有权利、债务和义务，无论其是否源于契约，在前述各款规定的范围内，由附件一第二部分所列各邦的政府作为对应的各土邦政府的继承者自本宪法施行之日起继承。

第296条 因归还、取得时效或者无主财产而获得的财产

在本宪法下述条款规定的范围内，印度境内的任何财产，其非因本宪法的施行，将以归还、取得时效或者为无合法的所有人的无主物而归由国王所有，或者视情况而归印度土邦的首领所有的，其位于一邦之中的，归该邦所有；其他情形则归联邦所有。

但是，如果非有本宪法的施行则应归由国王或者印度土邦首领所有的

财产,在本宪法施行之日由印度政府或者邦政府占有或者控制的,则应根据其使用或者持有的目的邦而归联邦或者该邦所有。

释:在本条中,"首领"以及"印度土邦"的含义同第363条的解释。

[**第297条 领水或者大陆架内的有价值的资源和专属经济区内的资源属于联邦**

1. 所有印度的领水、大陆架或者专属经济区内的土地、矿产以及海堤的有价值资源均属于联邦,应为联邦的目的而拥有的。

2. 专属经济区内的所有其他资源也属于联邦,应为联邦之目的而拥有的。

3. 印度的领水、大陆架、专属经济区以及其他海域的边界由议会制定的法律或者根据议会制定的法律随时规定。]①

[**第298条 从事贸易的权力及其他**

联邦和各邦政府有权从事贸易或者商业,有权征收、持有和处分财产,并有权为任何目的而订立契约。

但是——

(1) 如果该项贸易或者商业或者其目的不在议会立法权范围内的,则前述联邦政府在各邦应受各该邦立法的约束;

(2) 如果该项贸易或者商业或者目的不在邦立法机关立法权范围内的,则前述邦政府应受议会立法的约束。]②

第299条 契约

1. 联邦或者邦行使行政权而订立的契约应由总统或者,邦总督〔……〕③签订;所有行使该权利而订立的契约或者所作财产担保,应以总统或者总督所指示或者委任的人依指示或者委托的方式以总统或者总督〔……〕④

---

① 原文注:为1976年《宪法第40修正案》第2条替换。
② 原文注:为1956年《宪法第7修正案》第20条替换。
③ 原文注:为1956年《宪法第7修正案》第29条和附件删除。
④ 原文注:为1956年《宪法第7修正案》第29条和附件删除。

的名义执行。

2. 无论总统抑或总督［……］① 均不就为本宪法或者迄今为止仍有效之与印度政府相关的法律的目的而订立或者执行的契约或者担保而承担个人责任，任何以其名义订立或者执行该合同或者担保的人也不为此承担责任。

第 300 条　诉讼

1. 在议会或者立法机关根据本宪法授权制定的法律规定的范围内，印度政府得以联邦的名义，邦政府得以邦的名义，就相应的如果非因本宪法的施行而由印度自治领或者相应的各省或者各土邦起诉或者被诉事务而提起起诉或者被起诉。

2. 在宪法施行之时——

（1）任何在审的诉讼，其一方当事人为印度自治领的，则在该诉讼中视为以印度联邦取代印度自治领；另外

（2）任何在审的诉讼，其一方当事人为省或者印度土邦的，则在该诉讼中视为以相应的邦取代该省或者印度土邦。

[第四章　财产权

第 300—1 条　非有法律授权不得剥夺财产

非经法律授权不得剥夺任何财产。]②

第十三编　印度境内的贸易、商业及交流

第 301 条　贸易、商业以及交流的自由

在本编规定的范围内，在印度全境有贸易、商业以及交流的自由。

---

① 原文注：为 1956 年《宪法第 7 修正案》第 29 条和附件删除。
② 原文注：为 1978 年《宪法第 44 修正案》第 34 条增加。

第 302 条　议会限制贸易、商业和交流的权力

为满足公共利益的需要，议会得以法律限制邦际或者印度境内任何地区的贸易、商业及交流自由。

第 303 条　对联邦和邦就贸易和商业进行立法的限制

1. 无论第 302 条的规定为何，议会或者邦立法机关都无权就制定或者授权制定法律给予或者授权给予参与附件七任一清单相关贸易或者商业的各邦以优待或者歧视待遇。

2. 第 1 款规定并不妨碍议会为应对印度国内某些地区物资短缺局面而制定法律，给予或者批准给予该地区以优惠待遇或者区别对待。

第 304 条　邦际贸易、商业及交流的限制

无论第 301 条和第 302 条的作何规定，邦立法机关得以法律——

（1）对从其他邦或者［联邦直辖领］① 输入的货物征收与本邦制造和生产的货物相同的税，对输入的货物和本邦制造和生产的货物应一视同仁。

（2）为满足公共利益的要求，对与本邦或者本邦内的贸易、商业和交流的自由进行合理限制。

但是，未获得总统的批准，不得向邦立法机关提出或者动议基于第（2）项的法律或者修正案。

[第 305 条　关于国家垄断的现行法或者法律的维持

除总统以总统令或者其他方式作出规定外，第 301 条和第 303 条的规定不得损害现行法的规定，第 301 条不得影响 1955 年《宪法第 4 修正案》施行前制定的与第 19 条第 6 款第（2）项规定的事项有关的法律的效力，也不得限制议会制定此类法律。]②

---

① 原文注：为 1956 年《宪法第 7 修正案》第 29 条和附件增加。
② 原文注：为 1955 年《宪法第 4 修正案》第 4 条替换。

[第 306 条　部分附件一第二部分所列举的邦的限制贸易和商业的权力]①

第 307 条　任命机关以实施第 301 条和第 304 条

议会得以法律任命适格的机关实施第 301 条、第 302 条、第 303 条及第 304 条的规定，并赋予该机关议会认为必要的权力和必要的职责。

第十四编　联邦和邦公务部门

第一章　公务部门

第 308 条　解释

在本编中，除另有说明外，"邦"[不包括查谟 – 克什米尔邦]②。

第 309 条　联邦和邦公务员的聘用和任职条件

在本宪法规定的范围内，有权立法机关得以法律调整与联邦或者邦的事务有关的公共职务和岗位的聘任及公务员的任职条件。

但是，在本条规定的有权立法机关的法律或者根据此类法律对公共职务和岗位的聘任和任职条件作出规定前，总统或者其就与联邦事务有关的公共职务和岗位而任命的人，邦总督［……］③或者其就与邦事务有关的公共职务和岗位而任命的人，有权制定条例调整各该职务和岗位的聘任及公务员的任职条件。该条例在前述法律规定的范围内有效。

第 310 条　在联邦或者邦供职者的任期

1. 除本宪法有明确规定外，任何联邦的国防部门或者行政部门或者全印行政部门的成员，或者在与联邦辖下的国防或者行政岗位相关的岗位任职的人员，其任职由总统酌情规定；邦行政部门的成员，或者担任邦政府

---

① 原文注：为 1956 年《宪法第 7 修正案》第 29 条和附件废除。
② 原文注：为 1956 年《宪法第 7 修正案》第 29 条和附件替换。
③ 原文注：为 1956 年《宪法第 7 修正案》第 29 条和附件删除。

辖下的公职人员，其任职由邦总督［……］① 酌情规定。

2. 联邦和各邦下属机构文职的任职者虽得由总统或者总督［……］② 酌情任免，但只要不是联邦和各邦文职部门成员、军事部门成员和全印行政部门的成员，而是根据合同担任此种职务的，如果总统或者总督［……］③认为有必要确保具有特殊资质之人任职的，应在合同中规定。在合同规定期限前撤销该职务，或者该人无过失行为被要求离职时，须给予赔偿。

第311条　在联邦或者邦行政部门任职者的开除、免职和降级

1. 任何在联邦政府、全印行政部门或者邦行政部门的成员或者在联邦或者邦辖下担任行政职务的人员应由任命其的机关开除或者免职。

［2. 除非告知对其之指控并对之进行调查，并给予合理的机会以听取其对该指控的申辩〔……〕④，另外任何前述之人不受开除、免职或者降级。］⑤

［但是，在经调查之后，如果依建议应对其进行处罚的，则得基于在该调查中采信的证据对其进行处罚，无须给予该人以机会就该建议的处罚发表意见。

但是，本款不适用于:］⑥

（1）因犯罪而被开除、免职或者降级者；

（2）有权对其开除、免职或者降级的机关认为因为某些原因不适合举行上述调查但由该机关记录在案者；

（3）总统或者总督为国家安全利益着想认为不适合对其进行该调查者。

3. 如果就是否存在第2款所谓的不适合进行调查的情形产生异议，则

---

① 原文注：为1956年《宪法第7修正案》第29条和附件删除。
② 原文注：为1956年《宪法第7修正案》第29条和附件删除。
③ 原文注：为1956年《宪法第7修正案》第29条和附件删除。
④ 原文注：为1976年《宪法第42修正案》删除。
⑤ 原文注：为1963年《宪法第15修正案》替换。
⑥ 原文注：为1976年《宪法第42修正案》替换。

有权作出开除、免职或者降级的机关的决定为最终决定。

第312条 全印行政部门

1. 无论［第六编第六章或者第十一编］①作何规定，各邦立法委员会以其出席并参与表决的三分之二以上议员通过的决议宣告，为国家利益有必要且适宜的情形下，议会得以法律设立一个或者一个以上全印行政部门［（包括一个全印司法行政部门）］②，其为联邦和邦共有；根据本章其他条款规定的限制调整此类部门的聘任和被任命者的任职条件。

［2. 在本宪法施行之前称为印度行政局和印度警察局的行政部门，自本宪法施行之日起，视同由议会依据本条规定创设。］③

［3. 第1款所称的全印行政部门不包括任何低于第236条界定的地区法官的岗位。

4. 前述创设全印行政部门之法律得包含为实施该法律而对第六编第六章进行的必要的修正性规定，不得视其为第368条所称的本宪法的修正案。］④

［**第312—1条　议会变更或者撤销部分部门的官员任职条件的权力**

1. 议会得以法律——

（1）对本宪法颁行前由国务卿或者枢密院国务卿任命在英王驻印度政府部门任职者，而在1972年《宪法第28修正案》实施时及之后继续在印度政府或者各邦政府下属机构内任职的，在薪酬、休假和年金方面的待遇以及奖惩事项事项涉及的权利等任职条件，议会可以通过法律加以变更或者取消，该法律是否追溯既往均可；

（2）对本宪法颁行前由国务卿或者枢密院国务卿任命在英王驻印度政府部门任职者，而在1972年《宪法第28修正案》实施前已经退休或者以

---

① 原文注：为1976年《宪法第42修正案》替换。
② 原文注：为1976年《宪法第42修正案》第45条增加。
③ 原文注：为1976年《宪法第42修正案》增加。
④ 原文注：为1976年《宪法第42修正案》第45条增加。

其他方式离职者的年金待遇，议会可以通过法律加以变更或者取消，该法律是否追溯既往均可。

但是，如果上述人员正在或者一直担任印度最高法院或者高等法院首席法官和法官、印度总审计长、联邦和各邦的公务员铨叙委员会主席和委员、首席选举委员会委员，则不得根据第（1）项和第（2）项的规定，在他们就职后，授权议会对他们的待遇作出对他们不利的变更或者取消对他们有利的规定，除非他们是由于得到国务卿或者枢密院国务卿的任命而在英王驻印度政府部门任职方可享受此待遇。

2. 除非在议会根据本条制定的法律规定的范围内，否则本条不得侵犯任何立法机关或者其他机关根据本宪法的其他规定调整第1款所称之人的任职条件的权力。

3. 无论是最高法院抑或者其他法院对下述争议均无权管辖：

（1）第1款所述人员已经签字或者已经执行的合同、协议和其他类似文体相关的规定和批文引起的争议，对此类人员签发的证书引起的争议。上述合同、协议、类似文件和证书是指任命他们在英王驻印度政府部门任职或者在印度自治领政府或者某省政府下属机构继续任职的文件。

（2）涉及第314条原来规定的各种权利、责任或者义务的争议。

4. 无论最初的第314条或者本宪法的其他规定为何，本条规定都有效。]①

第313条　过渡条款

在根据本宪法就此作出其他规定前，所有在本宪法施行前生效的、适用于在本宪法施行之后继续存在的公共部门和岗位，如全印行政部门、联邦或者邦部门或者岗位的法律，在与本宪法相一致之范围内继续有效。

[**第314条　关于特别部门既有官员保障的规定**]②

---

① 原文注：为1972年《宪法第28修正案》第2条增加。
② 原文注：为1972年《宪法第28修正案》第3条废除。

第二章　公务员铨叙委员会

第315条　联邦和邦公务员铨叙委员会

1. 联邦和各邦应根据本条规定设立公务员铨叙委员会。

2. 两个或者两个以上邦得同意为各该邦设立一个共同的公务员铨叙委员会，一旦具有此效果的决议为该邦立法机关的议院，如为两院的，为两院所通过的，议会得以法律设立联合邦公务员铨叙委员会（在本章中以下简称为联合委员会）以满足这些邦的需求。

3. 任何前述法律得包含为实现该法律目的必要或者需要的附带或者后续规定。

4. 联邦公务员铨叙委员会，应邦总督［……］①的请求，并经总统批准，得满足该邦的全部或者任一需求。

5. 除另有说明外，本宪法所指的联邦公务员铨叙委员会或者邦公务员铨叙委员会，在具体争议事项中应解释为为满足联邦或者邦的需求的委员会。

第316条　委员会的任命和任期

1. 公务员铨叙委员会的主席和其他成员，其为联邦公务员铨叙委员会或者联合委员会委员的，应由总统任命，其为邦铨叙委员会委员的，由邦总督［……］② 任命。

但是，各公务员铨叙委员会无论其在印度政府或者邦政府之下，其中应有相当于半数的委员自被任命之日起任期不少于10年。在计算该10年期限时，其在本宪法施行前任英王驻印度和印度各邦政府辖下任该职的时间都应计算在内。

［1—1. 该委员会主席出缺，因缺席或其他原因不能履职，在根据第1款规定任命的继任者就职前，或者在该主席重新履职前，或者视情况，由

---

① 原文注：为1956年《宪法第7修正案》第29条和附件删除。
② 原文注：为1956年《宪法第7修正案》第29条和附件删除。

总统委派一名委员会委员代行联邦委员会或者联合委员会主席职权；如果为邦委员会的，则由总督委派。]①

2. 公务员铨叙委员会委员任期6年，自其任职之日起算。如果其为联邦委员会委员，则不得超过65周岁；如其为邦委员会委员或者联合委员会委员，则不得超过［62周岁］②。

但是——

（1）公务员铨叙委员会委员得以亲笔辞呈辞去其职务。其为联邦委员会或者联合委员会委员的，向总统提起；其为邦委员会委员的，向总督［……］③ 提起。

（2）得以第317条第1款或者第3款规定的方式免除公务员铨叙委员会委员的职务。

3. 任公务员铨叙委员会委员者，在其任期届满之后，不得再次被委任以该职务。

第317条　公务员铨叙委员会委员职务的免除和中止

1. 根据第3款的规定，公务员铨叙委员会主席和其他委员行为不端的，在总统向最高法院提出咨文的情形下，最高法院根据第145条所规定的程序调查之后作出报告，认为该主席或者该委员应予以免职的，总统得以其行为不端而以总统令免除其职务。

2. 总统根据第1款的规定就公务员铨叙委员会的主席或者其他委员向最高法院提出咨文的，在总统根据收到的最高法院就该咨文而提交的报告发布总统令之前，该主席或者其他委员为联邦委员会或者联合委员会主席或者其他委员的，总统得中止其职务；该主席或者其他委员为邦委员会主席或者其委员的，总督［……］④ 得中止其职务。

---

① 原文注：为1963年《宪法第15修正案》第11条增加。
② 原文注：为1976年《宪法第41修正案》第2条替换。
③ 原文注：为1956年《宪法第7修正案》第29条和附件删除。
④ 原文注：为1956年《宪法第7修正案》第29条和附件删除。

3. 无论第 1 款作何规定,公务员铨叙委员会主席或者委员有下列情形的,总统得以总统令免除其职务:

(1) 被宣告破产的;或者

(2) 在其任职期间,在其职责之外担任其他有酬职务的;或者

(3) 总统认为,其因心理或者生理疾病不适合继续任职的。

4. 公务员铨叙委员会主席或者其他委员与印度政府或者邦政府的签订的或者为印度政府或者邦政府而签订的契约和协议有利害关系或者以其他任何方式而发生利害关系的,或者非以作为股份公司的其他成员的身份而以任何方式分享其利润或者由此而受益或者获得报酬的,即视其有第 1 款规定的不端行为。

第 318 条 就公务员铨叙委员会委员和工作人员的任职条件作出规定的权力

总统有权以条例调整联邦公务员铨叙委员会或者联合委员会的下列事项;邦总督 [……]① 有权以条例调整邦公务员铨叙委员的下列事项:

(1) 决定委员会的委员人数和任职条件;

(2) 就委员会的雇员人数及其任职条件作出规定。

但是,在公务员铨叙委员会委员会任职之后不得对任职条件作出不利的变更。

第 319 条 公务员铨叙委员会委员离职后的任职限制

在其离职后——

(1) 不得委任联邦公务员铨叙委员会主席以印度政府或者邦政府其他职务;

(2) 得委任邦公务员铨叙委员会主席为联邦公务员铨叙委员会主席或者其他委员,或者其他邦公务员铨叙委员会主席,但不得委任其以印度政府或者邦政府的其他职务;

(3) 得委任联邦公务员铨叙委员会主席以外的其他委员为联邦公务员

---

① 原文注:为 1956 年《宪法第 7 修正案》第 29 条和附件删除。

铨叙委员会主席或者邦公务员铨叙委员会主席，但不得委任其以印度政府或者邦政府的其他职务；

（4）得委任邦公务员铨叙委员会主席以外的其他委员为联邦公务员铨叙委员会主席或者其他委员会或者该公务员铨叙委员会或者其他邦公务员铨叙委员会主席，但不得委任其以印度政府或者邦政府的其他职务。

第320条　公务员铨叙委员会的职能

1. 联邦和邦公务员铨叙委员会有权审查相应的联邦或者邦公务员的任命。

2. 对公务员候选人有特殊资质要求的，一旦两个或者两个以上的邦提出请求，则联邦公务员铨叙委员会有义务协助各该邦制订和实施联合招聘计划。

3. 在下列情形下，应咨询联邦公务员铨叙委员会或者邦公务员铨叙委员：

（1）所有与政府部门和岗位的招聘方法相关的事务；

（2）政府部门和岗位任命、提拔和从一部门到另一部门的调任应遵循的原则，以及该任命、提拔或者调任的候选人的条件；

（3）与作为公民之在印度政府或者邦政府任职者相关的惩戒事项，包括与该事项相关的备忘录和诉愿在内；

（4）曾在和正在印度政府和邦政府或者英王驻印度政府和印度土邦服务的文职人员，如果因在任职期间执行公务受到起诉，被起诉者申请由印度统一基金或者邦统一基金支付诉讼费用的有关问题；

（5）在印度政府和邦政府或者英王驻印度政府和印度土邦服务的文职人员因任职期间致伤而申请抚恤金的要求以及抚恤金数额问题。

公务员铨叙委员会有义务就移交的上诉问题以及总统或者邦总督［……］① 可能提交的其他问题提出建议。

---

① 原文注：为1956年《宪法第7修正案》第29条和附件删除。

但是，总统得就全印行政部门（All-India Services）① 以及与联邦事务相关部门和岗位，总督［……］②得对其他与邦事务相关的部门和岗位，制定条例，规定应咨询公务员铨叙委员会应的一般事项、某类事项或者特定情形。

4. 不得以第 3 款而要求就第 16 条第 4 款规定的制定方式或者第 335 条规定的实施方式咨询公务员铨叙委员会。

5. 总统或者邦总督［……］③根据第 3 款但书制定的所有条例应尽快提交给议会各院或者邦立法机关各院，并给各院不少于 14 日的审议期，并应按照议会两院或者邦立法机关的任一院或者两院在提交该条例时的会期内所作出的废止决定或者修正案进行调整。

第 321 条　扩大公务员铨叙委员会的职能的权力

议会或者邦立法机关可通过立法规定，联邦或者邦公务员铨叙委员会可对联邦或者邦行政机关、地方政府的行政机关依法成立的机构、团体或者其他公共机构行使本章未作规定的其他职权。

第 322 条　公务员铨叙委员会的开支

联邦或者邦公务员铨叙委员会的开支，包括应支付给该委员会委员或者工作人员的薪酬、津贴和退休金。该开支从印度统一基金或者邦统一基金支付。

第 323 条　公务员铨叙委员会的报告

1. 联邦公务员铨叙委员会有义务就该委员会完成的工作向总统提交年度报告，总统在收到该报告之后，应将其副本移送议会各院，如果该委员会的建议有未被采用的，并应附备忘录说明理由。

---

① 译者注：此处应是指印度行政局（the Indian Administrative Service，IAS）、印度警察局（the Indian Police Service，IPS）以及印度森林局（the Indian Forest Service，IFS）。

② 原文注：为 1956 年《宪法第 7 修正案》第 29 条和附件删除。

③ 原文注：为 1956 年《宪法第 7 修正案》第 29 条和附件删除。

2. 邦公务员铨叙委员会有义务就该委员会完成的工作向总督［……］① 提交年度报告，联合委员会有义务就该委员会所完成的工作向相关邦总督［……］② 提交年度报告。在上述情形下，总督［……］③在收到该报告之后，应将其副本移送邦立法机关，如果该委员会之建议有未被采用的，并应附备忘录说明其理由。

第十四编之一　裁判所

第 323—1 条　行政裁判所

1. 议会得以法律规定由行政裁判所审理和裁判与联邦、邦、印度境内或者在印度政府控制之下的地方行政机关、其他机关或者其他印度政府所有或者控制的企业的事务相关的公职或者岗位的聘用、任职条件相关的争议或者申诉。

2. 根据第 1 款制定的法律得——

（1）设立联邦行政裁判所，并为各邦或者两个以上邦设立独立的行政裁判所；

（2）规定由前述各裁判所行使的管辖权、权力（包括惩罚藐视法庭的权力）和权威；

（3）规定前述裁判所应遵循的程序（包括关于证据限制和证据规则的规定）；

（4）排除所有法院对第 1 款规定的事项的管辖权，但最高法院根据第 136 条享有的管辖权除外；

（5）规定将在设立前述裁判所之前由法院或者其他机关在审但就导致该诉讼的理由而言，在设立该裁判所后应属于其管辖的案件移送该裁判所；

---

① 原文注：为 1956 年《宪法第 7 修正案》第 29 条和附件删除。
② 原文注：为 1956 年《宪法第 7 修正案》第 29 条和附件删除。
③ 原文注：为 1956 年《宪法第 7 修正案》第 29 条和附件删除。

（6）废止或者修正总统根据第371—4条第3款制定的总统令；

（7）对议会所认为对前述裁判所有效履行其职能、及时处理案件及其判决的执行而言是必要的补充、附带或者后续规定（包括与费用相关规定）予以规定。

3. 无论本宪法和当时现行有效的法律的规定为何，本条规定有效。

第323—2条 其他（事务）裁判所

1. 适格的立法机关得以法律规定，由裁判所审理和裁判与第2款所列事项中该立法机关有权立法者有关的争议、申诉或者违法行为。

2. 第1款提及的事项如下：

（1）税收的课征、收缴与执行；

（2）外汇兑换、跨越关境的进出口；

（3）劳资纠纷；

（4）国家通过征收第31—1条规定的不动产和及其之上的权利，或者通过剥夺、限制这种权利，或者通过对农业土地持有规定最高限额或者其他办法实行土地改革；

（5）城市财产的上限；

（6）议会各院或者邦立法机关之一院或者两院的选举，但第329条和第329—1条规定的事项除外；

（7）食品（包括可食用油籽和油）和为本条规定之目的和控制其价格而由总统以公告宣布为必需品的其他商品的生产、加工、供给和分配；

[（8）租金及其调整和控制以及包括地主和佃户的权利和利益在内的租佃事务；]①

[（9）]② 违反有关第（1）项至第[（8）]③项的法律的违法行为及与各事项相关的费用；

---

① 原文注：为1993年《宪法第75修正案》第2条增加。
② 原文注：序号为1993年《宪法第75修正案》第2条替换。
③ 原文注：为1993年《宪法第75修正案》第2条替换。

[（10）]① 第（1）项至第[（9）]②项中各事项附带的事项。

3. 根据第1款而制定的法律得——

（1）规定设立一系列的裁判所；

（2）规定由前述裁判所行使的管辖权、权力（包括惩罚藐视法庭的权力）和权威；

（3）规定前述裁判应遵循的程序（包括关于证据限制和证据规则的规定）；

（4）排除所有法院对第1款规定的属于各该裁判所管辖的事项的管辖权，但最高法院根据第136条享有的管辖权的除外；

（5）规定将在设立前述裁判所之前由法院或者其他机关在审但其就导致该诉讼之理由而言，在设立前述裁判所后应属于前述裁判所的管辖的案件移送各该裁判所；

（6）对适格的立法机关认为的对前述裁判所有效履行其职能、及时处理案件及其判决的执行而言是必要的补充、附带或者后续规定（包括与费用相关规定）予以规定。

4. 无论本宪法和当时现行有效的法律作何规定，本条规定均有效。

释：本条中的"适格的立法机关"，就各该事项而言是指议会，但就邦立法机关根据第十一编的规定有权立法的事项而言，是指邦立法机关。

第十五编　选　举

第324条　选举委员会对选举的监督、引导和管理权

1. 根据本宪法而进行的对议会和各邦立法机关选举、总统和副总统选举[……]③的选民名册的筹备和选举的进行的监督、引导和管理权赋予选举委员会。

---

① 原文注：序号为1993年《宪法第75修正案》第2条替换。
② 原文注：为1993年《宪法第75修正案》第2条替换。
③ 原文注：部分文字为1966年《宪法第19修正案》第2条删除。

2. 选举委员会由首席选举委员会委员和其他总统随时选定的选举委员会委员组成。首席选举委员会委员和其他选举委员会委员，在议会为此而制定的法律规定的范围内，由总统任命。

3. 在其他选举委员会委员被任命后，首席选举委员会委员即履行选举委员会主席之职。

4. 在下院和各邦立法会大选之前，在设有邦立法委员会的各邦邦立法委员会第一次大选及其后两年一次的选举之前，总统在咨询选举委员会后得任命其认为对于协助选举委员会行使第 1 款赋予的职权所必要的地区委员。

5. 在议会制定的法律规定的范围内，选举委员会委员和地区委员的任职条件和任期由总统以条例作出规定。

但是，非以免除最高法院法官相同的方式或者理由不得免除首席选举委员会委员之职务，在首席选举委员会委员任职后不得对其任职条件作出不利的变更。

此外，非根据首席选举委员会委员的建议，不得免除其他选举委员会委员和地区委员之职务。

6. 一旦选举委员会提出请求，总统或者邦总督 [……]①应为选举委员会委员或者地区委员提供对于其履行第 1 款的职责所必要的工作人员。

第 325 条　不得以宗教、种族、种姓或者性别为由而使任何人丧失选民登记之资格以及不得以此为由而主张将任何人列入特别的选民名册

为议会各院或者邦立法机关任一议院或者两院的选举，应在地方选区进行大选选民登记，不得以宗教、种族、种姓、性别为由而使任何人丧失该选区选民登记的资格，也不得以此为由而主张将任何人列入特别的选民名册。

第 326 条　下院和邦立法会的选举应建立在成人普选权的基础之上

下院和各邦立法会的选举应建立在成人普选权的基础之上，即凡在有

---

① 原文注：为 1956 年《宪法第 7 修正案》第 29 条和附件删除。

权的立法机关所制定的法律规定的登记之日年满 [18 周岁]① 且未被根据本宪法或者有权立法机关制定的法律以非居民、智障、犯罪或者腐败或者违法行为而剥夺资格的印度公民，均有权登记为相应选区的选民。

第 327 条　议会就立法机关选举作出规定的权力

在本宪法规定的范围内，议会得随时就包括选民登记的准备、选区的划分在内的所有与议会各院或者邦立法机关任一议院或者两院选举相关的事务以及所有对保障各议院或者对所有议院的适当组建而言有必要的事项予以规定。

第 328 条　邦立法机关就各该立法机关的选举作出规定的权力

在本宪法规定的范围内，且在议会就包括选民登记的准备在内的、与各该邦立法机关的议院或者各院的选举相关的以及所有对保障各该议院或者对所有议院的适当组建而言有必要的事项作出规定前，邦立法机关得就上述事项作出规定。

第 329 条　禁止法院干预选举事务

无论本宪法作何规定 [……]② ——

（1）不得就第 327 条和第 328 条制定的关于选区的划分和各选区议席的分配的法律的有效性向法院提起诉讼；

（2）非以适格的立法机关制定的法律或者根据其所制定的法律规定的方式向其规定的机关提出选举申诉，不得质疑议会各院或者邦立法机关各院的选举。

[第 329—1 条　关于议会选举之总理和议长选举的特别规定]③

---

① 原文注：为 1988 年《宪法第 61 修正案》第 2 条替换。
② 原文注：为 1978 年《宪法第 44 修正案》第 35 条删除。
③ 原文注：为 1975 年《宪法第 39 修正案》第 4 条所增加，后为 1978 年《宪法第 44 修正案》第 36 条废除。

第十六编　关于特定阶层的特别规定

第 330 条　为附件规定的种姓和部族保留下院席位

1. 在下院中，应为——

（1）附件规定的种姓；

[（2）附件规定的除阿萨姆自治区的附件规定的部族之外的部族；和]①

（3）阿萨姆自治区的附件规定的部族，

保留一定席位。

2. 各邦［或者联邦直辖领］② 根据第 1 款而为附件规定的种姓和部族保留的席位与分配给该邦［或者联邦直辖领］③的总席位的比例，应尽可能同在该邦［或者联邦直辖领］④的附件规定的种姓或者部族与邦［或者联邦直辖领］⑤ 的人口的比例相同。

[3. 无论第 2 款作何规定，下院为阿萨姆自治区的附件规定的部族保留的席位与分配给该邦的总席位的比例应不少于该邦附件规定的部族与该邦人口的比例。]⑥

[释：本条和第 332 条中的"人口数"为最近一次人口普查确定并公布的人口数据。

在［2026］⑦ 年人口普查数据公布之前，本解释中所谓的最近一次人

---

① 原文注：为 1984 年《宪法第 51 修正案》第 2 条替换。
② 原文注：为 1956 年《宪法第 7 修正案》第 29 条和附件替换。
③ 原文注：为 1956 年《宪法第 7 修正案》第 29 条和附件替换。
④ 原文注：为 1956 年《宪法第 7 修正案》第 29 条和附件替换。
⑤ 原文注：为 1956 年《宪法第 7 修正案》第 29 条和附件替换。
⑥ 原文注：为 1973 年《宪法第 31 修正案》第 3 条增加。
⑦ 原文注：为 2001 年《宪法第 84 修正案》第 6 条替换，原为"2000"。

口普查确定并公布的"人口数据"应视为〔2001〕①年人口普查确定并公布的数据。]②

第331条 盎格鲁裔印度人群体在下院中的代表

无论第81条作何规定,如果总统认为盎格鲁裔印度人群体在下院中未得到充分的代表,得提名不超过两名的该群体成员为下院议员。

第332条 为附件规定的种姓和部族保留邦立法会席位

1. 在[……]③ 各邦立法会中,应为附件规定的种姓和部族,[除阿萨姆自治区的附件规定的部族外,]④保留一定席位。

2. 在阿萨姆邦的立法会中也应为阿萨姆自治区保留一定席位。

3. 邦立法会根据第1款而为附件规定的种姓和部族保留的席位与该邦立法会的总席位的比例,<u>应尽可能同在该邦的附件规定的种姓或者部族与该邦的人口的比例相同</u>。

[3—1. 无论第3款作何规定,在依照第170条、基于〔2026〕⑤年的人口普查而对阿鲁那恰尔、梅加拉亚、米佐拉姆及那加兰各邦立法会席位所作的调整生效之前,各该邦立法会为附件规定的种姓和部族保留的席位——

(1)如果在1987年《宪法第57修正案》生效时,该邦立法会的全部席位由附件规定的部族担任,则应为扣除一个席位以外的全部席位;

(2)在其他情形下,为附件规定的部族保留的席位与该邦立法会的总席位的比例应不小于(前述日期时)为附件规定的部族保留的席位与当时邦立法会的总席位之比例。]⑥

---

① 原文注:先后为2001年《宪法第84修正案》第6条和2003年《宪法第87修正案》第5条替换。
② 原文注:为1976年《宪法第42修正案》第47条增加。
③ 原文注:为1956年《宪法第7修正案》第29条和附件删除。
④ 原文注:为1984年《宪法第51修正案》第3条替换。
⑤ 原文注:为2001年《宪法第84修正案》第7条替换。
⑥ 原文注:为1987年《宪法第57修正案》第2条增加。

[3—2. 无论第 3 款作何规定，在依照第 170 条、基于〔2026〕①年的人口普查而对特里普拉邦立法会席位所作的调整生效前，该立法会为附件规定的部族保留的席位数和该邦立法会全部席位的比例应不少于 1992 年《宪法第 72 修正案》生效时该立法会中属于附件规定的部族席位数和立法会的全部席位的比例。]②

4. 阿萨姆邦立法会为阿萨姆自治区所保留的席位与该邦立法会全部席位的比例应不小于该邦在该区的人口数与该邦的人口总数的比例。

5. 为阿萨姆自治区保留席位的选区不得包括［……］③该区以外的其他区域。

6. 阿萨姆邦的阿萨姆自治区中非附件规定的部族成员不得为［……］④该区各选区选为邦立法会议员。

[但是，就阿萨姆邦立法会的选举而言，波多兰区（Bodoland Territorial Areas District）各选区中附件规定的部族和非附件规定的部族的比例，得按照规定维持在波多兰区设立之前的比例。]⑤

第 333 条　盎格鲁裔印度人群体在邦立法会中的代表

无论第 170 条作何规定，如果总督［……］⑥认为盎格鲁裔印度人群体在邦立法会中应得到代表但未得到充分代表，［得提名一名该群体成员为邦立法会议员］⑦。

第 334 条　[70 年]⑧期限届满后席位保留及特别代表条款应失效

无论本编此前作何规定，本宪法关于下列事项的规定：

---

① 原文注：为 2001 年《宪法第 84 修正案》第 7 条替换。
② 原文注：为 1992 年《宪法第 72 修正案》第 2 条增加。
③ 原文注：部分文字为 1971 年《东北各区重组法案》(1971 年第 81 号) 第 71 条删除。
④ 原文注：部分文字为 1971 年《东北各区重组法案》(1971 年第 81 号) 第 71 条删除。
⑤ 原文注：为 2003 年《宪法第 90 修正案》第 2 条增加。
⑥ 原文注：部分文字为 1956 年《宪法第 7 修正案》第 29 条和附件删除。
⑦ 原文注：为 1969 年《宪法第 23 修正案》第 4 条替换。
⑧ 原文注：为 1999 年《宪法第 79 修正案》第 2 条替换。

（1）为附件规定的种姓和部族保留下院和邦立法会席位；

（2）提名盎格鲁裔印度人群体的成员为下院或者邦立法会议员，

在本宪法施行满［70年］①后应失效。

但是，本条的规定不得影响当时既有的下院或者邦议会的代表，不过，下院或者邦立法会被解散的除外。

第335条 附件规定的种姓和部族担任公职的请求

在维持行政的效益的前提下，在任命联邦或者邦的事务相关的职务时，应考虑附件规定的种姓和部族担任该公职的请求。

［本条的规定不得限制作出有利于附件规定的种姓和部族的规定，包括在考试时为之降低合格线或者降低评分标准，在提拔联邦和邦事务相关的某类或者数类职务和岗位时为之保留名额。］②

第336条 关于盎格鲁裔印度人群体在某些公务部门任职的特别规定

1. 在本宪法施行的最初两年里，任命盎格鲁裔印度人群体至联邦的铁路、海关、邮政和电报部门供职者准用1947年8月15日前的规定。

在此后的两年里，在各部门中为该群体成员保留的岗位数量，应尽可能比前两年保留的数量减少十分之一以上。

但是，自本宪法实施满10年后，不再作此保留。

2. 如果发现盎格鲁裔印度群体成员相较于其他群体成员更胜任此类任职，则第1款的规定并不阻碍任用盎格鲁裔印度群体成员为其保留职务、担任其他职务或者为其增加职务数额。

第337条 关于为盎格鲁裔印度人群体利益的教育拨款的规定

在本宪法施行之日起的最初的3个财政年度，联邦和各［……］③邦应为盎格鲁裔印度人的教育拨款，其数额为1948年3月31日结束的财政年

---

① 原文注：先后为1980年《宪法第45修正案》第2条、1989年《宪法第62修正案》第2条、1999年《宪法第79修正案》第2条及2009年《宪法第95修正案》修改。

② 原文注：为2000年《宪法第82修正案》第2条增加。

③ 原文注：为1956年《宪法第7修正案》第29条和附件删除。

度拨款的数额。

在其后的每 3 年的拨款得比此前 3 年的拨款少十分之一。

但是，在本宪法施行满 10 年后，此等拨款中针对盎格鲁裔印度人群体的特别优惠应终止。

此外，任何教育机构，除其每年的招生 40% 以上保留给盎格鲁裔印度人群体以外的群体成员的外，无权依据本条规定获得拨款。

第 338 条　　［国家附件规定的种姓委员会］①

［1. 设立一个附件规定的种姓〔……〕② 委员会，其名为国家附件规定的种姓〔……〕③ 委员会。

2. 在议会为此制定的法律规定的范围内，该委员会由主席、副主席各一人和其他 3 名成员组成。主席、副主席和其他成员的任职条件和任期由总统以条例作出规定。］④

3. 该委员会主席、副主席和其他成员由总统以亲笔签署和签章的委任状任命。

4. 该委员会有权调整其程序。

5. 该委员会有义务——

（1）调查和监管与本宪法、当时有效的其他法律或者政府的命令对附件规定的种姓 ［……］⑤ 提供的保障相关的问题，并评估各保障的运作情况；

（2）调查关于剥夺附件规定的种姓 ［……］⑥ 的权利及其保障的特定申诉；

---

① 原文注：为 1990 年《宪法第 65 修正案》第 2 条替换。
② 原文注：为 2003 年《宪法第 89 修正案》删除。
③ 原文注：为 2003 年《宪法第 89 修正案》删除。
④ 原文注：为 2003 年《宪法第 89 修正案》替换。
⑤ 原文注：为 2003 年《宪法第 89 修正案》删除。
⑥ 原文注：为 2003 年《宪法第 89 修正案》删除。

（3）参与规划附件规定的种姓［……］① 经济发展计划并提供建议，评估他们在联邦或者邦中的发展状况；

（4）在年终或者其他该委员会认为适当的时间向总统提交关于前述保障的工作报告；

（5）在各该报告中就联邦或者邦为有效实施前述保障而应采取的措施及其他保护附件规定的种姓［……］②、促进其福祉和社会、经济发展之措施提出建议；以及

（6）在议会制定的法律规定的范围内，履行其他总统以条例规定的关于附件规定的种姓［……］③ 的保护、福祉、发展及进步的职能。

6. 总统应将所有此类报告移交给议会各院，并附上备忘录解释根据关于联邦的建议而采取或者建议采取的措施，如果不接受任一此类建议，也应说明理由。

7. 一旦各该报告或者其任一部分所涉事务与邦政府有关，则应将该报告的副本抄送邦总督，邦总督应将其移交邦立法机关，并附上备忘录解释根据关于该邦的建议而采取或者建议采取的措施，如果不接受任一此类建议，也应说明理由。

8. 该委员会在调查第5款第（1）项的事务或者调查该款第（2）项的申诉时，享有普通法院审理诉讼的职权，特别是下列权力：

（1）传唤和强制传唤印度任何地方的人到庭并审查其宣誓；

（2）要求披露或者出示任何文书；

（3）接收宣誓的证据；

（4）调用法庭或者机关的公共记录或者其副本；

（5）签发调查证人和文书的委托书；

（6）总统以条例确定的其他事项。

---

① 原文注：为2003年《宪法第89修正案》删除。
② 原文注：为2003年《宪法第89修正案》删除。
③ 原文注：为2003年《宪法第89修正案》删除。

9. 联邦和各邦政府应就所有影响附件规定的种姓和附件规定的种姓的基本政策咨询该委员会。

10. 在本条中，附件规定的种姓应解释为包括其他的、总统在收到根据第 340 条第 1 款的规定而任命的委员会的报告后，以总统令规定其为落后阶层者以及益格鲁裔印度人群体。

第 338—1 条　国家附件规定的部族委员会

1. 设立一个附件规定的部族委员会，名为国家附件规定的部族委员会。

2. 在议会为此制定的法律规定的范围内，该委员会由主席、副主席各 1 名和其他 3 名成员，主席、副主席和其他成员的任职条件和任期由总统以条例规定。

3. 该委员会主席、副主席和其他成员由总统以亲笔签署和签章的委任状任命。

4. 该委员会有权调整自己的程序。

5. 该委员会有义务——

（1）调查和监管与本宪法、当时有效的其他法律或者政府的命令对附件规定的部族所提供的保障相关的问题，并评估各该保障的运作情况；

（2）调查关于剥夺附件规定的部族的权利或者保障的特定申诉；

（3）参与规划附件规定的部族经济发展计划并提供建议，评估他们在联邦或者邦中的发展状况；

（4）在年终或者其他该委员会认为适当的时间向总统提交关于前述保障的工作报告；

（5）在各该报告中就联邦或者邦为有效实施前述保障而应采取的措施及其他保护附件规定的部族、促进其福祉和社会—经济发展的措施提出建议；

（6）履行其他总统在议会制定的法律规定的范围内以条例规定的关于附件规定的部族的保护、福祉、发展及进步的职能。

6. 总统应将所有此类报告移交给议会各院，并附上备忘录解释根据关于联邦的建议而采取或者建议采取的措施，如果不接受任一此类建议，也应说明理由。

7. 一旦各该报告或者其任一部分所涉事务与邦政府有关，则应将该报告的副本抄送邦总督，邦总督应将其移交邦立法机关，并附上备忘录解释根据关于该邦的建议而采取或者建议采取的措施，如果不接受任一此类建议，也应说明理由。

8. 该委员会在调查第 5 款第（1）项的事务，或者调查该款第（2）项的申诉时，享有普通法院审理诉讼的职权，特别是下列权力：

（1）传唤和强制传唤印度任何地方的人到庭并审查其宣誓；

（2）要求披露或者出示任何文书；

（3）接收宣誓的证据；

（4）调用法庭或者机关的公共记录或者其副本；

（5）签发调查证人和文书的委托书；

（6）总统以条例确定的其他事项。

9. 联邦和各邦政府应就所有影响附件规定的部族和附件规定的部族的基本政策咨询该委员会。

第 339 条　联邦对附件规定的地区的管理和附件规定的部族的管理

1. 总统得随时，但在本宪法实施满 10 年后，应以总统令任命一个委员会以报告［……］① 邦中附件规定的地区的管理和该邦中附件规定的部族的福祉状况。

该总统令得规定该委员会的构成、权力和程序，并得包括总统认为必要或者适当的附带或者其他规定。

2. 联邦政府有权就其指令中所指出的对于增进该邦中附件规定的部族的福祉所必要的计划的制订和实施而向［某邦］② 发布指令。

---

① 原文注：为 1956 年《宪法第 7 修正案》第 29 条和附件删除。
② 原文注：为 1956 年《宪法第 7 修正案》第 29 条和附件替换。

第340条 任命委员会以调查落后阶层的状况

1. 总统得以总统令任命一个由其认为合适的人组成的委员会，以调查印度境内的社会或者教育上落后阶层的状况以及他们所面临的困难，并就联邦和邦应采取的消除该困难和改善他们的条件的措施、联邦和邦为此目的之拨款和拨款应满足的条件提出建议；任命该委员会的总统令应规定该委员会应遵循的程序。

2. 如是任命的委员会应调查移交给它的问题并向总统提交报告，说明其发现的事实和其认为适当的建议。

3. 总统应将该委员会提交的报告的副本连同阐明有关对策的备忘录移送议会各院。

第341条 附件规定的种姓

1. 总统得以公告规定将任一邦［或者联邦直辖领］① 内的种姓、种族或者部族或者部分种姓、种族或者部族视为本宪法所称的该邦［或者直辖领］② 的附件规定的种姓。但如果针对的是某［……]③ 邦，则应事先咨询该邦的总督［……]④。

2. 议会得以法律将任一种姓、种族或者部族或者部分种姓、种族或者部族移出或者划入依据第1款而发布的公告规定的附件规定的种姓清单，除依该方法外，不得以后续的公告变更依据前款而发布的公告。

第342条 附件规定的部族

1. 总统，得以公告规定将任一邦［或者联邦直辖领］⑤内的部族或者部族社区或者部分部族或者部族社区视为本宪法所称的该邦，［或者直辖

---

① 原文注：为1956年《宪法第7修正案》第29条和附件增加。
② 原文注：为1956年《宪法第7修正案》第29条和附件增加。
③ 原文注：为1956年《宪法第7修正案》第29条和附件删除。
④ 原文注：为1956年《宪法第7修正案》第29条和附件删除。
⑤ 原文注：为1956年《宪法第7修正案》第29条和附件增加。

领]① 的附件规定的部族。但如果针对的是某［……］②邦，则应事先咨询该邦的总督［……］③。

2. 议会得以法律将任一部族或者部族社区或者部分部族或者部族社区移出或者划入依据第 1 款而发布的公告规定的附件规定的部族清单，除依该方法外，不得以后续的公告变更依据前款而发布的公告。

第十七编　官方语言

第一章　联邦的语言

第 343 条　联邦官方语言

1. 联邦官方语言为以梵文字母书写的印地语。

联邦官方语言中使用的数字应为国际形式的印度数字。

2. 无论第 1 款作何规定，因英语是本宪法施行前的联邦官方语言，所以自本宪法施行之日起的 15 年内，其继续作为联邦官方语言使用。

在前述期限内，总统得以总统令授权在英语之外使用印地语作为联邦官方语言，以及在国际形式的印度数字之外使用梵文数字。

3. 无论本条作何规定，议会得以法律规定，在上述 15 年期限届满之后，将——

（1）英语；

（2）梵文数字，

用于法律规定的用途。

第 344 条　议会的官方语言专业委员会和其他委员会

1. 总统应在本宪法施行满 5 年时和满 10 年时，分别以总统令设立一个专业委员会。其由主席一人以及总统任命的附件八规定的各种语言的代

---

① 原文注：为 1956 年《宪法第 7 修正案》第 29 条和附件增加。
② 原文注：为 1956 年《宪法第 7 修正案》第 29 条和附件删除。
③ 原文注：为 1956 年《宪法第 7 修正案》第 29 条和附件删除。

表组成,该总统令应同时规定该委员会应遵循的议事规则。

2. 该专业委员会有义务就下列事项向总统提出建议:

(1) 联邦官方场合推广印地语的使用;

(2) 在全部或者部分联邦官方场合限制英语的使用;

(3) 限制第 348 条规定的场合使用的语言;

(4) 此前规定的某个或者全部场合下使用数字的形式;

(5) 任何总统移送该专业委员会的联邦官方语言、联邦和邦或者各邦之间交流使用的语言及其使用的事项。

3. 在依第 2 款作出建议时,该专业委员会应适当考虑印度的产业、文化与科技进步以及非印地语区关于公共服务的正当主张和利益。

4. 设立一个由 30 名委员组成的委员会,其中 20 人为下院议员、10 人为上院议员,均由各院以比例代表制和单记名可转移投票制选举产生。

5. 该委员会有义务审查依第 1 款组成的专业委员会的建议并将其意见报告总统。

6. 无论第 343 条作何规定,总统得在对第 5 款的报告进行考量之后,全部或者部分依据该报告而发布指令。

第二章 地区的语言

第 345 条 邦的官方语言

在第 346 条和第 347 条规定的范围内,邦立法机关得以法律采用一种或者数种语言作为该邦官方场合使用的语言。

在邦立法机关以法律另作规定之前,在那些在本宪法施行前使用英语作为官方语言的邦,英语应继续作为官方语言使用。

第 346 条 用于各邦之间及联邦和邦之间交流的官方语言

目前批准采用的联邦官方语言为各邦之间、邦与联邦之间的官方交往语言。

但是,如果两个或者两个以上邦达成协议以印地语作为各邦之间交流使用的官方语言的，则各邦间的交流应使用该语言。

第 347 条　关于一邦部分人口使用的语言的特别规定

如果总统认为一邦内相当比例的人口希望该邦承认他们所使用的语言，总统得根据相应的申请，作出指示，在该邦的全部或者部分地区，在其规定的场合下承认该语言的官方语言。

第三章　最高法院、高等法院等的语言

第 348 条　最高法院、高等法院、法律、法案等应使用的语言

1. 无论本编此前作何规定，除议会以法律另有规定外——

（1）最高法院和各高等法院的所有诉讼。

（2）下列文件：

1）所有在议会的任一院或者邦立法机关的任一院提出的法案或者动议的法律修正案；

2）所有议会或者邦立法机关通过的法律，所有总统或者邦总督［……］①颁布的法令；以及

3）所有根据本宪法或者根据议会或者邦立法机关制定的法律颁布的法令、条例、法规和地方法规，

其权威文本应使用英语。

2. 无论第 1 款第（1）项作何规定，邦总督［……］② 事先获得总统首肯后，得授权其主要办公地点在该邦的高等法院在诉讼中使用的印地语或者其他用作该邦官方语言的语言。

3. 无论第 1 款第（2）项作何规定，在那些立法机关规定在立法机关中提出的法案和通过的法律，或者邦总督［……］③ 颁布的法令，或者任何其他该项中第 3）目的法令、条例、法规和地方法规使用英语以外的语

---

① 原文注：为 1956 年《宪法第 7 修正案》第 29 条和附件删除。
② 原文注：为 1956 年《宪法第 7 修正案》第 29 条和附件删除。
③ 原文注：为 1956 年《宪法第 7 修正案》第 29 条和附件删除。

言的邦，经邦总督的批准［……］①而发布在官方公报上的上述文件的英译本应视为上述文件的本条所称的英语权威文本。

第349条　制定某些关于语言的法律的特别程序

自本宪法施行之日起的15年内，未事先经总统批准，不得在议会的任一院提出规定第348条第1款所述场合使用的语言的法案或者动议对其进行修正；总统不得批准上述提案或者动议，但其已经对依第344条第1款组成的专门委员会的建议以及该条第4款组成的委员会的报告进行考量者除外。

第四章　特别指令

第350条　为寻求救济而为申诉得使用的语言

任何人有权以联邦或者邦所使用的语言向联邦或者该邦官员或者机关提出申诉以寻求救济。

［第350—1条　小学阶段母语教育的设施

各邦和各邦的地方政府应致力于为语言上的弱势群体儿童小学阶段的母语教育提供适当的设施；对其认为的对实施关于前述设施的规定有必要或者适当的事，总统得就此发布指令。

第350—2条　少数语种专员

1. 设少数语种专员一人，由总统任命。

2. 该专员有义务就有关根据本宪法为少数语种提供保障的事项进行调查，并就此类事项在总统规定的期限内向总统提交报告，总统应将该报告提交议会各院，并送达有关各邦政府。］②

第351条　发展印地语的指令

联邦有义务推广并发展印地语，以使其成为全部印度复合文化元素的

---

① 原文注：为1956年《宪法第7修正案》第29条和附件删除。
② 原文注：为1956年《宪法第7修正案》第21条增加。

表达媒介，并在不影响其实质的前提下，吸收印度斯坦语和附件八规定的其他印度语言的形式、风格及词语，并在必要或者适当的情形下，首先从梵文，其次从其他语言中汲取词汇，以确保其发展。

第十八编　紧急状态的规定

第352条　紧急状态的宣告

1. 一旦总统认为出现了严重的紧急状态，使印度或者其部分领土的安全受到威胁，无论这种危险是由战争、外来侵略或者［武装叛乱］① 引起的，得宣告［印度全境或者部分印度领土进入］② 紧急状态。

［**释**：如果总统认为存在的危险迫在眉睫，则得在可能危及印度或者其部分领土安全的战争、外来侵略或者武装叛乱实际发生前宣布紧急状态，宣告印度或者其部分领土安全受到战争、外来侵略或者武装叛乱的威胁。］③

［2. 根据第1款进行的宣告得为之后的宣告变更或者撤销。

3. 除非联邦内阁（即由总理和第75条所规定的其他级别的内阁部长组成的会议）的决定认为，得进行第1款的宣告或者改变此类宣告的宣告并书面知会总统，否则，总统不得发布此等宣告。

4. 所有根据本条而进行的宣告，除该宣告撤回此前宣告的外，应提交议会各院并在一个月期限届满之后失效，但是，在此期间其为议会两院以决议批准的除外。

但是，任何此类宣告（除为撤销此前宣告的宣告外），在颁行时议会已被解散的或者在本款所提及的一个月期间内被解散的，如果上院已通过决议批准该宣告，但是下院在上述期限届满时尚未通过批准该宣告的决议的，则该宣告应在下届下院召开第一次会议之日起的30日后失效，但是，

---

① 原文注：为1978年《宪法第44修正案》第37条替换。
② 原文注：为1976年《宪法第42修正案》第48条增加。
③ 原文注：为1978年《宪法第44修正案》第37条增加。

下院在该 30 日期限届满前通过决议批准该宣告的除外。

5. 如此批准的宣告，除被撤销的外，应在自第 4 款所规定第二个批准决议通过之日起的 6 个月期限届满后失效。

但是，如果议会两院通过了延长该宣告的有效期限的决议，则除被撤销的外，其有效期延长 6 个月，该 6 个月的期间从如果没有此决议，其本应失效之日起计算。

但是，如果下院在前述 6 个月期限内被解散的，且在上述期限内，上院已经通过了延长上述宣告有效期的决议，但是下院尚未通过延长上述宣告的有效期的，则其应在下届下院召集第一次会议之日起的 30 日后失效，但是，在此期间内，下院通过延长该宣告有效期的决议的除外。

6. 为第 4 款和第 5 款的目的，一项决议应经议会以各院全部成员的三分之二以上出席并表决，并由其全部成员的多数通过。

7. 无论前款各项规定为何，如果下院通过决议否决依第 1 款而发布的宣告或者变更宣告，或者通过决议拒绝延长其有效期的，则总统得撤销该宣告。

8. 如果下院以其全部成员的十分之一以上成员意欲动议否决依第 1 款而发布的宣告或者变更其的宣告，或者否决延长其有效期则其应以联名签署的书面通知告知：

（1）议长，如果该院处于会期的；

（2）总统，如果该院处于闭会期间的，

则议长或者总统应在接到上述通知之日起的 14 日内召集该院特别会议审议此决议。]①

[〔9.〕② 本条赋予总统的权力包括为战争、外来侵略或者〔武装叛乱〕③ 或者濒临战争、外来侵略或者〔武装叛乱〕④ 之危险等各种原因而

---

① 原文注：为 1978 年《宪法第 44 修正案》第 37 条替换。
② 原文注：序号为 1978 年《宪法第 44 修正案》第 37 条变更。
③ 原文注：为 1978 年《宪法第 44 修正案》第 37 条替换。
④ 原文注：为 1978 年《宪法第 44 修正案》第 37 条替换。

发布各种宣告,且无论总统是否已经依据第 1 款发布了宣告,也无论该宣告是否已经施行。]①

[……]②

第 353 条　紧急状态宣告的效力

在紧急状态宣告施行期间——

(1) 无论本宪法作何规定,联邦行政机关有权就各邦应如何行使行政权向各邦发布命令;

(2) 无论联邦清单是否对该事项有明文规定,议会制定法律的权力应包括制定赋予联邦官员和联邦机关以权力或者课其以义务的法律的权力,以及授权制定赋予联邦官员和联邦机关以权力或者课其以义务的法律的权力。

[即便该紧急状态宣告仅在印度领土的部分地区施行,但是,印度或者其他领土的安全受到施行紧急状态宣告的邦的活动或者与之相关的活动的威胁的,则——

1) 第(1)项规定的联邦行政机关发布命令的权力;

2) 第(2)项规定的议会制定法律的权力,

应及于除施行紧急状态宣告的邦以外的其他邦。]③

第 354 条　施行紧急状态宣告期间财政分配应适用的规定

1. 在紧急状态宣告施行期间,总统得以总统令规定,第 268 条至第 279 条的全部或者任一规定于该总统令规定的期限内停止适用,或者在作其认为适当的调整和修正后予以适用;该期限不得跨越该宣告失效时的财政年度。

2. 根据第 1 款所作出的总统令,在其作出之后应尽快提交给议会各院。

---

① 原文注:该款为 1975 年《宪法第 38 修正案》第 5 款增加,并溯及既往地适用。
② 原文注:为 1978 年《宪法第 44 修正案》第 37 条删除。
③ 原文注:为 1976 年《宪法第 42 修正案》第 49 条增加。

第 355 条　联邦保护各邦免受外来侵略和内乱的义务

联邦有义务保护各邦免受外来侵略和内乱，并有义务确保各邦政府遵守本宪法的规定。

第 356 条　关于各邦宪法机制失灵时的规定

1. 如果总统在接到邦总督 [……]① 的报告之后认为，在该邦出现了及该邦政府已无法根据本宪法的规定而运作的局面，则总统得以宣告：

（1）揽持该邦政府的全部或者部分职能，赋予该邦除立法机关外的总督 [……]②、其他组织或者机关的权力或者应由它们行使的权力；

（2）宣告该邦立法机关的权力应由议会行使或者应依议会授权行使；

（3）作其认为对于实施宣告之目的有所必要的或者适当的附带或者后续规定，包括中止本宪法关于邦组织或者机关的所有规定的全部或者部分的适用。

但是，本条并不授权总统揽持赋予高等法院或者得由其行使的权力或者中止本宪法关于高等法院的规定的全部或者部分的适用。

2. 任何前述宣告得由此后发布的宣告撤销或者变更。

3. 除其为撤销此前宣告的宣告外，任何根据本条而发布的宣告均应提交给议会各院，并在两个月后失效，但是，在此期间其获得议会两院批准的除外。

但是，任何此类宣告（除为撤销此前宣告的宣告者外），其颁行时议会已被解散的或者在本款所提及的两个月期间内被解散的，如果上院已通过决议批准该宣告，但是下院在上述期限届满时尚未通过批准该宣告的决议的，则该宣告应在下届下院召开第一次会议之日起的 30 日后失效，但是，下院在该 30 日期限届满前通过决议批准该宣告的除外。

---

① 原文注：为 1956 年《宪法第 7 修正案》第 29 条和附件删除。
② 原文注：为 1956 年《宪法第 7 修正案》第 29 条和附件删除。

4. 如此批准的宣告，除被撤销外，应［自其宣告之日起 6 个月］①届满时失效。

但是，如果议会两院通过了延长该宣告有效期限的决议，则除被撤销外，其有效期延长 6 个月。该 6 个月期间从如果无此决议，其本应失效之日起计算。但此类宣告的有效期最长不得超过 3 年。

但是，如果下院在前述［6 个月］②期限内被解散的，且在上述期限内，上院已经通过了延长上述宣告有效期的决议，但是下院尚未通过延长上述宣告的有效期的，则其应在下届下院召集第一次会议之日起的 30 日后失效的，但是，在此期间内，下院通过延长该宣告有效期的决议的除外。

［但是，就 1987 年 5 月 11 日根据第 1 款就旁遮普邦颁布的宣告而言，本款但书所称的"3 年"应作〔"5 年"］③解释。］④

［5. 无论第 4 款作何规定，议会任一院依第 3 款通过的延长宣告有效期的决议中规定的延长期限不得超过一年，其期限从宣告发布之日计算，除非：

（1）在通过该决议时，印度全境或者邦之全境或者部分正在施行紧急状态宣告的；且

（2）选举委员会证明由于举行各邦立法会大选存在困难，因此有必要在该决议规定期限内继续适用根据第 3 款批准的宣告的。］⑤

［但是，本条的任何规定不得适用于 1987 年 5 月 11 日根据第 1 款颁布

---

① 原文注：先后为 1976 年《宪法第 42 修正案》第 50 条和 1978 年《宪法第 44 修正案》第 38 条修改。

② 原文注：先后为 1976 年《宪法第 42 修正案》第 50 条和 1978 年《宪法第 44 修正案》第 38 条修改。

③ 原文注：为 1991 年《宪法第 67 修正案》第 2 条和《宪法第 68 修正案》第 2 条修改。

④ 原文注：为 1990 年《宪法第 64 修正案》第 2 条增加。

⑤ 原文注：原为 1975 年《宪法第 38 修正案》第 6 条增加，溯及既往地适用；后为 1978 年《宪法第 44 修正案》第 38 条修改。

的关于旁遮普邦的宣告。]①

第357条　在依第356条发布宣告的情形下立法权的行使

1. 在根据第356条第1款发布的宣告发布邦立法机关的权力应由议会或者应依议会的授权行使的情形下——

（1）议会有权将邦立法机关的立法权授予总统，授权总统可以将如此授予其的权力，在作了其认为合适的限制之后，委托给其指定的其他机关；

（2）议会或者依第（1）项赋予其立法权的总统或者其他机关有权制定法律，授予联邦官员或者机关权力或者课其以义务，或者授权授予其权力或者课其以义务；

（3）在下院闭会期间，如果邦统一基金的支出需要议会批准的，则总统有权批准该项支出。

[2. 由第1款第（1）项所提到的议会、总统或者其他机关行使邦立法机关的立法权而制定的法律，即便其为唯有依第356条发布的宣告议会、总统或者其他机关方有权立法者，在该宣告失效之后，其仍继续有效直至被有权立法机关或者其他机关变更、废止或者修改。]②

第358条　在紧急状态下暂停执行第19条规定

[1.]③ [在宣告印度全境或者其部分领土的安全受到战争或者外来侵略的威胁的紧急状态施行期间]④，不得以第19条的任何规定限制第三编界定的国家唯有依第三编的规定方有可立法或者采取行政措施的权力；但是，任何如此制定的法律，就其无权部分，应在宣告失效的同时失效，但是在该法律如此失效之前，相应事务已经完成或者因忽视而未予以处理者除外。

---

① 原文注：本条但书最初为1984年《宪法第48修正案》第2条增加，后为1988年《宪法第59修正案》修改，1989年《宪法第63修正案》删除，1990年《宪法第64修正案》第3条重新恢复了删除前的规定。

② 原文注：为1976年《宪法第42修正案》第51条修改。

③ 原文注：序号为1978年《宪法第44修正案》第39条替换。

④ 原文注：为1978年《宪法第44修正案》第39条替换。

［但是，〔紧急状态宣告〕①仅在部分印度领土生效的，如果印度或者印度领土的任何部分受到发生在施行紧急状态宣告的部分印度领土的活动或者与之相关的活动的威胁的，则得依本条为非施行紧急状态宣告的邦或者联邦直辖领的事务或者相关事务制定法律或者采取行政措施。］②

［2. 第1款的规定不适用于——

（1）在其制定时未表明其与正在施行之紧急状态宣告相关的法律；或者

（2）所采取的并非依表明其与正在施行的紧急状态宣告相关的法律而采取的行政措施。］③

第359条　在紧急状态下中止第三编授予权利的规定的实施

1. 在紧急状态宣告施行期间，总统得以总统令宣告在紧急状态生效期间或者在该总统令规定的一个较短期间，中止向法院起诉要求实施总统令规定的〔第三编所赋予的（第20条和第21条除外）权利〕诉讼和法院在审的要求实施前述总统令规定的权利的诉讼。

［1—1. 根据第1款规定发布的述及〔第三编（第20条和第21条除外）〕④所赋权力的命令生效期间，该编有关赋权的规定不再限制该邦制定其本来无权制定的法律，或者采取其无权采取的行政权力。但是，上述总统命令停止生效以后，此类法律中凡超出该邦原有职权范围的所有部分均应立即停止生效。但该法律失效前已经执行的事项，或者应已完成而忘记完成的事项除外。］⑤

［但是，〔紧急状态宣告〕⑥仅在部分印度领土生效的，如果印度或者印度领土的任何部分受到发生在施行紧急状态宣告的部分印度领土的活动或

---

① 原文注：为1978年《宪法第44修正案》第39条替换。
② 原文注：为1976年《宪法第42修正案》第52条增加。
③ 原文注：为1978年《宪法第44修正案》第39条增加。
④ 原文注：为1978年《宪法第44修正案》第40条修改。
⑤ 原文注：为1975年《宪法第38修正案》第7条增加，并溯及既往地适用。
⑥ 原文注：为1975年《宪法第38修正案》第7条修改，并溯及既往地适用。

者与之相关的活动的威胁的，则得依本条为非施行紧急状态宣告的邦或者联邦直辖领的事务或者与之相关的事务制定法律或者采取行政措施。]①

［1—2. 第1—1款的规定不适用于——

（1）在其制定时未表明其与正在施行之紧急状态宣告相关的法律；或者

（2）所采取的并非依表明其与正在施行之紧急状态宣告相关的法律而采取的行政措施之外的行政措施。]②

2. 依前述规定作出的总统令得延伸及于印度领土的全部或者部分地区。

［但是，如果紧急状态宣告仅在部分印度领土生效的，则该总统令不得延伸及于印度领土的其他部分；但是，总统认为其受到发生在施行紧急状态宣告的部分印度领土的活动或者与之相关的活动的威胁，并认为此延伸是必要的除外。]③

3. 所有依第1款而作出的总统令应于作出后尽快提交议会各院。

[第359—1条　本编适用于旁遮普邦的规定]④

第360条　关于财政紧急状态的规定

1. 如果总统认为出现一种状况使印度或者其部分领土的财政稳定或者信用受到威胁的，得以宣告出现财政紧急状态。

［2. 根据第1款发布的宣告——

（1）得为之后发布的宣告撤销或者变更；

（2）应提交议会各院；

（3）应在两个月期限届满之后失效，但是，在此期间议会两院通过批

---

① 原文注：为1976年《宪法第42修正案》第53条增加。
② 原文注：为1978年《宪法第44修正案》第40条增加。
③ 原文注：为1976年《宪法第42修正案》第53条增加。
④ 原文注：为1988年《宪法第59修正案》第3条增加，后为1989年《宪法第63修正案》第3条废除。

准的决议的除外。

但是，任何此类宣告发布之时，议会已被解散或者在第（3）项所提及之两个月期间内被解散的，如果上院已通过决议批准该宣告，但是下院在上述期限届满时尚未通过批准该宣告的决议的，则该宣告应在下届下院召开第一次会议之日起的 30 日后失效；但是，下院在该 30 日期限届满前通过决议批准该宣告的除外。]①

3. 在第 1 款所提及的宣告生效期间，联邦的行政权应延伸及于向邦发布指令，要求其遵守指令中所规定的财政规范，以及发布总统认为对此而言是必要的或者适当的其他指令。

4. 无论本宪法作何规定——

（1）任何此类指令得包括：

1）要求减少在邦供职的全部或者某类人员的薪酬和津贴的规定；

2）要求预算法案或者应适用第 207 条其他法案在其为邦立法机关通过之后，应呈交总统考量。

（2）在本条发布的宣告施行期间总统有权颁布指令，要求减少包括最高法院和高等法院法官在内的在联邦供职的全部或者某类人员的薪酬和津贴。

[……]②

第十九编 其 他

第 361 条 总统、邦总督以及土邦总督的保障

1. 总统、邦总督或者土邦总督不因其行使职权或者为行使其职权而采取的行动或者计划采取的行动而向法院负责。

但是，由议会任一议院任命或者指派对第 61 条所述的指控进行调查的

---

① 原文注：为 1978 年《宪法第 44 修正案》第 41 条替换。
② 原文注：为 1975 年《宪法第 38 修正案》第 8 条增加，溯及既往地适用；后为 1978 年《宪法第 44 修正案》第 41 条删除。

法院、法庭或者机关，可以对总统的行为进行审查。

同时，不得以本款规定限制任何人以印度政府或者邦政府为被告提出适当之诉讼的权利。

2. 在其任职期间，不得以总统、邦总督［……］①为被告人而向法院提起任何刑事诉讼，或者继续进行此类诉讼。

3. 在其任职期间，法院不得向总统或者邦总督［……］②发出逮捕令或者羁押令。

4. 在其任职期间，除非以书面通知送达总统、邦总督［……］③或者送达其办公室，说明诉讼的性质、起诉的理由、当事人姓名、简介和住址以及诉讼请求，且自其送达之日已满两个月，否则不得以总统或者邦总督［……］④为被告而就其在任总统或者邦总督［……］⑤之前或者期间，以个人身份而为或者拟为之行为向法院提起侵权诉讼。

第361—1条　议会和邦立法机关议事报道的保障

1. 任何人不得因在报纸上对议会各院、邦立法机关之立法会或者其各院作内容真实的报道而受到民事或者刑事指控，但如果该报道被证明存有恶意的除外。

但是，本条不适用于对议会各院、立法会，或者邦立法机关各院（视情况而定）的秘密议事进行公开报道的情形。

2. 同第1款应适用于以新闻发表的报道或者事项一样，其亦适用于作为广播电台所提供的节目或者服务的部分而以无线电报广播的报道或者事项。

释：本条中的"报纸"包括用于在报纸上发布内容的新闻机构的报道。

---

① 原文注：为1956年《宪法第7修正案》第29条和附件删除。
② 原文注：为1956年《宪法第7修正案》第29条和附件删除。
③ 原文注：为1956年《宪法第7修正案》第29条和附件删除。
④ 原文注：为1956年《宪法第7修正案》第29条和附件删除。
⑤ 原文注：为1956年《宪法第7修正案》第29条和附件删除。

[第 361—2 条 丧失担任有酬的政治职务资格

属于任一政党的议院议员依附件十第 2 条而丧失该院议员资格的，自其丧失该议院议员资格之日起至其原任期届满之日止，或者其在该届满日前参与议院竞选的，至其被宣布当选之日止，亦丧失被委以有酬的政治职务的资格，后两个日期以在先者为准。

释：就本条而言——

（1）"议院"的含义依附件十第 1 条第（1）项规定的含义。

（2）"有酬的政治职务"系指——

1）印度政府、邦政府辖下的，以印度政府或者邦政府的公共财政支付其工资或者薪酬的职务；或者

2）全部或者部分属于印度政府或者邦政府的法人或者非法人机构，且由该机构支付工资和薪酬的职务；

但该工资或者薪酬乃是补偿性工资或者薪酬的除外。]①

[第 362 条 印度土邦首领的权利和特权]②

第 363 条 禁止法院介入部分条约、协议以及其他而引发的争议

1. 无论本宪法作何规定，在与第 143 条规定不抵触的前提下，最高法院或者其他法院对本宪法实施前印度土邦首领与印度自治领政府或者其前任政府缔结的、本宪法实施后继续有效的条约、协定、盟约、约定、特许契约及其他类似文件的条款引起的纠纷，均无管辖权；对本宪法中有关上述条约、协定、盟约、约定、特许契约和其他类似文件的条款产生的权利或者义务的有关纠纷，最高法院和其他法院也无管辖权。

2. 在本条中——

（1）"印度土邦"系指在本宪法施行之前为英联邦国王或者印度自治领政府承认为一邦的领土；

---

① 原文注：为 2003 年《宪法第 91 修正案》第 4 条增加。
② 原文注：为 1971 年《宪法第 26 修正案》第 2 条废除。

(2)"首领"包括在本宪法施行前为英联邦国王承认为一邦首领的王公、酋长或者其他人员。

[**第363—1条 终止对印度各土邦首领的承认并废除向土邦首领支付的岁入**

无论本宪法或者现行法律作何规定——

(1)在1971年《宪法第26修正案》施行之前总统承认为印度各邦首领的王公、酋长或者其他人,或者在其施行前总统承认为该首领的继承人的,自该修正案施行之日起(包括当日),不再承认其为此类首领或者此类首领的继承人。

(2)自1971年《宪法第26修正案》施行之日起(包括当日),废除向首领支付的岁入,并取消关于该岁入的权利、责任及义务,相应地,不再向首领,或者第(1)项所指的首领的继承人或者其他人支付任何数额的岁入。]①

第364条 关于主要港口和飞机场的特别规定

1. 无论本宪法的规定为何,总统得以公告命令自公告指定之日起——

(1)议会或者邦立法机关制定的法律不得适用于主要港口和机场,或者应按照公告所规定的例外或者修正作调整后适用;

(2)任何现行法律应不再适用于主要港口或者机场,在指定日期前已经完成或者因疏忽而未成的事务除外;或者在其适用时应受通告规定的例外和修正限制。

2. 在本条中——

(1)"主要港口"系指被议会制定的法律或者根据议会制定的法律以及其他现行法律宣布的主要港口以及当时在各该港口范围之内的所有区域;

(2)"机场"系指关于航线、航空器以及空中导航的由法律界定的机场。

---

① 原文注:为1971年《宪法第26修正案》第3条增加。

第 365 条　未能遵守或者实施联邦指令的后果

各邦未能遵守或者实施联邦在行使本宪法赋予的行政权下达的指令的，总统依法得认定已出现该邦政府无法依本宪法而行事的局面。

第 366 条　定义

在本宪法中，除另有规定外，下列各表述的含义的界定如下——

1. "农业收入"系指有关印度的所得税法律界定的农业收入。

2. "盎格鲁裔印度人"系指其父亲或者其他父系的男性祖先有欧洲血统但居住在印度境内，其出生在父母在印度惯常居住地的并表明其并非仅打算短期居住于此的印度人。

3. "条文"，指本宪法的条文。

4. "借款"，包括以分年偿付方式偿付的借款，"贷款"亦作此解释。

[4—1. "中央法律"]①

5. "款"，指该表述所在条文的字句。

6. "公司所得税"，指公司所应支付的所得税且其满足下列条件者：

（1）不得对农业收入征收该税；

（2）任何适用于税收的法律不得授权将公司应向个人支付的股息从公司应支付的税款中扣除；

（3）任何关于为征收个人所得税而计算收到此等股息的个的总收入，或者计算该个人应缴纳的印度所得税，或者应返还给该人的印度所得税的规定无须考虑上述已缴纳的公司所得税。

7. "相应的省"、"相应的印度土邦"或者"相应的邦"，在存在疑问的情况下，系指由总统就该特定疑问而确定为相应的省、相应的印度土邦或者相应的邦的省、印度土邦或者邦。

8. "债"，包括任何应以分年金偿付本金总额的债务和任何担保的债务，"债务费用"亦应作相应的解释。

---

① 原文注：为 1976 年《宪法第 42 修正案》第 54 条增加，后为 1977 年《宪法第 43 修正案》第 11 条删除。

9. "遗产税"，指基于或者参考按照议会或者邦立法机关制定的遗产税法律或者根据议会或者邦立法机关制定的遗产税法律的规定而确定的，对死亡时发生转移的或者根据前述法律视为相当于死亡时发生转移的财产的基本价值所征收的税收。

10. "现行法律"，指在本宪法施行之前，有权制定法律、法令、命令、条例、法规和规章的立法机关、机关和个人，通过和制定的法律、法令、命令、条例、法规和规章。

11. "联邦法院"，指依 1935 年《印度联邦政府法案》所设立的联邦法院。

12. "货物"，包括原料、商品以及物品。

13. "担保"，包括在本宪法施行所作的将在被担保人无力偿付时进行偿付的承诺。

14. "高等法院"，指本宪法承认的各邦的高等法院，包括：

（1）根据印度宪法作为高等法院而设立的或者重新设立的印度境内的法院；

（2）任何议会为本宪法的全部或者任一目的而以法律宣布其为高等法院的印度境内的法院。

15. "印度的土邦"，指印度自治领政府承认其为土邦的领土。

16. "编"，指本宪法的编。

17. "年金"，指向个人支付的、无论其是否由雇主和雇员分摊的各种年金，它包括向个人支付的退休金、退伍金，以及其他由个人认缴的储备金的返还，无论该返还是否附有利息或者其他增值。

18. "紧急状态宣告"，指根据第 352 条第 1 款而发布的宣告。

19. "公告"，指在印度公报上或者邦政府公报上的公告。

20. "铁路"不包括：

（1）完全限于一市之内的电车轨道；

（2）完全坐落于一邦之内的或者议会以法律宣布其非为铁路的其他交通线路。

[……]①

[22. "首领",指在1971年《宪法第26修正案》施行之前总统承认为印度各邦首领的王公、酋长或者其他人,或者在其施行前总统承认为该首领的继承人者。]②

23. "附件",指本宪法的附件。

24. "附件规定的种姓",指为本宪法之目的而由第342条承认为附件规定的种姓、种族或者部族或者该种姓、种族或者部族中的部分群体的。

25. "附件规定的部族",指为本宪法之目的而由第342条承认为附件规定的部族或者部落或者该部族或者部落中的部分群体。

26. "证券"包括股票。

[……]③

27. "项",指该表述所在款的字句。

28. "课税"包括一般、地方或者特别税或者关税的课征,"税"应作相应解释。

29. "所得税"包括资源超额利润税。

[29—1. "销售与消费税"包括:

(1) 对非依合同为现金、延期付款或者其他价值方面考量将财产转换成商品的课税;

(2) 对包括履行劳务合同在内的将财产转换成商品(无论是商品或者其他形式)的课税;

(3) 对分期付款或者其他分期付款机制的商品的交付的课税;

(4) 对为现金、延期付款或者其他价值方面考量而转让任何用途的商品的使用权(无论其期限是否特定)的课税;

(5) 对非法人组织或者机构为现金、延期付款或者其他价值方面考量

---

① 原文注:为1956年《宪法第7修正案》第29条和附件删除。
② 原文注:为1971年《宪法第26修正案》第4条替换。
③ 原文注:先为1976年《宪法第42修正案》第54条增加,后为1977年《宪法第43修正案》第11条删除。

而向其成员提供商品的课税；

（6）对为现金、延期付款或者其他价值方面考量而以服务、服务之部分或者其他形式而提供食品、其他人类消费品或者饮料（无论其是否为酒）等商品之课税；

各商品的转让、交付或者供给应视为该转让、交付或者供给者的商品销售，而受转让、交付或者供给者则视为购买该商品者。]①

30. "联邦直辖领"，指附件一规定的联邦直辖领，其包括其他并入印度领土而附件一未加以规定的领土。

第367条 解释

1. 除另有规定外，与其适用于印度自治领立法机关的法律的解释一样，1897年的《一般条款法》在依第372条进行调整和变更后也适用于本宪法的解释。

2. 本宪法所称的议会制定的法律或者［……］②邦立法机关制定的法律，应解释为包括总统作出的法令或者总督［……］③作出法令在内。

3. 本宪法所称的"外国"，并非指印度的国家。

但是，根据议会制定的法律或者总统以总统令而宣布其为非外国者的国家除外。

第二十编 本宪法的修正

第368条 ［议会修正本宪法的权力及程序］④

［1. 无论本宪法其他有何规定，议会得根据本条规定的程序行使其修宪权，以添附、修改或者废除的方式对本宪法的规定进行修正。］⑤

---

① 原文注：为1982年《宪法第46修正案》第4条增加。
② 原文注：为1956年《宪法第7修正案》第29条和附件删除。
③ 原文注：为1956年《宪法第7修正案》第29条和附件删除。
④ 原文注：为1971年《宪法第24修正案》第3条替换。
⑤ 原文注：为1971年《宪法第24修正案》第3条增加。

[2.]① 对于本宪法的修正得在议会两院之一以旨在修正宪法的法律案提起。当该法律案由两院以各院所有议员三分之二以上多数出席和投票,且以该院所有议员的多数批准后,[应呈总统批准,总统应批准。由此,]② 宪法依该法律案的规定进行修正。

但其目的在于对如下规定进行修正的:

(1) 第 54 条、第 55 条、第 73 条、第 162 条或者第 241 条;

(2) 或者第五编第四章、第六编第五章或者第十一编第一章;

(3) 或者附件七的任一清单;

(4) 或者议会中的邦的代表;

(5) 或者本条的规定,

则在送交总统批准之前,亦需由 [……]③ 二分之一以上邦立法机关以决议的形式予以批准。

[3. 宪法第 13 条的规定不适用于本条所指称的修正案。]④

[4. 〔无论是在 1976 年《宪法第 42 修正案》第 55 条生效之前或者生效之后,]⑤ 已经制定的或者即将制定的宪法修正案,但凡是根据本条规定而制定的,均不得以任何理由向法院提出质疑。

5. 为消除疑虑,兹宣布议会根据本条规定而行使修宪权,以添附、修改或者废除的方式对本宪法的规定进行修正,其权力并无限制。]⑥

---

① 原文注:序号为 1971 年《宪法第 24 修正案》第 3 条变更。
② 原文注:为 1971 年《宪法第 24 修正案》第 3 条替换。
③ 原文注:为 1956 年《宪法第 7 修正案》第 29 条和附件删除。
④ 原文注:为 1971 年《宪法第 24 修正案》第 3 条增加。
⑤ 原文注:为 1976 年《宪法第 42 修正案》第 42 条增加。
⑥ 原文注:为 1976 年《宪法第 42 修正案》第 55 条增加;该部分于 1980 年为最高法院宣告违宪。

第二十一编　临时、过渡以及特别的规定

第369条　议会将特定邦清单所列的事项视为共享清单事项并就此制定法律的临时权力

无论本宪法作何规定，议会在自本宪法施行之日起5年内有权将下列事项视为共享清单所列的事项并就此制定法律：

（1）一邦之内的商业贸易，棉和羊毛纺织品、原棉（包括去籽棉花和未去籽棉花）、粮食（包括可食用油籽和食用油）、家畜饲料（包括油饼和其他浓缩饲料）、铁、钢以及云母的生产、供给及分配；

（2）违反第（1）项有关事项的法律的违法行为，除最高法院之外的各法院对前述事项的管辖权，以及除法院收取的费用之外的与各该事项相关的规费；

但是，议会所制定的、其非依本条规定无权制定的法律，其无权立法的部分应在上述期限届满后丧失效力，但在上述期限届满前已经完成或者因疏忽而未完成的事项除外。

第370条　关于查谟 – 克什米尔邦的临时规定[①]

1. 无论本宪法作何规定——

（1）第238条的规定不适用于查谟 – 克什米尔邦。[②]

（2）议会为前述邦制定法律的权力限于：

1）那些联邦清单和共享清单所列举的、总统在咨询该邦政府之后宣告其为相当于调整该邦加入印度自治领的加入书中列举的事项。

---

① 原文注：在行使本条所赋予的权力时，总统根据查谟 – 克什米尔邦制宪会议的建议宣告，自1952年11月17日起，该第370条应该条第1款之"释"作调整后予以使用。被替换的"释"如下：

"**释：** 就本条而言，该邦政府系指总统根据该邦立法的建议而将其作为'根据当时该邦在任的内阁的建议而行事之查谟 – 克什米尔邦之王公'（Sadar-i-Rayasat）。"

② 译者注：第七编第238条为1956年《宪法第7修正案》第29条和附件废除。

2）总统在获得该邦政府同意后以总统令规定的前述清单中的其他事项。

释：就本条而言，该邦政府系指总统将其作为依照1948年3月5日的王公公告而根据当时在任的内阁的建议而行使的查谟 – 克什米尔邦王公职权之人。

（3）第1条和本条适用于该邦。

（4）本宪法的其他条文按照总统令①规定的保留和调整方式作保留和调整后适用于该邦。

但是，总统令如果涉及第（2）项第1）亚项所提及的该邦的加入书中列举的事项的，非经咨询该邦政府不得颁布。

此外，总统令如果涉及前述但书条款所提及的事项以外的事项的，非获得该邦政府的同意不得颁布。

2. 如果应在召集为该邦制定宪法的制宪会议之前获得第1款第（2）项第2）亚项或者第1款第（4）项第二条但书所提及的"邦政府的同意"，则应将之提交该会议以便作出决定。

3. 无论本条此前作何规定，总统得以公告宣布终止本条的适用或者作保留和调整之后在其规定的日期之后适用。

但是，总统在颁布此类公告之前应获得第2款规定的该邦制宪会议的建议。

[第371条　关于〔……〕② 马哈拉施特拉邦和古吉拉特邦的特别规定〔……〕③

2. 无论本宪法的规定为何，总统得以作出的关于〔马哈拉施特拉邦或者古吉拉特邦〕④ 的总统令，赋予下列特殊总督职责：

---

① 原文注：见1954年《宪法（适用于查谟 – 克什米尔邦）令》。
② 原文注："安德拉"为1973年《宪法第32修正案》第2条删除。
③ 原文注："安德拉"为1973年《宪法第32修正案》第2条删除。
④ 原文注：为1960年《孟买重组法案》（1960年第11号）第85条替换。

（1）为维达巴（Vidarbha）、马拉特瓦达（Marathwada）〔和马哈拉施特拉邦其他地区〕①、索拉什特拉（Saurashtra）、库奇（Kutch）和古吉拉特邦其他地区设立独立的发展委员会，同时规定每年应将关于各该委员会的运行报告提交给该邦立法会。

（2）在该邦作为整体的前提下，将发展基金公平地分配给前述地区。

（3）在该邦作为整体的前提下，进行公平安排以为所有前述地区的技术教育和职业教育提供足够的设施，以及为及邦政府控制下的岗位提供充分的就业机会。〕②

[第371—1条　关于那加兰邦的特别规定

1. 无论本宪法作何规定——

（1）议会就以下制定的法律：

1）那加的宗教和社会习惯；

2）那加的习惯法和程序；

3）与根据那加习惯法作出的决定有关的民事和行事判决的执行；

4）土地及其产出的所有权和流转，

不得适用于那加兰邦，但是，该邦立法会通过决议决定适用的除外。

（2）只要那加兰邦总督认为在该邦建立之前在那加山—杜恩桑区发生的内乱仍在该区或者其局部地区继续，则其对那加兰邦的法律和秩序负有特别的职责；在就此行使其职权时，总督在咨询内阁之后，得就所应采取的措施作出个人判断。

但是，如果就某一项事项是否总督应依本项规定而依个人判断行事产生疑问的，则总督依其裁量作出的决定应为最终决定，不得以总督应或者不应作出个人判断而质疑其作为的合法性。

---

① 原文注：为1960年《孟买重组法案》（1960年第11号）第85条替换。
② 原文注：为1956年《宪法第7修正案》第22条替换。

此外，如果总统接到总督或者其他人的报告之后，认为总督无须就那加兰邦的法律和法令负有特别的职责，则其得以总统令命令总督自该总统令指定之日起停止承担该职责。

（3）在就拨款请求提出建议时，那加兰邦总督应确保印度政府为特定事项或者目的而从印度统一基金支出的款项被列入该项专用拨款的请求中，而非其他请求中。

（4）自那加兰总督为以下目的而颁布的公告指定之日起，在杜恩桑区设立一区委员会，其由35名委员组成，总督得依其裁量就下列事项制定条例：

1）该区委员会的构成及其委员的选任方式。

但是，杜恩桑区的副行政长官为区委员会的当然主席，其副主席由该委员会委员从委员中选举。

2）当选或者担任地区委员会委员应具备的资格。

3）该区委员会委员的任期、工资以及视情况而应向其支付的津贴。

4）区委员会工作的程序及其展开。

5）区委员会官员和工作人员的任命及其任职条件。

6）为该区委员会的组织及其正常运作制定条例所必需的其他事项。

2. 无论本宪法作何规定，自那加兰邦建立之日起10年内或者在总督根据内阁的建议就下列事项以公告规定的更长的一段期限内：

（1）杜恩桑区的行政权由总督行使。

（2）在印度政府向那加兰邦政府拨款以满足作为整体的该邦的需要时，总督依其裁量而将该款项公平地分配给杜恩桑区以及该邦的其他地区。

（3）非总督根据区委员会的建议以公告作出命令，那加兰邦立法机关制定的法律不适用于杜恩桑区；邦长得就某项法令的适用命令：该法令适用于杜恩桑区全部或者局部时应受其依据区委员会的建议规定的例外和修正的限制。

依本项而作出的命令具有溯及力。

（4）总督得为杜恩桑区的和平、发展和善治而制定条例，在必要的情形下，为此而制定的法律得溯及既往地废除或者修正当时适用于该区的议会法律或者任何其他法律。

（5）

1）总督应根据首席部长的建议任命一名杜恩桑区在那加兰邦立法会的代表为杜恩桑区事务部长；首席部长作出如上建议时，应根据那加兰邦立法会多数议员的建议。①

2）杜恩桑区事务部长处理与杜恩桑区相关的事务，其有权就此径直觐见总督，但是，其应将该事项知会首席部长。

（6）无论本款此前作何规定，所有有关杜恩桑区的事务的最终决定由总督依其裁量作出。

（7）第54条、第55条以及第80条第4款所称的邦立法会中由选举产生的议员或者各该议员应包括那加兰邦立法会中由根据本条而设立的区委员会选举产生的议员或者各该议员。

（8）在第170条中——

1）第1款在适用于那加兰邦立法会时，应将"60年"替换为"46年"；

2）在该款中的由邦领土选区的直接选举应包括在那加兰邦中由根据本条而设立的区委员会成员进行的选举；

3）第2款和第3款所指的领土选区应指科希马（Kohima）区和莫戈格琼（Mokokchung）区选区。

3. 如果在实施本法上述条款时出现困难，总统得以总统令采取任何他认为对消除该困难是必要的行为（包括调整其他任何条款）。

但是，自那加兰邦建立之日起的3年后，不得颁布此类命令。

---

① 原文注：1963年12月1日生效的第10号《宪法（消除困难）令》第2条规定，适用《印度共和国宪法》第371—1条时应视为其第2款第（5）项第1）亚项增加了如下但书："总督得根据首席部长的建议任命一人暂行杜恩桑区事务部长，其任职至杜恩桑区依法选出担任那加兰邦立法会中分配给该区席位的人时为止。"

释：在本条中，科希马区、莫戈格琼区以及杜恩桑区同 1962 年那加兰邦法所指的科希马区、莫戈格琼区以及杜恩桑区。]①

[第 371—2 条 关于阿萨姆邦的特别规定

无论本宪法作何规定，总统得就阿萨姆邦作出如下总统令，规定在该邦立法会设立一个委员会，并规定其构成和职能。该委员会由从附件六第 20 条附表〔第 1 部分〕②规定的部族地区选举产生的议员和该总统令规定的其他该立法会的议员组成；为该委员会的设立和正常运作，总统令可以对立法会的议事规则作出调整。]③

[第 371—3 条 关于曼尼普尔邦的特别规定

1. 无论本宪法作何规定，总统得就曼尼普尔邦作出如下总统令，规定在该邦立法会设立一由从该邦山区选举产生的议员组成的委员会，并规定其构成和职能；为确保该委员会的正常运作，总统令可以对该邦政府和立法会的议事规则作出调整或者赋予该邦总督特定职责。

2. 每一年度或者应总统的要求，总督应就曼尼普尔邦山区的行政事务向总统作出报告，联邦享有就该区行政向该邦发布命令的行政权。

释：本条之"山区"，指总统以总统令规定为山区的地区。]④

[第 371—4 条 关于安德拉邦的特别规定

1. 无论本宪法作何规定，总统得在考虑安德拉邦的总体需求后，就该邦作出如下总统令，以使该邦各地人民在就业和教育方面能够获得平等的机会和设施，并得就各地作出不同的规定。

2. 根据第 1 款作出的总统令得特别——

（1）要求邦政府设立一类或者数类邦政府或者其辖下的政府职位作为该邦各地方的关键职位，并按照该总统令确定的原则和程序委派人员担任

---

① 原文注：为 1962 年《宪法第 13 修正案》第 2 条增加。
② 原文注：为 1971 年《东北各区重组法案》（1971 年第 81 号）第 71 条替换。
③ 原文注：为 1969 年《宪法第 22 修正案》第 4 条增加。
④ 原文注：为 1971 年《宪法第 27 修正案》第 5 条增加。

这些关键职位。

（2）为下列目的而规定将该邦的一部或者部分视为地方（Local Area）：

1）邦政府的地方关键职位（无论其是依本款而作出的总统令抑或是依其他方式而设立的）的直接录用。

2）该邦地方政府的关键职位的直接录用。

3）该邦内的大学或者其他由邦政府管理的教育机关的录取。

（3）规定就下列事项给予优待或者保留的范围、方式与条件：

1）该总统令所规定的第（2）项所指称的关键职位的直接录用。

2）该总统令所规定的第（2）项所指称的大学或者其他教育机构的录取。

以在该地方的关键的录用或者大学或者教育机构的录取上给予在总统令规定的时期内在该地方的居住者或者学习者以优待。

3. 总统得以总统令在安德拉邦设立一个行政裁判所，其就下列事项行使总统令规定的管辖权、权力和权威，包括总统令所列的在1973年《宪法第32修正案》施行前行由任何法院（除最高法院外）或者任何裁判所行使的管辖权、权力和权威：

（1）总统令所规定的该邦政府的、邦政府辖下的或者该邦内的地方政府辖下的一类或者各类文职职务的任命、委派或者提拔。

（2）总统令所规定的被任命、委派或者提拔为该邦政府的、邦政府辖下的或者该邦内的地方政府辖下的一类或者各类文职职务者的资历。

（3）总统令所规定的被任命、委派或者提拔为该邦政府的、邦政府辖下的或者该邦内的地方政府辖下的一类或者各类文职职务者的其他任职条件。

4. 根据第3款作出的总统令得——

（1）授权行政裁判所受理总统以总统令规定的由其管辖的寻求救济的申请，并作出其认为合理的决定。

（2）包含总统认为必要的关于行政裁判所的权力、权威和程序的规定

（包括关于行政裁判所对藐视自己的行为进行惩罚的权力的规定）。

（3）规定将总统令所列举的在该总统令施行前由任何法院（除最高法院外）、裁判所和其他机关在审的与行政裁判所管辖事项有关的诉讼移送行政裁判所。

（4）包含总统认为必要的补充、附带以及后续规定（包括对当时关于费用、限制、证据以及法律适用的规定作出保留和调整）。

5. 行政裁判所就任何案件作出的最后判决经邦政府确认或者自该判决作出之日起满3个月后生效。

〔但是，在行政裁判所的判决生效前，邦政府得以载明理由的书面特别命令作出调整或者废弃，在这种情形下，视情况，或者以调整后的形式生效或者无效。〕①

6. 邦政府依第5款但书所作出的特别命令，在其作出后应尽快提交该邦立法机关各院。

7. 该邦的高等法院无权监督行政裁判所，任何法院（除最高法院外）或者裁判所得对属于行政裁判所的管辖权、权力和职权或者与之相关的事项行使管辖权、权力或者职权。

8. 如果总统认为行政裁判所无继续存在的必要，得以总统令取消该裁判所，并在总统令中对在行政裁判所被取消前由其正在处理的案件的移送和处理作出规定。

9. 无论任何法院、裁判所或者机关的裁决、法令或者判决为何，不得以下面的任命、委任、提拔或者调动与后来生效的法律要求被任命、委任、提拔或者调动者应在海德拉巴邦或者在安德拉邦的一部居住的要求不符而认为：

（1）任何人——

1）其于1956年11月1日之前被任命、委任、提拔或者调动至在此日期前已经存在的海德拉巴邦政府或者该邦内的地方政府机关的职位的；

---

① 原文注：该条但书在 P. Sambamurthy v. State of A. P.（1987）中为最高法院宣告违宪无效。

2）其于1973年《宪法第32修正案》施行前被任命、委任、提拔或者调动至安德拉邦政府或者该邦内的地方政府机关的职位的，

其任命、委任、提拔或者调动；或者

（2）任何第（1）项规定的人采取的措施或者所为之事，或者在此之前所采取的措施和所为之事，

为非法或者无效，或者使之非法或者无效。

10. 无论本宪法以及当时有效的法律作何规定，本条以及总统依据本条而作出的总统令的规定有效。

第371—5条 在安德拉邦设立中央大学

议会得以法律规定在安德拉邦设立中央大学。]①

［第371—6条 关于锡金邦的特别规定

无论本宪法作何规定——

（1）锡金邦立法会应有不少于30名的议员。

（2）自1975年《宪法第36修正案》施行之日（在本条以下略称为指定之日）起——

1）视经由1974年4月选举产生的32名议员（以下称为在任议员）组成的锡金邦议会为根据本宪法而组建的锡金邦立法会；

2）视在任议员为根据本宪法选举产生之锡金邦立法会议员；

3）前述锡金邦立法会行使一邦立法会依本宪法而享有的权力和职能。

（3）由于锡金邦议会已依第（2）项被视为锡金邦立法会，故第172条第（1）款中的〔5年〕②期限应作〔4年〕③期限，该〔4年〕④期限的

---

① 原文注：1973年《宪法第32修正案》第3条增加。

② 原文注：原规定为"5年"，1976年《宪法第42修正案》第56条改为"6年"，1978年《宪法第44修正案》第43条重新改为"5年"。

③ 原文注：原规定为"4年"，1976年《宪法第42修正案》第56条改为"5年"，1978年《宪法第44修正案》第43条重新改为"4年"。

④ 原文注：原规定为"4年"，1976年《宪法第42修正案》第56条改为"5年"，1978年《宪法第44修正案》第43条重新改为"4年"。

计算从指定之日起算。

（4）在议会制定法律之前，下院应分配一个席位给锡金邦，锡金邦应组成一个锡金邦议会选区，称为锡金邦议会选区。

（5）指定之日起，锡金邦在下院的代表应由锡金邦立法会的议员选举。

（6）为保护锡金人口中不同地区的权利和利益，议会得对锡金邦立法会的议席数加以规定，其立法会的议员应由锡金邦各地区候选人充任；议会得对立法会选区的划分作出规定，在各该选区中，仅各该地区的候选人得参加锡金邦立法会的选举。

（7）锡金邦总督对锡金邦的和平、对确保锡金邦不同地区的社会和经济进步而作平等的安排负有特别的职责，在履行其依本条而负的职责时，锡金邦总督应根据总统认为合适而随时发布的命令及其本人的裁量而行为。

（8）在指定之日前为锡金邦政府的目的而归锡金邦政府或者其他机关或者个人所有的财产或者固定资产（无论是否处于锡金邦领土内），自指定之日起均归锡金邦政府所有。

（9）在指定之日之后并入锡金邦的领土内运行的指定之日前的高等法院，自指定之日起（包括该日）应视为锡金邦的高等法院。

（10）所有民事、刑事和财税法院，所有司法、执行和行政机关和官员，自指定之日起（包括该日），在本宪法规定的范围内继续行使其相应的权力。

（11）在指定之日之后并入锡金邦的领土上施行的指定之日前的法律，在其为有权立法机关或者其他机关修改或者废除之前，继续有效。

（12）为便于第（11）项提及的关于锡金邦行政的法律的适用和为了使任何前述法律的规定与本宪法的规定相一致，自指定之日起两年内，总统得以总统令废除或者修正的方式或者对该法律作出必要和适当的调整或者修改，该法律应以经调整或者修改后的形式生效，对此调整或者修改不得向法院提出异议。

（13）对关于由印度政府或者此前的政府在指定之日前签订或者执行的关于锡金邦的条约、协议、承诺或者其他类似的文契的争议或者其他事项，无论是最高法院抑或是其他法院均无管辖权，不得认为本条的规定损害了第143条的规定。

（14）总统得以公告将在公告时在印度其他邦施行的法律作保留和调整后适用于锡金邦。

（15）如果实施本条前述各项规定存在障碍的，总统得以总统令①采取任何其认为对消除该障碍必要的措施（包括对任何其他条款作出调整和修正）。

但是，自指定之日起经过两年，不得再发布此类总统令。

（16）自指定之日起至1975年《宪法第36修正案》施行前，在锡金邦所为之事或者采取的措施或者采取与锡金邦相关的行为措施，或者在之后并入锡金邦的领土所为之事或者采取的措施或者采取的相关行为措施，如果获得总统批准的，只要其与经1975年《宪法第36修正案》修正之后的本宪法的规定一致，在所有情形下均应视为依修正之后的本宪法合法采取的行动和措施。]②

[第371—7条　关于米佐拉姆邦的特别规定

无论本宪法作何规定，非经米佐拉姆邦立法会以其决议批准，则——

（1）议会关于下列事项的法律——

1）米佐的宗教和社会习惯；

2）米佐的习惯法和程序；

3）根据米佐习惯法而作出的民事和刑事判决的执行；

4）土地的所有权和流转，

不得适用于米佐拉姆邦。

但是，本条不适用于在1986年《宪法第53修正案》施行前在米佐拉

---

① 原文注：如第11号《宪法（消除障碍）令》。
② 原文注：为1975年《宪法第36修正案》第3条增加。

姆联邦直辖领施行的《中央法律案》。

（2）米佐拉姆邦立法会应由不少于40名的议员组成。]①

[第371—8条　关于安德拉邦的特别规定

无论本宪法作何规定——

（1）安德拉邦总督对于安德拉邦的法律和程序负有特别的职责，在行使其与此相关的职权时，总督得在咨询内阁之后，就所应采取的措施作出个人的判断。

但是，如果就某一项事项是否为总督应依本项作出个人判断的事项产生疑问，则总督依其裁量而作出的决定应为最终决定，不得以总督应或者不应作出个人判断而质疑其所为的合法性。

此外，如果总统接到总督或者其他人的报告之后，认为总督无须就安德拉邦的法律和法令负有特别的职责，则其得以总统令命令总督自该总统令指定之日起停止承担该职责。

（2）安德拉邦立法会应由不少于30名的议员组成。]②

[第371—9条　关于古阿邦的特别规定

无论本宪法作何规定，古阿邦立法会应由不少于30名议员组成。]③

第372条　现行法律的连续性及其调整

1. 第395条所提及的各种法律虽为本宪法废除，但在本宪法其他条款规定的范围内，所有本宪法施行前在印度领土上施行的法律应继续有效，直至其为有权的立法机构和其他机构变更、废除或者修正。

2. 为使任何在印度境内施行的法律的规定与本宪法的规定一致，总统得以总统令以废除或者修正的方式对该法律作出必要和适当的调整或者修改，并规定该法律应以依此作调整或者修改后的形式于总统令规定之日起生效。对此调整或者修改，不得向法院提出异议。

---

① 原文注：为1986年《宪法第53修正案》第2条增加。
② 原文注：为1986年《宪法第53修正案》第2条增加。
③ 原文注：为1987年《宪法第56修正案》第2条增加。

3. 不得认为第 2 款——

（1）授权总统在本宪法施行之日起满［3 年］① 后，对任何法律进行调整和修改；或者

（2）禁止有权立法机关或者其他机关废除或者修改总统根据前款规定进行调整或者修正的法律。

释 1. 本条中"施行的法律"，包括在本宪法施行前，由印度境内的立法机关或者其他有权机关批准和制定的法律且此前未被废除者，无论其全部或者部分有效，也无论其在所有地区抑或只在特定地区有效。

释 2. 在本宪法施行前，由印度境内的立法机关或者其他有权机关批准和制定的既具有境外效力也具有境内效力的法律，在前述调整或者修正后，仍具有境外的效力。

释 3. 不得认为本条规定欲使那些应于规定的日期失效或者如果无本宪法的施行其将于一定日期失效的临时法律在其失效的日期后继续有效。

释 4. 省总督根据 1935 年《印度政府法案》颁布的法令，在本宪法施行前仍有效的，除非本宪法施行的为相应邦总督撤回的，否则，应在根据第 382 条第 1 款开始行使职责的该邦立法会的第一会议召集之日起的 6 周后失效，不得认为本款的规定得使该法令在这一期限届满后继续有效。

[**第 372—1 条　总统调整法律的权力**]

1. 为使于 1956 年《宪法第 7 修正案》施行前在印度或者其任何部分施行的法律的规定与经该修正案修正之后的本宪法的规定一致，在 1957 年 11 月 11 日前，总统得以总统令②以废除或者修正方式对该法律作出必要和适当的调整或者修改，并规定该法律应以依此作调整或者修改后的形式于总统令规定之日起生效。对此调整或者修改不得向法院提出异议。

2. 不得认为第 1 款禁止有权立法机关或者其他机关废除或者修改总统

---

① 原文注：为 1951 年《宪法第 1 修正案》第 12 条替换，原为"两年"。

② 原文注：参见 1956 年和 1957 年《法律调整令》。

根据前款规定进行调整或者修正的法律。]①

第 373 条　总统就特定案件中受预防性羁押者发布总统令的权力

在议会根据第 22 条第 7 款作出规定之前，或者本宪法施行之日起满一年之前，该条应将其第 4 款和第 7 款所指的议会应替换为总统，这两款中的议会制定的法律应替换为总统发布总统令后予以适用。

第 374 条　关于联邦法院法官与联邦法院或者英王枢密院未决诉讼的规定

1. 在本宪法施行之前在联邦法院任职的法官，除其另选其他职业外，在本宪法施行之日起成为最高法院法官，据此有权获得第 125 条所规定的最高法院法官的薪酬和津贴以及休假和年金等权利。

2. 所有在联邦法院在审的民事或者刑事的起诉、上诉以及诉讼在本宪法施行时均即移交给最高法院，最高法院有权聆讯和作出的裁判；在本宪法施行前联邦法院宣告或者作出判决和裁决同最高法院宣告或者作出判决和裁决具有同等效力。

3. 凡英王枢密院对就印度境内法院所作的判决、裁定或者裁决提出的或者与之相关的上诉和申诉的处理得到法律授权的，则不得以本宪法而使其管辖权的行使无效；在本宪法生效之后，英王枢密院就此上诉或者申诉作出的命令在任何情形下视同最高法院行使本宪法所赋予的管辖权而作出判决和裁定，并具有同等的效力。

4. 自本宪法施行之日起（包括当日），设于附件一第二部分所列各邦作为枢密院的机关受理和审理对该邦内的法院所作出的判决、裁定和裁决或者与之相关的上诉或者诉愿的管辖权应终止，该机关在审的上诉或者其他诉讼在本宪法施行之日即应移交最高法院并由其处理。

5. 议会得以法律作进一步的规定以实施本条的规定。

第 375 条　在本宪法规定的范围内法院、机关和官员继续行使其职权

印度境内的所有民事、刑事或者税收法院，所有司法、执行和行政机

---

① 原文注：为 1956 年《宪法第 7 修正案》第 23 条增加。

关和官员在本宪法规定的范围内应继续行使其相应的职权。

第 376 条 关于高等法院法官的规定

1. 无论第 217 条第 2 款作何规定，在本宪法施行之前在任何省的高等法院任职的法官，除另选其他职业外，在本宪法施行之日，即成为相应邦的高等法院法官，据此有权获得第 221 条规定的此等高等法院法官的薪酬和津贴以及休假和年金等权利。[各该法官，无论其是否印度公民，有资格被任命为各该高等法院的首席法官，或者任何其他法院的首席法官或者其他法官。]①

2. 在本宪法施行前在印度对应高等法院法官附件二第二部分所列各邦的高等法院任法官的，除另选其他职业外，在本宪法施行之日，即成为所列各邦的高等法院法官，无论第 217 条第 1 款、第 2 款作何规定，但是，应在该条第 1 款但书规定范围内，继续任职直至总统以总统令规定的期限届满。

3. 本条中的"法官"不包括暂行法官或者编外法官。

第 377 条 关于印度总审计长的特别规定

在本宪法施行前任印度总审计长者，除另选其他职业外，在本宪法施行之日，承继为印度总审计长，据此有权获得第 148 条第 3 款规定的印度总审计长的薪酬和津贴以及休假和年金等权利，应继续任职直至本宪法施行前适用于他的规定确定的任期届满。

第 378 条 公务员铨叙委员会

1. 在本宪法施行之前任印度自治领公务员铨叙委员会委员者，除另选其他职业外，在本宪法施行之日即成为联邦公务员铨叙委员会委员，无论第 316 条第 1 款和第 2 款作何规定；但应在该条第 2 款但书规定的范围内，继续任职直至本宪法施行前适用于该成员的规定所确定的任期届满。

2. 在本宪法施行之前任一省的公务员铨叙委员会或者为满足数省需要

---

① 原文注：为 1951 年《宪法第 1 修正案》第 13 条增加。

而设立的联合公务员铨叙委员会委员者，除另选其他职业外，在本宪法施行之日即成为对应邦的公务员铨叙委员会或者为满足对应的数邦需求而设的联合公务员铨叙委员会的委员，无论第 316 条第 1 款和第 2 款作何规定；但应在该条第 2 款但书规定的范围内，继续任职直至本宪法施行前适用于他的条例确定的任期届满。

[第 378—1 条　关于安德拉邦立法会任期的特别规定

无论第 172 条作何规定，根据 1956 年《邦重组法案》第 28 条和第 29 条的规定而继续任职的安德拉邦立法会，除其被解散外，继续任职 5 年，其从前述第 29 条规定之日起计算，并不得延期，前述期限届满，该立法会即自动解散。]①

[第 379—391 条]②

第 392 条　总统消除障碍的权力

1. 为消除障碍，尤其是从 1935 年《印度政府法》向本宪法的过渡障碍，总统得以总统令规定本宪法在该总统令确定的期限内，应按总统认为必要或者适当的调整后生效，无论该调整是以调整、附加或者忽略形式作出。

但是，在根据第五编第二章设立的议会第一次开会之后，不得作出此类总统令。

2. 根据第 1 条作出的总统令应提交议会。

3. 本条、第 324 条、第 367 条第 3 款以及第 391 条赋予总统的权力，在本宪法施行之前，应由印度自治领总督行使。

第二十二编　简称、[印地语的权威文本]③ 及其废除

第 393 条　简称

本宪法得称为《印度宪法》。

---

① 原文注：为 1956 年《宪法第 7 修正案》第 24 条增加。
② 原文注：为 1956 年《宪法第 7 修正案》第 29 条和附件废除。
③ 原文注：为 1987 年《宪法第 58 修正案》第 2 条增加。

第 394 条 施行

本条和第 5 条、第 6 条、第 7 条、第 8 条、第 9 条、第 60 条、第 324 条、第 366 条、第 367 条、第 379 条、第 380 条、第 388 条、第 391 条、第 392 条、第 393 条立即生效,本宪法的其他条款于 1950 年 1 月 26 日生效,该日在本宪法中称为本宪法的施行日。

[**第 394—1 条 印地语的权威文本**

1. 总统应促成根据其之授权公布——

(1) 本宪法的印地语译文,应由制宪会议签署,并且应作必要的调整以使其与以印地语公布的《中央法案》所采用的措辞、风格和术语相一致,并应包含公布前本宪法的全部修正案;

(2) 以英语作出的宪法修正案的印地语译文。

2. 根据第 1 款而公布的本宪法及其所有修正案的译文,应视为具有与原始宪法及其所有修正案相同的含义,如果在解释该译文的任何部分时出现疑问,总统应促成对该译文进行适当的修订。

3. 根据本条而公布的本宪法及其所有修正案的译文,在所有场合下,均应视为印地语的权威文本。]①

第 395 条 废除

1947 年《印度独立法》和 1935 年《印度政府法》以及修正或者补充《印度政府法》的所有法律(但不包括 1949 年《废除枢密院管辖权法》),自即日起废止。

---

① 原文注:为 1987 年《宪法第 58 修正案》第 3 条增加。

附件一

（第 1 条和第 4 条）

一、邦

邦的名称	行政区域
1. 安德拉邦	其行政区域为1953年《安德拉邦法》第3条第1款、1956年《邦重组法案》第3条第1款、1959年《安德拉邦和马德拉斯边界变更法案》附件一、1968年《安德拉邦和迈索尔行政区域交换法案》规定的行政区域，但不包括1959年《安德拉邦和马德拉斯边界变更法案》附件二规定的行政区域。
2. 阿萨姆邦	其行政区域包括，在本宪法施行前构成阿萨姆省、卡西族各邦以及阿萨姆族区的行政区域，但不包括1951年《阿萨姆邦边界变更法案》规定的行政区域、1962年《那加兰邦法案》第3条第1款规定的行政区域以及1971年《东北各区重组法案》第5条至第7条规定的行政区域。
3. 比哈尔邦	其行政区域包括在本宪法生效之前构成比哈尔省或者作为该省的部分由其管理的行政区域，1968年《比哈尔邦和北方邦边界变更法案》第3条第1款规定的行政区域，但不包括1956年《比哈尔邦和西孟加拉邦行政区域交换法案》第3条第1款所规定的行政区域、1968年《比哈尔邦和北方邦边界变更法案》第3条第1款第（2）项规定的行政区域以及2000年《比哈尔邦重组法案》第3条规定的行政区域。
4. 古吉拉特邦	1960年《孟买重组法案》第3条第1款规定的行政区域。
5. 喀拉拉邦	1956年《邦重组法案》第5条第1款规定的行政区域。
6. 中央邦	1956年《邦重组法案》第9条第1款以及1959年《拉贾斯坦邦和中央邦行政区域交换法案》附件一规定的行政区域，但不包括2000年《中央邦重组法案》第3条所列举的行政区域。
7. 泰米尔纳德邦	其行政区域包括在本宪法生效之前构成马德拉斯省或者作为该省的部分由其管理的行政区域，1956年《邦重组法案》第4条规定的行政区域及1959年《安德拉邦和马德拉斯边界变更法案》附件二规定的行政区域；但不包括1953年《安德拉邦法》第3条第1款和第4条第1款规定的行政区域，1956年《邦重组法案》第5条第1款第（4）项、第6条及第7条第2款所规定的行政区域，以及1959年《安德拉邦和马德拉斯边界变更法案》附件一规定的行政区域。

（续表）

邦的名称	行政区域
8. 马哈拉施特拉邦	1956年《邦重组法案》第8条第1款规定的行政区域，但不包括1960年《孟买重组法案》第3条第1款所规定的行政区域。
9. 卡纳塔克邦	1956年《邦重组法案》第7条第1款规定的行政区域，但不包括1968年《安德拉邦和迈索尔行政区域交换法案》附件规定的行政区域。
10. 奥里萨邦	在本宪法生效前并入奥里萨省或者作为该省的部分而由其管理的行政区域。
11. 旁遮普邦	1956年《邦重组法案》第11条规定的行政区域和1960年《新增行政区域合并法案》附件一第二部分规定的行政区域，但不包括1960年《宪法第9修正案》附件一第二部分指称的行政区域及1966年《旁遮普邦重组法案》第3条第1款、第4条和第5条第1款规定的行政区域。
12. 拉贾斯坦邦	1956年《邦重组法案》第10条规定的行政区域，但不包括1959年《拉贾斯坦邦和中央邦行政区域交换法案》附件一所规定的行政区域。
13. 北方邦	在本宪法生效之前并入联合省或者作为该省之部分由其管理的行政区域、1968年《比哈尔邦和北方邦边界变更法案》第3条第1款第（2）项所规定的行政区域以及1979年《哈里亚纳邦和北方邦边界变更法案》第4条第1款第（2）项规定的行政区域，但不包括1968年《比哈尔邦和北方邦边界变更法案》第3条第1款所规定的行政区域、（2000年《北方邦重组法案》第3条规定的行政区域）以及1979年《哈里亚纳邦和北方邦边界变更法案》第4条第1款第（1）项规定的行政区域。
14. 西孟加拉邦	在本宪法生效之前并入西孟加拉省或者作为该省的部分而由其管理的行政区域、1954年《昌德纳戈尔合并法案》第2条第3款规定的行政区域以及1956年《比哈尔邦和西孟加拉邦行政区域交换法案》第3条第1款规定的行政区域。
15. 查谟－克什米尔邦	在本宪法生效之前并入查谟－克什米尔邦或者作为该省的部分而由其管理的行政区域。
16. 那加兰邦	1962年《那加兰邦法案》第3条第1款规定的行政区域。
17. 哈里亚纳邦	1966年《旁遮普邦重组法案》第3条第1款规定的行政区域和1979年《哈里亚纳邦和北方邦边界变更法案》第4条第1款第（1）项规定的行政区域，但不包括1979年《哈里亚纳邦和北方邦边界变更法案》第4条第1款第（2）项规定的行政区域。

（续表）

邦的名称	行政区域
18. 喜马偕尔邦	在本宪法生效之前作为首席专员治下的行省的喜马偕尔省和比拉斯普尔省管理的行政区域及1966年《旁遮普邦重组法案》第5条第1款规定的行政区域。
19. 曼尼普尔邦	在本宪法生效之前作为首席专员治下的行省的曼尼普尔省管理的行政区域。
20. 特里普拉邦	在本宪法生效之前作为首席专员治下的行省的特里普拉省管理的行政区域。
21. 梅加拉亚邦	1971年《东北各区重组法案》第5条规定的行政区域。
22. 锡金邦	在1975年《宪法第36修正案》生效之前锡金的行政区域。
23. 米佐拉姆邦	1971年《东北各区重组法案》第6条规定的行政区域。
24. 阿鲁那恰尔邦	1971年《东北各区重组法案》第7条规定的行政区域。
25. 古阿邦	1987年《古阿邦、达曼邦和丢邦重组法案》第3条规定的行政区域。
26. 切蒂斯格尔邦	2000年《中央邦重组法案》第3条列举的行政区域。
27. 乌塔拉卡汉德邦	2000年《北方邦重组法案》第3条规定的行政区域。
28. 加尔克汉德邦	2000年《比哈尔邦重组法案》第3条规定的行政区域。

二、联邦直辖领

名　　称	辖　　区
1. 德里	在本宪法生效之前作为首席专员治下的行省的德里省的行政区域。
[……]①	
[……]②	
2. 安达曼和尼科巴群岛	在本宪法生效之前作为首席专员治下的行省的安达曼和尼科巴群岛的行政区域。
3. 拉克沙群岛	1956年《邦重组法案》第6条规定的行政区域。
4. 达德拉和纳加尔哈维利	在1961年8月11日前夕自由之达德拉和纳加尔哈维利的行政区域。
5. 达曼和丢	1987年《古阿邦、达曼邦和丢邦重组法案》第4条所规定的行政区域。
6. 本地治里	1962年8月16日前作为印度法占领区的本地治里、开利开尔、马希及亚南的行政区域。
7. 昌迪加尔	1966年《旁遮普邦重组法案》第4条规定的行政区域。
[……]③	
[……]④	

---

① 原文注：为1971年《喜马偕尔邦法案》（1970年第53号）第4条删除。
② 原文注：为1971年《东北各区重组法案》（1971年第81号）第4条删除。
③ 原文注：为1986年《米佐拉姆邦法案》（1986年第34号）第4条删除。
④ 原文注：为1986年《阿鲁那恰尔邦法案》（1986年第69号）第4条删除。

附件二

(第 59 条第 3 款、第 65 条第 3 款、第 75 条第 6 款、第 97 条、第 125 条、第 148 条第 3 款、第 158 条第 3 款、第 164 条第 5 款、第 186 条及第 221 条)

第一部分 关于总统和总督的规定

第 1 条 每月应向总统和总督支付如下薪俸：

总统——[10000]① 卢比；

总督——[5500]② 卢比。

第 2 条 每月应向总统和总督支付的津贴按照本宪法施行前印度自治领的总督和各省总督的津贴执行。

第 3 条 总统和[各邦]③ 总督在其任期内享有与本宪法施行前印度自治领的印度自治领总督和各省之总督一样的特权。

第 4 条 副总统或者其他人在行使或者暂行总统职权时，或者任何其他人在行使总督职权时，有权获得与其行使的职权的所有者在行使职权时一样的薪俸、津贴和特权。

[第二部分]④

第三部分 关于下院议长、副议长和上院主席、副主席与[邦]⑤ 立法会议长、副议长及立法委员会主席、副主席的规定

---

① 原文注：为 1985 年《总统退休金修正案》提高为 15000，1990 年《总统薪俸和退休金修正案》提高为 20000 卢比，1998 年《总统薪俸和退休金修正案》提高为 50000 卢比。

② 原文注：1987 年第 17 号法案提高为 11000，1998 年第 27 号法案提高为 36000。

③ 原文注：为 1956 年《宪法第 7 修正案》第 29 和附件替换。

④ 原文注：为 1956 年《宪法第 7 修正案》第 29 条和附件删除。

⑤ 原文注：为 1956 年《宪法第 7 修正案》第 29 条和附件替换。

第7条 下院议长和上院主席的薪俸和津贴按照本宪法施行前印度自治领的制宪会议议长的薪俸和津贴执行,下院副议长和上院副主席的薪俸和津贴按照本宪法施行前印度自治领的制宪会议副议长的薪俸和津贴执行。

第8条 ［邦］①立法会议长和副议长、立法委员会主席和副主席的薪俸和津贴按照本宪法施行前各该省立法委员会主席和副主席的薪俸和津贴执行；如果在本宪法施行前无立法委员会的,则立法委员会主席和副主席的薪俸和津贴由邦总督决定。

第四部分　关于最高法院和高等法院法官的规定

第9条

1. 在实际任职时间,最高法院法官每月薪俸如下：

首席大法官：[10000]② 卢比；

其他法官：[9000]③ 卢比。

如果在最高法院任命时,其领取了先前在印度政府或者任何前政府以及在邦政府或者任何前邦政府任职的退休金（残疾或者伤残退休金除外）,则应从最高法院任职的薪俸［中扣除以下金额：

（1）退休金的金额；

（2）如果在任职前,其因前述先前任职而获得作为替代部分退休金的非现金收入,则应扣除该替代部分的金额；且

（3）如果在任职前,其因前述先前任职而获得退休赏金,则应扣除与退休赏金相当的退休金。］④

---

① 原文注：为1956年《宪法第7修正案》第29条和附件替换。
② 原文注：为1986年《宪法第54修正案》第4条替换,原为5000,1998年《高等法院和最高法院任职条件修正案》第7条提高为33000。
③ 原文注：为1986年《宪法第54修正案》第4条替换,原为4000,1998年《高等法院和最高法院任职条件修正案》第7条提高为30000。
④ 原文注：为1956年《宪法第7修正案》第29条和附件替换。

2. 所有法官有免付租金而使用官邸的权利。

3. 本条第 2 款不适用于在本宪法生效之前——

（1）任联邦法院首席法官，而在本宪法生效后依第 374 条第 1 款规定任最高法院首席大法官的法官；或者

（2）任联邦法院法官，而在本宪法生效后依前款规定任最高法院法官（非首席大法官）的法官。任首席大法官或者其他法官时，如果其在本宪法施行前的收入高于本条第 1 款规定的数额，在其实际任职期间，除第 1 款规定的薪俸外，该首席大法官和其他法官还有权获得第 1 款规定的薪俸和本宪法施行前的薪俸的差额。

4. 应向所有最高法院法官支付合理的津贴以补偿其在印度境内出公差的开支，并为其差旅提供由总统随时规定的合理的便利。

5. 关于最高法院法官的休假（包括假期津贴）和退休金的权利适用本宪法生效之前适用于联邦法院法官的规定。

第 10 条

1. 其在实际任职时间，高等法院法官每月薪俸如下：

首席大法官——［9000］① 卢比；

其他法官——［8000］② 卢比。

如果在最高法院任命时，其领取了先前在印度政府或者任何前政府以及在邦政府或者任何前邦政府任职的退休金（残疾或者伤残退休金除外），则应从最高法院任职的薪俸［中扣除以下金额：

（1）退休金的金额；

（2）如果在任职前，其因前述先前任职而获得作为替代部分退休金的非现金收入，则应扣除其所替代的金额；且

（3）如果在任职前，其因前述先前任职而获得退休赏金，则应扣除与

---

① 原文注：为 1986 年《宪法第 54 修正案》替换，原为 4000；1998 年《高等法院和最高法院任职条件修正案》第 4 条提高为 30000。

② 原文注：为 1986 年《宪法第 54 修正案》替换，原为 3500；1998 年《高等法院和最高法院任职条件修正案》第 4 条提高为 26000。

退休赏金相当的退休金。]①

2. 在本宪法生效之前——

（1）任省高等法院首席法官，而在本宪法生效之后依第 376 条第 1 款规定任该邦高等法院首席法官的法官；或者

（2）任邦高等法院法官，而在本宪法生效之后依前款规定任最高法院法官（非首席法官）的法官。

如果其在本宪法施行前之收入高于本条第 1 款规定的数额，在其实际任职期间，除第 1 款规定的薪俸外，该首席大法官和其他法官还有权获得第 1 款规定的薪俸与本宪法施行前薪俸的差额。

[3. 在 1956 年《宪法第 7 修正案》施行前，任附件一第二部分所列举的邦高等法院的首席法官，且在该修正案施行后担任该修正案修正的附件所列举的邦的高等法院首席法官的，如果在该修正案施行前，除薪俸外并给予其额外津贴的，则在其实际任职期间，除第 1 款规定的薪俸外，其还有权获得同等额度的津贴。]②

第 11 条

除另有说明外，本部分中——

（1）"首席法官"包括执行首席法官，"法官"包括特别法官。

（2）"实际任期"包括：

1）作为法官任职的时间或者应总统要求行使其他职能的时间；

2）假期，但法官个人请假的时间除外；

3）由高等法院调往最高法院或者其他高等法院的过渡时间。

---

① 原文注：为 1956 年《宪法第 7 修正案》第 29 条和附件替换。
② 原文注：为 1956 年《宪法第 7 修正案》第 25 条替换。

第五部分　关于印度总审计长的规定

第 12 条

1. 总审计长每月薪俸为 [4000]① 卢比。

2. 在本宪法施行前任印度总审计长且在本宪法施行后依第 377 条任印度总审计长的，除第 1 款规定的薪俸外，其还有权获得第 1 款规定的薪俸与本宪法施行前的印度总审计长薪俸的差额。

3. 关于印度总审计长的休假（包括假期津贴）的权利和其他任职条件适用并继续适用本宪法生效之前有关印度总审计长的规定，所有那些规定中的印度自治领总督应当解释为总统。

附件三　誓言和声明的形式

（第 75 条第 4 款、第 99 条、第 124 条第 6 款、第 148 条第 2 款、第 164 条第 3 款、第 188 条及第 219 条）

一

联邦部长的就职誓言：

"本人……谨此以神的名义起誓/庄严声明：本人将依法忠于宪法、拥护宪法，[维护印度之主权和统一]②，将恪尽本人作为联邦部长的职守，并将依照宪法和法律，不惧不偏、无袒无憎地善待所有人民。"

二

联邦部长的保密誓言：

---

① 原文注：为 1971 年第 56 号法案第 3 条规定，印度总审计长的薪俸同于最高法院法官。1986 年《宪法第 54 修正案》第 4 条将最高法院法官的薪俸提高为 9000 卢比，1998 年《高等法院和最高法院任职条件修正案》第 7 条将之提高为 30000 卢比。

② 原文注：为 1963 年《宪法第 16 修正案》第 5 条增加。

"本人……谨此以神的名义起誓/庄严声明：非为妥当履行本人作为部长的职责，本人决不直接或者间接地向他人泄露或者披露本人以联邦部长身份而接获或者知悉的任何事务。"

[三

（一）

议会候选人的誓言或者声明的形式：

"本人……获提名为上院（或者下院议员）的候选人，谨此以神的名义起誓/庄严声明：本人将依法忠于宪法、拥护宪法，维护印度的主权和统一。"

（二）

议会议员的誓言或者声明的形式：

"本人……当选（或者获任命为）为上院（或者下院）的议员，谨此以神的名义起誓/庄严声明：本人将依法忠于宪法、拥护宪法，维护印度之主权和统一，并恪尽职守。"]①

四

最高法院法官和印度总审计长的誓言或者声明的形式：

"本人……获任命为印度最高法院院长（或者法官）（或者印度总审计长），谨此以神的名义起誓/庄严声明：本人将依法忠于宪法、拥护宪法，[维护印度的主权和统一]②，本人将恪尽职守、竭尽所能、殚精竭虑、不惧不偏、无袒无憎地履行本人的职责，并维护宪法和法律。"

五

邦部长的就职誓言：

---

① 原文注：为1963年《宪法第16修正案》第5条替换。
② 原文注：为1963年《宪法第16修正案》第5条增加。

"本人……谨此以神的名义起誓/庄严声明：本人将依法忠于宪法、拥护宪法，[维护印度之主权和统一]①，将恪尽本人之作为……邦部长的职守，并将依照宪法和法律，不惧不偏、无袒无憎地善待所有人民。"

六

邦部长的保密誓言：

"本人……谨此以神的名义起誓/庄严声明：非为妥当履行本人作为部长的职责，本人决不直接或者间接地向他人泄露或者披露本人以……邦部长身份而接获或者获知的任何事务。"

[七

（一）

邦立法机关候选人的誓言或者声明的形式：

"本人……获提名为立法会（或者立法委员会）议员的候选人，谨此以神的名义起誓/庄严声明：本人将依法忠于宪法、拥护宪法，维护印度的主权和统一。"

（二）

邦立法机关议员誓言或者声明的形式：

"本人……当选（或者获任命为）为立法会（或者立法委员会）的议员，谨此以神的名义起誓/庄严声明：本人将依法忠于宪法、拥护宪法，维护印度的主权和统一，并恪尽职守。"]②

八

高等法院法官的誓言或者声明的形式：

"本人……获任命为……邦高等法院院长（或者法官），谨此以神的名

---

① 原文注：为1963年《宪法第16修正案》第5条增加。
② 原文注：为1963年《宪法第16修正案》第5条替换。

义起誓/庄严声明：本人将依法忠于宪法、拥护宪法，[维护印度之主权和统一]①，本人将恪尽职守、竭尽所能、殚精竭虑、不惧不偏、无袒无憎地履行本人之职责，并维护宪法和法律。"

[附件四　上院议席的分配

（第 4 条第 1 款和第 80 条第 2 款）]②

下表左栏中列举的邦或者联邦直辖领分配到的议席数见右栏内的数字：

表

1. 安德拉	18
2. 阿萨姆	7
3. 比哈尔	16
4. 加尔克汉德	6
5. 古阿	1
6. 古吉拉特	11
7. 哈里亚纳	5
8. 喀拉拉	9
9. 中央邦	11
10. 切蒂斯格尔	5
11. 泰米尔纳德	18
12. 马哈拉施特拉	19
13. 卡纳塔克	12
14. 奥里萨	10
15. 旁遮普	7
16. 拉贾斯坦	10

① 原文注：为 1963 年《宪法第 16 修正案》第 5 条增加。
② 原文注：为 1956 年《宪法第 7 修正案》第 3 条替换。

(续表)

17. 北方邦	31
18. 乌塔拉卡汉德	3
19. 西孟加拉	16
20. 查谟－克什米尔	4
21. 那加兰	1
22. 喜马偕尔	3
23. 曼尼普尔	1
24. 特里普拉	1
25. 梅加拉亚	1
26. 锡金	1
27. 米佐拉姆	1
28. 阿鲁那恰尔	1
29. 德里	3
30. 本地治里	1
（总计）	233

附件五 关于附件规定的地区和部族的行政和管理的规定

（第244条第1款）

第一部分 一般规定

第1条 解释

在本附件中，除另有说明外，下文的"邦"［……］① 不包括［阿萨姆、〔（梅加拉亚、特里普拉、米佐拉姆）②］③各邦。］④

---

① 原文注：为1956年《宪法第7修正案》第29条和附件删除。
② 原文注：为1986年《米佐拉姆邦法案》（1986年第34号）第39条替换。
③ 原文注：为1984年《宪法第49修正案》第3条替换。
④ 原文注：为1971年《东北各区重组法案》（1971年第81号）第71条替换。

第 2 条　附件规定的地区的邦的行政权

根据本附件的规定，邦的行政权及于附件规定的地区。

第 3 条　总督 [……]① 就附件规定的地区的行政事务向总统所作的报告

有附件规定的地区的各邦总督 [……]② 每年或者根据总统的要求，应就该邦有关附件所规定的地区的行政向总统作报告，联邦的行政权及于就前述地区的行政向各该邦发布指令。

第二部分　附件规定的地区和部族的行政与管理

第 4 条　部族顾问委员会

1. 有附件规定地区的邦，或者有附件规定的部族而无附件规定地区的邦根据总统的命令，应设立部族顾问委员。该委员会由不超过 20 名的委员组成，其中应近四分之三的委员由附件规定的部族在该邦立法会中的代表担任。

如果在该邦立法会中的附件规定的部族代表的人数少于应由该部族代表充任部族顾问委员会的席数，则剩下的席数得由其他该部族成员担任。

2. 部族顾问委员会应就总督 [……]③ 移送的与附件规定的部族之福利或者发展相关的事项提供建议。

3. 总督 [……]④ 得制定规则规制或者调整——

（1）委员会的人数，委员会主席、官员以及其他公务员的任命方式和条件；

（2）议事规则及其他一般程序；

（3）其他相关事项。

---

① 原文注：为 1956 年《宪法第 7 修正案》第 29 条和附件删除。
② 原文注：为 1956 年《宪法第 7 修正案》第 29 条和附件删除。
③ 原文注：为 1956 年《宪法第 7 修正案》第 29 条和附件删除。
④ 原文注：为 1956 年《宪法第 7 修正案》第 29 条和附件删除。

第一部分　宪法、全国性涉党法律

第 5 条　可适用于附件规定地区的法律

1. 无论本宪法作何规定，总督［……］① 得以公告规定，在其所作的保留或者调整、修正的范围内，议会或者邦立法机关的某些法案不适用于该邦下辖的附件规定地区的全部或者部分，本项规定得溯及既往地适用。

2. 总督［……］② 得为实现该邦中当时为附件规定的地区的和平和善治制定条例。

尤其是在不损害前述一般性权力的前提下，此类条例得——

（1）禁止或者限制该地区附件规定的部族成员间的土地流转；

（2）规制该地区附件规定的部族成员的土地分配；

（3）规制向该地区附件规定的成员贷款者的业务经营。

3. 在制定本条第 2 款所述的条例时，总统［……］③ 得废除或者修改议会或者邦立法机关的法案或者任何在当地适时存在疑问的现行法律。

4. 在设有部族顾问委员会的邦，除事先咨询该委员会外，总督［……］④ 不得依本条制定条例。

5. 在设有部族顾问委员会的邦，总督［……］⑤ 非经咨询该委员会不得依本条制定条例。

第三部分　附件规定的地区

第 6 条　附件规定的地区

1. 在本宪法中，"附件规定的地区"系指总统以总统令原文注：1950 年《第一部分各邦的附件规定的地区令》(C. O. 9)、1950 年《第二部分各邦的附件规定的地区令》(C. O. 102)以及 1977 年《比哈尔邦、古吉拉特邦、中央

---

① 原文注：为 1956 年《宪法第 7 修正案》第 29 条和附件删除。
② 原文注：为 1956 年《宪法第 7 修正案》第 29 条和附件删除。
③ 原文注：为 1956 年《宪法第 7 修正案》第 29 条和附件删除。
④ 原文注：为 1956 年《宪法第 7 修正案》第 29 条和附件删除。
⑤ 原文注：为 1956 年《宪法第 7 修正案》第 29 条和附件删除。

邦和奥里萨邦的附件规定的地区令》(C. O. 109)。宣告其为附件规定的地区的区域。

2. 总统得随时以总统令①——

（1）规定附件规定的地区的全部或者规定的某部分不再为附件规定的地区或者其组成部分；

[（1—1）在咨询该邦总督之后增加该邦附件规定的地区的区域;]②

（2）可变更附件规定的地区，但仅得以校正其边界而变更；

（3）在邦边界发生变更、并入联邦或者设立新邦的情形下，宣布此前不属于任何各邦的辖区为附件规定的地区或者其组成部分；

[（4）废止依据本条制定的与一个及以上邦有关的总统令或者经咨询有关邦总督之后，更新法令重新界定附件规定的地区的区域，

以及包含总统认为的必要和合适的相关和后续规定内容的命令，但是，不得以后续的命令变更根据本款第1款作出的命令。]③

第四部分　附件的修正

第7条　附件的修正

1. 议会得随时以补充、变更或者废除的方式以法律修正本附件的规定。本附件如此被修正的，本宪法中的"本附件"应解释为经此修正的附件。

2. 不得视本条第1款所提及的法律为第368条规定的本宪法的修正案。

---

① 原文注：1950年《废除马德拉斯邦的附件规定的地区令》（C. O. 30）和1955年《废除安德拉邦的附件规定的地区令》（C. O. 50）。
② 原文注：为1976年《宪法附件五修正案》（1976年第101号）第2条增加。
③ 原文注：为1976年《宪法附件五修正案》（1976年第101号）第2条增加。

附件六　关于［阿萨姆梅加拉亚、特里普拉及米佐拉姆各邦］① 的部族地区行政的规定

（第 244 条第 2 款和 第 275 条第 1 款）

第 1 条　自治地区和自治区

1. 依据本宪法的规定，本附件第 20 条附表中 ［〔第 1 部分、第 2 部分和第 2—1 部分］② 及第 3 部分］③ 各项的部族地区为自治地区。

2. 在自治地区尚有其他附件规定的部族的，总督得以通告将其所居住的地区划定自治区。

3. 总督得以公告——

（1）将任何地区划入前述表的任一部分；

（2）将任何地区从前表的任何一部分删除；

（3）设立新的自治区；

（4）增加自治区的区域；

（5）减少自治区的区域；

（6）合并两个或者两个以上的自治区或者其部分而成为一个自治区；

（6—1）变更自治区的名称；

（7）界定自治区的边界。

未经考虑根据本附件第 14 条第 1 款任命的委员会的报告，总督不得制定本款第（3）项至第（6）项的法令。

［总督根据本款制定的法令得对其认为实施该法令的规定所必要者作出附带或者后续的规定（包括修改第 20 条或者前述表任何部分各项）。］④

---

① 原文注：部分文字为 1986 年《米佐拉姆邦法案》（1986 年第 34 号）第 39 条替换。
② 原文注：为 1984 年《宪法第 49 修正案》第 4 条替换。
③ 原文注：为 1971 年《东北各区重组法案》（1971 年第 81 号）第 71 条和附件八替换。
④ 原文注：为 1971 年《东北各区重组法案》（1971 年第 81 号）第 71 条和附件八增加。

第 2 条 地区委员会和区委员会的构成

1. 各自治地区应设一地区委员会,其委员不超过 30 名,其中由总督提名者不超过 4 人,其余的应以成人投票选举产生。

2. 依本附件第 1 条第 2 款而成为自治区的各区域应设立一个独立的区委员会。

3. 各地区委员会和区委员会分别为称为"(地区名称)地区委员会"和"(区名称)区委员会"的法人机构,该名称不得变更,并配刻公章,分别以该名称起诉和应诉。

4. 在本附件规定的范围内,自治地区的管理权,未授予本附件中该地区内的区委员会的,授予该地区地区委员会,自治区的管理权应授予该区区委员会。

5. 在设有区委员会的自治地区,地区委员会就该自治区而言,除本附件赋予的权力外,仅享有区委员会就该区域授予的权力,且该授权应属于区委员会可以授予地区委员会的范围。

6. 总督得在咨询已有的部族委员会或者其他自治地区或者区内的代表部族的组织后,就地区委员会和区委员会的首次设立制定条例,该条例得规定下列事项:

(1)地区委员会和区委员会的构成及其席位的分配;

(2)为各该委员会的选举而划分地区选区;

(3)各该选举之选民资格及选民登记的筹备;

(4)各该委员会委员候选人的资格;

(5)[区委员会]① 委员的任职条件;

(6)其他与各该委员会的选举或者提名有关的事项;

(7)地区和区委员会的议事程序和事务处理 [(包括在有空缺的情形

---

① 原文注:为 1969 年《阿萨姆(梅加拉亚)重组法案》(1969 年第 55 号)第 74 条替换。

下为一定行为的权力）]①；

（8）地区和区委员会的官员和雇员的任命。

[6—1. 经由选举产生的地区委员会委员，除该地区委员会依第 16 条被解散的外，其任期为 5 年，从大选后任命其的该委员会举行首次会议之日起计算；经提名产生的委员，其任期由总督自行决定。

但是，前述 5 年期限，如果适逢紧急状态宣告的施行，或者出现在总督看来无法举行选举的情形，则总督得予以延长，但每次延长不得超过一年；在施行紧急状态宣告的情形下，如果该宣告已经失效，则其延期不得超过 6 个月。

此外，经选举产生以填补临时空缺的委员，其任期为其所接替人员的剩余任期。]②

7. 地区委员会或者区委员会在其首次设立之后，得［经总督批准而］③ 就本条第 6 款所列事项制定条例，亦得［在得到相同批准后］④ 制定条例调整下列事项：

（1）下级基层委员会的设立，其议事程序和事务处理；

（2）与处理该地区或者区管理事务相关的所有事务。

但是，在该地区或者区委员会根据本款制定此类条例前，总督根据本条第 6 款制定的条例中有关各该委员会的选举、官员、雇员及其议事程序及事务处理的规定仍然有效。

[……]⑤

---

① 原文注：为 1969 年《阿萨姆（梅加拉亚）重组法案》（1969 年第 55 号）第 74 条和附件增加。

② 原文注：为 1969 年《阿萨姆（梅加拉亚）重组法案》（1969 年第 55 号）第 74 条和附件增加。

③ 原文注：为 1969 年《阿萨姆（梅加拉亚）重组法案》（1969 年第 55 号）第 74 条替换。

④ 原文注：为 1969 年《阿萨姆（梅加拉亚）重组法案》（1969 年第 55 号）第 74 条替换。

⑤ 原文注：第二条但书为 1969 年《阿萨姆（梅加拉亚）重组法案》（1969 年第 55 号）第 74 条和附件删除。

第 3 条　地区或者区委员会的立法权

1. 自治区的区委员会就该区内的所有区域，自治地区的地区委员会就该地区除区委员会管辖的区域外的所有区域，有权就下列事项制定法律：

（1）除作为保留林的外的，所有用于农业、畜牧或者居住之目的，或者非农业目的，或者用于促进居民利益之目的的土地的分配、占有和使用或者分割；

但是，此类法律的规定不得限制有关邦政府根据当时有效的授权征收的法律为公共目的而强制征收业已被占有或者尚且未被占有的土地。

（2）保留林的外的森林的管理。

（3）为农业目的而使用灌溉水渠或者水利。

（4）刀耕火种法及毁林轮垦法的规制。

（5）村或者城镇委员会的设立及其权力。

（6）其他有关村或者城镇的管理的事务，包括村或者城镇警察、公共卫生。

（7）长官或者酋长的任命与继位。

（8）财产的继承。

［（9）结婚与离婚。］①

（10）社会风俗。

2. 在本条中，"保留林"系指1891年《阿萨姆森林条例》或者当时在该争议区域施行的法律称为保留林的区域。

3. 所有根据本条制定的法律应呈交总督，未经其批准，不得生效。

第 4 条　自治地区和自治区的司法事务

1. 自治区区委员会可以在全自治区，自治地区地区委员会可以在其辖区外的自治地区设立村委员会或法院，负责审理当事双方均属自治地区内附件规定的部落的诉讼和案件（邦内其他法院均不拥有这一权力），可以

---

① 原文注：为1969年《阿萨姆（梅加拉亚）重组法案》（1969年第55号）第74条替换。

任命合适的人选作为该村委员会的成员或者该法院的负责官员,还可以视需要任命官员,负责实施根据本附件第3条制定的法律。

2. 无论本宪法作何规定,自治区的区委员会或者区委员会为此而设立的法院,或者在未设立区委员会的自治区内的区域,该地区的地区委员会或者地区委员会为此而设立的法院,应就在区或者区域内得由村委员会或者法院审理且不适用本附件第5条第1款的规定且排除高等法院和最高法院之外的所有法院管辖的诉讼和案件,行使上诉法院的权力。

3. [……]① 高等法院对适用本条第2款规定的且由总督随时以总督令列举的诉讼和案件行使管辖权。

4. 区委员会或者地区委员会,事先经总督批准,得制定条例调整下列事项:

(1) 村委员会或者法院的构成,其依据本条得行使的权力;

(2) 村委员会或者法院根据本条第1款审理诉讼和案件时应遵循的程序;

(3) 区或者地区委员会或者各该委员会所设立的法院根据本条第2款审理上诉或者其他诉讼时应遵循的程序;

(4) 该委员会或者法院的决定或者判决的执行;

(5) 为实施本条第1款和第2款的规定的其他事项。

[5. 总统〔经咨询有关邦政府后,〕② 以公告指定之日起(包含当日),本条依下列规定适用于该公告规定的自治地区或者自治区:

(1) 第1款中的"当事双方均属自治地区内附件规定的部落且不适用本附件第5条第1款规定的诉讼和案件"改为"非本附件第5条第1款规定的且为总统为此而予以规定的诉讼和案件"。

(2) 删除第2款和第3款。

(3) 第4款中——

---

① 原文注:部分文字为1971年《东北各区重组法案》(1971年第81号)删除。

② 原文注:为1971年《东北各区重组法案》(1971年第81号)第71条和附件八修改。

1)"区委员会或者地区委员会,事先经总督批准,得制定条例调整下列事项"改为"总督得制定条例调整下列事项"。

2)第1项替换如下:

"(1)委员会或者法院的构成,其依据本条得行使的权力及得受理对村委员会和法院的决定的上诉法院。"

3)第3项替换如下:

"区或者地区委员会或者各该委员会所设立的法院在总统根据第5款指定的日期前在审的上诉案件或者其他诉讼的移送。"

4)第(5)项中的"第1款和第2款"替换为"第1款"。]①

第5条 授予区和地区委员会、特定法院与官员审理特定案件、诉讼和犯罪的1908年《民事诉讼法典》和1898年《刑事诉讼法典》规定的权力

1. 就基于当时因总督的规定而适用于自治地区或者自治区的法律所引发的案件或者诉讼的审理而言,或者就根据印度刑法典或者其他当时适用于该自治地区或者自治区的法律可能科以死刑、终身监禁或者5年以上有期徒刑的犯罪的审理而言,总督若认为有必要授予就该自治地区或者自治区有管辖权的地区委员会或者区委员会或者该地区委员会设立的法院或者总督为此而任命的官员以1908年《民事诉讼法典》或者1898年《刑事诉讼法典》规定的权力,且前述委员会、法院或者官员应行使如此授予的权力以审理诉讼、案件或者犯罪的,总督得授予前述委员会、法院或者官员上述权力。

2. 总督得撤回或者调整其根据本条第1款规定而授予地区委员会、区委员会、法院或者官员的权力。

3. 除根据本条的明文规定外,1908年《民事诉讼法典》和1898年《刑事诉讼法典》不适用于本条规定的自治地区或者自治区的诉讼、案件

---

① 原文注:为1969年《阿萨姆(梅加拉亚)重组法案》(1969年第55号)第74条和附件增加。

或者犯罪的审理。

[4. 自总统根据第 4 条第 5 款规定为有关自治地区或者自治区指定的日期起，本条所有规定对这些自治地区或者自治区而言，不再被视为授权总督得将本条第 1 款所规定的权力转授予地区委员会、区委员会或者地区委员会设立的法院。]①

[第 6 条　地区委员会建立小学等的权力

1. 自治地区的地区委员会得在该地区设立、建设或者运营小学、诊疗所、市场、〔牛圈〕②、渡口、渔业、道路、交通运输和水路，在事先征得总统批准的情形下，得就其规制和管理制定条例，特别是，得规定初等教育应传授的语言及初等教育的传授方式。

2. 总督得经地区委员会同意全权委托该委员会或者其官员就农业、畜牧业、社区工程、合作社、社会福利、农村规划和其他〔……〕③ 邦行政权所及的事项行使职权。]④

第 7 条　地区和区基金

1. 各自治地区设立地区基金，各自治区设立区基金，地区委员会和区委员会在该地区的管理过程中，依照本宪法的规定将该地区或者区收到的一切款项分别记入地区基金或者区基金。

[2. 总督得就地区基金或者区基金的管理和前述基金的收支应遵循的程序、各该基金款项的保管以及与前述事项相关或者其附带的事项制定条例。

3. 地区基金或者区基金的账目应采用印度总审计长经总统批准规定的形式。

---

① 原文注：为 1969 年《阿萨姆（梅加拉亚）重组法案》（1969 年第 55 号）第 74 条和附件增加。
② 原文注：为 1974 年《废止与修正法》（1974 年第 56 号）第 4 条替代。
③ 原文注：部分文字为 1971 年《东北各区重组法案》（1971 年第 81 号）删除。
④ 原文注：为 1969 年《阿萨姆（梅加拉亚）重组法案》（1969 年第 55 号）第 74 条和附件替换。

4. 印度总审计长应以其认为适当的方式对地区或者区委员会的账目进行审计,印度总审计长就各该账目所作的报告应提交总督,总督应将其移送给各该委员会。]①

第 8 条　使用和收缴土地税和课税的权力

1. 自治区的区委员会就该区内的所有土地,自治地区的地区委员会就该地区委员会内除区委员会管辖之外的土地,有权依照当时[邦政府通常遵循的以课征土地税为目的的土地估价]② 原则而使用、收缴土地税。

2. 自治区的区委员会就该区内的所有土地,自治地区的地区委员会就该地区委员会内除区委员会管辖之外的土地,有权对土地和建筑课税和收税,并有权对居住在该区域内的人征收人头费。

3. 自治地区的地区委员会在地区范围内有权课征下列全部或者任一税收:

(1) 职业税、交易税、行业税和从业税;

(2) 动物税、车船税;

(3) 对进入市场销售的进口货物征收的税及对渡船的乘客和货物征收的税;

(4) 为学校、诊疗所及道路而课征税收。

4. 区委员会或者地区委员会得制定规章以规定本条第 2 款和第 3 款所列的税的收缴,[各该条例应当呈交总督,在得到其同意之前,不生效。]③

第 9 条　矿藏勘探和开采许可和租约

1. 每年按照[邦政府]④ 和该地区的地区委员会达成的协议确定的份

---

① 原文注:为 1969 年《阿萨姆(梅加拉亚)重组法案》(1969 年第 55 号)第 74 条和附件替换。

② 原文注:为 1971 年《东北各区重组法案》(1971 年第 81 号)第 71 条和附件八替换。

③ 原文注:为 1969 年《阿萨姆(梅加拉亚)重组法案》(1969 年第 55 号)第 74 条和附件增加。

④ 原文注:为 1971 年《东北各区重组法案》(1971 年第 81 号)第 71 条和附件八替换。

额向地区委员会支付［邦政府］① 就给予在自治地区内之区域的矿藏勘探和开采许可和租约而收取的许可使用费。

2. 如果就应向地区委员会支付的许可使用费的份额产生争议，应提请总督裁断，总督依其裁量确定的份额应视为依本条第1款应向地区委员会支付的份额，总督的决定为最终的决定。

第 10 条　地区委员会制定规章以管理非部族的放贷和贸易

1. 自治地区的地区委员会得制定规章以规制和管理居住于该地区内的非附件规定的部族的人员在该地区的放贷和贸易。

2. 特别是，在不损害前款一般性规定的前提下，这些规章得规定——

（1）除持有许可证外，任何人不得经营放贷业务；

（2）放贷者得收取的利率的上限；

（3）放贷者应保存的账目和地区委员会任命的官员对此类账目的监督；

（4）非居住在该地区的人员非持有地区委员会所颁发的许可证，不得在该地区从事贸易，无论其为批发抑或零售。

但是，除非以地区委员会全部委员会的四分之三以上的多数通过，否则不得依据本条制定规章。

此外，任何此类规章不得拒绝给予在该规章制定之前业已在该地区从事业务的放贷人或者商人许可证。

3. 所有根据本条而制定的规章应呈交总督，非获得其同意，不得生效。

第 11 条　根据本附件而制定的法律、条例和规章的公布

地区委员会或者区委员会根据本附件制定的所有法律、条例和规章应当在该邦政府公报上公布，非经公布者，不具有法律效力。

第 12 条　［议会和阿萨姆邦立法机关制定的法律在阿萨姆邦的自治

---

① 原文注：为1971年《东北各区重组法案》（1971年第81号）第71条和附件八替换。

地区和自治区的适用]①

1. 无论本宪法作何规定——

（1）[阿萨姆邦立法机关]② 就本附件第 3 条所列的地区委员会或者区委员会得立法的事项所制定的法律和禁止或者限制非蒸馏酒的买卖的法律不得适用于 [该邦的]③ 自治地区或者自治区，但是，该自治地区或者对自治区有管辖权的地区委员会以公告指令适用的除外；地区委员会在就上述任何法律发布指令时，得指令将各法作其认为合适的保留和修正，而后适用于该自治地区或者自治区或者其部分区域。

（2）总督得以公告规定，不适用本款第（1）项规定的议会或者[阿萨姆邦立法机关]④ 的立法不得适用于或者得适用于或者应作公告规定的保留和修正之后适用于该邦的自治地区或者自治区或者其部分区域。

2. 得赋予依本条第 1 款而制定的任何指令以溯及力。

[第 12—1 条　将议会和特里普拉邦立法机关制定的法律适用于梅加拉亚邦的自治地区和自治区

无论本宪法作何规定——

（1）如果梅加拉亚邦内的地区委员会或者区委员会制定的法律中涉及本附件第 3 条第 1 款所述事项的规定，或者是上述地区委员会或者区委员会根据本附件第 8 条或者第 10 条规定制定的任何规章的内容，与梅加拉亚邦议会制定的类似内容的法律在规定上有任何抵触之处，则地区委员会或者区委员会制定的法律或者规章中，不论其制定在时间上先于还是后于梅加拉亚邦制定的法律，所有与梅加拉亚邦制定的法律发生抵触的内容均属无效，均应以梅加拉亚邦制定的法律为准。

（2）就议会的法律，总统得以公告规定，其不得适用于梅加拉亚邦的自治地区或者自治区或者其部分，或者应依公告的规定作保留和修正后适

---

① 原文注：标题为 1971 年《东北各区重组法案》（1971 年第 81 号）第 71 条和附件八替换。
② 原文注：为 1971 年《东北各区重组法案》（1971 年第 81 号）第 71 条和附件八替换。
③ 原文注：为 1971 年《东北各区重组法案》（1971 年第 81 号）第 71 条和附件八替换。
④ 原文注：为 1971 年《东北各区重组法案》（1971 年第 81 号）第 71 条和附件八替换。

用，并得赋予该命令以溯及力。]①

[第 12—1—1 条　将议会和梅加拉亚邦立法机关制定的法律适用于特里普拉邦的自治地区和自治区

无论本宪法作何规定——

（1）特里普拉邦就本附件第 3 条所列的地区委员会或者区委员会得立法的事项制定的法律和禁止或者限制非蒸馏酒的买卖的法律不得适用于该邦的自治地区或者自治区，但是，在该情形下，该自治地区或者对该自治区有管辖权的地区委员会以公告指令适用的除外；地区委员会就上述任何法律发布指令时，得指令对该法作其认为合适的保留和修正，而后适用于该自治地区或者自治区或者其部分区域。

（2）总督得以公告规定，不适用本条第（1）项规定的议会或者特里普拉邦立法机关的立法不得适用于或者得适用于或者应作公告规定的保留和修正后适用于该邦的自治地区或者自治区或者其部分区域。

（3）就议会的法律，总统得以公告规定，其不得适用于特里普拉邦的自治地区或者自治区或者其部分区域，或者应依公告的规定作保留和修正后予以适用，并得赋予该命令以溯及力。

第 12—2 条　将议会和米佐拉姆邦立法机关制定的法律适用于米佐拉姆邦的自治地区和自治区

无论本宪法作何规定——

（1）米佐拉姆邦就本附件第 3 条所列的地区委员会或者区委员会得立法的事项制定的法律和禁止或者限制非蒸馏酒的买卖的法律不得适用于该邦的自治地区或者自治区，但是，在该情形下，该自治地区或者对该自治区有管辖权的地区委员会以公告指令适用的除外；地区委员会在就上述任何法律发布指令时，得指令将该法作其认为合适的保留和修正，而后适用于该自治地区或者自治区或者其部分区域。

（2）总督得以公告规定，不适用本条第（1）项规定的议会或者米佐

---

① 原文注：为 1971 年《东北各区重组法案》（1971 年第 81 号）第 71 条和附件八替换。

拉姆邦立法机关的立法不得适用于或者得适用于或者应作公告规定的保留和修正后适用于该邦的自治地区或者自治区或者其部分区域。

（3）就议会的法律，总统得以公告规定，其不得适用于米佐拉姆邦的自治地区或者自治区或者其部分，或者应依公告的规定作保留和修正后予以适用，并得赋予该命令溯及力。]①

第 13 条　在年度财政报告中应单列有关自治地区的预算收支

有关自治地区的预算收支，即应计入［……]② 邦统一基金或者从中支取的款项者，应首先交由地区委员会讨论，经讨论后，应在该邦年度财政报告中予以单列，而后根据第 202 条提交邦立法机关。

[第 14 条　任命委员会调查和报告自治地区和自治区的行政]③

1. 总督得随时任命一个委员会以检查和报告其所指定的与该邦自治地区和自治区的行政相关的事务，包括本条附件第 1 条第 3 款第（3）项至第（6）项规定的事项；或者得任命一个委员会定期调查和报告该邦自治地区和自治区的行政事务，尤其是下列事务：

（1）该地区和区内的教育、医疗设施和通信的配给；

（2）就该地区和区制定新法或者特别法的需求；

（3）地区和区委员会制定的法律、条例规章的实施，

并规定该委员会应遵循的程序。

2. 该委员会的每个报告，经总督签署推荐意见，由有关部长提交给邦立法机关，并应附随一份解释性备忘录对建议［邦政府]④ 采取的行动加以说明。

---

① 原文注：先为 1984 年《宪法第 49 修正案》第 4 条增加，后为 1988 年《宪法附件六修正案》（1988 年第 67 号）修改。

② 原文注：为 1971 年《东北各区重组法案》（1971 年第 81 号）第 71 条和附件八删除。

③ 原文注：本条在适用于阿萨姆邦时，应当根据 1995 年《宪法附件六修正案》（1995 年第 42 号）进行修正。

④ 原文注：为 1971 年《东北各区重组法案》（1971 年第 81 号）第 74 条第 1 款和附件八修正。

3. 在将邦政府事务分配给其部长时，总督得任命一名部长专门负责该邦自治地区和自治区的福利。

[第 15 条　废除和中止地区和区委员会的法律和决议

1. 如果总督认为地区或者区委员会的法律或者决议可能危及印度安全或者〔可能损害公共秩序〕①，其得废除或者中止该法律或者决议，并采取其认为必要的措施（包括中止各该委员会，并接管赋予各该委员会或者得由各该委员会行使的各部或者部分权力），以防止该法律的施行、持续实施或者该决议的执行。

2. 总统根据本条第 1 款所作出的任何命令及其理由应尽快提交邦立法机关；此类命令，除被立法机关撤销的外，自作出之日起 12 个月内有效。

但是，一旦邦立法机关通过决议批准该命令继续生效，则该命令除为总督撤销外，自其根据本条本应失效之日起 12 个月内继续有效。]②

第 16 条　地区或者区委员会的解散

1. 总统得根据依本附件第 14 条任命的委员会的建议解散地区或者区委员会并——

（1）命令立即举行新的大选以重组委员会；

（2）在事先得到邦立法机关批准的情形下，总揽该区域的行政以及各该委员会的权力，或者将该区域的行政委托其根据前款任命的委员会或者其认为适当的机关，但委任的期限不得超过 12 个月。

但是，已颁布本款第（1）项的命令的，在系争区域等待根据新的大选重组各该委员会期间，总督得就其行政采取本款第（2）项所规定的措施。

此外，如果未给予地区或者区在邦立法机关面前陈述其观点的机会。

---

① 原文注：为 1969 年《阿萨姆（梅加拉亚）重组法案》（1969 年第 55 号）第 74 条和附件增加。

② 原文注：本条在适用于特里普拉邦时，应当根据 1995 年《宪法附件六修正案》（1995 年第 42 号）进行修正。

不得依本款第（2）项采取措施。

[2. 无论何时总督认为出现了无法根据本附件的规定实施自治地区或者区之行政的情形，其得以公告接管赋予该地区或者区委员会或者得由该地区或者区委员会行使的全部或者部分权力，并宣告该职权或者权力由其指定的人或者机关行使；在该情形下，该期限不得超过6个月。

但是，总督得以另外的命令延长最初的命令，但每次延长的期限不得超过6个月。

3. 根据本条第2款作出的命令及其理由应提交给邦立法机关，并应在本命令发布后邦立法机关第一次会议召开之日起满30日后失效；但在该期限届满前被邦立法机关批准的除外。]①

第17条　在组成该区地区选区时排除某些自治地区的区域

为阿萨姆邦、梅加拉亚邦、特里普拉邦或者米佐拉姆邦立法会选举的目的，总督得以命令规定阿萨姆邦、梅加拉亚邦、特里普拉邦或者米佐拉姆邦内自治地区内的区域不构成为该区保留立法会议席的选区，但其构成该命令中规定的非立法会保留议席的选区。

[……]②

第19条　过渡规定

1. 在本宪法施行后，总督应根据本附件立即采取措施为该邦的自治地区建立地区委员会，在如此建立地区委员会之前，该地区的行政权赋予总督且该地区内区域的行政适用下列规定而非本附件此前的规定：

（1）非总督以公告命令，议会或者邦立法机关的法律不得适用于该区域；总督在就任何法律作出上述命令时，得规定其在适用于该区域或者其指定区域的部分区域时应作其认为适当的保留或者修正；

（2）总督得为该地区的和平和善治制定条例，如此制定的条例得废除

---

① 原文注：为1969年《阿萨姆（梅加拉亚）重组法案》（1969年第55号）第74条和附件增加。

② 原文注：为1971年《东北各区重组法案》（1971年第81号）第71条和附件八删除。

或者修正适用于该地区的议会或者邦立法机关制定的法律以及当时有效的法律。

2. 得赋予总督根据本条第1款第（1）项制定的条例以溯及力。

3. 根据本条第1款第（2）项制定的所有条例应呈送总统，未经总统同意不发生法律效力。

[第20条　部族地区

1. 下表的第1部分、第2部分、第〔2—1〕①部分及第3部分所列举的区域为阿萨姆邦、梅加拉亚邦、〔特里普拉邦〕②和米佐拉姆〔邦〕③的部族地区。

2. 〔下表第1部分、第2部分和第3部分所指的〕④地区应解释为包括前自治地区内的、在根据1971年《东北各区重组法案》第2条第2款指定的日期之前构成称为……地区的领土。

但是，就本附件第3条第1款第（5）项和第（6）项，第4条，第5条，第6条，第8条第3款第（1）项、第（2）项及第（4）项，以及第10条第3款第（4）项而言，不得认为西隆自治市的任何区域属于卡西山地区。

3. 下表第2—1部分中的"特里普拉部族区域地区"应解释为构成1979年《特里普拉部族区域自治地区委员会法》附件一所列举的部族区域的领土。]⑤

表

第1部分

1. 北卡查山地区。

---

① 原文注：为1984年《宪法第49修正案》第4条增加。
② 原文注：为1984年《宪法第49修正案》第4条增加。
③ 原文注：为1986年《米佐拉姆邦法案》第39条替换，原为"直辖领"。
④ 原文注：为1984年《宪法第49修正案》第4条替换。
⑤ 原文注：为1971年《东北各区重组法案》（1971年第81号）第71条和附件八替换。

2. 卡比－昂龙地区。

3. 博多兰直辖领地区。

第 2 部分

1. 卡西山地区。

2. 简狄亚山地区。

3. 加罗山地区。

第 2—1 部分

特里普拉部族区域地区。

第 3 部分

[……]①

1. 查克马地区。

2. 马拉地区。

3. 拉伊地区。

[第 20—1 条　米佐地区委员会的解散

1. 无论本附件作何规定，在规定日期前存在的米佐地区地区委员会应（以下简称米佐地区委员会）解散，并予以撤销。

2. 米佐拉姆直辖领之行政长官得以一个或者一个以上命令对下列全部或者部分事项加以规定：

（1）将米佐地区委员会的财产、权利或者义务（包括其签订的契约中的权利和义务）转移给联邦或者其他机关；

（2）在米佐地区委员会为一方当事人的诉讼中将米佐地区委员会替换为联邦或者其他机关或者增加联邦或者其他机关为当事人；

（3）将米佐地区委员会的雇员调任至联邦或者其他机关，或者由联邦或者其他机关重新雇用，规定调任或者重新雇用后适用于这些雇员的任职

---

① 原文注："米佐地区"为 1971 年《东北各区重组法案》（1971 年第 81 号）增加，后为 1971 年《联邦直辖领政府修正案》删除。

条件；

（4）在其为有权立法机关或者其他有权机关变更、废止或者修改前，行政长官得以废止或者修正的方式对米佐地区委员会在其解散前制定并施行的法律作保留或者修正后予以继续使用；

（5）其他行政长官认为必要的附带的、后续的或者补充事项。

释：在本条和本附件第20—2条中的"规定日期"系指依据1963年联邦直辖领政府规定的按时设立米佐拉姆联邦直辖领立法会的日期。]①

第20—2条 将米佐拉姆联邦直辖领之自治区改为自治地区及其后与之相关的过渡规定

1. 无论本附件作何规定——

（1）在规定日期前存在于米佐拉姆联邦直辖领的自治区，自该日起（包括该日）成为联邦直辖领的自治地区（以下称为相应的新地区）；该直辖领的行政长官得以一个或者一个以上的行政长官令规定，为实施本款的规定，对本附件第20条（包括该条附表的第3部分）进行修正，据此前述条款和该附表第3部分应被认为业已经过相应的修正。

（2）在规定日期前存在于米佐拉姆联邦直辖领的自治区的区委员会（以下称为既有的区委员会），自该日起（包括该日）视为该地区的地区委员会（以下称为相应的新地区委员会），直至按时设立相应的新地区的地区委员会。

2. 既有的区委员会的委员，无论其由选举或者提名产生，均视为经由选举或者提名产生的相应的新地区委员会的委员，直至相应的新地区的地区委员会按时设立。

3. 在相应的新地区委员会根据本附件第2条第7款和第4条第4款制定条例前，既有的区委员会在规定日期前根据前述规定制定并施行的条例，按照米佐拉姆联邦直辖领行政长官所作的保留和修正方式进行保留和修正后，适用于相应的新地区委员会。

---

① 原文注：为1971年《联邦直辖领政府修正案》（1971年第83号）第13条替换。

4. 米佐拉姆直辖领的行政长官得以一个或者一个以上总督令对下列的全部或者部分事项加以规定：

（1）将既有的区委员会的财产、权利或者义务（包括其签订的契约中的权利和义务）转移给相应的新地区委员会；

（2）在既有的区委员会为一方当事人的诉讼中将既有的区委员会替换为相应的新地区委员会，或者增加相应的新地区委员会为当事人；

（3）将既有的区委员会的雇员调任至相应的新地区委员会或者由相应的新地区委员会重新雇用，规定调任或者重新雇用后适用于这些雇员的任职条件；

（4）在其为有权立法机关或者其他有权机关变更、废止或者修改之前，行政长官得以废止或者修正的方式对既有的区委员会在其解散前制定并施行的法律作保留或者修正后予以继续适用；

（5）其他行政长官认为必要的附带的、后续的或者补充事项。

第20—3条 解释

在为此所作规定的范围内，本附件的规定在其适用于米佐拉姆联邦直辖领时，应视为：

（1）所称邦总督和政府系指根据第239条任命的联邦直辖领的行政长官，所称邦（除"邦政府"外）系指米佐拉姆联邦直辖领，所称邦立法机关系指米佐拉姆联邦直辖领的立法会。

（2）

1）删除第4条第5款咨询相关邦政府的规定；

2）将第6条第2款"邦行政权所及的"替换为"米佐拉姆联邦直辖领立法会有权立法的"；

3）删除第13条中的"根据第202条"。

第21条 本附件的修正

1. 议会得随时以法律采取增加、修改或者废止的方式修改本附件的任何规定，一旦本附件被如此修正的，本宪法所称的本附件应解释为作此修正后的附件。

2. 不得认为本条第 1 款所提及的法律是第 368 条规定的本宪法的修正案。

附件七

（第 246 条）

清单 1　联邦清单

1. 印度及其各组成部分的防卫，包括战备以及所有战时为实施防务得采取和战后为有效复员得采取的行为。

2. 海军、陆军和空军；联邦任何其他武装部队。

[2—1. 所有联邦武装部队或者所有其他受联邦节制的部队或者所有前述部队驻扎于各邦以协助该邦政府的特遣部队或者部队的部署；该部队的成员在部署期间的权力、管辖权、特权和义务。]①

3. 营区的划分、该地区的地方自治、该地区的军营机关的组织和权力以及该地区房屋租赁的管制（包括租金控制）。

4. 海军、陆军与空军工程。

5. 武器、枪械、弹药和炸药。

6. 原子能与原子能生产所必需的矿产资源。

7. 议会以法律宣告的国防和进行战争所必需的工业。

8. 中央情报和调查局。

9. 为国防、外交或者印度之安全等原因而采取的预防性羁押；受此羁押的人。

10. 外交；任何致使印度与他国发生联系的事项。

11. 外交、领事与贸易的代表。

12. 联合国机构。

---

① 原文注：为 1976 年《宪法第 42 修正案》第 57 条增加。

13. 国际会议、国际组织和其他国际机构的加入及对其所作决定的履行。

14. 与他国间条约和协定的缔结以及对与他国间条约、协定或者公约的履行。

15. 战争与和平。

16. 领土外的司法管辖权。

17. 国籍、归化和侨民。

18. 引渡。

19. 入境许可、移民与驱逐出境；护照和签证。

20. 出国朝圣。

21. 在公海或者空中发生的海盗和犯罪行为；在陆地、公海或者空中发生的违反国际法的罪行。

22. 铁路。

23. 议会以法律或者根据议会制定的法律宣布其为国家公路的公路。

24. 机动船舶在国家议会用法律宣布为国家航道的内河航道中的运输和航行；该航道的交通规则。

25. 海上运输和航行，包括潮水区的货运和航行；提供商船船员的教育和培训，并对各邦与其他机构提供的此种教育和培训进行规定。

26. 为保证航运和飞行安全的灯塔，包括灯塔船、灯塔以及其他设施。

27. 议会制定的法律或者其他现行法律宣布其为主要港口的港口，包括其边界的划定，港口机关的设立与权力。

28. 港口检疫，包括与此有关的医院；海员与海军医院。

29. 空中航线；航空器与空中导航；建设机场；空中交通与机场的规制与组织；提供航空教育与培训，对邦与其他机构提供的此类教育与培训进行规制。

30. 以动力运输工具在铁路、海洋、空中或者国家航道运输旅客与货物。

31. 邮政、电报、电话、无线电、广播及其他类似的通信方式。

32. 联邦财产及其收益，但是，位于各邦内的联邦财产要服从所在邦的立法，议会以法律另作规定的除外。

[……]①

34. 监护法庭以监督印度各土邦王公的（土地）资产。

35. 联邦国债。

36. 货币、铸币和法币；外汇。

37. 外债。

38. 印度储备银行。

39. 邮政储蓄银行。

40. 印度政府或者邦政府组织的彩票。

41. 涉外商业贸易；跨越关境的进口与出口；关境的确定。

42. 邦际商业贸易。

43. 包括银行、保险公司和金融企业，但不包括合作社在内的企业法人的设立、管理与清算。

44. 无论其为企业法人或者非企业法人，其经营范围不限于一个邦的法人的设立、管理与清算，但不包括大学。

45. 银行业。

46. 汇票、支票、期票及其他类似的工具。

47. 保险。

48. 证券交易和期货市场。

49. 专利、发明和设计；版权；商标。

50. 确立度量衡标准。

51. 确立出口或者邦际贸易货物质量标准。

52. 议会以法律宣布为公众利益之需要而应由联邦予以控制的产业。

53. 油田与原油资源的规制和开发；石油与石油产品；议会以法律宣布的易燃的、危险的其他液体和物质。

---

① 原文注：原第33项为1956年《宪法第7修正案》第26条删除。

54. 矿藏的规制与矿业开发，联邦控制之下的管理或者开发应以议会法律宣布的对公众利益所必要者为限。

55. 矿和油田的劳动与安全的规制。

56. 邦际河流与河谷的规制和开发，联邦控制之下的规制或者开发应以议会以法律宣布其为公众利益所必要者为限。

57. 领海以外之捕鱼和渔业权。

58. 联邦机构之生产、供应和分配盐；对其他机关的生产、供应和分配盐进行规制和管理。

59. 鸦片的种植、加工与出口。

60. 电影放映的许可。

61. 涉及联邦雇员的产业争议。

62. 在本宪法施行时称为国家图书馆、印度博物馆、帝国战争博物馆、维多利亚纪念馆、印度战争纪念馆的各个机构，以及其他全部或者部分由印度政府资助且为议会以法律宣布其为具有国家重要性的类似机构。

63. 在本宪法施行时名为贝拿勒斯印度大学、阿利加尔穆斯林大学和德里大学的各个机构，根据宪法第371—5条建立的大学，以及其他议会以法律宣布其具有国家重要性的机构。

64. 全部或者部分由印度政府资助的、议会以法律宣布其具有国家重要性的科学或者技术教育机构。

65. 负责下列事项的联邦机关和机构：

（1）包括警察培训在内的专业、职业或者技术培训；

（2）促进专项研究；

（3）犯罪侦破的科技协助。

66. 统一和确定高等教育、研究、科学和技术机构的标准。

67. 议会以法律宣布其具有国家重要性的古代和历史遗迹和文献，考古学的遗址和遗迹。

68. 印度的勘测，印度的地理勘测，植物勘测，动物勘测和人类学勘测；气象站。

69. 人口普查。

70. 联邦公务部门；全印行政部门；联邦公务员铨叙委员会。

71. 联邦年金，即由印度政府或者以印度统一基金支付的年金。

72. 议会、邦立法机关以及正、副总统的选举；选举委员会。

73. 议会议员，上院正、副主席以及下院正、副主席的薪俸与津贴。

74. 议会各院及其议员和委员会的权力、特权和豁免权；强制证人到议会委员会或者议会任命的特派团作证或者出示文件。

75. 总统和总督休假时的俸金、津贴、特权和权力；联邦部长的薪俸和津贴；总审计长休假时的薪俸、津贴和权力及其他任职条件。

76. 联邦和各邦账目的审计。

77. 最高法院的构成、组织、管辖权和权力（包括对蔑视该法院之处罚）及其收费；有资格在最高法院执业的律师。

78. 高等法院的构成和组织（包括休假），但有关高等法院官员和事务员之规定除外；有资格在高等法院执业的律师。

79. 高等法院管辖权在联邦直辖领的延伸或者禁止。

80. 邦属警察机关成员的权力和司法权在邦外地区的施行，但这并不意味着邦属警察可以未经这些地区所在邦政府的批准即在邦外地区行使权力和司法权；邦属警察机关成员的权力和司法权在邦外属于他邦的铁路区域的施行。

81. 邦际移民；邦际检疫。

82. 其他非农业收入的课税。

83. 包括出口税在内的关税。

84. 对印度制造或者生产的烟草和其他物品的课税，但下列事项除外：

（1）饮用酒类；

（2）鸦片、印度大麻以及其他麻醉药物和麻醉剂；

但是，应包括包含酒精或者本项（2）所列任何物质的药品或者化妆用配制品不属于例外。

85. 公司所得税。

86. 对个人和公司所有土地的本金总额进行课税，但农业用地除外；公司资本税。

87. 农业用地以外其他房地产的遗产税。

88. 农业用地以外的财产遗产税。

89. 对经由铁路、海运、航空运输的货物或者旅客课征终点税；对铁路运费的课税。

90. 对证券交易所与期货市场发生的交易征收的印花税以外的其他税收。

91. 对汇票、支票、期票、提单、信用证、保险单、股票转让、债券、委托书和收据征收的印花税的税率。

92. 报纸购销税和报纸广告税。

92—1. 对发生于邦际贸易或者商业过程中的报纸以外的其他商品的购、销进行课税。

92—2. 对发生于邦际贸易或者商业过程中的货物的寄售（无论是委托其制造者或者任何其他人）的课税。

93. 违反与本清单所列事项有关的法律的犯罪。

94. 为本清单所列事项之任一事项之目的进行的调查、勘察和统计。

95. 最高法院以外的所有法院对本清单所列事项的管辖权和权力；海事管辖权。

96. 有关本清单所列事项的收费，但不包括法院收取的费用。

97. 清单 2 和清单 3 未列举的其他事项，包括该清单未列举的税收。

清单 2　邦清单

1. 公共秩序（但不包括使用联邦海、陆、空或者其他武装部队或者联邦麾下的其他武力或者用以协助文职政府的联邦武装部队的任何分遣队和小队）。

2. 清单 1 的第 2—1 项规定范围内的警察（包括铁路和乡村警察）。

3. 高等法院的官员和公务员；租税法庭的程序；最高法院以外法院的

收费。

4. 监狱、管教所、少年管教所和其他同类性质的机构以及其中羁押的人；与其他邦达成的关于监狱或者其他机构使用的协议。

5. 地方政府，即市政法人、发展基金、地区委员会、矿区居民点机关以及其他负责地方自治或者乡镇行政的地方当局的构成和权力。

6. 公共卫生；医院和诊所。

7. 朝圣，但非出国朝圣。

8. 酒精饮料，指酒精饮料的生产、加工、拥有、运输以及买卖。

9. 残疾人和失业人员之救助。

10. 葬礼与墓地：火葬与火葬墓地。

[……]①

12. 邦所管理或者资助的图书馆、博物馆及其他类似机构；除为议会以法律宣布其具有国家重要性的古代和历史的遗迹和文献之外的古代和历史的遗迹和文献。

13. 交通，即清单未列举的道路、桥梁、渡口或者其他交通手段；城市轨道；索道；内河航道及其通行，但应受清单1和清单3关于此类航道规定的拘束；非机动车。

14. 农业，包括农业教育和研究、植物病虫害防治。

15. 家畜的保全、保护和改良，畜病预防；兽医的培训和执业。

16. 池塘和防止牲畜侵入池塘。

17. 水，即清单1第56项规定范围内的供水、灌溉与灌溉渠、排水与堤防、水库和水力发电。

18. 土地，即地下和地上权，包括地主与佃户的关系在内的土地保有权以及租金的收缴；农地的转让与让渡；土壤改良与农业贷款；拓殖。

[……]②

---

① 原文注：原第11项为1976年《宪法第42修正案》第57条删除。
② 原文注：原第19项和第20项为1976年《宪法第42修正案》第57条删除。

21. 渔业。

22. 根据清单 1 第 34 项而设立的监护法庭；负债财产和附属财产。

23. 在清单 1 联邦控制之下的规制或者开发的有关规定的范围内，对矿藏进行规制和开发。

24. 清单 1 第 7 项和第 52 项规定范围内的产业。

25. 天然气与天然气工程。

26. 清单 3 第 33 项规定范围内之邦内的贸易和商业。

27. 清单 3 第 33 项规定范围内之物品的生产、供给和分配。

28. 市场和集市。

［……］①

30. 放贷和放贷人；农业债务的减免。

31. 小酒馆及其经营者。

32. 清单 1 规定的法人和大学之外的法人的设立、管理与清算；非法人的商业、文学、科学、宗教和其他的社团和协会；合作社。

33. 剧院与戏剧表演；在清单 1 第 60 项规定范围内之电影院；体育、娱乐和消遣。

34. 赌博。

35. 授予邦或者邦所有的工程、土地以及建筑。

［……］②

37. 在议会制定的法律范围内的邦立法机关的选举。

38. 邦立法机关议员，立法会正、副议长，有立法委员会的邦的该委员会的正、副议长的薪俸和津贴。

39. 邦立法会及其议员和委员会，如果有立法委员会的包括立法委员会及其委员和专门委员会的权力、特权和特免；强制证人到邦立法机关专门委员会作证或者出示文件。

---

① 原文注：原第 29 项为 1976 年《宪法第 42 修正案》第 57 条删除。
② 原文注：原第 36 项为 1956 年《宪法第 7 修正案》第 26 条删除。

40. 邦部长的薪俸和津贴。

41. 邦公务部门；邦公务员铨叙委员会。

42. 邦的退休金，指从邦或者以邦统一基金支付的退休金。

43. 邦的公债。

44. 无主埋藏物。

45. 土地税，包括税金的预算和收缴、土地档案的保管、为土地税与地权档案而进行的调查、土地税的转让。

46. 农业收入的课税。

47. 农业用地的继承税。

48. 农业用地的遗产税。

49. 土地和房产税。

50. 在议会制定的关于矿产开发的法律设定的范围内对开采权进行课税。

51. 对在邦制造或者生产下列物品课税，以及对在印度其他地方制造或者生产的类似物品以相同或者较低的税率征收反补贴税：

（1）饮用酒类；

（2）鸦片、印度大麻以及其他麻醉药物和麻醉剂；

但是，不包括包含酒精或者本项之（2）所列任何物质的药用或者化妆用配制品。

52. 对进入本区的供消费、使用或者销售的商品课税。

53. 对电的消费和销售课税。

54. 在清单1第92—1项规定的范围内，对报纸以外的其他商品征收购、销税。

55. 对报纸刊载的广告和广播或者电视播放的广告以外的广告进行课税。

56. 对经由公路或者内河航道运载的货物与旅客进行课税。

57. 在清单3第35项规定的范围内，对可以在公路上行驶的包括有轨电车在内的车辆，不管是机动车抑或是非机动车辆进行课税。

58. 对动物和船只进行课税。

59. 通行费。

60. 职业税、交易税、行业税和从业税。

61. 人头税。

62. 对奢侈品，包括对娱乐、消遣和赌博，进行课税。

63. 清单 1 有关印花税税率所规定的文件以外的其他文书的印花税税率。

64. 与本清单所列事项有关的违法行为。

65. 最高法院以外的其他法院对本清单所列事项的管辖权和权力。

66. 有关本清单所列事项的收费，但不包括法院的收费。

清单 3　共享清单

1. 刑法，包括在本宪法施行时《印度刑法典》包括的全部事项，但不包括与清单 1、清单 2 所列事项有关的犯罪，也不包括动用联邦的海、陆、空军或者其他武装部队以协助文职政府。

2. 刑事诉讼，包括本宪法施行时《刑事诉讼法典》所包括的全部事项。

3. 为邦的安全、维护公共秩序或者持社区的必要供给和服务相关的原因而进行的预防性羁押；被预防性羁押者。

4. 将囚犯、犯罪嫌疑人及因本清单第 3 项所列原因而被预防性羁押者从一邦移送至另一邦。

5. 结婚与离婚；婴儿与未成年人；收养；遗嘱、未留遗嘱的死亡与继承；数代同堂的大家庭和分家；在本宪法施行前受属人法拘束的与司法程序中的当事人有关的所有事项。

6. 农业用地以外其他财产的转让；契约与文书的登记。

7. 合同，包括合伙合同、代理合同、运输合同和其他特殊形式的合同，但不包括与农业用地有关的合同。

8. 可诉的侵害。

9. 破产。

10. 信托与受托人。

11. 行政总监与官方受托人。

11—1. 司法行政；最高法院与高等法院以外的法院的构成和组织。

12. 证据与宣誓；法律、行政行为和行政记录的承认以及司法诉讼。

13. 民事诉讼，包括在本宪法施行时《民事诉讼法典》包括的全部事项、限制和仲裁。

14. 藐视法庭罪，但不包括藐视最高法院。

15. 流浪者；游牧部落和有迁居习惯的部落。

16. 精神病人和智障，包括治疗精神病和智障的场所。

17. 防止虐待动物。

17—1. 森林。

17—2. 野生动物与鸟类的保护。

18. 食品和其他商品的假冒和掺假。

19. 受清单1第59项关于鸦片规定限制的毒品和毒药。

20. 经济与社会规划。

20—1. 人口控制与计划生育。

21. 工商业的垄断、联合与托拉斯。

22. 工会；劳资争议。

23. 社会保障和社会保险；就业与失业。

24. 劳动者之福利，包括工作条件、公积金、雇主责任、工人的补贴、伤残与养老金、产期津贴。

25. 在清单1第63项、第64项、第64项和第66项规定范围内的教育，包括技术教育、医学教育和大学；包括劳动者之职业与技术培训。

26. 法律、医药与其他职业。

27. 因印巴自治领导分治而被从其原居住地迁出者的救助和安置。

28. 慈善和慈善机构，慈善和宗教捐赠与宗教机构。

29. 防止危害人、动物或者植物之传染或者流行病或者虫害由一邦向另一邦蔓延。

30. 人口统计，包括出生和死亡登记。

31. 议会制定的法律或者现行法律宣布其为主要港口之外的港口。

32. 受清单 1 有关国家（水路）航道限制的内河航道中关于机动船的运输和导航、各该航道的交通规则、内河航道的旅客和货物运输。

33. 下列商品的商业、贸易生产、供给与分配：

（1）议会以法律宣告为公共利益的必要应由联邦控制的产业的产品及进口的同类产品；

（2）食品，包括可食用的油籽和食用油；

（3）牲畜饲料，包括油渣饼和其他压缩饲料；

（4）去籽或者未去籽的原棉和棉籽；以及

（5）生黄麻。

33—1. 度、量，但不包括其标准的设立。

34. 价格控制。

35. 机动车辆，包括对此类车辆进行课税的原则。

36. 工厂。

37. 锅炉。

38. 电力。

39. 报纸、书籍及印刷厂。

40. 具有国家意义的考古遗址与遗物，但不包括议会法律宣布的具有国家意义的考古遗址与遗物。

41. 法律宣布其为被疏离者的财产的监护、管理和处分。

42. 财产的征收和征用。

43. 某邦要求在该邦以外收回某些税收权利，以及其他公共需求方面的权利，包括土地税余额和作为该余额收回的款项。

44. 以司法印花税途径征收的税、费以外的印花税，但不包括印花税的税率。

45. 对清单 2 和清单 3 所列事项的目的进行的调查和统计。

46. 最高法院以外的其他法院对本清单所列事项的管辖权和权力。

47. 有关本清单所列事项的收费,但不包括法院的收费。

附件八 语 言

(第 334 条第 1 款和第 351 条)

1. 阿萨姆语

2. 孟加拉语

3. 波陀语

4. 多格拉语

5. 古吉拉特语

6. 印地语

7. 坎拉德语

8. 克什米尔语

9. 康卡尼语

10. 马帝利语

11. 马拉亚拉姆语

12. 马拉蒂语

13. 曼尼普尔语

14. 尼泊尔语

15. 奥里亚语

16. 旁遮普语

17. 梵语

18. 桑塔利语

19. 辛德希语

20. 泰米尔语

21. 泰卢固语

22. 乌尔都语

附件九

（第 31—2 条）

1. 1950 年《比哈尔邦土地改革法》（比哈尔邦 1950 年第 30 号法案）。

2. 1948 年《孟买租佃制和农业用地法》（孟买 1948 年第 67 号法案）。

3. 1949 年《孟买废除马利基土地所有制法》（孟买 1949 年第 61 号法案）。

4. 1949 年《孟买废除塔鲁克达尔土地所有制法》[①]

（孟买 1949 年第 62 号法案）。

5. 1949 年《孟买废除潘奇·马哈尔斯—梅瓦斯土地所有制法》（孟买 1949 年第 63 号法案）。

6. 1950 年《孟买废除考蒂土地所有制法》（孟买 1950 年第 6 号法案）。

7. 1950 年《孟买废除帕拉加纳与库尔卡尼·瓦坦土地法》（孟买 1950 年第 60 号法案）。

8. 1950 年《中央邦废除（土地、马哈尔、已转让土地）所有权法》（中央邦 1951 年第 1 号法案）。

9. 1948 年《马德拉斯土地所有制（废除和改行留特瓦尔）法修正案》（马德拉斯 1948 年第 26 号法案）。

10. 1950 年《马德拉斯土地所有制（废除和改行留特瓦尔）法修正案》（马德拉斯 1950 年第 1 号法案）。

11. 1950 年《北方邦废除柴明达尔和土地改革法》（北方邦 1951 年第 1 号法案）。

---

① 译者注：塔鲁克达尔（Taluqdari 或者 Talukdari）源于阿拉伯语，其中的"taluq"系指地区，"dar"指占有或者所有。塔鲁克达尔土地所有制这一制度见诸印度莫卧儿王朝和英国殖民统治时代，当时的大地主被任命塔鲁克达尔负责所在地区的税收的收缴，一个塔鲁克达尔一般涵盖一个中心乡镇及周边的 84 个乡村。参见 http://en.wikipedia.org/wiki/Taluqdar，2012 年 4 月 6 日访问。

12.《海德拉巴废除札吉尔条例》①（1358F 第 69 号）。

13.《海德拉巴札吉尔偿付条例》（1359F 第 25 号）。

[14. 1950 年《比哈尔邦难民重新安置（土地征收）法》（比哈尔邦 1950 年第 38 号法案）。

15. 1948 年《联合省土地征收（难民重新安置）法》（联合省 1948 年第 26 号法案）。

16. 1948 年《难民重新安置（土地征收）法》（1948 年第 60 号法案）。

17. 1950 年《保险法修正案》（1950 年第 47 号法案）第 42 条所增修的 1938 年《保险法》（1938 年第 4 号法案）第 52—1 条至第 52—7 条。

18. 1951 年《铁路公司（紧急规定）法》（1951 年第 51 号法案）。

19. 1953 年《工业发展与规制法修正案》（1953 年第 26 号法案）第 13 条所增修的 1951 年《工业发展与规制法》（1951 年第 65 号法案）第 3—1 章。

20. 经 1951 年西孟加拉邦第 29 号法案修正的 1948 年《西孟加拉邦土地发展与规划法》（西孟加拉邦 1948 年第 21 号法案）。]②

[21. 1961 年《安德拉邦持有农地最高限额法》（安德拉邦 1961 年第 10 号法案）。

22. 1961 年《安德拉邦（特兰加那）地区租佃制与农业用地（生效）法》（安德拉邦 1961 年第 21 号法案）。

23. 1961 年《安德拉邦（特兰加那地区）废除伊吉拉与考利土地租佃之非法帕塔斯合同和废除让步估价法》（阿萨姆邦 1961 年第 36 号法案）。

24. 1959 年《阿萨姆邦公共宗教或者慈善机构土地征收法》（阿萨姆邦 1961 年第 9 号法案）。

---

① 译者注：札吉尔（Jagir），书面语为"jehagiri"，其源于梵语，其中"Ja"系指地方，而"gir"为拥有；它是南亚的一种封建土地分封制度，即国王将土地授予大臣。通常而言，这些封地的授予只是"终身制"，在该大臣死后其所有权应重新回归国王手中。但在，在很多情形下，其也称为可以世袭的一项资产。参见 http://en.wikipedia.org/wiki/Jagir，2012 年 4 月 6 日访问。

② 原文注：为 1955 年《宪法第 4 修正案》第 5 条增加。

25. 1953 年《比哈尔邦土地改革法修正案》(比哈尔邦 1954 年第 20 号法案)。

26. 1961 年《比哈尔邦土地改革(确定持有土地面积上限及超限土地征收)法》(比哈尔邦 1962 年第 12 号法案)(除该法第 28 条规定外)。

27. 1954 年《孟买废除塔鲁克达尔土地所有制法修正案》(孟买 1955 年第 1 号法案)。

28. 1957 年《孟买废除塔鲁克达尔土地所有制法修正案》(孟买 1958 年第 18 号法案)。

29. 1958 年《孟买废除卡奇地区因南法》(孟买 1958 年第 98 号法案)。

30. 1960 年《孟买租佃制和农业用地(古吉拉特邦修正案)法》(古吉拉特邦 1960 年第 16 号法案)。

31. 1960 年《古吉拉特邦持有农地最高限额法》(古吉拉特邦 1961 年第 26 号法案)。

32. 1962 年《萨格巴拉与麦哈瓦西地产(所有权废除及其他)条例》(古吉拉特 1962 年第 1 号条例)。

33. 1963 年《古吉拉特邦废除残余土地转让制法》(古吉拉特邦 1963 年第 33 号法案)。

34. 1961 年《马哈拉施特拉邦持有农地最高限额法》(马哈拉施特拉邦 1961 年第 27 号法案)。

35. 1961 年《海德拉巴租佃制与农业用地(重新制定、生效、进一步修正)法》(马哈拉施特拉邦 1961 年第 65 号法案)。

36. 1950 年《海德拉巴租佃制与农业用地法》(海德拉巴 1950 年第 21 号法案)。

37. 1960 年《废除金米喀拉姆地租法》(喀拉拉邦 1961 年第 3 号法案)。

38. 1961 年《喀拉拉邦税法》(喀拉拉邦 1961 年第 13 号法案)。

39. 1963 年《喀拉拉邦土地改革法》(喀拉拉邦 1964 年第 1 号法案)。

40. 1959 年《中央邦土地税法典》(中央邦 1959 年第 20 号法案)。

41. 1960 年《中央邦持有农地最高限额法》（中央邦 1960 年第 20 号法案）。

42. 1955 年《马德拉斯自耕佃农保护法》（马德拉斯 1955 年第 25 号法案）。

43. 1956 年《马德拉斯自耕佃农（合理地租之缴纳）法》（马德拉斯 1956 年第 24 号法案）。

44. 1961 年《马德拉斯保护库地卢普①居住者免受驱逐法》（马德拉斯 1961 年第 38 号法案）。

45. 1961 年《马德拉斯公益信托（农业用地管理规制）法》（马德拉斯 1961 年第 57 号法案）。

46. 1961 年《马德拉斯持有农地最高限额法》（马德拉斯 1961 年第 58 号法案）。

47. 1952 年《迈索尔租佃制法》（迈索尔 1952 年第 13 号法案）。

48. 1957 年《库格邦租佃制法》（迈索尔 1957 年第 14 号法案）。

49. 1961 年《迈索尔废除村公所法》（迈索尔 1961 年第 14 号法案）。

50. 1961 年《海德拉巴租佃制与农业用地（生效）法》（迈索尔 1961 年第 36 号法案）。

51. 1961 年《迈索尔土地改革法》（迈索尔 1962 年第 10 号法案）。

52. 1960 年《奥里萨邦土地改革法》（奥里萨邦 1960 年第 16 号法案）。

53. 1963 年《奥里萨邦废除并入领土之村公所法》（奥里萨邦 1963 年第 10 号法案）。

54. 1953 年《旁遮普邦土地所有制保障法》（旁遮普邦 1953 年第 10 号法案）。

55. 1955 年《拉贾斯坦邦租佃制法》（拉贾斯坦邦 1955 年第 3 号法案）。

---

① 译者注：库地卢普（Kudiyiruppu）系指居住地。该法旨在保护佃农和农民不受地主之驱逐。

56. 1959 年《拉贾斯坦邦废除柴明达尔①与比斯韦达尔法》（拉贾斯坦邦 1959 年第 8 号法案）。

57. 1960 年《库茂恩与乌塔拉克汉地区废除柴明达尔和土地改革法》（北方邦 1960 年第 17 号法案）。

58. 1960 年《北方邦设定持有农地最高限额法》（北方邦 1961 年第 1 号法案）。

59. 1953 年《西孟加拉邦土地征收法》（西孟加拉邦 1954 年第 1 号法案）。

60. 1955 年《西孟加拉邦土地改革法》（西孟加拉邦 1956 年第 10 号法案）。

61. 1954 年《德里土地改革法》（德里 1954 年第 8 号法案）。

62. 1960 年《德里持有农地最高限额法》（中央 1960 年第 24 号法案）。

63. 1960 年《曼尼普尔邦土地税和土地改革法》（中央 1960 年第 33 号法案）。

64. 1960 年《特里普拉邦土地税和土地改革法》（中央 1960 年第 43 号法案）。]②

[65. 1969 年《喀拉拉邦土地改革法修正案》（喀拉拉邦 1969 年第 35 号法案）。

66. 1971 年《喀拉拉邦土地改革法修正案》（喀拉拉邦 1971 年第 25 号法案）。]③

67. 1973 年《安德拉邦持有农地最高限额法》（安德拉邦 1973 年第 1 号法案）。

68. 1972 年《比哈尔邦土地改革（确定持有土地面积上限及超限土地的征收）法修正案》（比哈尔邦 1973 年第 1 号法案）。

---

① 译者注：柴明达尔（Zanmindari），印度世袭贵族，其一般占有大量的土地，并可以控制居住在该土地上的农民，并有权向农民收税。
② 原文注：为 1964 年《宪法第 17 修正案》第 3 条增加。
③ 原文注：为 1972 年《宪法第 29 修正案》第 2 条增加。

69. 1973 年《比哈尔邦土地改革（确定持有土地面积上限及超限土地的征收）法修正案》（比哈尔邦 1973 年第 9 号法案）。

70. 1972 年《比哈尔邦土地改革法修正案》（比哈尔邦 1972 年第 5 号法案）。

71. 1972 年《古吉拉特邦持有农地最高限额法修正案》（古吉拉特邦 1974 年第 2 号法案）。

72. 1972 年《哈里亚纳邦持有农地最高限额法》（哈里亚纳邦 1972 年第 26 号法案）。

73. 1972 年《喜马偕尔邦持有农地最高限额法》（喜马偕尔邦 1973 年第 19 号法案）。

74. 1972 年《喀拉拉邦土地改革法修正案》（喀拉拉邦 1972 年第 17 号法案）。

75. 1972 年《中央邦持有农地最高限额法修正案》（中央邦 1974 年第 12 号法案）。

76. 1972 年《中央邦持有农地最高限额法第二修正案》（中央邦 1974 年第 13 号法案）。

77. 1973 年《迈索尔土地改革法修正案》（卡纳塔克邦 1974 年第 1 号法案）。

78. 1972 年《旁遮普邦土地改革法》（旁遮普邦 1973 年第 10 号法案）。

79. 1973 年《拉贾斯坦邦设定持有农地最高限额法》（拉贾斯坦邦 1973 年第 11 号法案）。

80. 1962 年《废除古达鲁尔—杨曼姆土地所有制并将之转化为留特瓦尔制法》（泰米尔纳德邦 1969 年第 24 号法案）。

81. 1972 年《西孟加拉邦土地改革法修正案》（西孟加拉邦 1972 年第 12 号法案）。

82. 1964 年《西孟加拉邦土地征收法修正案》（西孟加拉邦 1964 年第 22 号法案）。

83. 1973 年《西孟加拉邦土地征收法第二修正案》（西孟加拉邦 1973

年第 33 号法案）。

84. 1972 年《孟买租佃制和农业用地（古吉拉特邦修正案）法》（古吉拉特邦 1973 年第 5 号法案）。

85. 1974 年《奥里萨邦土地改革法修正案》（奥里萨邦 1974 年第 9 号法案）。

86. 1974 年《特里普拉邦土地税和土地改革法第二修正案》（特里普拉邦 1974 年第 7 号法案）。

［〔……〕①］②

88. 1951 年《工业发展与规制法》（中央 1951 年第 65 号法案）。

89. 1952 年《不动产征用与征收法》（中央 1952 年第 30 号法案）。

90. 1957 年《矿藏与矿物开发与规制法》（中央 1957 年第 67 号法案）。

91. 1969 年《垄断与限制贸易法》（中央 1969 年第 54 号法案）。

［……］③

93. 1971 年《焦煤矿（紧急规定）法》（中央 1971 年第 64 号法案）。

94. 1972 年《焦煤矿国有化法》（中央 1972 年第 36 号法案）。

95. 1972 年《一般保险业国有化法》（中央 1972 年第 57 号法案）。

96. 1972 年《铜矿企业经营权收购法》（中央 1972 年第 58 号法案）。

97. 1972 年《丝织企业接管法》（中央 1972 年第 72 号法案）。

98. 1973 年《煤矿接管法》（中央 1973 年第 15 号法案）。

99. 1973 年《煤矿国有化法》（中央 1973 年第 26 号法案）。

100. 1973 年《外汇管制法》（中央 1973 年第 46 号法案）。

101. 1973 年《阿尔考克·阿什当有限公司经营权收购法令》（中央 1973 年第 56 号法案）。

102. 1974 年《煤矿保持与开发法》（中央 1974 年第 28 号法案）。

---

① 原文注：为 1975 年《宪法第 39 修正案》第 5 条增加。
② 原文注：为 1978 年《宪法第 44 修正案》第 44 条删除。
③ 原文注：为 1978 年《宪法第 44 修正案》第 44 条删除。

103. 1974 年《额外收入强制储蓄法》（中央 1973 年第 34 号法案）。

104. 1974 年《外汇储存以及预防走私活动法》（中央 1974 年第 52 号法案）。

105. 1974 年《丝织企业国有化法》（中央 1974 年第 57 号法案）。

106. 1964 年《马哈拉施特拉邦持有农地最高限额法修正案》（马哈拉施特拉邦 1965 年第 16 号法案）。

107. 1965 年《马哈拉施特拉邦持有农地最高限额法修正案》（马哈拉施特拉邦 1965 年第 32 号法案）。

108. 1968 年《马哈拉施特拉邦持有农地最高限额法修正案》（马哈拉施特拉邦 1968 年第 16 号法案）。

109. 1968 年《马哈拉施特拉邦持有农地最高限额法第二修正案》（马哈拉施特拉邦 1968 年第 33 号法案）。

110. 1969 年《马哈拉施特拉邦持有农地最高限额法修正案》（马哈拉施特拉邦 1969 年第 37 号法案）。

111. 1969 年《马哈拉施特拉邦持有农地最高限额法第二修正案》（马哈拉施特拉邦 1969 年第 38 号法案）。

112. 1970 年《马哈拉施特拉邦持有农地最高限额法修正案》（马哈拉施特拉邦 1970 年第 27 号法案）。

113. 1972 年《马哈拉施特拉邦持有农地最高限额法修正案》（马哈拉施特拉邦 1972 年第 13 号法案）。

114. 1973 年《马哈拉施特拉邦持有农地最高限额法修正案》（马哈拉施特拉邦 1973 年第 50 号法案）。

115. 1965 年《奥里萨邦土地改革法修正案》（奥里萨邦 1965 年第 13 号法案）。

116. 1966 年《奥里萨邦土地改革法修正案》（奥里萨邦 1967 年第 8 号法案）。

117. 1967 年《奥里萨邦土地改革法修正案》（奥里萨邦 1967 年第 13 号法案）。

118. 1969 年《奥里萨邦土地改革法修正案》（奥里萨邦 1969 年第 13 号法案）。

119. 1970 年《奥里萨邦土地改革法修正案》（奥里萨邦 1970 年第 18 号法案）。

120. 1972 年《北方邦设定持有农地最高限额法修正案》（北方邦 1973 年第 18 号法案）。

121. 1974 年《北方邦设定持有农地最高限额法修正案》（北方邦 1975 年第 2 号法案）。

122. 1975 年《特里普拉邦土地税和土地改革法第三修正案》（特里普拉邦 1975 年第 3 号法案）。

123. 1971 年《达德拉和纳加尔·阿维利土地改革条例》（1971 年第 3 号条例）。

124. 1973 年《达德拉和纳加尔·阿维利土地改革条例修正案》（1973 年第 5 号条例）。

[125. 1939 年《机动车法》（中央 1939 年第 4 号法案）第四章之一第 66—1 条。

126. 1955 年《基本商品法》（中央 1955 年第 10 号法案）。

127. 1976 年《没收走私者与外汇操纵者财产法》（中央 1976 年第 13 号法案）。

128. 1976 年《废除包身工制度法》（中央 1976 年第 19 号法案）。

129. 1976 年《外汇储存以及预防走私活动法修正案》（中央 1976 年第 20 号法案）。

〔……〕①

131. 1976 年《征收糖价评价基金法》（中央 1976 年第 31 号法案）。

132. 1976 年《持有城市土地最高限额和规制法》（中央 1976 年第 33 号法案）。

---

① 原文注：为 1978 年《宪法第 44 修正案》第 44 条删除。

133. 1976 年《联邦账户分部核算（人员调动）法》（中央 1976 年第 59 号法案）。

134. 1956 年《阿萨姆邦持有土地持有最高限额法》（阿萨姆邦 1957 年第 1 号法案）。

135. 1958 年《孟买维达巴地区租佃制和农业用地法》（孟买 1958 年 99 号法案）。

136. 1972 年《古吉拉特邦私有林地征收法》（古吉拉特邦 1973 年第 14 号法案）。

137. 1976 年《哈里亚纳邦持有农地最高限额法修正案》（哈里亚纳邦 1976 年第 17 号法案）。

138. 1972 年《喜马偕尔邦租佃制和土地改革法》（喜马偕尔邦 1974 年第 8 号法案）。

139. 1974 年《喜马偕尔邦农村公有地分配和利用法》（喜马偕尔邦 1974 年第 18 号法案）。

140. 1974 年《卡纳塔克邦土地改革（第二修正案和杂项规定）法》（卡纳塔克邦 1974 年第 31 号法案）。

141. 1976 年《卡纳塔克邦土地改革法第二修正案》（卡纳塔克邦 1976 年第 27 号法案）。

142. 1966 年《喀拉拉邦防止驱逐法》（喀拉拉邦 1966 年第 12 号法案）。

143. 1969 年《废止蒂鲁普瓦拉姆地租法》（喀拉拉邦 1969 年第 19 号法案）。

144. 1969 年《斯雷帕达姆土地解放法》（喀拉拉邦 1969 年第 20 号法案）。

145. 1971 年《斯雷-潘达拉瓦卡土地分配和解放法》（喀拉拉邦 1971 年第 20 号法案）。

146. 1971 年《喀拉拉邦私有林地分配法》（喀拉拉邦 1971 年第 26 号法案）。

147. 1974 年《喀拉拉邦农业工作者法》（喀拉拉邦 1974 年第 18 号法案）。

148. 1974 年《喀拉拉邦腰果厂征收法》（喀拉拉邦 1974 年第 29 号法案）。

149. 1975 年《喀拉拉邦奇蒂法》（喀拉拉邦 1975 年第 23 号法案）。

150. 1975 年《喀拉拉邦附件规定的部族（限制土地转让和归还已转让土地）法》（喀拉拉邦 1975 年第 3 号法案）。

151. 1976 年《喀拉拉邦土地改革法修正案》（喀拉拉邦 1976 年第 15 号法案）。

152. 1976 年《卡那姆废除租佃制法》（喀拉拉邦 1976 年第 16 号法案）。

153. 1974 年《中央邦持有农地最高限额法修正案》（中央邦 1974 年第 20 号法案）。

154. 1975 年《中央邦持有农地最高限额法修正案》（中央邦 1976 年第 2 号法案）。

155. 1961 年《西坎德什废除梅什瓦里土地所有制条例》（马哈拉施特拉邦 1962 年第 1 号条例）。

156. 1974 年《马哈拉施特拉邦归还附件规定的部族土地法》（马哈拉施特拉邦 1975 年第 14 号法案）。

157. 1972 年《马哈拉施特拉邦农业用地（降低持有农业用地最高限额兼修正案）法》（马哈拉施特拉邦 1975 年第 21 号法案）。

158. 1975 年《马哈拉施特拉邦私有林地征收法》（马哈拉施特拉邦 1975 年第 29 号法案）。

159. 1975 年《马哈拉施特拉邦农业用地（降低持有农业用地最高限额兼修正案）法》（马哈拉施特拉邦 1975 年第 97 号法案）。

160. 1975 年《马哈拉施特拉邦农业用地（降低持有农业用地最高限额）（修正案）法》（马哈拉施特拉邦 1976 年第 2 号法案）。

161. 1951 年《奥里萨邦废除土地所有制法》（奥里萨邦 1952 年第 1 号

法案)。

162.1954 年《拉贾斯坦邦拓殖法》（拉贾斯坦邦 1954 年第 27 号法案)。

163.1963 年《拉贾斯坦邦土地改革和征收地主土地法》（拉贾斯坦邦 1964 年第 11 号法案)。

164.1976 年《拉贾斯坦邦设定持有农地最高限额法修正案》（拉贾斯坦邦 1976 年第 8 号法案)。

165.1976 年《拉贾斯坦邦租佃制法修正案》（拉贾斯坦邦 1976 年第 12 号法案)。

166.1970 年《泰米尔纳德邦土地改革（降低持有农地最高限额）法》（泰米尔纳德邦 1970 年第 17 号法案)。

167.1971 年《泰米尔纳德邦土地改革（设定持有农地最高限额）法修正案》（泰米尔纳德邦 1971 年第 41 号法案)。

168.1972 年《泰米尔纳德邦土地改革（设定持有农地最高限额）法修正案》（泰米尔纳德邦 1972 年第 10 号法案)。

169.1972 年《泰米尔纳德邦土地改革（设定持有农地最高限额）法第二修正案》（泰米尔纳德邦 1972 年第 20 号法案)。

170.1972 年《泰米尔纳德邦土地改革（设定持有农地最高限额）法第三修正案》（泰米尔纳德邦 1972 年第 37 号法案)。

171.1972 年《泰米尔纳德邦土地改革（设定持有农地最高限额）法第四修正案》（泰米尔纳德邦 1972 年第 39 号法案)。

172.1972 年《泰米尔纳德邦土地改革（设定持有农地最高限额）法第六修正案》（泰米尔纳德邦 1974 年第 7 号法案)。

173.1972 年《泰米尔纳德邦土地改革（设定持有农地最高限额）法第五修正案》（泰米尔纳德邦 1974 年第 10 号法案)。

174.1974 年《泰米尔纳德邦土地改革（设定持有农地最高限额）法修正案》（泰米尔纳德邦 1974 年第 15 号法案)。

175.1974 年《泰米尔纳德邦土地改革（设定持有农地最高限额）法第

三修正案》（泰米尔纳德邦 1974 年第 30 号法案）。

176. 1974 年《泰米尔纳德邦土地改革（设定持有农地最高限额）法第二修正案》（泰米尔纳德邦 1974 年第 32 号法案）。

177. 1975 年《泰米尔纳德邦土地改革（设定持有农地最高限额）法修正案》（泰米尔纳德邦 1975 年第 11 号法案）。

178. 1975 年《泰米尔纳德邦土地改革（设定持有农地最高限额）法第二修正案》（泰米尔纳德邦 1975 年第 21 号法案）。

179. 1971 年《北方邦土地法修正案》（北方邦 1971 年第 21 号法案）和 1974 年《北方邦土地法修正案》（北方邦 1974 年第 34 号法案）对 1950 年《北方邦废除柴明达尔和土地改革法》（北方邦 1951 年第 1 号法案）所作的修正。

180. 1976 年《北方邦设定持有农地最高限额法修正案》（北方邦 1976 年第 20 号法案）。

181. 1972 年《西孟加拉邦土地改革法第二修正案》（西孟加拉邦 1972 年第 28 号法案）。

182. 1973 年《西孟加拉邦归还已转让土地法》（西孟加拉邦 1973 年第 23 号法案）。

183. 1974 年《西孟加拉邦土地改革法修正案》（西孟加拉邦 1974 年第 33 号法案）。

184. 1975 年《西孟加拉邦土地改革法修正案》（西孟加拉邦 1975 年第 23 号法案）。

185. 1976 年《西孟加拉邦土地改革法修正案》（西孟加拉邦 1976 年第 12 号法案）。

186. 1976 年《德里持有农地最高限额法修正案》（中央 1976 年第 15 号法案）。

187. 1975 年《古阿、达曼和丢邦保护芒德卡斯免受驱逐法》（古阿、达曼和丢邦 1976 年第 1 号法案）。

188. 1973 年《本地治里土地改革（设定持有农地最高限额）法》（本

地治里 1974 年第 9 号法案）。]①

［189. 1971 年《阿萨姆邦临时定居区租佃制法》（阿萨姆邦 1971 年第 23 号法案）。

190. 1974 年《阿萨姆邦临时定居区租佃制法修正案》（阿萨姆邦 1974 年第 18 号法案）。

191. 1974 年《比哈尔邦土地改革（确定持有土地面积上限及超限土地的征收）法修正案》（比哈尔邦 1975 年第 13 号法案）。

192. 1976 年《比哈尔邦土地改革（确定持有土地面积上限及超限土地的征收）法修正案》（比哈尔邦 1976 年第 22 号法案）。

193. 1978 年《比哈尔邦土地改革（确定持有土地面积上限及超限土地的征收）法修正案》（比哈尔邦 1978 年第 7 号法案）。

194. 1979 年《土地征收（比哈尔邦修正）法》（比哈尔邦 1980 年第 2 号法案）。

195. 1977 年《哈里亚纳邦持有农地最高限额法修正案》（哈里亚纳邦 1977 年第 14 号法案）。

196. 1978 年《泰米尔纳德邦土地改革（设定持有农地最高限额）法修正案》（泰米尔纳德邦 1978 年第 25 号法案）。

197. 1979 年《泰米尔纳德邦土地改革（设定持有农地最高限额）法修正案》（泰米尔纳德邦 1979 年第 11 号法案）。

198. 1978 年《北方邦废除柴明达尔法修正案》（北方邦 1978 年第 15 号法案）。

199. 1978 年《西孟加拉邦归还已转让土地法修正案》（西孟加拉邦 1978 年第 24 号法案）。

200. 1980 年《西孟加拉邦归还已转让土地法修正案》（西孟加拉邦 1980 年第 56 号法案）。

201. 1964 年《古阿、达曼和丢邦租佃制法》（古阿、达曼和丢邦 1964

---

① 原文注：为 1976 年《宪法第 40 修正案》第 3 条增加。

年第 7 号法案）。

202. 1976 年《古阿、达曼和丢邦租佃制法第五修正案》（古阿、达曼和丢邦 1976 年第 17 号法案）。]①

[203. 1959 年《安德拉邦附件规定的地区土地流转条例》（安德拉邦 1959 年第 1 号条例）。

204. 1963 年《安德拉邦附件规定的地区法律（扩张适用范围兼修正）条例》（安德拉邦 1963 年第 2 号条例）。

205. 1970 年《安德拉邦附件规定的地区土地流转条例修正案》（安德拉邦 1970 年第 1 号条例）。

206. 1971 年《安德拉邦附件规定的地区土地流转条例修正案》（安德拉邦 1971 年第 1 号条例）。

207. 1978 年《安德拉邦附件规定的地区土地流转条例修正案》（安德拉邦 1978 年第 1 号条例）。

208. 1885 年《比哈尔邦租佃制法》（比哈尔邦 1885 年第 8 号法案）。

209. 1908 年《奇霍塔·纳格普尔租佃制法》（孟加拉 1908 年第 6 号法案）第八章第 46、47、48、48—1 及 49 条；第十章第 71、71—1 及 71—2 条；第十八章第 240、241 及 242 条。

210. 1949 年《桑特尔·帕格纳斯租佃制法补充条款》（比哈尔邦 1949 年第 14 号法案）除第 53 条以外的条款。

211. 1969 年《比哈尔邦附件规定的地区条例》（比哈尔邦 1969 年第 1 号条例）。

212. 1982 年《比哈尔邦土地改革（确定持有土地面积上限及超限土地的征收）法修正案》（比哈尔邦 1982 年第 55 号法案）。

213. 1969 年《古吉拉特邦德瓦斯坦废除因南法》（古吉拉特邦 1969 年第 16 号法案）。

214. 1976 年《古吉拉特邦租佃制法修正案》（古吉拉特邦 1977 年第

---

① 原文注：为 1984 年《宪法第 47 修正案》第 2 条增加。

37 号法案）。

215. 1976 年《古吉拉特邦持有农地最高限额法修正案》（总统法案1976 年第 43 号）。

216. 1977 年《古吉拉特邦德瓦斯坦废除因南法修正案》（古吉拉特邦1977 年第 27 号法案）。

217. 1977 年《古吉拉特邦租佃制法修正案》（古吉拉特邦 1977 年第30 号法案）。

218. 1980 年《孟买土地税法（古吉拉特邦第二次修正案）》（古吉拉特邦 1980 年第 37 号）。

219. 1982 年《孟买土地税法典和废除土地税法律法（古吉拉特邦修正案）》（古吉拉特邦 1982 年第 8 号法案）。

220. 1968 年《喜马偕尔邦土地流转规制法》（喜马偕尔邦 1969 年第15 号法案）。

221. 1969 年《喜马偕尔邦土地流转规制法修正案》（喜马偕尔邦 1986年第 16 号法案）。

222. 1978 年《卡纳塔克邦附件规定的种姓和附件规定的部族（特定土地流转禁止）法》（卡纳塔克邦 1979 年第 2 号法案）。

223. 1978 年《喀拉拉邦土地改革法修正案》（喀拉拉邦 1978 年第 13号法案）。

224. 1981 年《喀拉拉邦土地改革法修正案》（喀拉拉邦 1981 年第 19号法案）。

225. 1976 年《中央邦土地税法典第三修正案》（中央邦 1976 年第 61号法案）。

226. 1976 年《中央邦土地税法典修正案》（中央邦 1980 年第 15 号法案）。

227. 1981 年《中央邦持有农地最高限额法修正案》（中央邦 1981 年第11 号法案）。

228. 1976 年《中央邦持有农地最高限额法第二修正案》（中央邦 1984

年第 1 号法案）。

229. 1984 年《中央邦持有农地最高限额法修正案》（中央邦 1984 年第 14 号法案）。

230. 1989 年《中央邦持有农地最高限额法修正案》（中央邦 1989 年第 8 号法案）。

231. 1966 年《马哈拉施特拉邦土地税法典修正案》（马哈拉施特拉邦 1966 年第 41 号法案）第 36、36—1 及 36—2 条。

232. 1976 年《马哈拉施特拉邦土地税法典和马哈拉施特拉邦归还附件规定的部族土地法第二修正案》（马哈拉施特拉邦 1977 年第 30 号法案）。

233. 1985 年《马哈拉施特拉邦废除在特定土地上仍然存在的矿藏和矿物所有权法》（马哈拉施特拉邦 1985 年第 16 号法案）。

234. 1956 年《奥里萨邦附件规定的地区（附件规定的部族）不动产流转条例》（奥里萨邦 1956 年第 2 号条例）。

235. 1975 年《奥里萨邦土地改革法第二修正案》（奥里萨邦 1976 年第 29 号法案）。

236. 1976 年《奥里萨邦土地改革法修正案》（奥里萨邦 1976 年第 30 号法案）。

237. 1976 年《奥里萨邦土地改革法第二修正案》（奥里萨邦 1976 年第 44 号法案）。

238. 1984 年《拉贾斯坦邦拓殖法修正案》（拉贾斯坦邦 1984 年第 12 号法案）。

239. 1984 年《拉贾斯坦邦租佃制法修正案》（拉贾斯坦邦 1984 年第 13 号法案）。

240. 1987 年《拉贾斯坦邦租佃制法修正案》（拉贾斯坦邦 1987 年第 21 号法案）。

241. 1979 年《泰米尔纳德邦土地改革（设定持有农地最高限额）法第二修正案》（泰米尔纳德邦 1980 年第 8 号法案）。

242. 1980 年《泰米尔纳德邦土地改革（设定持有农地最高限额）法修

正案》（泰米尔纳德邦 1980 年第 21 号法案）。

243. 1981 年《泰米尔纳德邦土地改革（设定持有农地最高限额）法修正案》（泰米尔纳德邦 1981 年第 59 号法案）。

244. 1983 年《泰米尔纳德邦土地改革（设定持有农地最高限额）法第二修正案》（泰米尔纳德邦 1984 年第 2 号法案）。

245. 1982 年《北方邦土地法修正案》（北方邦 1982 年第 20 号法案）。

246. 1965 年《西孟加拉邦土地改革法修正案》（西孟加拉邦 1965 年第 18 号法案）。

247. 1965 年《西孟加拉邦土地改革法修正案》（西孟加拉邦 1966 年第 11 号法案）。

248. 1969 年《西孟加拉邦土地改革法第二修正案》（西孟加拉邦 1969 年第 23 号法案）。

249. 1977 年《西孟加拉邦土地征收法修正案》（西孟加拉邦 1977 年第 36 号法案）。

250. 1979 年《西孟加拉邦土地所有税法》（西孟加拉邦 1979 年第 44 号法案）。

251. 1980 年《西孟加拉邦土地改革法修正案》（西孟加拉邦 1980 年第 41 号法案）。

252. 1981 年《西孟加拉邦土地所有税法修正案》（西孟加拉邦 1981 年第 33 号法案）。

253. 1981 年《提卡租佃制（征收和规制）法修正案》（西孟加拉邦 1981 年第 37 号法案）。

254. 1982 年《西孟加拉邦土地所有税法修正案》（西孟加拉邦 1982 年第 23 号法案）。

255. 1984 年《加尔各答提卡租佃制（征收与规制）法修正案》（西孟加拉邦 1984 年第 41 号法案）。

256. 1968 年《马希①土地改革法》（本地治里 1968 年第 1 号法案）。

257. 1980 年《马希土地改革法修正案》（本地治里 1981 年第 1 号法案）。]②

[257—1. 1993 年《泰米尔纳德邦为落后阶层、附件规定的种姓和附件规定的部族的教育机构名额或者邦公职任命或者职位的保留法》（泰米尔纳德邦 1994 年第 45 号法案）。]③

[258. 1947 年《比哈尔邦享有特权者田产租佃法》（比哈尔邦 1948 年第 4 号法案）。

259. 1956 年《比哈尔邦强化土地持有和防止土地分散法》（比哈尔邦 1956 年第 22 号法案）。

260. 1970 年《比哈尔邦强化土地持有和防止土地分散法修正案》（比哈尔邦 1970 年第 7 号法案）。

261. 1970 年《比哈尔邦享有特权者田产租佃法修正案》（比哈尔邦 1970 年第 9 号法案）。

262. 1973 年《比哈尔邦享有特权者田产租佃法修正案》（比哈尔邦 1975 年第 27 号法案）。

263. 1981 年《比哈尔邦强化土地持有和防止土地分散法修正案》（比哈尔邦 1982 年第 35 号法案）。

264. 1987 年《比哈尔邦土地改革（确定持有土地面积上限及超限土地的征收）法修正案》（比哈尔邦 1987 年第 21 号法案）。

265. 1989 年《比哈尔邦享有特权者田产租佃法修正案》（比哈尔邦 1989 年第 11 号法案）。

266. 1989 年《比哈尔邦土地改革法修正案》（比哈尔邦 1990 年第 11 号法案）。

---

① 译者注：马希（Mahe）为地方语言的音译，相当于前述塔鲁克达尔或者札吉尔。
② 原文注：为 1990 年《宪法第 66 修正案》第 2 条增加。
③ 原文注：为 1994 年《宪法第 76 修正案》第 2 条增加。

267. 1984 年《卡纳塔克邦附件规定的种姓和附件规定的部族（特定土地流转禁止）法修正案》（卡纳塔克邦 1984 年第 3 号法案）。

268. 1989 年《喀拉拉邦土地改革法修正案》（喀拉拉邦 1989 年第 16 号法案）。

269. 1989 年《喀拉拉邦土地改革法第二修正案》（喀拉拉邦 1990 年第 2 号法案）。

270. 1989 年《奥里萨邦土地改革法修正案》（奥里萨邦 1990 年第 9 号法案）。

271. 1979 年《拉贾斯坦邦租佃制法修正案》（拉贾斯坦邦 1979 年第 16 号法案）。

272. 1987 年《拉贾斯坦邦拓殖法修正案》（拉贾斯坦邦 1987 年第 2 号法案）。

273. 1989 年《拉贾斯坦邦拓殖法修正案》（拉贾斯坦邦 1989 年第 12 号法案）。

274. 1983 年《泰米尔纳德邦土地改革（设定持有农地最高限额）法修正案》（泰米尔纳德邦 1984 年第 3 号法案）。

275. 1986 年《泰米尔纳德邦土地改革（设定持有农地最高限额）法修正案》（泰米尔纳德邦 1986 年第 57 号法案）。

276. 1987 年《泰米尔纳德邦土地改革（设定持有农地最高限额）法第二修正案》（泰米尔纳德邦 1988 年第 4 号法案）。

277. 1989 年《泰米尔纳德邦土地改革（设定持有农地最高限额）法修正案》（泰米尔纳德邦 1989 年第 30 号法案）。

278. 1981 年《西孟加拉邦土地改革法修正案》（西孟加拉邦 1981 年第 50 号法案）。

279. 1986 年《西孟加拉邦土地改革法修正案》（西孟加拉邦 1986 年第 5 号法案）。

280. 1986 年《西孟加拉邦土地改革法第二修正案》（西孟加拉邦 1986 年第 19 号法案）。

281. 1986 年《西孟加拉邦土地改革法第三修正案》（西孟加拉邦 1986 年第 35 号法案）。

282. 1989 年《西孟加拉邦土地改革法修正案》（西孟加拉邦 1989 年第 23 号法案）。

283. 1990 年《西孟加拉邦土地改革法修正案》（西孟加拉邦 1990 年第 24 号法案）。

284. 1991 年《西孟加拉邦土地改革裁判所法》（西孟加拉邦 1991 年第 12 号法案）。

释：得根据 1995 年《拉贾斯坦邦租佃制法》（拉贾斯坦邦 1955 年第 3 号法案）进行征收，但其与本宪法第 31—1 条第 1 款第二条但书相抵触的，该抵触部分无效。][1]

[附件十 关于因脱党丧失议员资格的规定

（第 102 条第 2 款和第 191 条第 2 款）

第 1 条 解释

在本附件中，除另有说明外——

（1）"议院"指议会两院之一或者立法会，或者邦立法机关的任一议院；

（2）"立法机关党团"，就一院议员依第 2 条〔……〕[2] 规定，或者根据第 4 条而为某个政党党员而言，系指由当时该议院中依前述规定而为该党党员的全部议员组成的团体；

（3）"原初政党"，就一院议员而言，系指其所属的第 2 条第 1 款意义上的政党；

（4）"条"系指本附件的条。

---

① 原文注：为 1995 年《宪法第 78 修正案》第 2 条增加。

② 原文注：为 2003 年《宪法第 91 修正案》第 5 条删除。

第 2 条　因脱党而丧失议员资格

1. 在第 3 条、第 4 条和第 5 条规定的范围内，在下列情形下，某院议员，其属于某个政党的，丧失成为该院议员的资格：

（1）其自愿放弃该政党的党籍的；

（2）违背其所属政党或者其所属政党授权的任何个人或者机关以该党名义发布的指令，或者事先未得到该政党、个人或者机关的许可而投票或者弃权，而该投票或者弃权在自投票或者弃权之日起的 15 日内未得到该政党、个人或者机关谅解的。

释：就本款而言——

（1）如果其某院经选举产生的议员是因政党的推举成为选举候选人的，则视为其属于该政党。

（2）某院经任命而产生的议员——

1）其在被任命时为一政党党员的，则应认为其为该政党的党员；

2）在其他情形下，应认为其为其之后所加入的政党的党员，或者视其根据第 99 条或者第 188 条的规定就职之日起的 6 个月内首次加入的政党的党员。

2. 经由选举产生的某院议员，如果其并非以政党所推举的候选人身份而当选，其在选举后加入某议政党的，丧失该院议员资格。

3. 经由任命而产生之某议院议员，如果自其根据第 99 条或者第 188 条的规定就职之日起满 6 个月后加入政党的，丧失该院议员资格。

4. 无论本条前述规定为何，任何于 1985 年《宪法第 52 修正案》施行时为某议院议员（无论其是由选举产生的抑或是由任命而产生的）的人，

（1）其在上述修正案施行前为某政党党员的，应视其为本条第 1 款所称的作为该政党所推举的候选人而当选的该院议员；

（2）在其他情形下，视其为本条第 2 款所称的非以政党所推举的候选人身份而当选的该院议员，或者视情况，视其为本条第 3 款所称的因任命而产生的该院议员。

〔……〕①

第 4 条　因脱党丧失议员资格不适用于政党合并的情形

1. 其所属的原初政党和其他政党合并的，其声明其和其所属的原初政党的其他党员——

（1）已经成为其他政党党员，或者视情况，成立经合并后产生的新政党的党员的；或者

（2）其不接受该合并且选择作为一个独立团体运作的，

不得以第 2 条第 1 款剥夺其议员资格；自该合并之时起，视情况，应视该其他政党、新政党或者新团体为第 2 条第 1 款所指的该议员所属的政党，且视其为该款所指的该议员所属的原初政党。

2. 就本条第 1 款而言，某院议员所属的原初政党的合并，当且仅当，该立法机关党团三分之二以上的成员赞成该合并，方能认为发生该合并。

第 5 条　豁免

无论本附件作何规定，当选为下院议长或者副议长、上院主席或者副主席、邦立法会议长或者副议长、邦立法委员会主席或者副主席者，有下列行为的，不得以本附件剥夺其议员资格：

（1）因当选该职务而自愿放弃其在该选举之前所属的政党党籍，并且在该选举之后、任该职期间，未重新加入该政党或者成为其他政党党员的；或者

（2）因当选该职务而自愿放弃其在该选举之前所属的政党党籍，但是在卸任之后重新加入该政党的。

第 6 条　关于以脱党而剥夺议员资格的争议的裁决

1. 如果就是否应根据本附件的规定而剥夺某院议员的资格产生异议的，该异议应提交各该院主席或者议长决定，其决定为最终决定。

但是，如果就是否应根据本附件的规定而剥夺某院主席或者议长的资

---

① 原文注：第 3 条为 2003 年《宪法第 91 修正案》第 5 条删除。

格产生异议的，该争议应提交给该院议员决定，其决定为最终决定。

2. 所有根据本条第1款而就应否根据本附件而剥夺某院议员资格问题的议事应视为本宪法第121条意义上的议会的议事或者第212条意义上的邦立法机关的议事。

第7条　排除法院管辖权①

无论本宪法作何规定，就有关依本附件剥夺某院议员资格的事项，任何法院均无管辖权。

第8条　条例

1. 在本条第2款规定的范围内，某院主席或者议长得制定条例以实施本附件的规定，特别是在不损害此前规定的一般性的前提下，此类条例得规定——

（1）在该议院中有多个党员的政党的注册和其他记录的管理；

（2）立法机关党团领袖所作出的关于该议院议员的报告，应当包括就该议员所作出的第2条第1款第（2）项意义上的谅解，并应在规定时间内将之提交给所应提交的机关和个人；

（3）政党应就关于接受该议院的议员或者官员为该党党员而向所应报告的人提交报告；以及

（4）决定第6款第（1）项问题的程序，包括为解决该问题而进行调查的程序。

2. 某院主席或者议长根据本条第1款而制定的条例在其制定之后，应尽快提交该院，在总长30日的期限——其可以包括一个会期或者两个或者两个以上连续会期内，该院得未加改动或者加以改动后予以批准或者否决。如果其被批准的，则于批准之日生效；如果被否决的，则不生效；在30日期限届满前，未能作出批准与否的决定的，则于该期限届满之日生效。

---

① 原文注：最高法院在 Kihoto Hollohon v. Zachihu and Others 案判决［（1992）1 S. C. C. 309］中宣告该条违宪无效。

3. 某院主席或者议长，在不影响根据第 105 条或者第 194 条规定以及其依本宪法所享权力的前提下，得命令以处置侵犯该院特权之人的方式处置任何故意违反依据本条而制定的条例之人。]①

[附件十一

（第 243—7 条）

1. 农业，包括农业推广。
2. 土地改良、土地改革的实施、土地集约以及水土保持。
3. 小灌溉、水管理和流域改善。
4. 畜牧业、乳品业以及家禽。
5. 渔业。
6. 社会林业和农场式林业。
7. 林副产品。
8. 小工业，包括食品加工工业。
9. 印度土布，农村和家庭工业。
10. 农村住宅。
11. 饮用水。
12. 燃油和饲料。
13. 道路、阴沟、桥梁、渡口、水路以及其他交通手段。
14. 农村电力化，包括供电。
15. 非常规能源。
16. 扶贫计划。
17. 教育，包括初等教育和中等教育。
18. 技术培训和职业教育。
19. 成人教育和非正式教育。
20. 图书馆。

---

① 原文注：为 1985 年《宪法第 52 修正案》第 6 条增加。

21. 文化活动。

22. 市场和农贸集市。

23. 医疗和公共卫生，包括医院、基本医疗中心和诊所。

24. 家庭福利。

25. 妇女和儿童发展。

26. 社会福利，包括残疾和智障者的福利。

27. 弱势群体的福利，尤其是附件规定的种姓和附件规定的部族的福利。

28. 公共分配制度。

29. 社区资产的管理。]①

[附件十二

（第 243—23 条）

1. 包括城镇规划在内的城市规划。

2. 土地使用和建筑建设的规制。

3. 经济和社会发展规划。

4. 道路和桥梁。

5. 居民、工业、商业用水供给。

6. 公共卫生、卫生管理以及固体废料管理。

7. 消防部门。

8. 城市林业、环境保护以及改善生态环境。

9. 保障包括残疾人士和智障人士在内的社会弱势群体的利益。

10. 贫民窟的改造和发展。

11. 消除城市贫困。

12. 提供公园、花园和游乐场等城市文化设施和公共设施。

13. 促进文化、教育与艺术。

---

① 原文注：为 1992 年《宪法第 73 修正案》第 4 条增加。

14. 坟墓与公墓；火葬、火葬场以及电力焚化。

15. 牛池；禁止虐待动物。

16. 人口统计，包括出生和死亡登记。

17. 路灯、停车场、公交站和公共厕所等公共设施。

18. 屠宰场和皮革厂的规制。]①

附录一 1954 年宪法
（适用于查谟－克什米尔邦）令②

（宪法令第 48 号）

总统在行使本宪法第 370 条第 1 款赋予的权力时，经查谟－克什米尔邦政府的同意，欣然制定如下法令：

一

1. 本法令得称为 1954 年《宪法（适用于查谟－克什米尔邦）令》。

2. 本法令于 1954 年 5 月 14 日生效。1950 年《宪法（适用于查谟－克什米尔邦）令》据此废止。

二

[1964 年 6 月 20 日有效的宪法条文，经 1966 年《宪法第 19 修正案》、1967 年《宪法第 21 修正案》、1969 年《宪法第 23 修正案》第 5 条、1971 年《宪法第 24 修正案》、1971 年《宪法第 25 修正案》第 2 条、1971 年《宪法第 26 修正案》、1972 年《宪法第 30 修正案》、1973 年《宪法第 31 修正案》、1974 年《宪法第 33 修正案》第 2 条、1975 年《宪法第 38 修正案》第 2 条、第 5 条、第 6 条与第 7 条、1976 年《宪法第 39 修正案》，

---

① 原文注：为 1992 年《宪法第 74 修正案》第 4 条增加。

② 原文注：公布于 1954 年 5 月 14 日法务部 S. R. O 1610 号公告，印度公报，号外，第 2 编，第 3 条，第 821 页。

1976 年《宪法第 40 修正案》，1985 年《宪法第 52 修正案》第 2 条、第 3 条与第 6 条以及 1988 年《宪法第 61 修正案》的修正后，与第 1 条和第 370 条，适用于查谟－克什米尔邦，但应作如下保留和调整：]①

（一）序　言

（二）第一编

在第 3 条中增加如下但书：

"但是，未经查谟－克什米尔邦立法机关的同意，不得在议会提起任何旨在增加或者减少该邦面积或者改变该邦名称或者边界的法案。"

（三）第二编

1. 自 1950 年 1 月 26 日起，本编适用于查谟－克什米尔邦。

2. 在第 7 条中增加如下但书：

"但是，本条的规定不适用于曾经移居至现属巴基斯坦的领土，后获得在查谟－克什米尔邦定居许可或者查谟－克什米尔邦立法机关所签发或者依查谟－克什米尔邦立法机关法律的授权而签发的永久回归许可，而回到该邦境内的查谟－克什米尔邦永久居民，其应被视为印度公民。"

（四）第三编

1. 第 13 条所指的本宪法的施行应解释为本宪法令的施行。

［……］②

3. 第 16 条第 3 款的"邦"应被解释为不包括查谟－克什米尔邦在内。

4. 在 19 条中，自本宪法令施行之日起的［25］③ 年内——

（1）在第 3 款、第 4 款中"为了……的利益"的"为了"后面插入短语"国家的安全"；

---

① 原文注：经第 56 号宪法令、第 74 号宪法令、第 76 号宪法令、第 79 号宪法令、第 89 号宪法令、第 91 号宪法令、第 94 号宪法令、第 98 号宪法令、第 103 号宪法令、第 104 号宪法令、第 105 号宪法令、第 108 号宪法令、第 136 号宪法令和第 141 号宪法令修正。

② 原文注：为第 124 号宪法令删除。

③ 原文注：先后为第 69 号宪法令和第 97 号宪法令替换。

（2）第 5 款中的"或者保护任何附件规定的部族的利益"替换为"或者为国家安全的利益"；

（3）新增一款如下：

"7. 第 2 款、第 3 款、第 4 款及第 5 款的'合理限制'应解释为有权立法机关认为合理的限制。"

5. 第 22 条第 4 款和第 7 款的"邦立法机关"替换为"议会"。

6. 删除第 31 条的第 3 款、第 4 款和第 6 款，并将第 5 款替换为如下内容：

"5. 不得以第 2 款侵害：

（1）现行法律的规定；

（2）国家将来为

1）课征税收或者罚款的目的；或者

2）为促进公共卫生或者防止生命或者财产遭受危险的目的；或者

3）就被法律宣布为被疏离者的财产，

而制定的法律的规定。"

7. 删除第 31—1 条第 1 款的但书，并将其第 2 款第（1）项替换为如下内容：

"（1）'土地'系指为农业的目的、为附属于农业的目的或者为畜牧的目的而占有或者出租的土地，包括：

1）建筑或者其他建筑用地；

2）种植于地上的树；

3）林地或者林木垃圾；

4）水下区域和水上陆地；

5）建达尔和加拉斯；

6）札吉尔、因南、穆瓦菲、穆卡拉里或者其他类似的土地流转。

但不包括：

1）在城镇、城镇郊区或者村阿巴迪的建筑用地及附属于该建筑用地的土地；

2）所占有的作为城市土地或者农村土地的土地；

3）在城市、指定区域、行政区、城区以及所颁布的城镇规划涉及的其他区域留作建设用地的土地。"

8. 删除第 32 条第 3 款。

9. 在第 35 条中——

（1）所指的本宪法的施行应解释为本宪法令的施行；

（2）删除第（1）项第 1）亚项中的文字、括号和数字，即"第 16 条第 3 款、第 32 条第 3 款"。

（3）在第 2）亚项之后增加如下亚项：

"3）无论在 1954 年《宪法（适用于查谟 – 克什米尔邦）令》施行之前或者之后，不得以查谟 – 克什米尔邦立法机关制定的关于预防性羁押的法律，与本编的规定不一致而使之无效，但各该法律不一致的部分自前述宪法令施行满 25 年之日失效，在该期限届满前已完成或者因疏忽未完成的事项除外。"

10. 在第 35 条之后，新增一条规定：

"第 35—1 条 关于永久居民及其权利的法律的合宪性的维持

无论本宪法作何规定，所有在查谟 – 克什米尔邦现行有效的法律及之后该邦立法机关的法律应——

（1）界定哪类人属于或者不属于查谟 – 克什米尔邦的永久居民；或者

（2）赋予该永久居民以特别权利或者特权或者就：

1）该邦政府中的招聘；

2）该邦中的不动产的征收；

3）在该邦定居；

4）入学资格或者该邦政府可能提供的其他形式的援助，

而对其他人施加限制者，不得以其与本编赋予印度其他公民的权利不一致，或者剥夺或者克减该权利为由而使之无效。"

（五）第五编

[1. 为第 55 条的目的，视查谟 – 克什米尔邦人口为 630 万人。

2. 第 81 条的第 2 款和第 3 款替换为：

"2. 为第 1 款第（1）项的目的——

（1）分配给该邦下院议席 6 席；

（2）该邦应由根据 1972 年《选区划分法》设立的选区划分委员会按照该委员会认为适当的程序分成数个单个议员地区选区①；

（3）应尽可能确保各该选区在地理上是紧密相邻的，在划分选区时应考量其物理特征、行政单位的边界、通信设施和公共交通；且

（4）该邦所划分的选区不得包括巴基斯坦占领的地区。

3. 直至下院为划分议会选举选区而依 1972 年《选区划分法》设立的选区划分委员会的最终命令或者于命令在印度公报公告之日被解散为止，不得以第 2 款的规定影响该邦在下院的代表。

4.（1）为利于履行其对本邦的职责，选区划分委员会应选任下院中该邦的 5 名代表作为助理委员；

（2）得从各该邦中选任的助理委员的人选由下院议长适当考虑下院的构成后予以提名；

（3）根据第（2）项所作的第 1 个提名应由下院议长于 1974 年《第二宪法（适用于查谟－克什米尔邦）令》施行之日起的两个月内作出；

（4）助理委员既无权就选区划分委员会的决定进行表决，也无权签署决定；

（5）助理委员的职位因其死亡或者辞职而出现空缺的，下院议长应尽快根据第（1）项和第（2）项选任他人填补。"]②

[3. 在第 133 条第 1 款之后增加一款：

"1—1. 1972 年《宪法第 39 修正案》第 3 条应作如下修正，即将其中的'本法'、'本法的施行'、'如果未通过本法'以及'依本法而为修正'相应地解释为'1974 年《第二宪法（适用于查谟－克什米尔邦）令》'、

---

① 译者注：即每个选区仅能选举一名议员。

② 原文注：为第 98 号宪法令替换。

'前述宪法令的施行'、'如果未通过前述宪法令'以及'其在本宪法令施行后的状态',而后适用于查谟-克什米尔邦。"]①

[4.]② 在134条第2款的"议会得"后增加"根据该邦立法机关的请求"。

[5.]③ 删除第135条 [……]④ 与第139条。

[……]⑤

[(五)之一 第六编

〔1. 删除第153条至第217条、第219条、第221条、第223条、第224条、第224—1条、第225条以及第227条至第237条。]⑥

2. 第220条所指的本宪法的施行应解释为1960年《宪法(适用于查谟-克什米尔邦)令》的施行。

〔3. 在第222条第1款后新增一款:

"1—1. 调出或者调入查谟-克什米尔邦高等法院应在咨询总统后进行。"]⑦]⑧

(六)第十一编

[1. 将第246条第1款中的"第2款或者第3款"替换为"第2款";删除第2款中的"无论第3款作何规定",以及第3款和第4款的全部内容。]⑨

[〔2. 将第248条替换为如下内容:

---

① 原文注:为第98号宪法令增加。
② 原文注:序号为第98号宪法令改变。
③ 原文注:序号为第98号宪法令改变。
④ 原文注:为第60号宪法令删除。
⑤ 原文注:第6项和第7项为第56号宪法令删除。
⑥ 原文注:为第89号宪法令替换。
⑦ 原文注:为第74号宪法令替换。
⑧ 原文注:为第60号宪法令增加。
⑨ 原文注:为第66号宪法令替换。

"第 248 条　其他立法权

议会就下列事项享有排他的立法权：

[（1）防止包括恐怖主义行为在内的旨在推翻依法设立的政府、在人民或者人民的分支中制造恐怖、离间部分人民或者负面地影响人民的不同分支间和谐的活动。]①

[（1—1）]②［防止其他活动］③，其旨在否认、质疑或者瓦解主权和领土完整，或者意图使印度领土的一部分脱离联邦者，或者引致对印度国旗、国歌和本宪法进行侮辱。

（2）对下列事项的课税：

1）境外海、空旅行；

2）国内的航空旅行；

3）邮政商品，包括邮政汇票、电话传电报以及电报。]④

[释：在本条中，'恐怖主义行为'系指使用炸弹、炸药或者爆炸物或者易燃物或者火药或者其他致命武器、毒药或者毒气或者其他化学物质或者其他有害物质（无论是生化的或者其他物质）的行为或者事件。"]⑤

[2—1. 第 249 条第 1 款中"决议中规定的、邦清单所列举的事项"应替换为"决议中规定的、未列入联邦清单或者共享清单的事项"。]⑥]⑦

3. 第 250 条中的"邦清单列举的事项"应替换为"也及于联邦清单未列举的事项"。

[……]⑧

5. 在第 253 条中增加如下但书：

---

① 原文注：为第 122 号宪法令增加。
② 原文注：序号为第 122 号宪法令改变。
③ 原文注：为第 122 号宪法令替换。
④ 原文注：为第 93 号宪法令替换。
⑤ 原文注：为第 122 号宪法令增加。
⑥ 原文注：为第 129 号宪法令替换。
⑦ 原文注：为第 85 号宪法令替换。
⑧ 原文注：为第 129 号宪法令删除。

"但是，在 1954 年《宪法（适用于查谟－克什米尔邦）令》施行之后，未经查谟－克什米尔邦总督同意，印度政府不得作出影响该邦的处置的决定。"

6. 删除第 255 条。

7. 将第 256 条作为该条第 1 款，并于其后新增一款：

"2. 查谟－克什米尔邦行政权的行使应有助于联邦履行本宪法规定的与该邦有关的义务与责任；特别是，如果联邦有要求，其应代表联邦并由联邦负担开支而征收或者征用财产；如果该财产属于该邦，则其应依印度首席大法官任命的仲裁员确定的条件或者依默认的条件，将该财产转移给联邦。"

［……］①

8. 删除第 261 条第 2 款中的"议会制定的"。

（七）第十二编

［……］②

［1.］③ 删除第 267 条第 2 款、第 273 条、第 283 条第 2 款［及第 290 条］④。

［2.］⑤ 第 266 条、第 282 条、第 284 条、第 298 条、第 299 条及第 300 条所指的邦或者数邦应解释为不包括查谟－克什米尔邦在内。

［3.］⑥ 第 277 条和第 295 条所称的本宪法的施行应解释为本宪法令的施行。

---

① 原文注：为第 56 号宪法令删除。
② 原文注：原第 1 款和第 2 款为第 55 号宪法令所增加，后为第 56 号宪法令删除。
③ 原文注：序号先后为第 55 号宪法令和第 56 号宪法令调整。
④ 原文注：为第 94 号宪法令替换。
⑤ 原文注：序号先后为第 55 号宪法令和第 56 号宪法令调整。
⑥ 原文注：序号先后为第 55 号宪法令和第 56 号宪法令调整。

（八）第十三编

[……]① 删除第303条中的"参与附件七任一清单相关贸易或者商业的"。

[……]②

（九）第十四编

第312条的"各邦"之后增加如下括号和文字，即"（包括查谟－克什米尔邦）"。

[（十）第十五编

1. 第324第1款所称的"本宪法"，在其与查谟－克什米尔邦立法机关各院的选举相关时，应解释为《查谟－克什米尔邦宪法》。

〔2. 第325条、第326条、第327条与第329条所称的"邦"应解释为不包括查谟－克什米尔邦在内。

3. 删除第328条。

4. 删除第329条中的"和第328条"。〕③]④

[5. 删除第329—1条第4款和第5款。]⑤

（十一）第十六编

[……]⑥

[1.]⑦ 删除第331条、第332条、第333条、[第336条和第337条]⑧。

---

① 原文注：原有序号为第56号宪法令删除。
② 原文注：为第56号宪法令删除。
③ 原文注：为第75号宪法令替换。
④ 原文注：为第60号宪法令替换。
⑤ 原文注：为第105号宪法令增加。
⑥ 原文注：原第1款为第124号宪法令删除。
⑦ 原文注：序号为第124号宪法令替换。
⑧ 原文注：为第124号宪法令替换。

[2.]① 第334条与第335条所称的邦或者数邦应解释为不包括查谟－克什米尔邦在内。

[3. 删除第339条第1款中的"附件规定的地区的管理和"。]②

（十二）第十七编

本编规定仅就其与下列事项相关时予以适用：

（1）联邦的官方语言；

（2）一邦和另一邦或者邦和联邦交流应使用的官方语言；

（3）在最高法院诉讼适用的语言。

（十三）第十八编

1. 第352条新增一款：

"[6.]③ 仅以内乱或者存在内乱的重大危险为由而作出的紧急状态宣告不适用于查谟－克什米尔邦（但第354条规定的情形除外），[除非——

（1）其应邦政府的请求或者获得其同意；

（2）如果其非依如此制定的，则应由总统根据邦政府的请求或者获得其同意而将之适用于该邦。]④"

[2. 第356条第1款中所指的"本宪法的规定"，适用于查谟－克什米尔邦时，应当解释为包括《查谟－克什米尔邦宪法》。

[2—1. 在第356条第4款第二条但书之后新增如下但书：

"但是，如果在1990年7月18日根据第1款颁布关于查谟－克什米尔邦的宣告，则本款第二条但书中的'3年'应作（'7年'）⑤ 解释。]⑥

3. 删除第360条。]⑦

---

① 原文注：序号为第124号宪法令替换。

② 原文注：为第124号宪法令增加。

③ 原文注：为第104号宪法令替换。

④ 原文注：为第100号宪法令替换。

⑤ 原文注：为第162号宪法令替换。

⑥ 原文注：为第151号宪法令增加。

⑦ 原文注：为第71号宪法令替换。

（十四）第十九编

[……]①

[1.]② 删除［第365条］③。

[……]④

[2.]⑤ 第367条增加一款：

"4. 在本宪法有关适用于查谟-克什米尔邦的规定中——

（1）所称的'本宪法'或者'其规定'应解释为其适用于查谟-克什米尔邦的宪法或者其规定。

[（1—1）所称'总统根据该邦立法会的建议而承认的作为根据当时在任的内阁的建议而行事的查谟-克什米尔邦王公'，应解释为查谟-克什米尔邦总督。

（2）所称'该邦政府'应解释为包括根据其内阁建议而行事的查谟-克什米尔邦总督。

但是，在1965年4月10日前，该指称应解释为根据其内阁的建议行事的查谟-克什米尔邦王公。]⑥

（3）所称'高等法院'应解释为包括查谟-克什米尔邦高等法院在内。

[……]⑦

[（4）]⑧ 所称'该邦的永久居民'应解释为在1954年《宪法（适用于查谟-克什米尔邦）令》施行之前，为当时在该邦施行的法律承认为该

---

① 原文注：为第74号宪法令删除。
② 原文注：序号为第74号宪法令变更。
③ 原文注：为第94号宪法令替换。
④ 原文注：为第56号宪法令删除。
⑤ 原文注：为序号为第74号宪法令变更。
⑥ 原文注：为第74号宪法令替换。
⑦ 原文注：为第56号宪法令删除。
⑧ 原文注：序号为第56号宪法令变更。

邦臣民或者为该邦立法机关制定的法律承认为该邦居民的人。

[（5）所称'总督'应解释为查谟－克什米尔邦总督。

但是，在1965年4月10日前，该指称应解释为其被总统承认为查谟－克什米尔邦王公并且包括任何为总统承认的、有权行使王公权力的人。"]①

（十五）第二十编

[1.]②[第368条第2款]③增加如下但书：

"除非由总统根据第370条第1款以总统令将此类修正案适用于查谟－克什米尔邦，否则，其不得适用。"

[2. 第368条第3款后增加一款：

"4. 任何查谟－克什米尔邦立法机关制定的法律，其试图修正或者改变《查谟－克什米尔邦宪法》关于下列事项的规定的——

（1）总督的任命、权力、职能、职责、薪酬、津贴、特权或者赦免；

（2）印度选举委员会对选举的监督、指导和管理，无差别的选民登记资格、成人投票和立法委员会的构成，以及《查谟－克什米尔邦宪法》第138条、第139条、第140条与第50条规定的事项，

非提交总统考量并获得其批准，不得生效。"]④

（十六）第二十一编

1. 删除第369条，第371条，[第371—1条]⑤，[第372—1条]⑥，第373条，第374条第1款、第2款、第3款及第5款，[第376条至第378—1条，第392条]⑦

---

① 原文注：为第74号宪法令替换。
② 原文注：为第101号宪法令替换。
③ 原文注：为第91号宪法令替换。
④ 原文注：为第101号宪法令增加。
⑤ 原文注：为第74号宪法令增加。
⑥ 原文注：为第56号宪法令增加。
⑦ 原文注：为第56号宪法令替换。

2. 第372条中——

（1）删除第2款和第3款；

（2）所称的在"印度境内施行的法律"包括西大亚特、艾兰、伊斯帝哈尔、通告、罗布卡尔、以萨德与雅达斯、邦委员会决议、制宪会议决议和其他在查谟－克什米尔邦具有法律效力的文件；

（3）所称的本宪法的施行应解释为本宪法令的施行。

3. 第374条第4款所称的"作为邦枢密院的机关"应解释为根据1996年《查谟－克什米尔邦组织法》设立的顾问委员会，所称的本宪法的施行应解释为本宪法令的施行。

（十七）第二十二编

删除第394条和第395条。

（十八）附件一

（十九）附件二

［……］①

（二十）附件三

删除形式五至八。

（二十一）附件四

［（二十二）附件七］②

1. 联邦清单中——

（1）第3项替换为"3. 兵营的管理"。

［（2）删除第8项、第9项、〔第34项〕③、〔……〕④、第79项，以及

---

① 原文注：为第56号宪法令删除。

② 原文注：本部分为第66号宪法令替换。

③ 原文注：为第92号宪法令替换。

④ 原文注：为第95号宪法令删除。

第 81 项中的"邦际移民"。]①

（3）第 72 项所称的邦——

1）查谟-克什米尔邦高等法院在质疑就该邦立法机关各院的选举而提起的选举申诉作出的决定或者命令而向最高法院上诉时，应解释为查谟-克什米尔邦；

2）至于其他事项，则应解释为不包括该邦。

[（4）第 97 项替换如下：

"〔97. 防止如下行为：

（1）包括恐怖主义行为在内的旨在推翻依法设立的政府、在人民或者人民的分支中制造恐怖、离间部分人民或者负面地影响人民的不同分支间和谐的活动；

（2）旨在否认、质疑或者瓦解主权和领土完整，或者意图使印度领土的一部分脱离联邦的，或者引发对印度国旗、国歌和本宪法进行侮辱的活动。

以及对境外海、空旅行，国内的航空旅行，邮政商品，包括邮政汇票、电话传电报以及电报的课税。

释：本项中'恐怖主义行为'的含义同第 248 条的'释'。]②"]③

2. 删除邦清单。

[3. 共享清单中：]④

[（1）将第 1 项替换如下：

"1. 刑法，其为关于违反有关清单 1 所列事项的法律的违法行为者（不包括违反有关清单 1 所列事项的法律的违法行为，以及使用海军、陆军或者空军或者其他武装力量支援文职政府）。"]⑤

---

① 原文注：为第 85 号宪法令替换。
② 原文注：为第 122 号宪法令替换。
③ 原文注：为第 93 号宪法令替换。
④ 原文注：为第 69 号宪法令替换。
⑤ 原文注：为第 70 号宪法令替换。

[〔(1—1)将第 2 项替换如下：

"2. 关于如下事项的刑事程序（包括犯罪的预防，刑事法院的设立和组织，但不包括最高法院和高等法院）：

（1）违反议会就有权立法的事项所制定的法律的违法行为；

（2）监督在国外的外交和领事官员的宣誓或者取得其证言。"

（1—2）将第 12 项替换如下：

"12. 证据以及宣誓，其与下列事项相关：

（1）监督在国外的外交和领事官员的宣誓或者取得其证言；

（2）议会有权立法的其他事项。"]①

（1—3）将第 13 项替换为：

"13. 民事程序，其关于监督在国外的外交和领事官员的宣誓或者取得其证言者。"]②

[……]③

[〔(2)〕④ 将第 30 项替换为：

"30. 人口统计，就其关于出生人口统计和死亡人口统计而言，包括出生和死亡登记。"]⑤

[……]⑥

[（3）删除第 3 项、第 5 项至第 10 项（包括该两项）、第 14 项、第 15 项、第 17 项、第 20 项、第 21 项、第 27 项、第 28 项、第 29 项、第 31 项、第 32 项、第 37 项、第 38 项、第 41 项及第 44 项。]⑦

（3—1）将第 42 项替换为：

---

① 原文注：为第 122 号宪法令替换。
② 原文注：为第 94 号宪法令增加。
③ 原文注：原有第 74 号宪法令删除。
④ 原文注：序号为第 74 号宪法令改变。
⑤ 原文注：为第 70 号宪法令增加。
⑥ 原文注：原有第 72 号宪法令删除。
⑦ 原文注：序号为第 95 号宪法令替换。

"42. 财产的征收、征用，其所征收、征用的财产为清单1第67项或者清单3第40项所涵盖，或者具有艺术和审美价值的人工艺术品。"

[（4）将第45项中的"清单2和清单3"替换为"本清单"。]①

（二十三）附件八

[（二十四）附件九

[1.]② 第64项之后增加下列各项：

"[64—1.]③《查谟-克什米尔邦库特法》（No. Ⅰ of Svt. 1978）。

[64—2.]④《查谟-克什米尔邦租佃制法》（No. Ⅱ of Svt. 1980）。

[64—3.]⑤《查谟-克什米尔邦土地流转法》（No. Ⅴ of Svt. 1995）。

[……]⑥

[64—4.]⑦《查谟-克什米尔邦废除大地产制法》（No. XVII of Svt. 2007）。

[64—5.]⑧ 1951年3月10日的1951年第6—8号《关于恢复札吉尔和其他土地税的分配等的法令》。

[64—6. 1976年《查谟-克什米尔邦返还抵押财产法》（1976年第14号）。

64—7. 1976年《查谟-克什米尔邦债务人减负法》（1976年第15号）。"]⑨

[2. 1975年《宪法第39修正案》所增加的第84项至第124项序号相

---

① 原文注：序号为第74号宪法令改变。
② 原文注：序号为第105号宪法令调整。
③ 原文注：序号为第98号宪法令改变。
④ 原文注：序号为第98号宪法令改变。
⑤ 原文注：为序号为第98号宪法令改变。
⑥ 原文注：为第106号宪法令删除。
⑦ 原文注：序号为第106号宪法令改变。
⑧ 原文注：为序号为第106号宪法令改变。
⑨ 原文注：为第106号宪法令增加。

应变更为第 65 项至第 102 项；]①

[3. 第 125 项至第 188 项序号相应地变更为第 103 项至第 166 项。]②

[（二十五）附件十

1. 将"（第 102 条第 2 款和第 191 条第 2 款）"替换为"（第 102 条第 2 款）"。

2. 删除第 1 条第（1）项中的"或者立法会，或者邦立法机关的任一议院"。

3. 第 2 条中——

（1）删除第 1 款中"释"的第（2）项第 2）亚项中的"或者第 188 条"；

（2）删除第 3 款中的"或者第 188 条"；

（3）第 4 款中所称"1985 年《宪法第 52 修正案》"应解释为 1989 年《宪法（适用于查谟-克什米尔邦）修改令》。

4. 删除第 5 条中的"邦立法会议长或者副议长、邦立法委员会主席或者副主席"。

5. 删除第 6 条第 2 款中的"或者第 212 条意义上的邦立法机关的议事"。

6. 删除第 8 条第 3 款中的"或者第 194 条"]。③

附录二　根据目前的宪法文本重述宪法适用于查谟-克什米尔邦应作的调整和保留

［注：宪法适用于查谟-克什米尔邦应作的调整和保留，或者由 1954 年《宪法（适用于查谟-克什米尔邦）令》加以规定，或者由后续的某些非适用于查谟-克什米尔邦的宪法修正案加以规定。所有的调整和保留，

---

① 原文注：为第 105 号宪法令增加。
② 原文注：为第 108 号宪法令增加。
③ 原文注：为第 136 号宪法令增加。

其具有实践重要性者，均被收入重述中，以利于快捷查阅。为确定其在文本中的准确位置，此处所参考的是1954年《宪法（适用于查谟－克什米尔邦）令》，以及根据该宪法令第2款所提及的宪法修正案进行修正之后的1964年6月20日的宪法文本。]

一、序　言

1. 删除第一段的"社会的、世俗的"。
2. 删除倒数第二段的"和完整"。

二、第一编

第3条——

（1）增加另外一条但书：

"但是，未经查谟－克什米尔邦立法机关的同意，不得在议会提起任何旨在增加或者减少该邦面积或者改变该邦名称或者边界的法案。"

（2）删除释1和释2。

三、第二编

1. 自1950年1月26日起，本编适用于查谟－克什米尔邦。
2. 第7条增加如下另外一条但书：

"但是，本条的规定不适用于曾经移居至现属巴基斯坦的领土，后获得在查谟－克什米尔邦定居许可或者查谟－克什米尔邦立法机关所签发或者依查谟－克什米尔邦立法机关法律的授权而签发的永久回归许可，而回到该邦境内的查谟－克什米尔邦永久居民，其应被视为印度公民。"

四、第三编

1. 第13条所称的本宪法的施行应解释为1954年《宪法（适用于查谟－克什米尔邦）令》（第48号宪法令）的施行，即1954年5月14日。

[……]①

3. 第 16 条第 3 款所称的"邦"应解释为不包括查谟－克什米尔邦在内。

4. 第 19 条——

（1）第 1 款：

1）删除第（5）项中句末的"以及"；

2）第（5）项之后增加一项：

"（6）财产的获得、占有及处分；以及"。

（2）第 5 款中的"第（4）项和第（5）项"变更为"第（4）项、第（5）项及第（6）项"。

5. 第 22 条第 4 款和第 7 款的"议会"改为"该邦立法机关"。

6. 第 30 条删除第 1—1 款。

7. 在第 30 条后增加如下内容：

"财产权

第 31 条　财产的强制征收

1. 非依法律的授权不得剥夺任何人的财产。

2. 非为公共目的并根据授权征收或者征用财产的法律，并按照该法律规定的数额或者以该法律确定的原则和方式确定的数额，不得进行强制征收和征用；不得以该法律所规定或者依该法律确定的数额不足或者应以现金之外的其他方式给付该财产的全部或者部分为由而对该法律提出异议。

但是，在制定授权对由第 30 条第 1 款所指的少数人建立或者运营的教育机构的财产进行强制征收的，该邦应当确保该授权征收财产的法律规定或者依其而确定的数额不至克减或者损害该款保障的权利。

2—1. 未规定将财产所有权和占有权转移给该邦或者该邦所有或者控制的企业的法律，不得视其为授权强制征收、征用财产的法律，即便其剥夺了某人的财产权。

---

① 编者注：原文无第 2 条。

2—2. 不得以第 19 条第 1 款第（5）项而妨碍第 2 款所称的各该法律。

5. 不得以第 2 款影响——

（1）任何现行法律的规定；以及

（2）此后，该邦为下列目可能制定的任何法律的规定：

1）为课征税收或者罚金的；

2）为促进公共卫生，或者防止生命或者财产遭受危险；

3）关于被法律宣布为被疏离者的财产。"

[……]①

8. 删除第 31 条后的标题，即"特定法律的维持"。

9. 第 31 条——

（1）第 1 款——

1）将"第 14 条和第 19 条"变更为"第 14 条、第 19 条及第 31 条"；

2）删除第 1 款的但书；

3）删除第二条但书中的"此外"。

（2）第 2 款第（1）项变更如下：

"（1）'土地'系指为农业的目的、为附属于农业的目的或者为畜牧的目的而占有或者出租的土地，包括：

1）建筑或者其他建筑用地；

2）种植于地上的树；

3）林地或者林木垃圾；

4）水下区域和水上陆地；

5）建达尔和加拉斯的；

6）札吉尔、因南、穆瓦菲、穆卡拉里或者其他类似的土地流转。

但不包括：

1）在城镇、城镇郊区或者村阿巴迪的建筑用地及附属于该建筑用的土地；

---

① 编者注：原文无第 6 条和第 7 条。

2）所占有的作为城市土地或者农村土地的土地；

3）在城市、指定区域、行政区、城区以及所颁布的城镇规划涉及的其他区域留作建设用地的土地。"

10. 第31—3条不适用于查谟-克什米尔邦。

11. 删除第32条第3款。

12. 第35条——

（1）所称的本宪法的施行应解释为1954年《宪法（适用于查谟-克什米尔邦）令》（第48号宪法令）的施行，即1954年5月14日。

（2）删除第（1）项第1）亚项中的"第16条第3款、第32条第3款"。

（3）在第2）亚项之后增加如下亚项：

"（3）无论在1954年《宪法（适用于查谟-克什米尔邦）令》施行之前或者之后，不得以查谟-克什米尔邦立法机关制定的关于预防性羁押的法律，与本编的规定不一致者而使之无效，但各该法律不一致的部分自前述宪法令施行满25年失效，在该期限届满前已完成或者因疏忽未完成的事项除外。"

13. 在第35条之后新增一条：

"第35—1条　关于永久居民及其权利的法律的合宪性的维持

无论本宪法作何规定，所有在查谟-克什米尔邦现行有效的法律及之后该邦立法机关的法律应——

（1）界定哪类人属于或者不属于查谟-克什米尔邦的永久居民者；或者

（2）赋予该永久居民以特别权利或者特权或者就——

1）该邦政府的招聘；

2）该邦中的不动产的征收；

3）在该邦定居；

4）入学资格或者该邦政府可能提供的其他形式的援助，

而对其他人施加限制者，不得以其与本编赋予印度其他公民的权利不一致，或者剥夺或者克减该权利为由而使之无效。"

五、第四编

本编不适用于查谟–克什米尔邦。

六、第四编之一

本编不适用于查谟–克什米尔邦。

七、第五编

1. 第 55 条：

（1）为本条的目的，视查谟–克什米尔邦人口为 630 万人。

（2）删除释中的但书。

2. 第 81 条第 2 款和第 3 款替换为：

"2. 为第 1 款第 1（项）的目的，

（1）分配给该邦下院议席 6 席；

（2）该邦应由根据 1972 年《选区划分法》设立的选区划分委员会按照该委员会认为适当的程序分成数个单个议员地区选区；

（3）应尽量确保各该选区在地理上是紧密相邻的，在划分选区时应考量其物理特征、行政单位的边界、通信设施和公共交通；且

（4）该邦所划分的选区不得包括巴基斯坦占领的地区。

3. 直到根据 1972 年《选区划分法案》设立的选区划分委员会在印度政府公报上发布有关划分议会选区的最终命令或者若干命令，下院才于该命令的发布日被解散，不得以第 2 款的规定影响该邦在下院的代表。

4. （1）为利于履行其对本邦的职责，选区划分委员会应选任下院中 5 名该邦代表作为助理委员；

（2）得从各该邦中选任的助理委员的人选由下院议长适当考虑下院的构成后予以提名；

（3）根据第（2）项所作的第一个提名应由下院议长于 1974 年《第二

宪法（适用于查谟－克什米尔邦）令》施行之日起的2个月内进行；

（4）助理委员既无权就选区划分委员会的决定进行表决，也无权签署决定；

（5）助理委员的职位因其死亡或者辞职而出现空缺的，下院议长应尽快根据第（1）项和第（2）项选任他人填补。"

3. 删除第82条第二和第三条但书。

4. 第105条第3款的"1978年《宪法第44修正案》第15条生效前的议会各院及其议员及各院的委员会的权力、特权与豁免权"变更为"在本宪法施行前，联合王国议会下院及其议员和委员的权力、特权与豁免权"。

5. 第132条变更如下：

"第132条 最高法院对从高等法院上诉的特定案件的上诉管辖权

1. 对印度境内的高等法院在民事、刑事或者其他诉讼中作出的裁决、法令或者生效判决，如果高等法院遵照第134—1条证明本案存在涉及本宪法的解释的实质性法律问题，得向最高法院提起上诉。

2. 高等法院拒绝给予该证明的，最高法院如果认为该案件存在涉及本宪法的解释的实质性法律问题，得许可对该裁决、法令或者生效判决提起上诉。

3. 高等法院给予前述证明的，或者最高法院给予前述上诉许可的，该案的任一方当事人得以前述问题未能得到正确为由，持最高法院的许可，而向最高法院提起上诉。

释：本条所谓的"生效的判决"包括那些有利于上诉人且已经足以构成案件最终处理的判决。"

6. 第133条——

（1）删除第1款的"遵照第134—1条"；

（2）第1款之后增加一款：

"1—1. 1972年《宪法第39修正案》第3条应作如下修正，即将其中之'本法'、'本法的施行'、'如果未通过本法'以及'依本法而为修正'相应地解释为'1974年《第二宪法（适用于查谟－克什米尔邦）令》'、

'前述宪法令的施行'、'如果未通过前述宪法令'以及'其在本宪法令施行后的状态',而后适用于查谟－克什米尔邦。"

7. 第 134 条——

(1) 删除第 1 款第（3）项的"根据第 134—1 条";

(2) 第 2 款的"议会得"后增加"应该邦立法机关的请求"。

8. 第 134—1 条、第 135 条、第 139 条及第 139—1 条不适用于查谟－克什米尔邦。

9. 删除第 145 条第 1 款的第（3—3）项。

10. 第 150 条将"总统根据总审计长的建议作出规定"变更为"印度总审计长经总统的批准作出规定"。

八、第六编

1. 删除第 153 条至第 217 条、第 219 条、第 221 条、第 223 条、第 224 条、第 224—1 条、第 225 条以及第 227 条至第 237 条。

2. 第 220 条所称的"本宪法施行"应解释为 1960 年《宪法（适用于查谟－克什米尔邦）令》的施行,即 1960 年 1 月 26 日。

3. 在第 222 条第 1 款之后新增一款:

"1—1. 调出或者调入查谟－克什米尔邦高等法院应在咨询总统后进行。"

4. 第 226 条:

(1) 将第 2 款序号变更为 1—1;

(2) 删除第 3 款;

(3) 将第 4 款序号变更为第 2 款;在变更后的该款中将"本条"变更为"第 1 款或者第 1—1 款"。

九、第八编

本编不适用于查谟－克什米尔邦。

十、第十编

本编不适用于查谟－克什米尔邦。

十一、第十一编

1. 第 246 条——

（1）第 1 款的"第 2 款和第 3 款"变更为"第 2 款"；

（2）删除第 2 款的"无论第 3 款作何规定"；

（3）删除第 3 款和第 4 款。

2. 第 248 条变更如下：

"第 248 条　其他立法权

议会就下列事项享有排他的立法权：

（1）防止包括恐怖主义行为在内的旨在推翻依法设立的政府、在人民或者人民的分支中制造恐怖、离间部分人民或者负面地影响人民的不同分支间的和谐的活动；

（1—1）防止其他活动，该活动旨在否认、发质疑或者瓦解主权和领土完整，或者意图使印度领土的一部分脱离联邦，或者引发对印度国旗、国歌和本宪法进行侮辱；和

（2）对下列事项的课税：

1）境外海、空旅行；

2）国内的航空旅行；

3）邮政商品，包括邮政汇票、电话传电报以及电报。

释：在本条中，'恐怖主义行为'系指使用炸弹、炸药或者爆炸物或者易燃物或者火药或者其他致命武器、毒药或者毒气或者其他化学物质或者其他有害物质（无论是生化的或者其他物质）的行为或者事件。"

2—1. 第 249 条第 1 款中"决议中规定的、邦清单列举的事项"应替换为"决议中规定的、未列于联邦清单或者共享清单的事项"。

3. 第 250 条将"邦清单列举的事项"替换为"也及于联邦清单未列举

的事项"。

4. 删除第 4 款。

5. 第 253 条增加如下但书：

"但是，在 1954 年《宪法（适用于查谟－克什米尔邦）令》施行之后，未经查谟－克什米尔邦总督同意，印度政府不得作出影响该邦的处置的决定。"

6. 删除第 255 条。

7. 第 256 条将原条文作为第 1 款并改变其序号，另增加一款如下：

"2. 查谟－克什米尔邦行政权的行使应有助于联邦履行本宪法规定的与该邦有关的义务和责任；特别是，如果联邦有要求，该邦应代表联邦并由联邦负担开支而征收或者征用财产；如果该财产属于该邦，则其应依印度首席大法官任命的仲裁员所确定的条件或者依默认的条件，将该财产转移给联邦。"

8. 第 261 条删除第 2 款中的"议会制定的"。

十二、第十二编

1. 第 266 条、第 282 条、第 284 条、第 298 条、第 299 条及第 300 条所称的邦或者数邦应解释为不包括查谟－克什米尔邦在内。

2. 删除第 267 条第 2 款、第 273 条、第 283 条第 2 款及第 290 条。

3. 第 277 条和第 295 条中所称的本宪法的施行应解释为 1954 年《宪法（适用于查谟－克什米尔邦）令》的施行，即 1954 年 5 月 14 日。

4. 删除标题"第四章　财产权"和第 300—1 条。

十三、第十三编

删除第 303 条第 1 款中"参与附件七任一清单相关的贸易或者商业的"。

十四、第十四编

除第 312 条外，所称的"邦"不包括查谟－克什米尔邦。

十五、十四编之一

本编不适用于查谟－克什米尔邦。

十六、第十五编

1. 第 324 条中所称的"本宪法"，就其与查谟－克什米尔邦立法机关各院的选举相关者而言，应解释为《查谟－克什米尔邦宪法》。

2. 在第 325 条、第 326 条、第 327 条中，其所称的"邦"应解释为不包括查谟－克什米尔邦在内。

3. 删除第 328 条。

4. 第 329 条——

（1）所称的"邦"应解释为不包括查谟－克什米尔邦在内；

（2）删除"和第 328 条"。

十七、第十六编

删除原第 1 款、原第 2 款和第 3 款序号应变更为第 1 款和第 2 款。

1. 删除第 331 条、第 332 条、第 333 条、第 336 条和第 337 条。

2. 第 334 条与第 335 条：其所称的邦或者数邦应解释为不包括查谟－克什米尔邦在内。

3. 删除第 339 条第 1 款中的"附件规定的地区的管理和"。

十八、第十七编

本编的规定仅就其与下列事项相关时予以适用：
（1）联邦的官方语言；
（2）一邦和另一邦或者邦和联邦交流应使用的官方语言；
（3）在最高法院诉讼适用的语言。

十九、第十八编

1. 将第 352 条变更如下：

"1. 一旦总统认为出现了严重的紧急状态,使印度或者其部分领土的安全受到威胁,无论这种危险是由战争、外来侵略或者武装叛乱引起的,得宣告印度全境或者其部分领土进入紧急状态。

2. 根据第 1 款而进行的宣告:

(1) 得被此后的宣告变更或者撤销;

(2) 应提交议会各院;

(3) 应在提交议会后满两个月失效,但是,在此期间其被议会两院以决议批准的除外。

但是,任何此类宣告(除为撤销此前宣告的宣告外),在颁行时议会已被解散的或者在本款所提及的 2 个月期间内被解散的,如果上院已通过决议批准该宣告,但是下院在上述期限届满时尚未通过批准该宣告的决议的,则该宣告应在下届下院召开第一次会议之日起的 30 日后失效,但是,下院在该 30 日期限届满前通过决议批准该宣告的除外。

3. 如果总统认为存在的危险迫在眉睫,则得在可能危及印度或者其部分领土安全的战争、外来侵略或者武装叛乱实际发生前宣布紧急状态,宣告印度或者其部分领土安全受到战争、外来侵略或者武装叛乱的威胁。

4. 本条赋予总统的权力包括为战争、外来侵略或者武装叛乱或者濒临战争、外来侵略或者武装叛乱的危险等各种原因而颁布各种宣告,且无论总统是否已经依据第 1 款颁布了宣告,也无论该宣告是否已经在施行。

5. 无论本宪法作何规定——

(1) 第 1 款和第 3 款提及的总统的意见为生效且最终的意见,不得以任何理由向法院提起诉讼;

(2) 根据第 2 款的规定,无论最高法院或者是其他法院都无权管辖下列行为的合法性,无论基于何种理由被提出——

1) 总统就第 1 款规定的情形发布的宣告;

2) 该宣告适用的期限。

6. 仅以内乱或者存在内乱的重大危险为由而作出的紧急状态宣告不适用于查谟-克什米尔邦(但第 354 条规定的情形除外),除非——

（1）其应邦政府的请求或者获得其同意；

（2）如果其非依如此制定的，则应由总统根据邦政府的请求或者获得其同意而将之适用于该邦。"

2. 第353条删除其但书。

3. 第356条——

（1）第1款中所指"本宪法的规定"，就其适用于查谟－克什米尔邦而言，应当解释为包括《查谟－克什米尔邦宪法》的规定。

（2）第4款——

1）该款开始部分，变更如下：

"如此被批准的宣告，除非被撤回，应在自根据第3款批准该宣告的第二个决议通过之日满6个月后失效的；"

2）第二条但书之后增加如下但书：

"但是，对1990年7月18日根据第1款就查谟－克什米尔邦颁布的宣告，本款但书中所称'3年'应作'7年'解释。"

（3）第5款变更如下：

"5. 无论本宪法的规定如何，第1款所提及的总统的意见为最终的意见，不得以任何理由向法院提起诉讼。"

4. 第357条第2款变更如下：

"2. 除非其在下述期限前已被有权立法机关废止，或者未加修改或者经过修改而重新立法，否则，第1款第（1）项提到的议会、总统或者其他机关行使邦立法机关的立法权所制定的法律，如果没有根据第356条的规定发布有关议会、总统或者其他机关有权立法的宣告，其无权立法的部分在该宣告失效满一年之后失效；但是，在该法律如此失效之前，相应事务已经完成或者因忽视而未处理的除外。"

5. 第358条变更如下：

"在紧急状态宣告施行期间，不得以第19条的任何规定限制第三编界定的国家立法或者采取行政措施的权力，该权力只能依据第三编的规定行使；但是，任何如此制定的法律，就其无权部分，应在宣告失效的同时失效,但是在该法律如此失效之前,相应事务已经完成或者因忽视而未处理的除外。"

6. 第 359 条——

(1) 删除第 1 款的"(第 20 条和第 21 条除外)"。

(2) 第 1—1 款:

1) 删除"(第 20 条和第 21 条除外)";

2) 删除但书。

(3) 删除第 1—2 款。

(4) 删除第 2 款的但书。

7. 删除第 360 条。

二十、第十九编

1. 第 361—1 条不适用于查谟 – 克什米尔邦。

2. 删除第 365 条。

3. 在第 367 条第 3 款后增加一款:

"4. 在本宪法适用于查谟 – 克什米尔邦的规定中:

(1) 所称'本宪法'或者'其规定'应解释为适用于查谟 – 克什米尔邦的宪法或者其规定。

(1—1) 所称的'总统根据该邦立法会的建议而承认的作为根据当时在任的内阁的建议而行事的查谟 – 克什米尔邦王公',应解释为查谟 – 克什米尔邦总督。

(2) 所称'该邦政府'应解释为包括根据其内阁建议而行事的查谟 – 克什米尔邦总督。

但是,在 1965 年 4 月 10 日前,该指称应解释为根据其内阁的建议而行事的查谟 – 克什米尔邦王公。

(3) 所称'高等法院'应解释为包括查谟 – 克什米尔邦高等法院在内。

(4) 所称'该邦的永久居民'应解释为系指在 1954 年《宪法(适用

于查谟－克什米尔邦）令》施行之前，为当时在该邦施行的法律承认为该邦臣民或者为该邦立法机关制定的法律承认为该邦居民的人。

（5）所称'总督'应解释为查谟－克什米尔邦总督。

但是，在1965年4月10日前，该指称应解释为其被总统承认为查谟－克什米尔邦王公并且包括任何为总统承认的、有权行使王公权力的人。"

二十一、第二十编

第368条——

1. 第2款增加如下但书：

"除非由总统根据第370条第1款以总统令将此类修正案适用于查谟－克什米尔邦，否则，其不得适用。"

2. 删除第4和第5款，并在第3款后增加一款：

"4. 任何查谟－克什米尔邦立法机关制定的法律，其试图修正或者改变《查谟－克什米尔邦宪法》关于下列事项的规定的——

（1）总督的任命、权力、职能、职责、薪酬、津贴、特权或者特免；

（2）印度选举委员会对选举的监督、指导和管理，无差别的选民登记资格、成人投票和立法委员会的构成，以及《查谟－克什米尔邦宪法》第138条、第139条、第140条与第50条所规定的事项，

非提交总统考量并获得其批准，不得生效。"

二十二、第二十一编

1. 删除第369条、第371条、第371—1条、第372—1条、第373条、第376条至第378—1条及第392条。

2. 第372条：

（1）删除其第2款和第3款；

（2）所称的"在印度境内施行的法律"包括西大亚特、艾兰、伊斯帝哈尔、通告、罗布卡尔、以萨德与雅达斯、邦委员会决议、制宪会议决议和其他在查谟－克什米尔邦具有法律效力的文件；

(3) 所称的"本宪法的施行"应解释为 1954 年《宪法（适用于查谟－克什米尔邦）令》的施行，即 1954 年 5 月 14 日。

3. 第 374 条：

(1) 删除第 1 款、第 2 款、第 3 款及第 5 款；

(2) 第 4 款所称的"作为邦枢密院的机关"应解释为系指根据 1996 年《查谟－克什米尔邦组织法》而设立的顾问委员会；所称的本宪法的施行应解释为 1954 年《宪法（适用于查谟－克什米尔邦）令》的施行，即 1954 年 5 月 14 日。

二十三、第二十二编

删除第 394 条和第 395 条。

二十四、附件三

删除形式五至八。

二十五、附件五

本附件不适用于查谟－克什米尔邦。

二十六、附件六

本附件不适用于查谟－克什米尔邦。

二十七、附件七

1. "清单 1 联邦清单"——

(1) 删除第 2—1 项。

(2) 将第 3 项变更如下：

"3. 兵营的管理"。

(3) 删除第 8 项、第 9 项、第 34 项及第 79 项。

(4) 第 72 项所称的邦：

1）查谟-克什米尔邦高等法院在质疑就该邦立法机关各院的选举而提起的选举申诉所作出的决定或者命令而向最高法院上诉的，应解释为查谟-克什米尔邦；

2）至于其他事项，则应解释为不包括该邦。

（5）删除第81项的"邦际移民"。

（6）将第97项替换如下：

"97. 防止如下行为：

（1）包括恐怖主义行为在内的旨在推翻依法设立的政府、在人民或者人民的分支中制造恐怖、离间部分人民或者负面地影响人民的不同分支间和谐的活动；

（2）旨在否认、质疑或者瓦解主权和领土完整，或者意图使印度领土的一部分脱离联邦的，或者引发对印度国旗、国歌和本宪法进行侮辱的活动，

以及对境外海、空旅行，国内的航空旅行，邮政商品，包括邮政汇票、电话传电报以及电报的课税。

释：本项中'恐怖主义行为'的含义同第248条的释。"

2. 删除"清单2邦清单"。

3. "清单3共享清单"——

（1）将第1项替换如下：

"1. 刑法，其为关于违反有关清单1所列事项的法律的违法行为（不包括违反有关清单1所列事项的法律的违法行为，以及使用海军、陆军或者空军或者其他武装力量支援文职政府）。"

（2）将第2项替换如下：

"2. 关于如下事项的刑事程序（包括犯罪的预防，刑事法院的设立和组织，但不包括最高法院和高等法院）：

（1）违反议会就有权立法的事项所制定的法律的违法行为；

（2）监督在国外的外交和领事官员的宣誓和及取得其证言。"

（3）删除第 3 项、第 5 项至第 10 项（包括该两项）、第 14 项、第 15 项、第 17 项、第 20 项、第 21 项、第 27 项、第 28 项、第 29 项、第 31 项、第 32 项、第 37 项、第 38 项、第 41 项及第 44 项。

（4）第 11—1 项、第 17—1 项、第 17—2 项、第 20—1 项及第 33—1 项不适用于查谟-克什米尔邦。

（5）将第 12 项替换如下：

"12. 证据以及宣誓，其与下列事项相关：

（1）监督在国外的外交和领事官员的宣誓或者取得其证言；和

（2）议会有权立法的其他事项。"

（6）将第 13 项替换如下：

"13. 民事程序，其关于监督在国外的外交和领事官员的宣誓或者取得其证言者。"

（7）将第 25 项替换如下：

"25. 劳动者职业和技术训练。"

（8）将第 30 项替换如下：

"30. 人口统计，就其关于出生人口统计和死亡人口统计而言，包括出生和死亡登记。"

（9）将第 42 项替换如下：

"42. 财产的征收、征用，其所征收、征用的财产为清单 1 第 67 项或者清单 3 第 40 项所涵盖，或者具有艺术和审美价值的人工艺术品。"

（10）将第 45 项中的"清单 2 和清单 3"替换为"本清单"。

二十八、附件九

1. 在第 64 项之后增加下列各项：

"64—1.《查谟-克什米尔邦库特法》（No. Ⅰ of Svt. 1978）。

64—2.《查谟-克什米尔邦租佃制法》（No. Ⅱ of Svt. 1980）。

64—3.《查谟-克什米尔邦土地流转法》（No. Ⅴ of Svt. 1995）。

64—4.《查谟－克什米尔邦废除大地产制法》(No. XVII of Svt. 2007)。

64—5. 1951 年 3 月 10 日的 1951 年第 6—8 号《关于恢复札吉尔和其他土地税的分配等的法令》。

64—6. 1976 年《查谟－克什米尔邦返还抵押财产法》(1976 年第 14 号)。

64—7. 1976 年《查谟－克什米尔邦债务人减负法》(1976 年第 15 号)。"

2. 第 65 项至第 86 项不适用于查谟－克什米尔邦。

3. 第 86 项后增加一项：

"87. 1951 年《人民代表法》(中央 1951 年第 43 号)、1974 年《人民代表修正案》(中央 1974 年第 58 号)以及《1975 年选举法修正案》(中央 1975 年第 26 号)。"

4. 第 91 项后增加一项：

"92.《维护国内安全法》(中央 1971 年第 26 号)。"

5. 第 129 项后增加一项：

"130.《防止争议事项披露法》(中央 1976 年第 26 号)。"

6. 在增加第 87 项、第 92 项及第 130 项后，将原第 87 项至第 188 项的序号相应调整为第 66 项至第 166 项。

二十九、附件十

1. 将"(第 102 条第 2 款和第 191 条第 2 款)"替换为"(第 102 条第 2 款)"。

2. 删除第 1 条第（1）项中的"或者立法会，或者邦立法机关的任一议院"。

3. 第 2 条——

（1）删除第 1 款中"释"的第（2）项的第 2）亚项中的"或者第 188 条"。

（2）删除第 3 款中的"或者第 188 条"。

（3）第 4 款中所称"1985 年《宪法第 52 修正案》的施行"应解释为 1989 年《宪法（适用于查谟－克什米尔邦）修改令》的施行。

4. 删除第 5 条中的"邦立法会议长或者副议长、邦立法委员会主席或者副主席"。

5. 删除第 6 条第 2 款中的"或者第 212 条意义上的邦立法机关的议事"。

6. 删除第 8 条第 3 款中的"或者第 194 条"。

（本文出处：孙谦、韩大元主编：《世界各国宪法·亚洲卷》，中国检查出版社 2012 年版）

（柳建龙 译）

印度人民代表法（摘译）

第一篇 序 言

第一条 简称——本法可以被称为1951年《人民代表法》

第二条 解释

（1）在本法中，除非本法另有规定，

（a）1950年《人民代表法》（1950年第43号法律公告）第二条和第二十条第（1）款规定的每一条表述，在本法中未作规定的，都与在该法中具有相同的涵义；

（b）"相关当局"，与人民院或联邦院选举相关的，系指中央政府；与邦立法院选举相关的，系指邦政府；

"首席选举官"系指根据1950年《人民代表法》第十三A条委任的官员；

（c）"舞弊行为"系指根据1950年《人民代表法》第一百二十三条规定的任何行为；

（cc）"地区选举官"系指根据1950年《人民代表法》第十三AA条指定或提名的官员；

（d）"选举"系指议会或者除了查谟－克什米尔邦外的邦立法院或立法委员会的议席选举；

（e）选区的"选民"系指在该选区选民登记册暂时有效登记并且不属于1950年《人民代表法》第十六条提到的不具有选举资格者的印度公民；

(f)"政党"系指印度公民在选举委员会登记为政治党派的社团或组织;

(g)"规定"系指本法条款所作出的"规定";

(h)"公共假期"系指为施行1881年《流通票据法》第二十五条而规定为公共假日的日期;

(i)就不能填写自己姓名的人而言,"签名"系指以规定的方式有效的"签名"。

(2)就本法而言,议会选区、立法院选区、联邦院选区、地方机构选区、大学生选区和教师选区,必须视为不同阶层的选区。

(3)凡是本法要求任何公共当局在官方公报中公布通告、命令、规则、声明、公告或名单,除非本法另有规定,否则必须解释为通告、命令、规则、声明、公告或名单

(a)由中央政府发布或制定的,必须在印度公报中公布;

(b)由邦政府发布或制定的,必须在邦官方公报中公布;

(c)由其他官方机构发布或制定的,如果与议会选举或议会议员相关的,必须在印度公报中公布;如果与邦立法委员会或立法院选举或议员相关的,必须在邦官方公报中公布。

(4)凡是本法已经作出规定的,可以对不同的情况或不同类型的情况作出不同的规定。

(5)凡是本法提到不在查谟-克什米尔邦生效的法律,就该邦而言,必须解释为在该邦生效的相应法律。

第二篇 议员资格

第一章 议会议员资格

第三条 联邦院议员的资格

凡属印度议会选区选民者,都有资格当选为任何邦或中央直辖区在联邦院中的代表。

第四条 人民院议员的资格

凡是属于下列情形者，都有资格当选为人民院议员：

（a）如属邦表列种姓保留议席，须是该邦或其他任何邦表列种姓成员和议会选区选民；

（b）如属邦（除了阿萨姆邦自治区外）表列部落保留议席，须是该邦或其他任何邦表列部落成员和议会选区选民；

（c）如属阿萨姆邦自治区表列部族保留议席，须是表列部族成员和议会选举区选民，且该议席属于保留议席，或者属于其他包含此类自治区的议会选区保留议席；

（cc）如属中央直辖区（拉克沙群岛）表列部族保留议席，须是表列部族成员和中央直辖区议会选区选民；

（ccc）如属锡金邦指定议席，须是锡金邦议会选区选民；

（d）如属其他议席，须是议会选区选民。

第二章 邦立法院议员的资格

第五条 邦议会议员的资格

凡属下列情形之一者，有资格当选为邦议会议员：

（1）如属邦表列种姓或表列部族保留议席，须是邦表列种姓或表列部族成员和邦议会选举区选民；

（2）如属阿萨姆邦自治区保留议席，须是该邦自治区表列部族成员和自治区保留议席的邦议会选举区选民；

（3）如属其他议席，须是邦议会选举区选民：[若在第371A条第二款规定的时期内，须是该条所指的地区委员会委员，才有当选为那加兰邦立法院团桑区议员。]

第五A条 锡金邦议会议员资格

（1）纵使本条有所规定，除非属于下列情形之一者，否则无资格当选为锡金邦议会议员：

（a）如属菩提亚—雷布查裔锡金人，须是菩提亚人或雷布查人且是该邦除桑伽保留选举区外的邦议会选举区选民；

（b）如属尼泊尔族锡金人保留议席，须是尼泊尔人且是该邦议会选举区选民；

（c）如属表列种姓保留议席，须是 1974 年《锡金邦族群代表法》规定的种姓成员且是该邦议会选举区选民；

（d）如属桑伽人保留议席，须是桑伽选举区选民。

（2）纵使本条有所规定，除非属于下列情形之一者，否则无资格当选为 1980 年《人民代表法》修正案实施后锡金邦议会设立的议员席位：

（a）如属菩提亚—雷布查裔锡金人，须是菩提亚人或雷布查人且是除桑伽保留选举区外的邦议会选举区选民；

（b）如属表列种姓保留议席，须是该邦表列种姓成员且是邦议会选举区选民；

（c）如属桑伽人保留议席，须是桑伽选举区选民；

（d）如属其他议席，须是邦议会选举区选民。

第六条 邦立法委员会的资格

（1）除非是邦立法委员会选举区选民，否则无资格当选为邦立法委员会议员。

（2）除非是邦常住居民，否则无资格当选为邦首席部长委任的邦立法委员会议员席位。

第三章 议会和邦议会议员的资格丧失

第七条 解释

（a）"相关当局"，与人民院或联邦院议员丧失被选举资格或担任议员资格相关的，系指中央政府；与邦立法院或立法委员会议员丧失被选举资格或担任议员资格相关的，系指邦政府；

（b）"丧失资格"系指丧失被选举为议会人民院或联邦院或邦立法院或立法委员会议员的资格，或者担任其议员的资格。

第八条 因被判处某些罪行而丧失资格

(1) 凡是按照下列法律规定被判有罪者：

(a)《印度刑法典》(1860 年第 45 号) 第一百五十三 A 条 (煽动不同宗教、民族、籍贯、居住、语言等群体仇视罪)，或者第一百七十一 E 条 (贿赂罪)，或者第一百七十一 F 条 (不正当影响选举或冒名选举罪)，或者第三百七十六条第 1 款或第 2 款，或者第三百七十六 A 条，或者第三百七十六 B 条，或者第三百七十六 C 条，或者第三百七十六 D 条 (强奸罪)，或者第四百九十八 A 条 (丈夫或丈夫家人虐待妻子罪)，或第五百零五条第 2 款或第 3 款 (发表言论煽动各阶层相互敌视、仇恨或憎恶的罪行，或者与在礼拜场所或宗教礼拜或宗教仪式上发表上述言论相关的罪行)；或者

(b) 1955 年《民权保护法》(1955 年第 22 号)，(规定了对鼓吹和推行不可接触习俗和由此造成的残疾的惩罚)；或者

(c) 1962 年《海关法》(1962 年第 52 号) 第十一条 (进出口违禁货物罪)；或者

(d) 1967 年《防止非法活动法》第十至第十二条 (加入被宣布非法的组织的罪行，与处理非法组织资金相关的罪行，违反公告命令的罪行)；或者

(e) 1973 年《外汇管理法》(1973 年第 46 号)；或者

(f) 1985 年《麻醉药品和精神药物法》(1985 年第 1 号)；或者

(g) 1987 年《防止恐怖主义和破坏活动法》(1987 年第 28 号) 第三条 (恐怖活动罪) 或第四条 (破坏罪)；或者

(h) 1988 年《宗教机构法》(1988 年第 41 号) 第七条 (违反第三条到第六条规定的罪行)；或者

(i) 本法第一百二十五条 (在选举中宣扬阶级仇恨罪)，或者第一百三十五条 (从选票箱中去除选票罪)，或者第一百三十五 A 条 (占领投票所罪)，或者第一百三十六条第 (1) 款 (a) 项 (欺诈涂改或者欺诈损害提名表罪)；或者

(j) 1991 年《宗教场所保护法》第六条 (宗教场所非法占领罪)；

或者

（k）1971年《禁止侵害国家荣誉法》（1971年第69号）第二条（侮辱国旗或者印度宪法罪）或第三条（阻止他人唱国歌罪）；或者

（l）1987年《制止非法萨蒂运动法》（1988年第3号）；或者

（m）1988年《预防腐败法》（1988年第49号）；或者

（n）2002年《反恐法》（2002年第15号）。

（2）凡是违反下列法律被判有罪者：

（a）任何禁止囤积或暴利的法律；

（b）与食品或药物掺假相关的法律；

（c）1961年《禁止嫁妆法》（1961年第28号）。

（3）凡是被判有罪并被判处2年以上监禁者。

（4）纵使第（1）、（2）或（3）款中所有规定，如属在判处之日是议会或邦议会议员者，其中任何一款所规定的资格丧失三个月后生效，或者若在此期限内提出上诉，则直到法院驳回上诉时生效。

第八A条　因舞弊行为而丧失资格

（1）凡是依据第九十九条的命令被发现发生舞弊行为者的案件，一旦可以提交，在命令生效后，由为此作出规定的中央政府等当局尽快提交给总统，对舞弊者是否丧失资格和丧失资格时间进行裁决；

但是，按照本条款丧失资格的时间不超过6年。

（2）凡属在1975年《选举法（修正案）》生效前根据本条失去资格者，如丧失资格时间尚未到期，可向总统提交申请，免除尚未到期的剩余丧失资格时间。

（3）在对本条第（1）款提及的问题或者按照本条第（2）款提交的申请作出决定之前，总统将征询选举委员会的意见，并按照选举委员会的意见作出决定。

第九条　因腐败或不忠行为被免职而丧失资格

（1）印度政府或邦政府公职人员因腐败或不忠行为而被免职者，自被免职之日起5年内丧失资格。

（2）就本条第（1）款而言，选举委员会关于印度政府或邦政府公职人员是否因腐败或不忠行为而被免职的证明是最终的事实证明；

但是，除非所说人员获得申辩机会，否则选举委员会不会发出任何此类证明。

第九 A 条　因政府合同等而丧失资格。

凡是与相关政府维持商业供货合同或者执行政府开展的工作者，都无资格。

第十条　因担任国有企业官员而丧失资格

凡是担任相关政府持有至少 25% 股份的企业或公司的管理代理人、管理者或干事者，都无资格。

第十 A 条　未提交选举开支账目而丧失资格

若选举委员会确定参选人：

(a) 未能在本法规定的期限内按照本法规定的方式提交选举开支账目；并且

(b) 未能为此提出充分的理由或辩护，

选举委员会将按照官方公报中发布的命令，宣布该选举人失去参选资格，且自命令公布之日起 3 年内不得参加选举。

第十一条　免除或缩短丧失参选资格期限

若出于必须予以记录的理由，选举委员会必须按照本法第一章（第八 A 条除外）免除或者缩短丧失参选资格期限。

第十一 A 条　因定罪或舞弊行为而丧失参选资格

(1) 凡在本法实施后被判处按照《印度刑法典》第一百七十一 E 条或第一百七十一 F 条规定或者本法第一百二十五条或第一百三十五条或第一百三十六条第 2 款规定必须予以惩罚的罪行者，自定罪之日起或者自法令生效之日起 6 年内无资格参加任何选举投票。

(2) 凡是按照本法第八 A 条由总统裁定在某一时期内丧失参选资格者，在同一时期内无资格参加任何选举投票。

(3) 对于任何人按照本法第八 A 条第 2 款所提交失去当选为并担任议

会各院或帮立法院或立法委员会议员之资格的上诉书，总统的裁决适用于在 1975 年《选举法（修正案）》实施前按照本法第十一 A 条第（1）款（b）项丧失任何选举投票资格者，总统的裁决亦是上述丧失选举投票资格的裁决。

第十一 B 条　丧失参选资格的撤销

出于必须予以记录的理由，选举委员会必须撤销本法第十一 A 条第（1）款规定的丧失参选资格。

第三篇　选举通知

第十二条　联邦院两年一次选举通知

为补选联邦院任期届满议员之席位，总统按照选举委员会建议的日期在印度公报中发布一份或多份通知，要求相关各邦立法院当选议员或选举团成员按照本法及任何相关法律或法令的规定选举联邦院议员；

但本条规定的通知在议员任期届满前 3 个月内发布。

第十二 A 条　联邦院锡金邦指定议席选举通知

为按照 1975 年《宪法法案（第三十六修正案）》首次选举联邦院锡金邦议席，总统按照选举委员会建议的日期在印度公报中发布通知，要求锡金邦立法院当选议员按照本法及任何相关法律或法令的规定选举联邦院议员，且所举行的选举在所有方面上都必须按照本法第十二条规定举行。

第十三条　中央直辖区选举团改选通知

本条按照 1956 年《中央直辖区委员会法》第六十六条修正。

第十四条　人民院选举通知

（1）在现任人民院任期届满或解散之时，必须举行选举，选出新一届人民院。

（2）为此目的，总统按照选举委员会建议的日期在印度公报中发布一份或多份通知，要求所有议会选区按照本法及任何相关法律或法令的规定选举人民院议员；

但是，若选举不是在本届人民院解散之时举行，选举通知必须在本届人民院按照本法第八十三条第（2）款任期届满前 6 个月内发布。

第十四 A 条　人民院锡金邦代表选举通知

为按照《宪法》第 371—6 条规定选举人民院锡金邦代表，选举委员会要求锡金邦立法院议员按照本法及任何相关法律或法令适用于联邦院议员选举的规定选举人民院代表。

第十五条　邦立法院选举通知

（1）为在本届立法院任期届满或解散之时成立新一届立法院，特此举行选举。

（2）为此目的，邦首席部长或邦长按照选举委员会建议的日期在各邦公报中发布一份或多份通知，要求邦所有立法院选区按照本法及任何相关法律或法令的规定选举立法院议员；

但是，若选举不是在本届立法院解散之时举行，通知必须在本届立法院按照 1963 年第 20 号法令第一百七十二条第一款规定或 1963 年《中央直辖区政府法》第五条规定任期届满前 6 个月内发布。

第十五 A 条　立法委员会选举通知

为按照 1956 年《邦重组法》规定成立中央邦立法委员会和按照 1957 年《立法委员会法》规定成立安德拉邦立法委员会，上述各邦首席部长按照选举委员会建议的日期在邦公报中发布一份或多份通知，要求邦立法院议员和所有立法委员会选区按照本法及任何相关法律或法令的规定选举立法委员会议员。

第十六条　邦立法委员会每两年选举通知

为在邦立法委员会议员在任期届满之时补选议员，邦首席部长必须按照选举委员会建议的日期在邦公布中发布一份或多份通知，要求邦立法院议员和相关立法委员会选区按照本法及任何相关法律或法令的规定选举立法委员会议员；

但是，本条规定的通知必须在立法委员会议员任期届满前3个月内发布。

第四篇　选举机关

第十九条　定义

在本篇和第五篇中，除非本法另有规定，"选区"系指议会选区或立法院选区或立法委员会选区。

第十九A条　选举委员会的职责代表

按照《宪法》、1950年《人民代表法》和本法或任何相关法律或法令的规定，选举委员会的职责，必须遵循一般规定或选举委员会为此制定的具体规定，也必须由副选举专员或选举委员会秘书长履行。

第二十条　首席选举官

各邦首席选举官接受选举委员会的监督、命令和管理，按照本法监督本帮的所有选举。

第二十A条　地区选举官的一般职责

（1）地区选举官接受首席选举官的监督、命令和管理，按照议会和邦立法机构所有选举的操作规范协调和监督其辖区内的所有选举工作。

（2）地区选举官也履行选举委员会和首席选举官所委托的其他职责。

第二十B条　选举监督官

（1）选举委员会可以提名政府官员为选举监督官，监督一个或多个选区的一次或多次选举，履行选举委员会所委托的其他职责。

（2）按照本条第（1）款提名的选举监督官有权命令他提名的选举主任或某些选举主任在宣布选举结果前随时停止计票，或者若选举监督官发现如下情形时，命令选举主任不宣布选举结果：大量的投票站或者投票点或计票点发生了占领投票站行为，或者投票站或投票点所使用的某些选票被非法地脱离选举主任的监管，或者遭到无意或有意地损毁或丢失，或者被破坏或篡改到使该投票站或投票点的选举结果无法确定的程度。

（3）若选举监督官按照本条规定命令选举主任停止计票或不宣布选举结果时，必须立即向选举委员会报告，然后选举委员会在考虑所有物质条件后，按照本法第五十八 A 条或第六十四 A 条或第六十六条规定发出合适的指示。

解释——就本条第（2）和（3）款而言，"选举监督官"包括选举委员会按照本条赋予监督一个或多个选区选举行为责任的"区域选举专员"或选举委员会官员。

第二十一条 选举主任

在联邦院每一次议员选举时和在邦立法院议员每一次选举邦立法委员会议员时，选举委员会在与邦政府协商后，指派或提名邦政府或地方机构官员担任每个选举主任；

但是，本条不禁止选举委员会指派或提名同一人担任多个选区的选举主任。

第二十二条 选区选举监察员

（1）选举委员会可以委任一人或多人协助选举主任履行职责；

但是，每一名选区选举监察员可以是邦政府或地方机构的官员。

（2）每一名选区选举监察员服从选举主任的管理，能够承担选举主任的所有或某些职责；

但是，选区选举监察员不能承担选举主任任何与提名审查相关的职责，除非选举主任不可避免地无法履行上述职责。

第二十三条 选举主任包括履行选举主任职责的选区选举监察员

除非本法另有规定，本法所指选举主任，必须视为包括按照第二十二条第（2）款被授权履行选举主任某些职责的选区选举监察员。

第二十四条 选举主任的一般职责

在任何选举中，选举主任的一般职责是完成按照本法和任何相关法律或法令所规定的方式有效地举行选举所必需的所有工作和事务。

第一部分　宪法、全国性涉党法律

第二十五条　提供选区投票站

在选举委员会的批准下，地区选举机关官员在其辖区内所有或大部分地区的每一个选区提供足够数量的投票站，按照选举委员会规定的方式公布所提供的投票站及其分别服务的投票区域或选民群体一览表。

第二十六条　委任投票站主任

（1）地区选举机关官员必须为每个投票站委任一名主任，并在他认为必要时必须委任一名或多名投票监督员，但不得委任选举候选人雇佣、或代表选举候选人、或以其他方式为选举候选人工作的人担任投票站主任或投票监督员。

（2）若投票站主委托投票监督员履行或任何相关法律或法令所规定的投票站主任的所有或部分职责，投票监督员必须予以履行。

（3）若投票站主任由于疾病或其他不可抗拒原因不得不离开投票站，其职责必须由地区选举机构官员之前授权在离开投票站期间履行这些职责的投票监督员履行。

（4）除非本法另有规定，本法所指投票站主任，必须视为包括任何履行按照本条第（2）或（3）款被授权履行职责的人。

第二十七条　投票站主任的一般职责

投票站主任在投票站中的一般职责是维持投票站秩序和监督投票公平地进行。

第二十八条　投票监督员的职责

投票监督员在投票站中的职责是协助投票站主任履行其职责。

第二十八 A 条　选举主任、投票站主任等必须视为代表选举委员会

选举主任、选举监督员、投票站主任、投票监督员和任何其他按照本篇委任的官员以及邦政府为举行任何选举临时指派的警察，在从开始通知要求举行选举到宣布选举结果日期结束的时期内，必须视为代表选举委员会，因此，这些官员在此期间必须服从选举委员会的管理、监督和纪律。

第二十九条 某些选举的具体规定

（1）在联邦院议席选举和邦立法院议员选举立法委员会议员时，选举主任必须在选举委员会之前的批准下确定举行投票的地方，按照选举委员会规定的方式通知所确定的投票地方。

（2）选举主任必须在所确定的地方主持选举，在认为必要时委任一名或多名投票监督员进行协助，但不得委任选举候选人雇佣、或代表选举候选人、或以其他方式为选举候选人工作的人担任投票监督员。

第四 A 篇 政党登记

第二十九 A 条 在选举委员会登记为政党的社团和组织

（1）凡自称为政党并意图利用本篇规定的印度公民的社团或组织，都必须按照本法规定向选举委员会提交登记为政党的申请。

（2）如属下列情形者，必须提交这类申请：

（a）1988 年《人民代表法修正案》生效时已经存在的社团或组织，必须在此法生效后 60 日内提交；

（b）在 1988 年《人民代表法修正案》生效后成立的社团或组织，必须在自成立之日起 30 天内提交。

（3）按照本条第（1）款提交的每一份申请书必须由社团或组织的执行长（不论是称为书记还是还被称为其他名称）签名，并提交给或以挂号信件寄送选举委员会秘书处。

（4）每一份申请书必须包含下列详情：

（a）社团或组织名称；

（b）总部所在邦；

（c）信件和其他通讯联系地址；

（d）主席、秘书长、财务官和其他官员的姓名；

（e）党员数量，若党员存在类别，每一类别党员的数量；

（f）是否拥有地方组织；若有，哪些层级；

（g）议会各院或邦立法机构中是否有代表；若有，代表数量。

（5）本条第（1）款规定的申请书必须附有社团或组织不论以何种名称命名的规章制度，且这些规章制度必须包含如下具体条文：社团或组织必须依法真诚地效忠印度宪法，真正地效忠地社会主义、世俗主义和民主原则，维护印度的主权、统一和领土完整。

（6）选举委员会可以要求社团或组织提供它认为合适的其他此类详情。

（7）在考虑所有上述详情和其他任何必要相关因素后、在给予社团或组织的代表合理申辩机会后，选举委员会必须决定是否把社团或组织登记为政党；选举委员会必须把其决定传达给社团或组织；但是，除非社会或组织的备忘录或规章制度符合本条第（5）款，否则不得登记为政党。

（8）选举委员会的决定是最终决定。

（9）社团或组织登记为上述所说的政党后，其名称、总部、干事、联系地址或其他任何重大事项的任何变化必须立即通知选举委员会，不得延误。

第二十九 B 条　政党接受捐款资格

根据 1956 年《公司法》（1956 年第 1 号）规定，任何政党都可以接受任何个人或非国有公司自愿提供的任何数额的捐款；

但是，任何政党都无资格接受 1976 年《外国捐款法》第 2 条 E 款所界定的任何外国捐款。

解释——就本条和第二十七 C 条而言，

（a）"公司"系指 1956 年《公司法》第 3 条所界定的"公司"；

（b）"国有公司"系指 1956 年《公司法》第 617 条规定的公司；

（c）"捐款"具有 1956 年《公司法》所赋予的涵义，包括任何个人提供给政党的任何捐献或捐款；

（d）"个人"具有 1961 年《所得税法》第 2 条第 31 款所赋予的涵义，但不包括国有公司、地方行政机构和政府提供全部或部分资金的任何法人。

第二十九 C 条　政党必须公布接获的捐款

（1）政党的财务主管或者政党为此授权的其他任何人必须在每个财年准备下列方面的报告：

（a）本财年从任何个人接获的 2 万卢比以上的捐款；

（b）本财年从非国有公司接获的 2 万卢比以上的捐款。

（2）本条第（1）款所称报告必须符合规定行使。

（3）本条第（1）款所称财年报告必须由政党财务主管或政党为此授权的其他个人在 1961 年《所得税法》所规定的本财年所得税返还法定日期之前提交给选举委员会。

（4）若政党财务主管或政党为此授权的其他任何个人未能遵照本条第（3）款提交报告，纵使 1961 年《所得税法》有所规定，该政党无资格获得该法所规定的任何税收减免。

第五篇　举行选举

第一章　提名候选人

第三十条　规定提名日期，等等

一旦要求选举一名或多名议员的通告发布，选举委员会必须在官方公报的通告中规定：

（a）提名截止日期，必须是第一通告发布后第七日，若当天是公共假日，则顺延至非公共假日；

（b）提名审查日期，必须是提名截止日期第二日，若当天是公共假日，则顺延至非公共假日；

（c）候选人撤销日期，必须是提名审查日期后第二日，若当天是公共假日，则顺延至非公共假日；

（d）必要时的投票日期，必须是或者投票第一日必须是候选人撤销截止日期第十四日之后；

(e) 选举结束日期。

第三十一条　选举通知

在按照本法第三十条发布通告后，选举主任必须以规定的格式和方式发布选举通知，邀请选举提名候选人，说明提名表发放地方。

第三十二条　提名选举候选人

凡按照《宪法》和本法（或者1963年《中央直辖区政府法》，依据法规视情形而定）规定具备被选举资格者，皆可以被提名为候选人。

第三十三条　提交提名表和有效提名条件

（1）在本法第三十条第（a）款规定的日期或者之前，每名候选人必须由本人或提名人，在上午11时至下午3时的四个小时内，在按照本法第三十一条发布的通知所规定的地方，向选举主任提交以规定的格式完全填写的提名表，提名表必须由候选人或作为提名人的选民签名；

但是，除非提名表由10名作为选区选民的提名人签名，否则非党提名的候选人不必须被认为适当提名的候选人；提名表不必须在公共假日提交给选举主任；如属地方当局的选区、大学生选区或教师选区，所称"作为提名人的选区选民"系指作为提名人的10%或者10名选区选民，不必须少于此数。

（1A）纵使本条第（1）款对锡金邦立法院选举有所规定，提名表必须以规定的格式和方式提交给选举主任；

但是，提名表必须由同意被提名的候选人签名，并且：

（a）如属锡金邦菩提亚—雷布查族保留议席，至少由20名作为提名人的选区选民和20名作为附议者的选区选民签名；

（b）如属桑加族保留议席，至少由20名作为提名人的选区选民和20名作为附议者的选区选民签名；

（c）如属锡金邦尼泊尔族保留议席，由1名作为提名人的选区选民签名；

但是，提名表不必须在公共假日提交给选举主任。

（2）在拥有保留议席的选区，除非提名表含有说明候选人属于种姓或部落成员和种姓或部落属于邦表列种姓或表列部族的声明，否则候选人不具备被选举资格。

（3）若候选人属于本法第九条被免官职者，并处于免职后五年期内，除非提名表附有选举委员会以规定方式出具的证明其未因腐败或不忠行为而被免职的凭证，否则不适合被提名为候选人。

（4）一旦接获提名表，选举主任必须确定提名表中候选人及其提名人的姓名和选民登记号与选民登记册上的姓名和登记号相同；

但是，就选民登记册或提名表提及的候选人或提名人或其他任何人的姓名、地址和选民登记号而言，凡属于通常理解的人名和地址，任何误称、不准确描述或者文书的技术的和拼写的错误不必须影响选民登记册或提名表的完全运作；选举主任必须允许纠正任何误称、不准确描述或者文书的技术的和拼写的错误，必要时必须下令选民登记册或提名表中的任何误称、不准确描述或者文书的技术的和拼写的错误必须予以忽略不计。

（5）若候选人是不同选区的选民，该选区选民登记册或相关部分的副本或者选民登记册相关名录的经核准的副本，除非已与提名表一道入档，否则不必在选举主任审查前制作。

（6）本条不禁止候选人被多份提名表提名；

但是，就同一选区的选举而言，候选人或候选人代表提交的提名表不应超过4份，选举主任接受的同一候选人提名表不应超过4份。

（7）纵使本条第（6）款或本法其他条款有所规定：

(a) 如属人民院选举（不论所有议会选区是否同时举行选举），候选人不得被提名为两个以上议会选区的候选人；

(b) 如属邦立法院选举（不论所有立法院选区是否同时举行选举），候选人不得被提名为该邦两个以上立法院选区的候选人；

(c) 如属邦立法委员会两年改选，候选人不得被提名为该邦两个以上立法委员会选区的候选人；

(d) 如属联邦院邦两个以上议席两年改选，候选人不得被提名为两个以上议席的候选人；

（e）如属人民院两个或两个以议会选区同时举行补缺选举，候选人不得被提名为两个以上议会选区的候选人；

（f）如属邦立法院两个或两个以立法院选区同时举行补缺选举，候选人不得被提名为两个以上立法院选区的候选人；

（g）如属联邦院邦两个或两个以上议席同时举行补缺选举，候选人不得被提名为两个以上议席的候选人；

（h）如属邦立法委员会两个或两个以上立法委员会选区同时举行补缺选举，候选人不得提名两个以上立法委员会选区的候选人。

解释：若选举委员会按照本法第一百四十七条、第一百五十条条或第一百五十一条在同一日期发出补缺选举通告，本条款所称两个或两个以上补缺选举必须解释为必须同时举行。

第三十三 A 条　知情权

（1）除或任何相关法律或法令规定所要求提供的信息外，候选人还必须按照本条款或第三十三条提交的提名表中提供如下信息：

（a）候选人是否在相关法院已经受理的待决案件中被指控犯有判处两年或两年以上监禁的罪行；

（b）候选人是否（除了本法第八条第（1）或（2）款所称或第（3）款所涵盖的罪行外）被判处有罪并被处以一年或一年以上监禁。

（2）一旦按照本法第三十三条第（1）款向选举主任提交提名表，提名人所提名的候选人还必须按照规定的形式提交一份由候选人宣读的宣誓词，澄清本条第（1）款所规定的信息。

（3）在接获本条（1）款所规定的信息后，选举主任必须尽早在办公室对相关选区选民来说醒目的地方展示附加宣誓词副本的信息。

第三十三 B 条　候选人必须提供仅由本法及其条款所规定的信息

纵使任何法庭的任何判决、裁定或命令或者选举委员会的任何指示、命令或其他任何指示有所规定，就或任何相关法律或法令规定未要求披露或提供上述信息的选举而言，候选人不负有披露或提供上述信息的义务。

第三十四条　保证金

（1）除非缴纳保证金，否则候选人不必须视为合适提名为选区选举候选人：

（a）如属议会选区选举，必须缴纳 1 万卢比保证金，或者若候选人是表列种姓或表列部族成员，必须缴纳 5 千卢比保证金；

（b）如属立法院或立法委员会选区选举，必须缴纳 5 千卢比保证金，若候选人是表列种姓或表列部族成员，必须分别缴纳 2 千卢比和 5 千卢比保证金；

但是，候选人由一份以上提名表提名为同一选区选举候选人，只缴纳本条款规定的一份保证金。

（3）除非在提交提名表时候选人以现金向选举主任缴纳保证金，或者提名表附有表明保证金已由候选人或候选人代表存于印度储备银行或财政部的收据，否则本条第（1）款所要求缴纳的保证金不必须已经缴纳。

第三十五条　提名通告与提名审查时间和地方

一旦接获提名表，选举主任必须于同一天通知一人或多人审查提名的日期、时间和地方，必须为提名表标上编号，签署表明提名表提交日期和时间的证明，必须尽早在办公室醒目地方张贴提名通告，通告必须含有提名表含有的类似的候选人和提名人信息。

第三十六条　提名审查

（1）在本法第三十天规定的提名审查日，候选人、候选人选举代理人、每名候选人的提名人及其他由每名候选人书面授权的任何人可以在选举主任指定的时间和地方出席，选举主任必须为其审查所有候选人按照本法第三十三规定的时间和方式提交的提名表提供合理的设施。

（2）选举主任随后必须审查提名表，必须对任何提名表遭到的所有反对意见进行裁决，并在总体调查后，按照反对意见或其本人的提议，必要时基于如下理由驳回任何提名：

（a）候选人按照下列适用条款无被选举资格：1963 年第 20 号法案第 84、102、107 条、本法第二篇和 1963 年《中央直辖区政府法》第 4 和 14 条；

（b）未遵循本法第三十三和三十四条；或者

（c）提名表上的候选人或提名人签名不真实。

（3）若候选人已由一份无任何不规范之处的提名表正确提名，本条第（2）款不必须被认为授权基于另一份提名表存在不规范之处驳回候选人的提名。

（4）选举主任不必因为任何非实质性错误而驳回任何提名表。

（5）选举主任必须在本法第三十条（b）款为此规定的日期进行审查，除审查进程被暴乱或公开暴力或其不可控制原因中断外，不得允许审查进程延期；但是，若选举主任或其他任何人提出反对意见，可允许相关候选人在审查日期第二天而不得更晚进行反驳，且选举主任必须记录在审查进程休会当日记录其决定。

（6）选举主任必须在每份提名表上签署接受或驳回的决定。

（7）就本条而言，选区暂时有效的选民登记册经核准的名录副本，必须是该名录所称之人是选区选民的决定性证据，除非该人是 1950 年《人民代表法》第十六条所称丧失资格者。

（8）在所有提名表经过审查并签署接受或驳回证明后，选举主任必须准备有效提名候选人即提名发现有效的候选人名单，并在公告板上公示。

第三十七条　候选人退选

（1）任何候选人可以书面声明退出竞选，书面退选声明必须包括法定的详情，必须由候选人签名，并由候选人本人或提名人或候选人为此书面授权的选举代理人在本法第三十条第（c）款规定的日期下午 3 点之前交由选举主任。

（2）凡是发布本条（1）款所称候选人退选通告者不允许撤销通告。

（3）一旦确定发布退选通告者退选通告和身份的真实性，选举主任必须在办公室醒目地方发布通知。

第三十八条 公布参选候选人名单

（1）在第三十七条第（1）款所称候选人退选期限到期后，选举主任必须以规定的格式和方式准备和公布参选候选人即列入有效提名候选人名单且在上述期限内并未退选的候选人名单。

（2）为了列举本条（1）款所称名单，候选人必须分类如下：

（i）公认政党的候选人；

（ii）除第（i）项所称候选人外的已登记政党的候选人；

（iii）其他候选人。

（3）本条第（2）款所称类别必须进行排序，每类候选人的姓名必须按照字母顺序排序，附上提名表所给出的参选候选人的地址和其他规定详情。

第三十九条 其他选举的候选人提名

（1）一旦发出通知要求邦立法院议员或者中央直辖区选举团选举一名或多名议员，选举委员会通过官方公布中的通告规定：

（a）提名截止日期，必须是第一通告发布后第七日，若当天是公共假日，则顺延至非公共假日；

（b）提名审查日期，必须是提名截止日期第二日，若当天是公共假日，则顺延至非公共假日；

（c）候选人退选截止日期，必须是提名审查日期后第二日，若当天是公共假日，则顺延至非公共假日；

（d）必要时的投票日期，必须是或者投票第一日必须是候选人退选截止日期第七日之后；

（e）选举结束日期。

（2）本法第三十一条至第三十八条，不包括第三十三条第（2）款和第（5）款与第三十四条第（1）款（a）项，必须适用于任何选区的选举；但是，

（a）除非本法另有规定，上述条款所称选区选民登记册系指，如属邦立法院议员或当选议员举行的选举，系指立法院议员或当选议员名册；如属中央直辖区选举团成员举行的选举，系指选举团成员名册；

（aa）本法第三十三条第（1）款第二段所称"作为提名人的选区选民"系指邦立法院议员或当选议员或中央直辖区选举团成员作为提名人的10%成员，或者10名成员，不得更少；但是，若本条款所称百分比计算得出的成员数是小数，如果大于0.5，则必须算作一名，如果小于0.5，则必须忽略不计；

（ab）如下邦立法院意义选举立法委员会，本法第三十六条第（2）款（a）项必须解释为包括1989年第1号法令第一百七十一条第3b款；

（b）上述规定中对第三十条的提述必须解释为对本条第（1）款的提述；

（c）在提交提名表时，选举主任可要求提交人提供选民登记册或选民登记册含有候选人姓名部分的副本，或者选民登记册相关条目经核准的副本。

第三十九A条　分配公平份额的时间

（1）纵使其他任何目前生效法律有所规定，选举委员会必须在公认政党过去表现的基础上，以规定方式分配公平的有线电视网络和其他电子媒介时间，展示或宣传任何选举事项，或者向公众发表演讲。

（2）本条第（1）款所称分配公平份额的时间在选举时必须在第三十八条所称参选候选人名单公布之后作出，有效期至选举投票前48小时。

（3）本条所称分配公平份额的时间必须对所有相关政党具有约束力。

（4）就本条而言，选举委员可制定有线电视商和电子媒介行为规范，并且有线电视商和所有电子媒介管理或负责管理者必须遵守该行为规范。

解释：就本条而言，

（a）"电子媒介"包括中央政府在官方公开中公布的广播电台和其他所有广播媒介；

（b）"有线电视网络"和"有线电视商"具有1995年《有线电视网络法》（1995年第7号法令）分别赋予它们的涵义。

第二章　候选人与候选人的代理人

第四十条　选举代理人

选举候选人可以按照规定的方式委任除他本人之外的任何人担任选举代理人；当选举候选人作出该项委任时，委任通知必须按照规定的方式向选举主任发出委任通知。

第四十一条　取消担任选举代理人资格

凡是按照《宪法》或本法暂时被取消担任议会两院议员或邦立法机构议员选举代理人者，或者被暂时取消选举投票资格者，只有处于被取消资格期内，也必须被取消成为担任任何选举代理人的资格。

第四十二条　选举代理人的撤销或去世

（1）选举代理人的撤销书必须由候选人签署，并自提交选举主任之日起生效。

（2）选举代理人被撤销或去世，不论是选举前或选举期间还是在选举后，但在候选人选举开支账目按照本法第七十八条规定存档之前，候选人可以按照规定的方式委任另一位选举代理人；当委任作出时，委任书必须以规定的方式提交选举主任。

第四十三条　根据本法第四十二条委任选举代理人的违约责任

本条已被 1956 年《人民代表法第二修正案》第 25 条取代。

第四十四条　选举代理人保存账目的责任

本条已被 1956 年《人民代表法第二修正案》第 25 条取代。

第四十五条　选举代理人的职责

选举代理人可以履行由本法授权或者根据本法规定由选举代理人履行的选举职责。

第四十六条　委任监察投票代理人

参选候选人或其选举代理人可以按照规定的方式委任法定数量的代理

人，担任候选人在本法第二十条规定提供的每个投票站或者本法第二十九条第（1）款所规定的投票点的监察投票代理人。

第四十七条　委任监督计票代理人

参选候选人或其选举代理人可以按照规定的方式委任一名或多名监督计票代理人，但人数不得超过规定数量；有关候选人必须采用指明表格向选举主任发出该项委任的通知。

第四十八条　监察投票代理人或监察计票代理人的撤销或去世

（1）监察投票代理人的撤销必须由候选人或候选人的代理人签署，在选举主任接获该项撤销的通知后生效；倘若监察投票代理人的该项撤销或去世发生在投票结束之前，候选人或候选人的选举代理人可在投票结束前任何时候按照规定的方式委任另一名监督投票代理人，并立即按照规定的方式向指定的选举官员发出该项委任的通知。

（2）监督计票代理人的撤销书必须由候选人或候选人的选举代理人签署，在选举主任接获该项撤销的通知后生效；倘若监督计票代理人的该项撤销或去世发生在计票开始之前，候选人或候选人的选举代理人可在计票开始前任何时候按照规定的方式委任另一名监督计票代理人，并立即按照规定的方式向选举主任发出该项委任的通知。

第四十九条　监察投票代理人和监察计票代理人的职责

（1）监察投票代理人可履行根据本法授权由监察投票代理人履行的与投票相关的职责。

（2）监察计票代理人可履行根据本法授权由监察投票代理人履行的与计票相关的职责。

第五十条　参选候选人或其选举代理人在投票站内停留和必须履行的责任

（1）在每次进行投票的选举中，参与该次选举的每名候选人和候选人的选举代理人有权停留在根据第二十五条规定为举行投票的投票站或根据第二十九条第（1）款指定为投票的地方。

（2）参选的候选人或其选举代理人亲自完成所委任的监察投票代理人和监察计票代理人根据本法获授权从事的工作或事务，或者帮助所委任的监察投票代理人和监察计票代理人完成此类工作或事务。

第五十一条　监察投票代理人和监察计票代理人不在场

任何由本法要求或授权必须在监察投票代理人和监察计票代理人在场的情况下完成的工作或事务，如以其他方式正确地完成，监察投票代理人和监察计票代理人的不在场不必须使已经完成的工作或事务无效。

第三章　选举程序

第五十二条　在选举前政党候选人的去世

（1）如果政党安排的候选人发生下列情形之一者，选举主任在确定候选人去世的事实后，必须按照规定宣布投票延期举行，并向选举委员会和相关当局报告情况：

（a）在提名截止日期上午 11 点后任何时候去世，并按照第三十六条审查后发现该候选人的提名有效；或者

（b）在去世时该候选人的提名按照第三十六条经审查发现有效，并未按照第三十七条退选；在上述任何一种情况下，在参选的候选人名单根据第三十八条公布前任何时候接获死亡报告；或者

（c）在选举开始前参选的候选人去世，选举主任接获该候选人的死亡报告；

但是，除非在审查包括已去世候选人的所有提名之后，否则在第（a）款所提述的情况下不得作出投票延期的命令。

（2）选举委员会在接获选举主任根据第（1）款所提交的报告后，必须要求候选人去世的政党提名在通知后的 7 天内为该项选举提名另一位候选人，并且第三十条至第 37 条如同适用于其他提名一样适用于该项；但是，凡是在投票延期前根据第三十七条第（1）款发出退选通知者，在投票延期后不具有被提名候选人的资格。

(3) 倘若参选的候选人名单根据第三十八条已经在投票延期公布，选举主任必须根据该条再次准备和公布包括根据本条第（2）款获有效提名的候选人姓名的参选的候选人新名单。

第五十三条　有竞争的和无竞争的选举程序

(1) 倘若参选的候选人数量超过了席位数量，必须举行投票。

(2) 倘若参选的候选人数量等于席位数量，选举主任必须立即宣布所有的候选人正确当选。

(3) 倘若参选的候选人数量少于席位数量，选举主任必须立即宣布所有候选人当选，且选举委员会必须在官方公布中通过公告要求选区或者邦立法院议员或者相关选举团成员（视属何情况而定）选举议员填补空缺的席位；

但是，倘若选区或者邦立法院议员或者选举团成员根据本条款的要求未能选出一名或必要数量的议员填补空缺，选举委员会除非确定若再次要求不会出现上述情况，否则不得再次要求选区或立法院议员或选举团成员举行选举。

第五十条　表列种姓或表列部落保留席位选举具体程序

本条已由 1961 年《人民代表法修正案》第十二条取代。

第五十五条　表列种姓或表列部族成员担任非属于其保留席位的资格

为免生疑问，特此宣布，倘若表列种姓或表列部落成员根据《宪法》和本法（或 1963 年《中央直辖区政府法》，视属何情况而定）本来具有担任非属于其保留席位的资格，则不必丧失该资格。

第五十五 A 条　退出议会选区或立法院选区的竞选

本条由 1958 年《人民代表法修正案》第二十二条取代。

第四章　投　票

第五十六条　指定投票时间

选举委员必须指定举行投票的时间，且所指定的时间必须按照规定的方式公布；但是，议会选区或立法院选区每天进行投票的时间不得少于 8 小时。

第五十七条　紧急情况下的投票延期

（1）倘若在选举时根据第二十五条提供投票站或根据第二十九条第（1）款指定的地方的投票进程因骚乱或公开暴力受到中断或妨碍，或者倘若选举时任何投票站或投票点因为自然灾难或其他充分理由而无法投票，投票站主任或主持投票点的选举主任必须宣布投票延期至有待通知的日期；倘若投票站主任宣布投票延期，必须立即通知相关选举主任。

（2）当投票根据第（1）款延期时，选举主任必须立即向相关当局和选举委员会报告情况，必须在选举委员会的预先批准下指定重新投票的日期，规定投票站或投票点和投票时间，必须在延期投票完成后计算选票。

（3）在上述每一种情况下，选举主任必须按照选举委员会规定的方式通知第（2）款所规定的投票日期、地方和时间。

第五十八条　投票箱遭到损坏等情况下的重新投票

（1）倘若在选举时出现下列情形，选举主任必须向选举委员会报告相关事项：

（a）投票站或投票点使用的投票箱不合法地脱离了投票站主任或选举主任的监管，或者遭到无意或有意地损毁或丢失，或者遭到破坏或篡改而无法确定投票结果；

（aa）投票机器在记录投票期间出现机械故障；

（b）投票站或投票点的投票程序出现可能破坏投票的任何错误或异常。

（2）在考虑到所有重大事项后，选举委员会必须立即：

（a）宣布投票中止，指定投票站或投票点重新投票的日期和时间，并按照它认为合适的方式通知所指定的日期和时间；或者

（b）倘若确定投票站或投票点重新投票的结果不会影响选举结果，或者确定投票机器的投票故障或投票程序的错误或异常并不严重，必须向选

举主任发出它认为合适的继续举行和完成选举的命令。

（3）本条的条款和任何相关法律或法令的规定如同适用于初次投票一样适用于每一次重新投票。

第五十八 A 条　因占领投票地点而延期投票或取消选举

（1）倘若在选举时发生下列情形之一者，选举主任必须立即向选举委员会报告相关事项：

（a）投票站或投票点发生占领投票站行为，导致投票站或投票点的投票结果无法确定；或者

（b）任何计票地点发生占领行为，导致该计票地点的计票结果无法确定。

（2）在接获选举主任根据第（1）款提交的报告并考虑到所有重大事项后，选举委员会必须：

（a）宣布投票站或投票点的投票无效，指定重新投票的日期和时间，并以它认为合适的方式通知所指定的日期和时间；或者

（b）倘若确定大量的投票站或投票点发生占领投票站行为，可能影响投票结果，或者倘若确定占领投票站行为已经影响到计票结果，因而影响选举结果，必须立即取消该选举的选举。

解释：在本条中，"占领投票站行为"在本条中与在本法第一百三十五 A 条中具有相同涵义。

第五十九条　投票方式

在凡是举行投票的选举中，选票必须按照规定的方式投入投票箱，除非本法另有规定，任何选票不得委托他人进行投票；但是，联邦院选举的选票必须投入公开的投票箱中。

第六十条　某些阶层投票的具体程序

在不影响第五十九条概括性原则下，可以根据本法制定的规定制定条款，授权：

（a）1950 年《人民代表法》第二十条第 8（a）或（b）款所提及的

任何人亲自或通过邮寄选票或通过委托他人在选区的选举中，但不得以其他任何方式进行投票；

（b）任何亲自或通过邮寄选票或通过委托他人，但不得以其他任何方式在选区的选举中进行投票者，即

（i）1950年《人民代表法》第二十条第8（a）或（b）款所提及的任何人；

（ii）任何适用于1950年《人民代表法》第二十条第3款规定者的妻子和根据该条第（6）款与该人日常居住的妻子；

（c）任何属于选举委员会在政府协商后通知，按照所规定的要求在选区的选举中通过邮寄选票，但不得以其他任何方式进行投票者；

（d）任何按照目前生效的法律遭到拘留，按照所规定的要求通过邮寄选票，但不得以其他任何方式在选区的选举中进行投票者。

第六十一条 防止冒充的选民的具体程序

为了防止冒充的选民，可以根据本法的法令制定下列规定：

（a）凡是为在投票站投票申请选票者，在获得选票前必须以不褪色墨水摁下拇指或其他手指手印；

（b）倘若根据1950年《人民代表法》为此制定的条款，投票站所在选区的选民已经获得身份证，不论身份证上是否附有照片在发放选票前必须在投票站主任或投票监督员面前拍摄上述选民身份证的照片；

（c）倘若选民在申请已经摁下拇指或其他手指手印的选票时未按要求在投票站主任或投票监督员面前拍摄身份证的照片，禁止向任何选民发放任何选票。

第六十一A条 选举中的投票机器

纵使或任何相关法律或法令的条款有所规定，但在选举委员会顾及所有条件下所指明的一个或多个选区中，可以接受按照规定的方式在投票机器上发送和记录的选票。

解释：就本条而言，"投票机器"系指任何不论是以电子方式还是以

其他方式造作、用来发放或记录选票的机器或机械，并且或任何相关法律或法令条文所提述的投票箱或选票，除非另有规定，必须解释为包括对任何选举所使用的该类投票机器的提述。

第六十二条　投票权

（1）凡暂时未在某一选区的选民登记册上登记者，除非本法另有规定，不得具备在该选区投票的资格，凡在某一选区的选民登记册上登记者必须具备在该选区投票的资格。

（2）凡按照1950年《人民代表法》第十六条丧失资格者，不得在某一选区的选举中进行投票。

（3）任何人不得在同一阶层的多个选区的选举中投票；倘若其在多个选区进行投票，其在这些选区的投票必须视为无效选票。

（4）任何人在某一选举中不得在同一选区中多次投票，纵使其姓名已在该选区的选民登记册上多次登记；倘若多次投票，其所有选票必须视为无效选票。

（5）倘若某人处于监狱中，不论是处于监禁或流放刑罚之中，还是其他方式的监禁之中，或者处于警察的合法监管之中，不得在任何选举中投票；但是，本款不适用于按照目前生效法律受到拘留者。

第六十三条　投票方法

本条已由1961年《人民代表法修正案》第十四条取代。

第五章　计算选票

第六十四条　计算选票

在每次举行投票的选举中，选票必须在选举主任监督和指示下计算，并且每位参选的候选人、候选人的选举代理人和候选人的监督计票代理人有权出现在计票现场。

第六十四A条　选票的毁坏、丢失等情况

（1）倘若在计算选票完成前任何时候某一投票站或投票点的任何选票

非法地脱离选举主任的监管，或者遭到无意或故意的毁坏或丢失，或者遭到损毁或篡改而使该投票站或投票点的投票结果无法确定，选举主任必须立即向选举委员会报告相关事项。

（2）选举委员会在考虑到所有重大事项后，必须立即：

（a）下令停止计算选票，宣布该投票站或投票点的投票无效，指定该投票站或投票点重新投票的日期和时间，以它认为合适的方式通知所指定的日期和时间；或者

（b）倘若选举委员会确定该投票站或投票点重新投票的结果无论如何都不会影响选举的结果，必须向选举主任发出它认为正确地重新开始和完成计算选票及进一步进行和完成与计算选票相关的选举的指示。

（3）本法及任何相关法律或法令的规定适用于该类重新投票，如同适用于初次投票。

第六十五条 票数相等

倘若在完成计算选票后某些候选人获得的票数相等，且其中一位候选人多得一票即可宣布当选，选举主任必须立即通过抽签决定哪一位候选人当选，犹如抽签获胜多得一张选票。

第六十六条 宣布结果

当完成计算选票时，选举主任在选举委员会没有任何相反指示的情况下，必须立即根据本法或相关法律规定的方式宣布选举结果。

第六十七条 报告结果

在宣布选举结果后，选举主任必须尽快向相关当局和选举委员会报告选举结果，如属议会各院或邦立法院或立法委员会的选举，还必须向相关议长报告选举结果，且相关当局必须在官方公布中公布包含当选候选人姓名的公告。

第六十七 A 条 候选人当选日期

就本法而言，选举主任按照第五十三条或第六十六条宣布候选人当选为议会或邦议会议员的日期即是该候选人当选的日期。

第六章　多次选举

第六十八条　同时当选为议会两院议员时议席的空缺

（1）凡既当选为人民院议员又当选为联邦院议员且未担任其中一院议席的候选人，可（在自当选之日起10日内）通过由其签署并递送给选举委员会秘书处的书面通知告知其希望担任的议会，因此，该候选人不希望担任的议席即成为空缺议席。

（2）倘若在上述期限内未进行告知，该候选人在联邦院中的议席在上述期限到期后成为空缺议席。

（3）根据第（1）款发出的任何告知书必须是最终的和不可撤销的。

（4）就本条和第六十九条而言，当选为人民院或联邦院议员的日期，如当选者是现任议员，即是宣布当选的日期，如当选者是获提名候选人，即是印度公报第一次公布其获提名日期。

第六十九条　议会现任议员当选为另一院时议席的空缺

（1）倘若人民院议员当选为并选择担任联邦院议员，其人民院议席（在其作出选择之日）变成空缺议席。

（2）倘若联邦院议员当选为并选择担任人民院议员，其联邦院议席（在其作出选择之日）变成空缺议席。

第七十条　当选为议会两院或者其中一院或者邦立法院的多个议席

倘若当选为议会两院或者其中一院或者邦立法院的多个议席，除非在规定的时期内当选者就任其中之一议席（向议长或者所规定的其他相关当局或官员发出亲笔签署的告知书），否则所有议席变成空缺议席。

第七章　公布选举结果和任命

第七十一条　公布联邦院选举结果和总统任命的联邦院议员的姓名

在选举依照第十二条所规定的通知举行之后，相关当局必须在官方公报中公布各邦立法院议员和各中央直辖区选举团在上述选举中选举的议员姓名以及总统根据第八十条第（1）款（a）或其他法律任命的联邦院议员的姓名。

第七十二条　公布中央直辖区选举团选举结果

本条已由1956年《中央直辖区法》第六十六条取代。

第七十三条　公布人民院和邦立法院选举结果

当为成立新一届人民院或新一届邦立法院举行选举时，一旦选举主任根据第五十三条或者第六十六条（视属何情况而定）宣布所有选区的结果，除了那些因某种原因未能在第三十条（d）款规定的最初日期举行投票或者根据第一百五十三条规定延长选举结束时期的选区外，选举委员会必须尽快在官方公报中公布那些选区当选者的姓名，一旦该类公告发布，新一届人民院或邦立法院必须视为按时成立；但是，该类公告的发布不应视为：

（a）不得：

（i）在投票因某种原因未能按原定日期举行投票的某一或某些议会选区或立法院选区举行投票和完成选举；或者

（ii）完成根据第一百五十三条规定延期的某一或某些议会选举或立法院选区的选举；或者

（b）影响人民院或邦立法院的任期，如有影响，必须在上述公告发布前立即工作。

第七十三A条　某些选举的特殊规定

纵使第七十三条或本法其他任何条款在新一届人民院选举方面有所规定，一旦第九届人民院解散，

（a）第七十三条规定的公告可以发布，无需顾及查谟和克什米尔邦议会选区；

（b）选举委员会可独立地采取它认为合适的与查谟和克什米尔邦议会选区相关的措施。

第七十四条　公布邦立法委员会选举结果和立法委员会被任命议员的姓名

在（依照根据第十五A条规定所发出的通知）依照根据第16条规定所发出的通知在某一年举行后，相关当局必须在官方公报中公布各立法委员会选区由邦立法院在上述选举中所选举的当选者的姓名以及邦首席部长根据第一百七十一条第（3）款所任命的议员的姓名。

第七A章　财产申报与责任

第七十五A条　财产申报与责任

（1）自根据《宪法》第三附表规定的格式宣誓就任议员之日起90天内，议会每位当选的候选人必须提供下列相关信息：

（i）本人、配偶和所抚养子女共同或独自拥有或受益的动产和不动产；

（ii）对公共金融机构负有的申报责任；

（iii）对中央政府或邦政府、联邦院议长或人民院议长（视属何情况而定）负有的申报责任。

（2）第（1）款所规定的信息必须根据第（3）款制定的法规所规定的方式提供。

（3）联邦院议长或人民院议长（视属何情况而定）可以为实施第（2）款制定相关法规。

（4）联邦院议长或人民院议长在根据第（3）款制定财产申报条例后，必须尽快在联邦院或人民院（视属何情况而定）进行为期30天的公示，公示期包含在一次或多次连续讨论会议；一旦上述30天期限到期，财产申报条例立即生效；倘若财产申报条例不论是否修正而在较早时期得到人民院或联邦院的批准，必须按依据批准以制定的形式或以修订的形式（视属何情况而定）生效，倘若在较早时期未得到批准，则不生效。

（5）联邦院议长或人民议长（视属何情况而定）可下令，凡是故意违反根据第（3）款制定的财产申报条例的第（1）款所提述的议会当选的候选人，可按照侵犯联邦院或人民院（视属何情况而定）特权的方式予以处理。

解释：就本条而言，（i）"不动产"系指土地，包括依附于土地上或永久固定在土地附着物上的任何建筑物或其他构筑物；

（ii）"可动产"系指非不动产的任何其他财产，包括所有种类的有形财产和无形财产；

（iii）"公共金融机构"系指 1956 年《公司法》第四十四 A 条所包括的公共金融机构，包括银行；

（iv）第（iii）款所提述的"银行"系指：

（a）按照 1955 年《印度国有银行法》（1955 年第 23 号法律公告）第三条规定成立的印度国有银行；

（b）具有 1959 年《印度国有银行法（分行）》（1959 年第 38 号法律公告）第二条第（k）款所赋予涵义的分行；

（c）按照 1976 年《地区农村银行法》（1976 年第 21 号法律公告）第三条设立的地区农村银行；

（d）具有 1949 年《银行管理法》（1949 年第 10 号法律公告）第五条所赋予涵义的新往来银行；

（e）具有 1949 年《银行管理法》（1949 年第 10 号法律公告）第五条第（cci）款所赋予涵义的合作银行；

（v）"所抚养子女"系指没有独立谋生手段且完全依赖第（1）款所提述的当选候选人生活的儿子和女儿。

第八章 选举开支

第七十六条 本章适用范围

本章仅适用于人民院和邦立法院的选举。

第七十七条 选举开支及其最大限额

（1）在选举中，每一位候选人由本人或其选举代理人维护专门账目，准确地记录自候选人获提名之日至选举结果宣布之日（包括这两日）由候选人或其选举代理人发生或授权发生的所有选举开支。

解释1：为免生疑问，特此宣布：

（a）政党领导人因乘坐飞机或其他交通工具宣传党纲而发生的费用不应被视为本款所称的该党候选人或其选举代理人发生或授权发生的选举开支；

（b）就由为政府服务的人员和属于第一百二十三条第（7）款所提述的任何阶层者在履行或试图履行该条款规定所提及的职权过程中所作出的任何安排、所提供的设施或所完成的其他任何工作或事务而言，所发生的任何开支不应被视为本款所声称的候选人或其选举代理人发生或授权发生的选举开支。

解释2：就解释1第（a）款而言，在某一选举中，"政党领导人"系指：

（i）倘若该政党是经认可的政党，数量不超过40人的政党领导人；

（ii）倘若该政党是非经认可的政党，数量不超过20人的政党领导人，在该次选举公告根据本法在印度公报或邦官方公报（视属何情况而定）中公布之日起7天内，其姓名由所在政党递送选举委员会和邦首席选举官；但是，在第（i）款（视属何情况而定）或第（ii）款所提述的某人去世或不再是某一政党党员的情况下，该政党可在该次选区最后投票截止时间前48小时之内，继续向选举委员会和邦首席选举官递送通知，以新的姓名更替去世者或不再是该党党员者的姓名，指定新的领导人取代其位置。

（2）账目必须包含规定的详情。

（3）以上选举开支的总额不得超过规定的数额。

第七十八条　向县选举官提交账目

（1）每名在选举中参选的候选人必须在当选候选人当选之日30天内，或者如果选举中有多名当选候选人且其当选日期不同，必须在最后两名当选候选人当选之日起30天内，向县选举官提交由当选候选人本人或其选举代理人保存账目的真实副本。

第五 A 篇　向经认可的政党的候选人免费提供某些材料

第七十八 A 条　免费提供选举登记册副本

（1）在为了成立人民院或邦立法院举行的选举中，政府必须向经认可的政党的候选人免费提供规定数量的选民登记册副本（根据1950年《人民代表法》最终印刷的数量）和其他材料。

（2）在提供第（1）提述的材料时，必须：

（i）遵循中央政府在与选举委员会协商后就降低候选人按照第七十七条发生的开支最大限额提出的条件；

（ii）通过选举委员会所指定的官员按照选举委员会下达的一般或具体指示进行。

第七十八 B 条　向候选人提供某些类别的材料，等等

（1）在要求举行人民院或邦立法院选举的公告公布之日与举行选举日期之间的任何时候，选举委员会可向相关选区选民或经认可的政党提出的候选人提供或让他人提供中央政府在与选举委员会协商后依法决定的材料。

（2）倘若选举委员会根据第（1）款规定向候选人提供材料，中央政府可在与选举委员会协商后就降低候选人按照第七十七条发生的开支最大限额提出条件。

解释：就第三十九 A 条、本章与第一百六十九条第（2）（hh）款而言，"经认可的政党"具有1968年《选举法（预留与分配）》所赋予的相同涵义。

第六篇　选举争议

第一章　解　释

第七十九条　定义

在本篇和第七篇中，除另有规定外，

（a）对高等法院或高等法院的首席法官或法官的提述，就拥有司法专员法院的中央直辖区而言，必须解释为对上述司法委员会法院或司法委员或助理司法委员（视属何情况而定）的提述；

（b）"候选人"系指已获正确提名为或声称已获正确提名为候选人的某人；

（c）"成本"系指审理选举申诉所产生的全部成本、费用和开支；

（d）"选举权利"系指公民在选举中担任或不担任候选人、退出或不退出竞选、投票或不投票的权利；

（e）"高等法院"系指在其地方管辖范围内举行与选举申诉相关的选举的高等法院；

（f）"当选候选人"系指根据第六十七条已经公布正确当选的候选人。

第二章 向高等法院呈请选举申诉

第八十条 选举申诉

除按照本篇规定提交选举申诉外，任何选举不得遭到质疑。

第八十A条 审理选举申诉的高等法院

（1）具有审判选举申诉权限的法院必须是高等法院。

（2）上述权限必须由高等法院的独任法官行使，首席法官有时可为此委任一名或多名法官，但是，倘若高等法院仅由一名法官组成，该法官必须审理所呈请的全部选举申诉。

（3）高等法院就其自由裁量权而言，可为了司法或方便考量，在除高等法院所在地外的地方全部或部分地审理选举申诉。

第八十条 呈请申诉

（1）在自当选候选人当选之日但不得早于其当选之日起40天内，或者如果在选举中有多名当选候选人，且当选之日不同，在自后两名候选人当选之日起40天内，任何选举人或选民可基于第一百条第（1）款和第一百零一条指明的一种或多种理由向高等法院呈请质疑选举的选举申诉。

解释：在本款中，"选举"系指有资格在与选举申诉相关的选举中投票的某人，不论他是否在选举中投票。

（2）本款已由1966年第47号法律公告删除。

（3）每一份选举申诉书必须附有与申诉书所提及应诉人数量相同的副本，每一份副本必须是由申诉人亲笔签名确认的申诉书真实副本。

第八十二条 申诉各方

申诉人必须加入下列人等作为其应诉人：

（a）倘若申诉人除要求宣布所有或某一当选候选人的当选无效外，还进一步要求宣布其本人或其他某位候选人已正确当选，则除申诉人外的所有参选的候选人；倘若未要求作出上述进一步宣布，则所有当选的候选人；

（b）申诉书声称存在舞弊行为的其他候选人。

第八十三条 申诉书内容

（1）申诉书：

（a）必须简洁地陈述申诉人所依据的重大事实；

（b）必须说明申诉人所指控的舞弊行为全部详情，包括尽可能全面地陈述申请人指控存在舞弊行为的候选人的姓名、舞弊行为发生的日期和地方；

（c）必须由申诉人以1908年《民法诉讼典》所规定的方式签署和确认；但是，倘若申诉指控某一舞弊行为，申诉书还必须附有以规定格式用来支持该指控的宣誓书。

（2）申诉书附有的任何附表或附件也必须由申诉人按照申诉书的格式签署和确认。

第八十四条 申诉人可以要求的补救

除要求宣布所有或某一当选候选人的当选无效外，申诉人还进一步要求宣布其本人或其他任何候选人已经正确当选。

第八十五条 接受申诉书的程序

本条已由 1966 年《人民代表法修正案》第 40 条取代。

第三章 选举申诉的审理

第八十六条 选举申诉的审理

（1）高等法院可驳回不符合第八十条或第八十一条或第一百一十七条规定的选举申诉。

解释：高等法院按照本款驳回选举申诉的命令应视为根据第九十八条（a）款下达的命令。

（2）在选举申诉书呈送给高等法院后，必须尽快地送达独任法官或首席法官根据第八十 A 条第（2）款任命审理选举申诉的法官之一。

（3）倘若关于同一次选举的多份选举申诉书呈送高等法院，则必须全部送达同一位可自由裁量单独审理或一组或多组审理的法官。

（4）倘若某位不是应诉人的候选人一旦在审理开始之日起 14 天内向高等法院提出申请并服从高等法院下达的诉讼保证金命令，则有资格被列为应诉人。

解释：就本款和第九十七条而言，选举申诉的审理须视为在规定应诉人出庭和答辩申诉主张的日期开始。

（5）高等法院根据保证金和其他它认为合适的条件，可允许申诉书对所指控的舞弊行为详情按照它认为确保审理公平有效的必要方式进行修改和扩充，但不得允许申诉书进行介绍以前未指控的舞弊行为详情的修改。

（6）只要符合司法利益而具有可行性，选举申诉的审理必须逐日进行直到结束，除非高等法院发现审理因应记录在案的理由有必要延期至第二天。

（7）每一份选举申诉必须尽可能快速地审理，且必须在选举申诉呈请高等法院审理之日起 6 个月内结束审判。

第八十七条 高等法院审理程序

（1）根据本法及相关法律的规定，每一份选举申诉必须由最近的高等法院按照1908年《民事诉讼法典》适用于案件审理的程序进行审判；但是，倘若高等法院认为某一或某些证人的证词并非裁决申诉的重大证据，或者倘若提供这类证人的一方基于不重要的理由或者为了拖延审判提供证人，则高等法院拥有因应记录在案的理由拒绝调查证人的自由裁量权。

（2）根据本法的规定，1872年《印度证据法》（1872年第1号法律公告）应视为适用于选举申诉审理的所有方面。

……

第九十三条　书面证明

纵使存在负面证据，不得在选举申诉的审理中基于未正确盖章或登记的理由不接受文件作为证据。

第九十四条　无记名投票不受侵犯

不得要求任何证人或其他人陈述他在选举中投票的对象；但是，倘若证人或其他人通过记名选票进行投票，则本条不适用于他们。

第九十五条　不利问题的回答与赔偿令

（1）任何证人不得基于对不利问题的回答可能不利于自身或者使自身面临任何刑罚或罚款的理由，不回答关于选举申诉的审判中的相关事项的问题；但是，

（a）凡真实回答被要求回答的所有问题的证人应有资格获得高等法院的赔偿证明；

（b）除在因作伪证而遭到刑事诉讼的情况下外，不得容许证人对由高管法院提出的问题或者在高等法院上的问题的回答作为在任何民事诉讼或刑事诉讼中的证据。

（2）当赔偿令已经下达给某位证人时，该证人可以在任何法庭进行上诉，进行充分和完全的辩护，或者根据1860年《印度刑法典》第九A章或本法第七篇支付与该赔偿令相关的费用，但不应视为使其免除本法或其他任何法律所施加的选举资格丧失。

第九十六条　证人的费用

任何人出庭作证所产生的合理费用可由高等法院予以补贴，除非高等法庭另有规定，否则应视为审判费用的一部分。

第九十七条　被指控议席的反控

（1）当在选举申诉中要求宣布除当选的候选人外的某位候选人已经正确当选时，当选的候选人或其他任何政党可举证证明，如果该候选人已是当选的候选人，则该候选人的当选本该是无效的，并且已经呈送申诉书质疑该候选人的当选；

但是，除非上述当选的候选人或其他政党在审判开始之日起14天内向高等法院发出进行上述举证意图的通知书，并已经缴纳第一百一十七条和第一百一十八条分别提述的保证金，否则无资格进行上述举证。

（2）第（1）款所提述的每一份通知书必须附有第八十条要求在选举申诉书中所具有的陈述和详情，并以类似方式签署和确认。

第九十八条　高等法院的裁决

在选举申诉审理结束时，高等法院必须下令：

（a）驳回选举申诉；或者

（b）宣布所有或某位当选的候选人的当选无效；或者

（c）宣布所有或某位当选的候选人的当选无效和申诉人或其他某位和候选人已经正确当选。

第九十九　高等法院的其他命令

（1）在根据第九十八条下达命令时，高等法院还必须下令：

（a）倘若选举申诉作出了选举中发生舞弊行为的指控，记录：

（i）关于在选举中是否已经证明确实发生舞弊行为的结果和舞弊行为的性质；

（ii）如有腐败，所有在审判中已被证明犯有腐败罪行者的姓名和舞弊行为的性质；

（b）确定应支付的费用总额，指明支付者和接收者；

但是，非申诉方的姓名不得记入第（a）项（ii）目所规定的命令中，除非，

（i）该人已经出庭和说明其姓名不应记入的原因；

（ii）倘若该人按照通知出庭，则已经获得机会，盘问任何已经接受高等法院调查和举出不利于其证据的证人，提出辩护证据和上诉。

（2）在本条和第一百条中，"代理人"与在第一百二十三条中具有相同涵义。

第一百条　宣布选举无效的理由

（1）根据第（2）款的规定，如果高等法院认为：

（a）自其当选之日起，某位当选的候选人根据《宪法》或本法（或1963年《中央直辖区政府法》）无资格当选或丧失当选资格；或者

（b）某位当选的候选人或选举代理人或其他任何得到当选的候选人或其选举代理人授权的人发生舞弊行为；或者

（c）某个提名遭到不正确的拒绝；或者

（d）就当选的候选人而言，选举结果因下列情形受到严重影响：

（i）不正确地认可或提名；或者

（ii）除了选举代理人外的某位代理人为了当选候选人的利益发生舞弊行为；或者

（iii）不正确地接受、拒绝或拒斥任何选票，或者接受无效选票；或者

（iv）不遵循《宪法》或本法或根据本法制定的任何法规的规定，

则高等法院必须宣布当选的候选人的当选无效。

（2）如果高等法院认为当选的候选人由除其选举代理人外的代理人犯有腐败罪，但又确定：

（a）候选人或其选举代理人在选举中未有舞弊行为，且舞弊行为是违背候选人或其选举代理人的命令或未经其同意发生的；

（b）候选人及其选举代理人采取了合理手段，阻止在选举中舞弊行为的发生；

(c) 在其他方面，候选人或其代理人不存在舞弊行为；

则高等法院可作出当选的候选人的当选不是无效的裁决。

第一百零一条　除当选的候选人外的某位候选人可宣布已经当选的理由

倘若某位除了质疑当选的候选人的当选外还提出选举申诉的候选人要求宣布他本人或其他某位候选人已经正确地当选，且高等法院认为：

(a) 申诉人或其他某位候选人获得了多数有效选票；或者

(b) 要不是当选的候选人通过舞弊行为而获得选票，申诉人或其他某位候选人本该获得多数有效选票，

则高等法院必须在宣布当选的候选人的当选无效后宣布申诉人或其他某位候选人（视属何情况而定）已经正确当选。

第一百零二条　选票相等情况下的程序

倘若审理选举申诉期间某些候选人在选举中获得的选票相等，且额外的一票将使其中一位候选人当选，则

(a) 选举主任根据本法各规定所作出的决定，就其决定这些选举之间的问题而言，也适用于选举申诉；

(b) 就选举主任的决不能决定上述问题而言，高等法院必须通过抽签进行裁决，抽签获胜者获得额外的一票。

第一百零三条　高等法院命令的传达

高等法院必须在选举申诉审理结束后尽快向选举委员会和议会人民院或联邦院议长或相关邦议会议长通知裁决的内容，必须尽快送给选举委员会经认证的裁决副本。

第一百零四条　高等法院审理委员会委员的意见分歧

本条已由1956年《人民代表法第二修正案》第五十七条取代。

第一百零五条　高等法院审理委员会的裁决是最终决定

本条已由1956年《人民代表法第二修正案》第五十八条取代。

第一百零六条　命令向相关机构等的传达和公布

在接获高等法院根据第九十八条或第九十九条下达的命令后，选举委员会必须尽快向相关当局转寄命令的副本，如该命令与议会或邦议会选举相关，则必须转寄人民院或联邦院议长或邦议会议长（视属何情况而定），且必须促成该命令：

（a）倘若与议会人民院或联邦院的选举相关，则在印度公报以及相关邦官方公布中公布；

（b）倘若与邦议会的选举相关，则在邦官方公报中公布。

第一百零七条　高等法院命令的生效

（1）根据第四A章与高等法院的命令相关的规定，一旦高等法院宣布命令，命令必须生效。

（2）倘若依照第九十八条的命令当选的候选人的当选被宣布无效，则该当选的候选人此前作为议会议员或邦议会议员参与的法案和事项不得因该命令的原因而无效，该候选人也不得因此遭到任何惩罚或刑罚。

第四章　选举申诉的撤销和中止

第一百零八条　选举申诉在任命特别法庭之前的撤销

本条已由1966年《人民代表法修正案》第四十五条取代。

第一百零九条　选举申诉的撤销

（1）只有在高等法院的许可下才撤销选举申诉。

（2）倘根据第（1）款提交撤销申请，确定申请听证日期的通知必须发给其他所有申诉相关方，必须在官方公报中公布。

第一百一十条　选举申诉撤销程序

（1）倘若申诉人不止一人，则除所有申诉人同意外不得申请撤销申诉。

（2）倘若高等法院认为撤销申请因不应允许的交易或考量而提出，则不予以批准。

（3）倘若撤销申请得到批准，

（a）则申诉人必须支付应诉人由此发生的或者按照高等法院认为合适的费用；

（b）则高等法院必须下令撤销通知应在官方公告中和以它指明的其他方式公布，且通知必须随后公布；

（c）凡本人本该成为申诉人的候选人可在撤销通知公布 14 天内申请取代政党成为申诉人，一旦遵守保证金条件，有资格代替申诉人，依照高等法院认为合适的条件继续申诉。

第一百一十一条　高等法院提交给选举委员会的撤销报告

当撤销申请得到高等法院的批准，且无人根据第一百一十条第（3）a 款取代政党成为申诉人时，高等法院必须向选举委员会报告相关事实，选举委员会必须随即在官方公报中公布报告。

第一百一十二条　选举申诉的中止

（1）只有在唯一申诉人或多位申诉人中的幸存者去世的情况下才可中止选举申诉。

（2）倘若选举申诉根据第（1）款被中止，则高等法院必须促成相关事实按照它认为合适的方式公布。

（3）凡本人本该成为申诉人的候选人可在中止公布 14 天内申请代人为申诉人，一旦遵守保证金条件，有资格代替申诉人，按照高等法院认为合适的条件继续申诉。

第一百一十六条　应诉人去世时的中止或代应诉

倘若在选举申诉审理结束前唯一应诉人去世或者发出其无意反对申诉的通知，或者多名应诉人之一者去世或发出其无意反对申诉的通知，且其他的应诉人不反对申诉，则高等法院必须在官方公报中公布相关事实，凡本该成为申诉人的候选随即可在公布 14 天内申请代替应诉人，有资格按照高等法院认为合适的条件继续应诉。

第四 A 章　上　诉

第一百一十六 A 条　向最高法院的上诉

（1）纵使目前生效的其他法律有所规定，凡是对高等法院根据第九十八条或九十九条作出的每项命令产生质疑（不论是法律还是事实），可上诉至最高法院。

（2）本章所提述的上诉必须在高等法院根据第九十八条或第九十九条下达命令之日起 30 天内提出；但是，倘若最高法院确定上诉人拥有未能在规定的期限内提出上诉的充足理由，则可在上述 30 天期限到期后受理上述。

第一百一十六 B 条　高等法院命令的废止

（1）在上诉期限到期后，可向高等法院申请废止高等法院根据第九十八条或第九十九条下达的命令；高等法院根据所提出的充分理由和它认为合适的条件废止命令；但是，在向高等法院提出上诉后，不得向高等法院申请废止。

（2）倘若根据第九十八条或第九十九条下达的命令遭到了上诉，则最高法院可按照所提出的充足理由和它认为合适的条件废止遭到上诉的命令。

（3）当高等法院或最高法院（视属何情况而定）停止某项命令的执行时，则该命令应视为从未根据第一百零七条第（1）款生效；高等法院或最高法院（视属何情况而定）必须立即向选举委员会和联邦院议长或人民院议长或相关邦议会议长（视属何情况而定）送达停止令的副本。

第一百一十六 C 条　上诉程序

（1）根据本法及相关法律的规定，最高法院必须依据适用于受理和裁决针对高等法院在其民事管辖范围内通过的任何最终命令的上诉程序受理和裁决任何上诉；1908 年《民事诉讼法典》和《法院规则》的所有规定

（包括关于保障金和执行法院命令的规定）只要适用，则必须适用于该类上诉。

（2）一旦对上诉作出裁决，高等法院必须向选举委员会和联邦院议长或人民院议长或相关邦议会议长传达裁决内容，必须尽快向选举委员会送达经认证的裁决副本；一旦接获经认证的裁决副本，选举委员会必须：

（a）立即向按照第一百一十六条规定提交高等法院命令的机构提交副本；

（b）促成最高法院的裁决在根据上述条款高等法院的命令所公布的公报中公布。

第五章　费用和保证金

第一百一十七条　保证金

（1）当提出选举申诉时，申诉人必须按照高等法院的规定缴纳保证金，保证金总额为 2000 卢比。

（2）在选举申诉的审理期间，高等法院可随时要求申诉人追加它所要求的保证金。

第一百一十八条　应诉人缴纳的保证金

除非缴纳高等法院所要求的保证金，否则任何人无资格按照第八十六条第（4）款加入成为应诉人。

第一百一十九条　费用

申诉的费用属于高等法院自由裁量的权限；但是，倘若选举申诉根据第九十八条（a）被驳回，则当选的候选人有资格获得在应诉中发生的费用补偿，高等法院也必须下令支持当选的候选人的要求。

第一百二十一条　以保证金支付费用和保证金的返还

（1）倘若在根据本篇的规定作出关于费用的命令中有某一方向另一方支持费用的要求，则尚未支付的费用必须根据本篇规定提出书面申请的某一方缴纳的保证金和追加保证金中全额支付，或者尽可能从中支付。

（2）倘若上述保证金在根据第（1）款支付费用后剩有余额，则余额按照上述保证金缴纳者或者在其缴纳保证金后去世由其法定代表向高等法院提出的书面申请予以返还，或者，如果未曾支付任何费用或在上述期限内未曾提出费用支付的申请，则上述保证金予以全额返还。

第一百二十二条 支付费用令的执行

按照本篇各规定所下达的支付费用令可由在其管辖的地方范围内支付费用者拥有居住地或经商的原辖区主要民事法院下达，或者倘若其居住地在管辖区内，则可由那里拥有管辖权的小额诉讼法庭下达，且该法庭必须以相同的方式按照相同的程序执行或促使执行支付费用令，犹如支付费用令由其自身在案件中下达；

但是，在该费用或部分费用可按照第一百二十一条第（1）款提出申请返还的情况下，申请必须根据本条规定在支付费用命令下达之日起1年内提出，除非因为按照该款规定因所提述的保证金金额不足已经收回尚未支付的费用余额。

第七篇 舞弊行为与选举违法行为

第一章 舞弊行为

第一百二十三条 舞弊行为

下列行为必须视为本法所称的舞弊行为：

（1）"贿赂"，即

（A）候选人或其代理或其他经候选人或其选举代理人同意的任何人向任何人馈赠礼物、给予或承诺给予利益，直接或间接地为了：

（a）某人在选举中担任或不担任候选人、退出或不退出竞选；或者

（b）选民在选举中投票或不投票，或者奖励

（i）在选举中担任或不担任候选人或者退出不退出竞选的人；或者

（ii）投票或不投票的选民；

（B）下列人等收受或同意收受任何利益，不论作为动机还是作为报酬：

（a）凡是因担任或不担任候选人、退出或不退出竞选的人；或者

（b）凡是因自身或其他人投票或不投票，或者诱使或试图诱使选民投票或不投票，或者任何候选人退出或不退出竞选的人。

解释：就本款而言，"利益"一词不限于金钱利益或者以金钱估价的利益，并且包括任何形式的招待和有偿雇佣，但不包括支付在选举中或为了选举而真实发生或者正确列入第七十八条提述的选举开支账目中的任何费用。

（2）不正当影响，即候选人或其代理人或其他经候选人或其选举代理人同意的任何人直接或间接地干涉或试图干涉选举权利的自由行使；

但是，

（a）在不影响本款的概括性原则下，其中提到的任何人凡是：

（i）以包括社会排斥和孤立或开除某一种姓或社群在内的任何类型的伤害威胁任何候选人或选民，或者威胁某位候选人或选民的任何利益相关者；或者

（ii）诱使或者试图诱使某位候选人或选民相信他本人或者其利益相关者将成为天神惩罚或宗教谴责的对象，必须视为本款所称的干涉该候选人或选民选举权利的自由行使；

（b）在非意图干涉选举权利的情况下，宣布公共政策或承诺公共行动或单纯行使法定权利，不得视为本款所称的干涉。

（3）候选人或其代理人或其他经候选人或其代理人同意的任何人基于宗教、种族、种姓、社区或语言的理由要求或阻止某人投票，或者使用或诉诸宗教符号或者国旗或国歌等国家符号促进该候选人当选的前景或损害某位候选人的当选；

但是，根据本法配给某位候选人的符号不应视为本款所称的宗教符号或国家符号。

（3A）候选人或其代理人或其他经候选人或其选举代理人同意的任何

人基于宗教、种族、种姓、社群或语言的理由煽动或试图煽动印度公民不同阶层之间的敌视或仇恨，以促进该候选人当选的前景或者损害某位候选人的当选。

（3B）候选人或其代理人或其他经候选人或其选举代理人同意的任何人宣传或赞颂萨蒂行为或运动，以促进该候选人当选的前景或者损害某位候选人的当选。

解释：就本款而言，"萨蒂"及与"萨蒂"相关的"赞颂"具有1987年《制止非法萨蒂运动法》分别赋予它们的涵义。

（4）候选人或其代理人或其他经候选人或其选举代理人同意的任何人公开陈述与某位候选人的人品和行为相关，或者与某位候选人的竞选或退出竞选相关的虚假的且他相信虚假的事实，以损害该候选人当选的前景。

（5）候选人或其代理人或其他经候选人或其选举代理人同意的任何人不论是付费还是以其他方式，为任何选民往返于第二十五条所推动的投票站或第二十九条第（1）款所确定的投票点雇用或获取交通工具。

但是，一位或多位选民为往返于投票站或投票点共同雇用交通工具的行为不应视为本款所称的舞弊行为，除非所雇用的交通工具不是机械动力驱动的交通工具；进而言之，某位选民为往返于投票站或投票点自费使用任何公共交通工具或任何有轨电车或火车的行为不应视为本款所称的舞弊行为。

解释：在本款中，"交通工具"系指任何用来或能够用来道路运输的工具，不论是否是机械动力驱动和是否用来牵引其他交通工具的交通工具。

（6）发生或授权发生违反第七十七条规定的开支。

（7）候选人或其代理人或其他经候选人或其选举代理人同意的任何人从为政府服务且属于下列类别的人员中获取或者试图获取有利于该候选人当选前景的帮助（除投票外）：

（a）宪委级人员；

（b）法官和治安法官；

(c) 联邦武装力量人员；

(d) 警察；

(e) 海关人员；

(f) 除村级税务人员外的税务人员；

(g) 所规定的为政府服务的其他人员；

但是，倘若为政府服务且属于上述类别的人员在履行或试图履行职责时（不论是因为该候选人担任的官职还是因为其他原因）为候选人或其代理人或其他经候选人或其选举代理人同意的任何人作出某些安排，提供某些设施，或者完成其他工作或事务，则这些安排、设施或者工作或事务不应视为帮助促进该候选人当选的前景。

(8) 某位候选人或其代理人或其他任何人占领投票站的行为。

解释：

(1) 在本条中，"代理人"一词包括选举代理人、监督投票代理人和任何被认为经候选人同意担任与选举相关的代理人的人员。

(2) 就第（7）款而言，如果某人担任某位候选人的选举代理人，则必须视为帮助促进该候选人当选的前景。

(3) 就第（7）款而言，纵使其他任何法律有所规定，官方公报中所公布的中央政府工作人员（包括中央直辖区政府工作人员）或邦政府工作人员的任命、辞职、终止工作、免职或开除将成为下列情形的确凿证明：

(i) 此类任命、辞职、终止工作、免职或开除（视属何情况而定）；

(ii) 倘若此类任命、辞职、终止工作、免职或开除（视属何情况而定）生效日期同时公布，则也是该工作人员的任命、辞职、终止工作、免职或开除（视属何情况而定）生效之日期，该工作人员自该日期不再为政府服务。

(4) 就第（8）款而言，"占领选票站行为"与在第一百三十五 A 条中具有相同涵义。

第三章 选举违法行为

第一百二十五条 在选举中促使不同阶层相互仇恨

任何在选举中基于宗教、种族、种姓、社群或语言促使或试图促使印度公民不同阶层相互仇恨者，应判处最高 3 年的监禁，或者罚款，或者两者并罚。

第一百二十五 A 条 提供虚假誓词等行为的惩罚

为了在选举中当选，候选人本人或通过其提名人在其按照第三十三条第（1）款提交的提名表或第三十三 A 条第（2）款所要提的誓词中（视属何情况而定）

（i）未能提供第三十三 A 条第（1）款所规定的信息；或者

（ii）提供他知道或有理由认为是虚假的虚假信息；或者

（iii）隐瞒任何信息，

纵使其他目前已生效的任何法律有所规定，但必须判处最高 6 个月的监禁，或者罚款，或者两者并罚。

第一百二十六条 在投票结束前的 48 个小时内禁止公共集会

（1）任何人不得：

（a）召集、举行或出席、加入任何与选举相关的公共集会或游行，或者发表演说；或者，

（b）借助电影、电视或其他类似机器向公众展示任何选举事项；或者

（c）在选举结束前 48 小时内在投票区举办或者安排举办音乐会或喜剧表演或其他任何娱乐活动吸引公众，向公众宣传任何选举事项。

（2）任何违反第（1）款各规定者将处以最高 2 年监禁，或者处以罚款，或者两者并罚。

（3）在本条中，"选举事项"系指任何意图影响选举结果的事项。

第一百二十七条 骚扰选举会议

（1）凡是在本条适用的公共集会上进行扰乱活动阻止会议进程者，将

处以最高 6 个月监禁,或处以罚款,或两者并罚。

(1A) 根据第(1)款可处罚的违法行为必须是可辨别的违法行为。

(2) 本条适用于在根据本法发出要求举行选区选举的通知之日至选举举行之日期间在某一选区的任何政治性公共集会。

(3) 倘若某一警察合理地怀疑某人发生第(1)款所称的违法行为,如果会议主席提出要求,则他可要求该人立即说出姓名和住址;如果该人拒绝或者不说出姓名和住址,或者如果警察合理地怀疑他给出虚假的姓名和住址,则警察可不经许可予以逮捕。

第一百二十七 A 条　印刷宣传册、海报等宣传品的限制

(1) 任何人不得印刷或出版或者让印刷或出版任何不带有印刷者或出版者姓名和住址的选举宣传册或海报;

(2) 任何人不得印刷或让人印刷任何选举宣传册或海报,除非:

(a) 出版者亲自把由其签署并由两名熟人证明的身份证明复印件提交给印刷者;且

(b) 在文档印刷后的合理期限内,印刷者把出版者身份证明副本和一份文档副本

(i) 倘若在邦首府印刷,则寄送给首席选举官;

(ii) 倘若属于其他情况,则寄送给印刷所在地区的地区法官。

(3) 就本条而言:

(a) 除手工抄写外,其他任何复制一份文件的过程必须视为印刷;"印刷者"必须照此解释;

(b) "选举宣传册或海报"系指任何印刷的宣传册、传单或其他为了促进或破坏一位或多位候选人当选而散发的文档或者提及选举的招贴或海报,但不包括任何仅仅公布选举会议日期、时间、地点和其他详情或选举代理人或工作人员日常指南的传单、招贴或海报。

(4) 任何违反第(1)款或第(2)款各规定的人员处以最高 6 个月监禁,或处以最高 2 万卢比的罚款,或者两者并罚。

第一百二十八条　维护投票保密

（1）在选举中承担与计算选票相关工作的所有官员、工作人员、代理人或其他任何人员必须维护和帮助维护投票保密，不得（除由任何法律或按照任何法律授权的目的外）向任何人传达违反投票保密的任何信息；

但是，本款的规定不适用于在联邦院选举中承担上述工作的所有官员、工作人员、代理人或其他任何人。

（2）凡是违反第（1）款规定的人员处以最高3个月的监禁，或者处以罚款，或者两者并罚。

第一百二十九条　官员等在选举中不得为候选人工作或者影响投票

（1）地区选举官、选举主任、选举监督员、投票站主任、投票监督员或者由选举主任或投票站主任任命的从事选举相关工作的官员或工作人员，在举行或管理选举中（除投票外）不得促进某位候选人当选的前景。

（2）上述人等或者警察机关的任何人员不得尽力

（a）劝说选民在选举中投票；或者

（b）劝阻选民在选举中投票；或者

（c）以任何方式影响选民在选举中的投票。

（3）凡是违反第（1）款或第（2）款规定的人员处以最高6个月监禁，或者处以罚款，或者两者并罚。

（4）第（3）款所处罚的违反行为必须是应审查的违反行为。

第一百三十条　禁止在投票站内或附近进行拉票

在任何投票站举行投票的日期，任何人不得在投票站内或在距离投票站100米内的任何公共或私人地点从事下列行为：

（a）拉选票；或者

（b）乞求某位选民的选票；或者

（c）劝说某位选民不把选票投给某位特定的候选人；或者

（d）劝说某位选民不要在选举中投票；或者

（e）出示任何与选举相关的通知或符号（除官方通知外）。

（2）凡是违反第（1）款规定的人员处以最高 2500 卢比的罚款。

（3）根据本条可处罚的违法行为必须是可辨别的违法行为。

第一百三十一条　对投票站内或附近骚扰行为的惩罚

（1）在任何投票站举行投票的日期，任何人不得：

（a）在投票站入口处或者在邻近的任何公共或私人地点使用任何扩音器或音响设备，例如喇叭筒或扬声器；或者

（b）在投票站入口处或者在邻近的任何公共或私人地点大声喧哗或以其他方式进行骚扰，激怒任何前往投票站投票的选民或干扰投票站官员或其他人员的工作。

（2）凡是违反或故意帮助违反第（1）款规定的人员处以最高 3 个月监禁，或者处以罚款，或者两者并罚。

（3）倘若投票站主任有理由相信某种正在或已经发生了本条所处罚的违法行为，则可命令警察逮捕该人，且警察立即予以逮捕。

（4）在阻止违反第（1）款规定的违法行为时，警察可采取合理必要的措施和武力，没收违法使用的任何设备。

第一百三十二条　对在投票站内的不当行为的惩罚

（1）凡是在任何投票站的投票时间内出现不当行为或未遵守投票站主任合法命令的人员，则投票站主任或值班警察或该投票站主任为此授权的任何人可将其驱逐出投票站。

（2）第（1）款所授予的权力不得用来阻止在投票站内任何本来具有投票资格的选民。

（3）倘若被驱逐出投票站的人员在未经投票站主任许可的情况下重新进入投票站，则处以最高 3 个月监禁，或者处以罚款，或者两者并罚。

（4）根据第（3）款可处罚的违法行为必须是可辨别的违法行为。

第一百三十二 A 条　对不遵守投票程序行为的惩罚

倘若某位已经领取选票的选民拒绝遵守所规定的投票程序，则发给该选民的选票必须作废。

第一百三十三条　对在选举中非法雇用或购买交通工具的惩罚

倘若某人在选举中犯有第一百二十三条第（5）款所指名的任何舞弊行为，则处以最高 3 个月监禁和罚款。

第一百三十四条　与选举相关的渎职行为

（1）倘若本条适用的任何人在没有合理理由的情况下发生渎职行为，则处以最高 500 卢比的罚款。

（1A）根据本条所处罚的违法行为必须是可辨别的违法行为。

（2）不得就上述渎职行为对渎职者提请赔偿诉讼或其他法律诉讼。

（3）本条适用的人员是地区选举官、选举主任、选举监督员、投票站主任、投票监督员和其他任何被任命履行与接收提名表、候选人退选或计算选票相关的工作的人员；就本条而言，"公职"必须照此解释，但不包括除由本法或根据本法外以其他方式施加的责任。

第一百三十四 A 条　对政府公务员担任选举代理人、监督投票代理人或监督计票代理人的行为的惩罚

倘若任何政府公职人员在选举中担任某位候选人的选举代理人或监督投票代理人或监督计票代理人，则处以最高 3 个月监禁，或者处以罚款，或者两者并罚。

第一百三十四 B 条　禁止携带武器进入投票站或附近地点

（1）除在投票站上班的选举主任、投票站主任、警察和其他任何被任命维持和平与秩序序的人员外，任何人不得在投票日携带 1959 年《武器法》所规定的武器出现在投票站的附近地点。

（2）违反第（1）款规定的，处以最高 2 年监禁，或处以罚款，或两者并罚。

（3）纵使 1959 年《武器法》有所规定，倘若某人被判处本条所称的违法行为，则必须没收该人所拥有的上述法律所界定的武器，必须根据该法第十七条撤销所授予的武器许可。

（4）根据第（2）款可处罚的违法行为必须是可辨别的违法行为。

第一百三十五条　把选票带出投票站的违法行为

（1）在选举中（未经授权）把选票带出或试图带出投票站或者故意协助此类行为的，处以最高1年监禁，或处以最高500卢比罚款，或者两者并罚。

（2）倘若投票站主任有理由相信某人正在或者已经犯下根据（1）款可惩罚的违法行为，则可在其离开投票站前逮捕或命令警察予以逮捕，可搜查或让警察搜查该人。

（3）投票站主任必须把在被逮捕者身上搜查到的选票置于警察的安全监管之下，或者当警察进行搜查时，选票必须在警察安全监管下保存。

（4）根据第（1）款可处罚的违法行为必须是可辨别的违法行为。

第一百三十五 A 条　占领投票站的违法行为

（1）占领投票站的，处以1年以上3年以下监禁和罚款；如属政府工作人员的，处以1年以上5年以下监禁和罚款；

解释：就本款和第二十 B 条而言，除其他情况外，"占领投票站"还包括下列所有或任一活动：

（a）占领投票站或投票点，迫使投票机构交出选票或投票机器，从事其他影响选举有序举行的行为；

（b）控制投票站或投票点，只运行自己的支持者行使投票权利，阻止他人投票权利自由行使；

（c）直接或间接地强制或胁迫或威胁任何选民，阻止其前往投票站或投票点进行投票；

（d）占领计票点，迫使计票机构交出选票或选票机器，从事其他影响计票有效进行的行为；

（e）任何政府工作人员从事所有或部分上述活动，或者在其中帮助促进某位候选人当选的前景。

（2）根据第（1）款可处罚的违法行为必须是可辨别的违法行为。

第一百三十五 B 条　在投票日为员工提供带薪假日

（1）凡是在企业、贸易商、工业企业或其他任何机构中工作且有资格在人民院或邦立法院选举中投票的人在投票日必须给予假日。

（2）不得因根据第（1）款所给予的假日扣除投票员工的工资；倘若在通常不在投票日给予工资的基础上雇佣员工，则即使在投票日不给予员工假日，也必须补偿员工在投票日被扣除的工资。

（3）雇主违反第（1）款或第（2）款的规定，处以最高500卢比罚款。

（4）本条不适用于任何因缺勤会造成其所从事工作出现危险或重大损失的选民。

第一百三十五C条　不得在投票日出售、供给或分发白酒

（1）在任何选举的投票结束前48个小时内，不得在投票区域内的旅馆、餐馆、酒吧、商店或其他任何公共或私人地点出售、供应或分发烈性酒、发酵酒或酒精饮料或其他类似性质的饮料。

（2）违反第（1）款规定的，则处以最高6个月监禁，或处以罚款，或两者并罚。

（3）凡是根据本条规定被判处有罪者，必须没收并按照规定方式处理其拥有的烈性酒、发酵酒或酒精饮料或其他类似性质的饮料。

第一百三十六条　其他的违法行为和惩罚

（1）在选举中出现下列情形之一者，是选举违法行为：

（a）篡改或损毁提名表；或者

（b）篡改或损毁或删除由选举主任授权张贴的名单、通知或其他文件；或者

（c）篡改或损毁选票或选票上的官方标记，或者邮寄选票的身份陈述书或官方信封；或者

（d）在无适当权限的情况下，向任何人提供选票，或接收任何人的选票，或者占有任何选票；或者

（e）向投票箱中投入除法律授权投入的选票外的东西；或者

（f）在无适当权限的情况下，毁坏、打开或以其他方式弄坏在选举中

使用的投票箱或选票；或者

（g）欺诈地或者在无适当权限的情况下（视属何情况而定），企图从事或故意帮助他人从事上述行为。

（2）凡是根据本条规定被判处有罪者，

（a）如果是选举主任或选举监督员或投票站主任或其他在选举中雇佣的官方工作人员，则处以最高 2 年监禁，或者处以罚款，或者两者并罚；

（b）如果是其他人，则处以最高 6 个月监禁，或处以罚款，或两者并罚。

（3）就本条而言，如果某人的职务是参与选举过程或者参与包括计票在内的选举过程，或者在选举后负责使用过的选票和其他选举文档，则其必须被视为公职人员，但是，"公职"不包括非本法规定的职务。

（4）第（2）款所处罚的违法行为必须是可辨别的违法行为。

第一百三十七条　某些违法行为的起诉

本条由 1966 年《人民代表法修正案》第六十一条取代。

第一百三十八条　1898 年第 5 号法律修正案

本条由 1957 年《废止和修正法》第二条和第一附表取代。

第八篇　丧失资格

第一百三十九条至第一百四十五条（第一章至第三章），由 1966 年《人民代表法修正案》第六十二条取代。

第一百四十六条　选举委员会的权力

（1）倘若在按照 1963 年《中央直辖区政府法》第十四条第（4）款向总统或者按照该法第一百九十二条向中央直辖区首席部长提出的意见上，选举委员会认为调查必要和适当的，且确定根据相关各方所填写的书面陈述或在调查其历史时所产生的文件不能在调查的事项上得出明确结论，则选举委员会为了进行调查，拥有民事法院在下列事项上的各种权力，同时根据 1908 年《民事诉讼法典》审判诉讼：

（a）传唤和强制某人出席，审查其宣誓作出的证词；

（b）要求寻找和制作任何文件或其他可作为证据的重要材料；

（c）接收宣誓书上的证词；

（d）征用任何法院或政府机构的公共记录或公共记录副本；

（e）发出证词或文件调查令。

（2）根据某人依据任何目前生效的法律所要求的权利，选举委员会还拥有要求其提供选举委员会认为对调查的事项有用或与之相关的信息。

（3）选举委员会必须被视为民事法院；当在选举委员会视野内或面前发生《印度刑法典》第一百七十五条、第一百七十八条、第一百七十九条、第一百八十条或第二百二十八条所描述的任何犯罪时，选举委员会在记录1898年《刑事诉讼法典》规定的被告构成犯罪的事实和言论后，把案件呈送拥有审判相同案件的地方法官，则地方法官必须以按照1898年《刑事诉讼法典》规定的审理案件方式审理对被告的指控。

（4）由选举委员会审判的任何诉讼必须视为《印度刑法典》第一百九十三条和第二百二十八条所规定的刑事诉讼。

第一百四十六 A 条　个人在选举委员会面前作出的陈述

个人在选举委员会面前作证过程中的任何陈述，除在因虚假作证遭到的指控外，不得在任何民事诉讼或刑事诉讼中成为对其进行指控的证供，除非陈述

（a）是在回答选举委员会要求回答的问题的过程中作出的，或者

（b）与调查的内容相关。

第一百四十六 B 条　选举委员会必须遵守的程序

选举委员会有权规定自己的程序（包括决定召开会议的时间和地点以及决定是公开地还是秘密地召开会议）。

第一百四十六 C 条　保护真诚采取的行动

在选举委员会或任何按照选举委员会命令行事的人员在执行本章上述规定及其他任何法令真诚地或意图从事的事情上，或者在选举委员会向总

统或邦首席部长（视属何情况而定）提出的意见上，或者在由选举委员会授权或根据其授权公布的上述意见、文件或会议录上，不得对选举委员会或任何按照选举委员会命令行事的人员提出任何诉讼、控告或其他任何法律诉讼。

第九篇　补缺选举

第一百四十七条　联邦院的临时空缺

（1）当联邦院某位当选议员的议席在任期届满前出现空缺、或被宣布为空缺、或其当选被宣布为无效时，选举委员会必须在官方公报中发布通知，要求相关立法院的当选议员或选举团成员（视属何情况而定）在通知指定的日期前选举议员填补空缺议席；本法及其他任何法律（视属何情况而定）的规定适用于联邦院补缺选举的相关方面。

（2）在1956年《宪法第七修正案》生效后，补缺选举必须在分配给阿萨姆邦、奥里萨邦、中央邦、德里等中央直辖区、喜马偕尔邦和曼尼普尔邦议席之日选举议员填补空缺议席。

第一百四十八条　中央直辖区选举团的临时空缺

本条由1956年《中央直辖区委员会法》第六十六条取代。

第一百四十九条　人民院的临时空缺

（1）当人民院某位当选议员的议席出现空缺或被宣布为空缺或其当选被宣布为无效时，选举委员会根据第（2）款规定在官方公报中发布通知，要求相关议会选区在通知指定的日期前选举议员填补空缺议席；本法及其他任何法律（视属何情况而定）的规定适用于人民院补缺选举的相关方面。

（2）如果空缺议席属于表列种姓或表列部族选区保留议席，则根据第（1）款发布的通知必须指明填补该议席的议员必须属于该表列种姓或表列部落（视属何情况而定）。

第一百五十条　邦立法院的临时空缺

（1）在邦立法院某位当选议员的议席出现空缺或被宣布为空缺或被宣

布为无效时，选举委员会必须根据第（2）款规定在官方公报中发布通知，要求相关立法院选区在通知指明的日期前选举议员填补空缺议席；本法及其他任何法律的规定适用于邦立法院补缺选举的相关方面。

（2）如果空缺议席属于表列种姓或表列部族选区保留议席，则根据第（1）款发布的通知必须指明填补该议席的议员必须属于该表列种姓或表列部落（视属何情况而定）。

第一百五十一条　邦立法委员会的临时空缺

当邦立法委员会某位当选议员的议席在任期届满前成为空缺或被宣布为空缺或其当选被宣布为无效时，选举委员会必须在官方公报中发布通知，要求相关立法委员会选区或邦立法院议员（视属何情况而定）在通知指明的日期前选举议员填补空缺议席；本法及其他任何法律的规定适用于邦立法委员会补缺选举的相关方面。

第一百五十一 A 条　第一百四十七条、第一百四十九条、第一百五十条和第一百五十一条所提述的补缺选举的期限

纵使第一百四十七条、第一百四十九条、第一百五十条和第一百五十一条有所规定，上述各条所提述的补缺选举必须在空缺发生之日起 6 个月内中举行；

但是，如果出现下列情形之一者，本款并不适用：

（a）与空缺相关的议员的剩余任期不到 1 年；或者

（b）选举委员会在与中央政府协商后证明，难以在上述期限内举行补缺选举。

第十篇　其　他

第一百五十二条　相关选举主任必须张贴邦立法院和选举团的成员名单

（1）在邦立法院当选议员选举联邦院或邦立法委员会的议员时，选举主任必须在其办公室内以规定的方式和格式张贴邦立法院的当选议员名单或议员名单（视属何情况而定）。

（2）在中央直辖区选举团选举联邦院议员时，选举主任必须在其办公室内以规定的方式和格式张贴选举团成员的名单。

（3）第（1）款和第（2）款所提述的名单的副本必须可供出售。

第一百五十三条 选举结束时间的延长

选举委员会有资格在根据第三十条或第三十九条发布的通知中进行必要的修正，因它认为充分的理由延长选举结束时间。

第一百五十四条 联邦院议员的任期

（1）根据第（2）款和第（2A）款的规定，联邦院除了填补临时空缺的议员外议员的任期是6年。

（2）在第一届联邦院成立后，为了使每个阶层的议员每两年改选将近三分之一，总统在与选举委员会协商后依法对削减某些议员的任期作出了他认为合适的规定。

（2A）为了尽快在1958年4月2日和此后每两年改选三分之一的议席，总统在1956年《宪法第七修正案》生效之后与选举委员会协商，尽快依法就根据第一百四十七条第（2）款选举的议员的任期作出他认为合适的规定。

（3）补缺选举的议员任期是原议员的剩余任期。

第一百五十五条 联邦院议员的任期的起始日期

（1）联邦院议员的任期的起始日期为其姓名根据第七十一条规定在官方公报中公布之日。

（2）姓名不要求根据第七十一条公布的联邦院议员的任期起始日期为含有根据第六十七条规定的当选候选人姓名的公告或者根据第八十条第（1）款（a）项或其他规定宣布该人获提名为联邦院议员的通知（视属何情况而定）在官方公报中公布之日。

第一百五十六条 邦立法委员会议员的任期

（1）邦立法委员会的议员除补缺当选的议员外任期为6年，但在第一届邦立法委员会成立后，为了使每个阶层的议员每两年改选将近三分之一，邦首席部长在选举委员会协商后依法对削减某些议员的任期作出了他认为合适的规定。

（2）补缺选举的议员任期是原议员的剩余任期。

第一百五十七条　邦立法委员会议员的任期的起始日期

（1）邦立法委员会议员的任期的起始日期是其姓名根据第七十一条在官方公报中公布之日。

（2）姓名不要求根据第七十一条公布的邦立法委员会议员的任期起始日期为，含有根据第六十七条规定的当选候选人姓名的公告，或者根据第一百七十一条第（3）款（e）项宣布该人获提名为邦立法委员会议员的通知（视属何情况而定）在官方公报中公布之日。

第一百五十八条　返还没收的候选人保证金

（1）根据第三十四条或第三十九条第（2）款所缴纳的保证金必须返还缴纳者或其法定代表，或者根据本条没收上缴相关当局。

（2）除在本条提及的以下情况外，一旦选举结果宣布，必须尽快返还保证金。

（3）倘若候选人未出现在参选的候选人名单中，或者如果在投票开始前去世，则保证金在名单公布后或在其去世后（视属何情况而定）尽快返还。

（4）根据第（3）款的规定，倘若在已经举行投票的选举中，候选人未能当选，且得到的有效选票数没有超过所有候选人获得的总有效选票数的六分之一或者在多位候选人当选人的情况下总有效票数在除以当选候选人数量后的六分之一，则保证金将被没收；

但是，在按照通过单一可转移投票制的比例代表制举行的选举中候选人未能当选的情况下，倘若所获得的选票未超过为返还保证金所规定的足够票数的六分之一，则保证金将被没收。

（5）纵使第（2）款、第（3）款和第（4）款有所规定，

（a）倘若在选举中候选人是多个议会选区或者多个立法院选区的参选的候选人，则返还一份保证金，其他保证金将被没收。

（b）倘若在选举中候选人是多个联邦院选区或在邦立法院议员选举立法委员会议席的多个选区的参选的候选人，则返还一份保证金，其他保证金将被没收。

第一百五十九条　某些机构的人员可以从事选举工作

（1）当接到地区选举专员或邦首席选举官的请求时，第（2）款所指明的机构必须向任何选举主任提供履行与选举相关的职责所必需的工作人员。

（2）下列即是第（1）款所提及的机构：

（i）每个地方行政当局；

（ii）每所由或根据中央法律或邦法律所建立和管理的大学；

（iii）1956年《公司法》第六百一十七条所规定的国有公司；

（iv）由或根据中央法律或邦法律建立的其他任何机构、企业或公司，或者由中央政府或邦政府管理或直接或间接地提供全部或大部资金的机构、企业或公司。

第一百六十条　为了选举所征用的房屋及土地、车辆等

（1）倘若与境内举行的选举相关的邦政府：

（a）需要或可能需要某些房屋用作投票站或者投票后用作选票储藏地点，或者

（b）需要或可能需要某些车辆、船只或牲畜运送选票或在选举期间维护秩序的警察，或者运送履行与选举相关的职责的官员或其他人，

在该邦政府可下达书面命令征用某些房屋及土地或车辆、船只或牲畜（视属何情况而定），并在它认为必要或应急时进一步下令征用；

但是，根据本款的规定，可征用候选人或其代理人为了该候选人的当选所合法使用的车辆、船只或牲畜，直到在该次选举中投票结束。

（2）征用必须由邦政府向其认为是财产所有者的人书面下达的命令进

行，且该类命令必须以规定的方式传达给接收命令的人。

（3）当根据第（1）款征用任何财产时，征用期限不得超过该款所提及的用途所需要的时间。

（4）在本条中：

（a）"房屋及土地"系指任何土地、建筑物或建筑物的组成部分，包括小屋棚、简易房或其他建筑物或它们的组成部分；

（b）"车辆"系指用于或能够用于道路运输的、不论是机械动力还是以其他方式驱动的任何交通工具。

第一百六十一条　补偿费

（1）当邦政府在执行第一百六十条的过程中征用任何房屋及土地时，必须按照在考虑到下列情形后决定的金额支付补偿费：

（i）应支付的租金，或者如果租金不是如此支付的，则在当地租用类似房屋及土地的应支付的租金；

（ii）如果由于征用房屋及土地的结果使被征用者不得不改变居住或经商的地点，则由此产生的合理费用；

但是，倘若被征用者对政府补偿的金额不满，在规定的期限内向邦政府提出交由仲裁人裁决的申请，则上述补偿金额必须由邦政府为此任命的仲裁人所裁决的金额；

但是，在补偿获得资格或补偿金额分配上产生争端的情况下，争端必须由邦政府提交给为此任命的仲裁人裁决，必须按照仲裁人的裁决来决定。

解释：在本条中，"利益相关者"系指在房屋及土地在按照第一百六十条征用前的实际占有人，或者在实际占有人不存在的情况，房屋及土地的所有人。

（2）当在执行第一百六十条的过程中邦政府征用任何车辆、船只或牲畜时，必须向所有者支付邦政府根据当地雇用车辆、船只或牲畜的流行价格确定的补偿金额；

但是，倘若车辆、船只或牲畜的所有者对这样确定的补偿金额不满，在规定的期限内向邦政府提出交由仲裁人裁决的申请，则上述补偿金额必须由邦政府为此任命的仲裁人所裁决的金额；

但是，倘若在通过雇用—购买协议从使用者而不是所有者征用车辆或船只之前，则根据本款确定的补偿金额必须以使用者与所有者达成协议的方式在他们之间分配，在协议不存在的情况下，根据邦政府为此任命的仲裁人裁决的方式进行分配。

第一百六十二条　获得信息的权力

为了根据第一百六十条征用任何财产或者根据第一百六十一条确定应支付的补偿金，邦政府依法要求某人向命令指明的当局提供与所征用财产相关的指明信息。

第一百六十三条　进入和检查房屋及地产等的权力

（1）任何为此得到邦政府授权的人员可进入和检查房屋及土地和任何车辆、船只或牲畜，以确定是否和以何种方式根据第一百六十条作出与该房屋及土地、车辆、船只或牲畜相关的命令，或者确保根据该条作出的命令得到服从。

（2）在本条中，"房屋及土地"和"车辆"的表述与在第一百六十条中具有相同涵义。

第一百六十四条　驱逐出被征用房屋及土地

（1）凡是使用被征用房屋及土地的人违反了根据第一百六十条作出的命令者，任何为此获得邦政府授权的官员可以即刻将其驱逐出房屋及土地。

（2）在向任何在公共场合穿着不适当的女性发出合理警告和退避设施后，任何获得授权的官员可消除或打开门锁，或者打开任何建筑物的大门，或者作出驱逐所必需的其他行为。

第一百六十五条　解除房屋及土地的征用

（1）当根据第一百六十条被征用的房屋及土地应当解除征用时，使用权必需交给在征用时的使用者，或者如果使用者不存在，则交给邦政府认为是房屋及土地所有者的人，而且使用权的交接必须由邦政府全权负责，但不得损害其他人按照适当的法律过程针对使用权所交付的房屋及土地使用者执行的权利。

（2）倘若找不到或不容易确定根据第一百六十条所征用的房屋及土地使用权应交付的人或者其代理人或其他任何被授权代表其接受的人，邦政府必须让人发出宣布该房屋及土地免除征用的通知，并在官方公报中公布通知。

（3）当第（2）款所提述的通知在官方公报中公布时，该通知所指明的房屋及土地自通知公布之日起不再被征用，必须视为已经交付给有资格使用的人；邦政府在上述日期后不再对房屋及土地负有补偿和其他责任。

第一百六十六条　邦政府在征用事项上的职责代表

通过在官方公报中的通知，邦政府可下令，在命令所指明的条件下，该政府根据第一百六十条至第一百六十五条所授权的任何权力或所施加的任何责任必须由命令所指定的官员或某类官员行使或履行。

第一百六十七条　对违反征用命令的惩罚

凡是违反根据第一百六十条或第一百六十二条所作出的命令的，处以最高1年监禁，或处以罚款，或两者并罚。

第一百六十八条　关于印度各邦统治者的特殊规定

本条已由1972年《印度各邦统治者（废除特权）法》第四条取代。

第十一篇　通　则

第一百六十九条　制定本法执行条例的权力

（1）在与选举委员会协商后，中央政府通过在官方公报中的通知，可制定执行本法的条例。

（2）尤其是在不损害上述权力的概括性原则下，中央政府所制定的执行条例可对下列事项作出规定：

（a）第三十三A条第（2）款所提述的宣誓格式；

（aa）选举站主任和选举站投票监督员的职责；

（aaa）捐赠报告的格式；

（b）审查选民登记册上的选民；

（bb）有限电视网络和其他选举媒介上公平份额时间的分配方式；

（c）普通选民和文盲或残障或患有其他残疾的选民的投票方式；

（d）选举站主任、投票监督员、监督投票代理人或其他作为选举选民被授权或任命在其他无资格投票的投票站担任职务的人员的投票方式；

（e）某人在其他人代其投票后自称为选民进行投票应遵循的程序；

（ee）借助投票机器投票和记录投票的方式与在使用投票机器的投票站进行投票遵循的程序；

（f）在按照单一可转换投票的比例代表制举行的选举中投票应该遵循的程序；

（g）对选票进行审查和计算，包括选举结果宣布前可能重新计票的情况；

（gg）计算投票机器记录的选票的程序；

（h）投票箱、投票机器、选票和其他选举文件在保存、检查和制作时期的安全监管；

（hh）在组建人民院或邦立法院的选举中政府向经认可的政党的后续人提供的材料；

（i）本法所要求规定的其他任何事项。

（3）根据本法制定的执行条例在制定后必须尽快提交议会两院讨论，同时处于为期30天的一次或多次连续会议讨论中；倘若在上述一次或多次连续会议讨论后的会议讨论到期前，议会两院同意对执行条例进行修改或不应制定，则执行条例据此仅以修改后的形式生效，或者根本不生效（视属何情况而定）；但是，执行条例的修正或废除不得损害以前根据执行条例完成的任何事情。

第一百七十条 民事法院被禁止的权限

民事法院不拥有质疑选举主任或根据本法委任的其他任何选举相关人员所从事的行动或所作出的决定的权限。

第一百七十一条 1920年《上诉法》

本条由1957年《上诉和修正法》第二条和第一附表取代。

（本文出处：http://www.lawmin.nic.in/legislative/election/volume%201/representation%20of%20the%20people%20act,%201951.pdf）

（吕增奎 译）

第二部分
主要政党内部规章制度

印度国民大会党章程

第一章 宗 旨

印度国民大会党的宗旨是为印度人民谋求幸福与进步,以和平与宪法规定的方式,在印度建立一个以议会民主制为基础的社会主义国家。在国内实现机会均等以及政治、经济、社会权利的平等,并谋求世界和平与友谊。

第二章 遵守印度宪法

印度国民大会党坚持社会主义、世俗主义、民主主义原则,支持印度的主权、团结、统一,拥护和遵守印度宪法。

第二章(A) 党 旗

印度国民大会党党旗由橘黄、白、绿三色横条组成,中央有蓝色手摇纺车图案,用有保证的印度土布制作而成。

第三章 党的组织机构

印度国民大会党由全国委员会和特别委员会组成:
1. 全国委员会;
2. 工作委员会;
3. 邦委员会;

4. 县/市委员会；

5. 初级委员会（如乡或选区委员会），以及邦委员会设立的其他下级委员会。

注：在本党章中，邦包括属地，县包括市。

第三章第4条关于市委员会构成的规定：经工作委员会批准，邦委员会有权任命人口数量超过50万的城市的市委员会。由此产生的市委员会具有县委员会的地位。

第四章 领土划分

一、以下各邦（与其对应的是各邦的首府）中一般都设立邦委员会：

	邦	首府
1	安德拉	海得拉巴
2	阿鲁纳查尔	伊坦纳加
3	阿萨姆	古瓦哈提
4	比哈尔	巴特那
5	查蒂斯加尔	赖布尔
6	德里	德里
7	果阿	帕纳吉
8	古吉拉特	艾哈迈德巴德
9	哈里亚纳	昌迪加尔
10	喜马偕尔	西姆拉
11	查谟和克什米尔	斯利那加
12	加尔克汉德	兰契
13	卡纳塔卡	班加罗尔
14	喀拉拉	特里凡得琅
15	中央邦	博帕尔

(续表)

	邦	首府
16	马哈拉施特拉	孟买
17	曼尼普尔	英帕尔
18	梅加拉亚	西隆
19	米佐拉姆	艾藻尔
20	那加兰	科希马
21	奥里萨	布巴内斯
22	旁迪切里	旁迪切里
23	旁遮普	昌迪加尔
24	拉贾斯坦	斋浦尔
25	锡金	甘托克
26	泰米尔纳杜	钦奈
27	特里普拉	阿加尔塔拉
28	乌塔拉坎德	德拉敦
29	北方邦	勒克瑙
30	西孟加拉	加尔各答

二、以下各联邦属地（与其对应的是各联邦属地的首府）中设立联邦属地委员会：

	联邦属地	首府
1	安达曼-尼科巴群岛	布莱尔港
2	昌迪加尔	昌迪加尔
3	达德拉-纳加尔哈维利	西瓦萨
4	达曼-第乌	摩提达曼
5	洛克沙威	卡瓦拉蒂

三、经工作委员会批准,邦委员会可以变更总部。

四、在确定邦委员会及相关委员会的要求后,工作委员会可以组建新邦委员会,解散旧邦委员会,将任何邦委员会合并为一个邦委员会或归入另一个邦委员会,将任何邦归入其他邦的县或县的一部分。

五、当有地区不在邦委员会管辖下和(或)该地区或一部分地区处在临近邦中,工作委员会只要认为有利于印度联邦共和国区划,就有权以这种方式提出建议。

第五章 党 员

一、(一)1. 年满18周岁,承认第一章内容,填写党籍表,每三年交纳3卢比党费,没有参加其他具有独立成员资格、章程和纲领的政党或教派者,可以成为印度国民大会党党员。

2. 拥有固定居住地或从事商业或劳动地点的人,具有申请加入印度国民大会党的资格。

3. 党员任期从当年1月1日或入党登记日期起,到第三年的12月31日止。

4. 按照规定,每个乡/选区委员会和市/镇委员会要保存长期党员登记簿,同时向县委员会报备。

5. 交纳必要的党费,以保留党籍。

(二)1. 竞选任何委员会委员或官员的党员,须具有三年以上党龄。

2. 担任任何委员会委员或官员的党员,每三年须交纳100卢比党费。

(三)党员每三年交纳的党费按照以下比例分配至各级委员会:

全国委员会:10%;

邦委员会:25%;

县委员会:25%;

初级委员会:40%。

注:邦委员会负责将其中40%的党费按比例分配至县委员会以下的各种初级委员会。

二、每名党员必须满足以下条件，并填写有亲笔签名的党籍表：

（一）年满 18 周岁；

（二）长期编织有保证的印度土布的织工；

（三）远离酒饮料和毒品；

（四）不以任何形式支持或实施"不可接触制"，并保证为废除它而奋斗；

（五）支持建立一个没有宗教和种姓制度区别的统一社会；

（六）保证完成工作委员会制定的包括手工劳动在内的最低限度的任务；

（七）拥有财产低于最高法律规定的限额；

（八）坚持世俗主义、社会主义、民主主义原则并为之奋斗；除政党集会以外，不直接或间接地公开批判党的现行纲领和政策；

（九）订阅全国委员会批准的期刊。

三、党员培训

（一）每名党员都要接受工作委员会规定的最低限度的培训；

（二）除非保证接受一次工作委员会规定的最低限度的培训，否则党员无权参与竞争以下职位：

1. 全国委员会；

2. 邦委员会；

3. 县/市委员会主席；

4. 竞争政党选票的国会、邦立法会议、中心城市议会和地方议会。

（三）只有委员会委员才能参与国会、邦立法会议和地方议会选举。

四、保留党籍

党员填写党籍表，可以保留党籍。

第五章关于党籍表的规定：

1. 党籍表由邦委员会印制，也可以经过邦委员会主席授权后，由县委员会印制。未经授权印制党籍表的县委员会要受到纪律处分。

2. 党籍表的数量要严格控制，县委员会印制的党籍表要标明该县的名称。在发给初级委员会之前，县委员会要将党籍表详情报送邦委员会。

3. 所有党籍表都要每 25 份装订成 1 册。

4.（1）县委员会主要负责在该地区吸收党员。邦委员会将党籍表发给各个县委员会，县委员会发给初级委员会，初级委员会再发给个人。每次最多只能给个人发放 1250 份党籍表。但是对于国会议员、立法会议议员、议会上院议员、全国委员会委员和邦委员会官员而言，每次最多可以给其发放 2500 份党籍表。只有当所有发出的党籍表都收回并且悉数交纳党费后，才能向个人发放更多的党籍表。

（2）如初级委员会没有收回足够数量的有效党籍表，县委员会将向个人直接发放党籍表，同时如符合条件，县委员会将对相关委员会进行纪律处分。如县委员会没有以正确的方式发放党籍表，邦委员会将直接向相关委员会和个人发放，同时对相关县委员会进行纪律处分。

（3）吸收新党员的登记表无条件向非党员发放。

5.（1）个人或委员会收到党籍表时，都会收到一份确认通知和如数退回未使用申请书的保证。

（2）个人或委员会退回未使用的党籍表后，会收到一份确认通知。如果个人未及时退回未使用的党籍表，将被剥夺参与组织选举的资格。

6.（1）邦委员会保存登记党籍表的发放情况，以记录发给每个委员会或个人的申请书数量及其序号、发放日期以及未使用的申请书的收回情况。

（2）县委员会和初级委员会也要进行类似的登记。

（3）为培养知识丰富、政治思想坚定的党员骨干，每个层级的委员都要积极参加工作委员会制定的学习计划。

7. 委员会或个人只能吸收按时交纳党费并且符合第五章第二条要求的人入党。

8.（1）在本年度入党最后期限的两个月内，邦委员会要向全国委员会报告本年度入党人员情况以及党员数量的详细情况。除这份报告以外，邦委员会还要交纳全额党费和全国委员会确定的党的基金，并上报附有详细情况的党员名单。

（2）不遵守上述规定的邦委员会及其下属委员会将受到纪律处分。

9. 未经邦委员会批准，为一个县印制或发放的党籍表不得在另一个县使用。

10. 党员登记的地区仅限于相关邦内。

第五章（一）关于长期党员登记簿的规定：

每个乡/选区委员会和市/镇委员会要保存长期党员登记簿，同时向县委员会报备。这份登记簿包括每名党员的以下具体信息：

(1) 序号

(2) 姓名

(3) 性别

(4) 表列种姓/表列部落/其他落后阶级/少数民族

(5) 父亲或丈夫的姓名

(6) 原籍

(7) 现住址

(8) 年龄

(9) 职业

(10) 入党时间

(11) 基层单位的序号和名称

(12) 党籍表的序号

(13) 保留党籍的时间

(14) 党员任期

(15) 提交党籍表的时间

(16) 备注

第五章（二）关于保留党籍的规定：

一名党员每三年交纳 3 卢比党费，即可保留党籍。交纳党费应该在长期登记簿中与每名党员名字对应的一栏中标明。应给交纳党费的党员开具单独收据。邦委员会负责印制和提供这种收据簿。

第五章第二条关于党员资格的规定：

本章程第五章第二（六）条中规定了党员要完成以下最低限度的任务：

1. 党员登记；

2. 交纳党的基金；

3. 每年至少一周的手工劳动，包括游行、建造引道、挖运河、种树、清理贫民区、改善农村卫生状况等；

4. 党员、组织委员会官员和党的立法会议委员要不定期参加工作委员会组织的政治和意识形态学习。不参加学习的党员将被剥夺在组织中任职的资格；

5. 要订阅各委员会出版的党刊或邦委员会批准的期刊；

6. 参与社会改革，如反对嫁妆制度、童婚，支持计划生育等；

7. 党员要经常使用抵制英货的商品或物品；

8. 党员要积极推动以下具有建设性的活动：

（1）教育

（2）禁酒

（3）印度土布和农村制造业

（4）青年学生组织

（5）劳动组织

（6）印度农夫组织

（7）小规模储蓄运动

（8）农村卫生、健康状况改善

（9）印地语传播

（10）创办合作社

（11）参与选举

（12）青年团

（13）麻风病事业

（14）表列种姓和表列部落的福利

（15）废除不可接触制

（16）致力于民族融合，特别是少数民族间的融合

（17）成人教育和图书馆运动

（18）销售党的文献资料

（19）工作委员会不定期安排的其他计划

第五章第二（九）条关于为党员订阅党刊的规定：

每名党员都要订阅全国委员会批准的期刊《国大党通讯》。订阅量与党员登记表或保留党籍表一并保存。如在经济上负担不起《国大党通讯》的订阅费用和党费，申请入党的人可以在成为正式党员后的一年内付清。对于被选举为各级委员会委员的党员而言，则必须订阅《国大党通讯》。国会议员、立法会议议员、议会上院议员、潘查雅特制度成员、党内在乡及以上级别委员会的公职人员等被选举出来的代表，必须订阅《国大党通讯》。

当一个家庭有两名以上党员时，只要有一名党员订阅《国大党通讯》即可，不需要每名党员都订阅。例如，乡委员会或县委员会主席家中的其他党员可以不用支付此项费用。

第六章 委员会任期

一、党的委员会及其官员、执行委员会和党员每届任期一般为三年。

二、县委员会及其执行委员会会议、邦委员会及其执行委员会会议一般要在规定时间内定期召开。

三、乡、县、邦级党的官员连续任职一般不超过两届。

第六章（A） 为女性、表列种姓、表列部落、其他落后阶级、少数民族保留席位

一、各个委员会要为女性保留33%的席位。

二、各个委员会为表列种姓、表列部落、其他落后阶级和少数民族保留的席位不得少于20%。

尽管条款中已经明确规定，但是委员会主席有权更改上述代表席位的比例。

第六章关于委员会任期的规定：

委员会任期与党员任期都是三年，并且要工作三年或者工作到中央工作委员会决定选举产生新的委员会。

第六章第二条关于委员会会议的规定：

邦委员会常务委员会会议每六个月至少召开一次，执行委员会会议每三个月至少召开一次。县委员会常务委员会会议每六个月至少召开一次，执行委员会会议每两个月至少召开一次或者根据需要多次召开。

第六章（A）关于为女性、表列种姓、表列部落、其他落后阶级、少数民族保留席位的规定：

1. 从基层单位开始的乡委员会选举要按照党章规定进行。乡委员会执行委员会的选举要为女性保留至少33%席位，为表列种姓、表列部落、其他落后阶级、少数民族保留至少20%席位。如按规定预留的这些党员席位出现短缺，那么将指派全体党员中的15%补充这个差额，这些受到指派的党员完全有权力履行第六章（A）中规定的宪法要求。

2. 乡委员会选举县委员会委员时，每个乡的6个席位中有2个留给女性党员，另外还有1个留给表列种姓、表列部落、其他落后阶级或少数民族党员。

3. 邦委员会规定乡委员会、县委员会、邦委员会执行委员会的委员人数。

4. 各级委员会执行委员会委员中至少要有33%的女性和不少于20%的表列种姓、表列部落、其他落后阶级或少数民族。也就是说，按照第六章（A）的规定，要为不同类别的代表保留53%的席位。

5. 为了按照第六章（A）的规定在全国委员会中为不同类别的代表保留席位，从每个邦选举到全国委员会的席位总数中都至少要有33%留给女性，同时至少要有20%留给表列种姓、表列部落、其他落后阶级或少数民族。

6. 在根据党章第十九章第一条有关规定进行工作委员会委员选举时，有 12 名委员由全国委员会选举产生，其中至少有 4 名要从女性候选人中选出，同时至少有 2 名要从表列种姓、表列部落、其他落后阶级或少数民族候选人中选出。

7. 各级委员会选举用的选票应为普通选票，这些选票要标明每名候选人保留席位的类别。

8. 各级委员会的选举中，涉及保留席位类别的候选人和普通类别候选人的选票应该相同。

9. 在初步清点票数时，应该公布推选得票数最多的有保留席位类别的候选人。如果其中有人的得票数高于其他普通类别候选人，他将获胜或者参加普通类别的选举，同时保留席位类别中的其他席位将分别根据各自类别的排名确定，以填补其他席位数量。

10. 其他落后阶级（OBC）与落后阶级（BC）的意思相同。

第七章　党员登记和向党的基金捐款

一、登记

1. 县委员会应坚持长期为党员进行登记。经县委员会主席确认的长期登记单应报送邦委员会。县委员会要发放贴有党员照片的党员证，党员证要有相关县委员会和邦委员会主席的签名。

2. 邦委员会要将确认无误的党员长期登记单报送全国委员会，同时不定期报告信息变更情况。

3. 登记单包括每名党员的姓名、原籍、年龄、职业、居住地址和入党日期。

4. 党员死亡、辞职、免职或不再捐款、未保留党籍时，要开除党籍。

二、党员向党的基金捐款

按照工作委员会要求，每名党员都要将自己收入的一部分捐给党的基金。

第七章第一 1、3 条关于党员登记和党员证的规定：

1. 登记：

县委员会提供的每名党员的长期登记单包括以下项目：

(1) 序号

(2) 姓名

(3) 性别

(4) 表列种姓、表列部落、其他落后阶级、少数民族

(5) 父亲或丈夫姓名

(6) 原籍

(7) 年龄

(8) 职业

(9) 居住地

(10) 党籍表序号

(11) 申请人所属初级委员会名称

(12) 保留党籍的日期

(13) 党员任期

(14) 备注

2. 党员证

县委员会为每名党员发放贴有党员照片的党员证，党员证上要有相关县委员会和邦委员会主席的签名。

3. 登记变更

如县委员会或邦委员会认为按规定确有必要，可以在相关委员会主席或书记签名下方用红笔变更党员名单和登记单。

第七章第二条关于党员向党的基金捐款的规定：

1. 党员要按照以下要求向党的基金捐款：

(1) 月净收入 500 卢比（含）以下的，每月捐款 1 卢比；

(2) 月净收入 500 卢比以上的，每月捐款收入的 1%。

2. 上述所列捐款总额包含党员订阅期刊的费用。根据党章规定，党员每三年都要随党籍表一同交纳订阅期刊的费用。党员每年可以定期向邦委员会办公室交纳相同的捐款（一年不得超过 12 次）。

3. 党员要向邦委员会办公室提交月净收入（税后收入）证明以及向党

的基金分期捐款数额的报告。

4. 邦委员会办公室要给党员出具捐款收据。

5. 根据第七章第二条规定，党员捐款按照以下比例分配：

中央选举基金：50%

全国委员会：25%

邦委员会：12.5%

县委员会：12.5%

6. 邦委员会直接向全国委员会上缴属于它的捐款，即中央选举基金占有的50%捐款和全国委员会占有的25%捐款。同时也要将属于县委员会的捐款下拨给各县委员会。

7. 邦委员会要从属于县委员会的捐款中划拨一部分给县级以下委员会。

第八章 基层委员会以及选举人和候选人资格

一、基层委员会：基层单位的党员选举自己的主席和执行委员会。主席的任职条件要符合第五章第一（二）条规定。主席从执行委员会委员中任命一名书记。

二、选举人：按照第五章第一（一）条规定登记在册的党员有权选举初级委员会委员。

三、候选人：符合第五章第一（二）条规定的资格条件的党员，可以竞选除基层委员会以外的任何委员会。

第八章第一条关于基层委员会的规定：

1. 基层委员会是党组织的基本单位。

2. 一个基层委员会相当于大选中一个投票站所辖的区域。

3. 基层委员会的所有委员在同一时间和地点召开会议，选举产生该委员会的主席、副主席、财务主管和执行委员会。

4. 基层委员会主席和乡委员会代表要从符合第五章第一（二）条规定的党员中选出。每名委员都可以竞选执行委员会委员。主席可以从执行委员会委员中任命总书记。

5. 基层委员会以举手表决的方式选举主席、副主席、财务主管和执行委员会。

第八章第二条和第七章第一1条关于编制党员名册的规定：

1. 县委员会要在每3年的第一个3月31日或工作委员会规定的日期之前，公布上届任期登记或保留的初步党员名册。按照党章第二十二章第1、2条规定的有关要求进行仔细审查后，最终确定的党员名册要在每3年的第一个5月31日或工作委员会规定的日期之前公布。

2. 在下一份名册准备好之前，上述最终确定的党员名册一直有效。

第九章 初级委员会

一、邦委员会为潘查亚特开发区、潘查亚特萨米蒂或潘查亚特联邦组建初级委员会，通常被称为"乡委员会"。

经工作委员会批准，邦委员会在城市或其他特殊地区组建初级委员会。这种委员会也被称为"乡委员会"。

二、邦委员会组建其他委员会，如由两个或三个基层委员会构成的乡村委员会、地区委员会或街道委员会。这些委员会都从属于乡委员会。

三、每个基层委员会都从属于该地区的乡委员会。

四、每个基层委员会都可以选举一名代表进入乡委员会。只要满足第五章第一（二）条规定的任职条件，每名加入基层单位的党员都能够成为候选人。这种代表即为乡委员会委员。

五、乡委员会由其下级基层委员会主席和基层委员会选举的代表组成。

六、如设有乡村委员会、地区委员会或街道委员会等次级委员会，这些委员会主席将被指定为乡委员会委员，但是无权投票选举乡委员会官员或县委员会和邦委员会代表。

第九章关于初级委员会的规定：

1. 邦委员会为每个潘查亚特开发区、潘查亚特萨米蒂或潘查亚特联邦组建初级委员会。

2. 经工作委员会批准，邦委员会可以在城市或其他特殊地区组建初级委员会。

3. 如此建立的初级委员会被称为乡委员会。

4. 每个从属于乡委员会的基层委员会都可以选举一名代表进入乡委员会，前提是该基层委员会至少有 25 名委员。选举以举手表决的方式进行，选举结果以得票多少确定。

5. 一个初级委员会至少要有其 50% 的基层委员会构成，这些基层委员会还要有足够数量的党员。

6. 特殊情况下，工作委员会有权放宽上述任何规定条件。

第九章第二条关于中间级委员会的规定：

基层委员会代表即投票站委员会主席，以及负责所有中间级委员会投票站的乡委员会代表都受中间级委员会管辖。中间级委员会投票站中所指的中间级委员会由潘查亚特、曼德勒（相对小的地区）、潘查亚特地区或一部分自治区构成。中间级委员会的执行委员会代表了乡委员会的单位委员会，即单位主席和与乡委员会投票站选举出来的代表相同。因此执行委员会将从他们之中各选举出一名主席、副主席和财务主管。总书记由主席任命。这种委员会的总人数不超过 11 名，其中包括所有公职人员。

第十章　县委员会

县委员会要负责邦委员会根据党章划定的区域。县委员会由以下成员组成：

1. 按照工作委员会规定，每个乡委员会以无记名方式投票选举的 6 名委员；

2. 工作满一年并且仍然是党员的所有前任县委员会主席；

3. 居住在该地区或者由该地区选举出来的邦委员会委员；

4. 乡委员会主席（只要他们没有资格成为县委员会主席或书记）；

5. 来自该地区的中央立法会议和地方立法会议成员（只要他们是党员）；

6. 该县自治社团、自治区、县委员会/县潘查亚特的国大党领袖（只要他们是党员）；

7. 县委员会执行委员会按照工作委员会规定指派的委员。

第十章关于县委员会的规定：

1.（1）县委员会委员候选人不必须是初级委员会会员。每名党员都可以成为候选人。

（2）县委员会委员候选人一般应为该县居民。

（3）初级委员会委员应以投票表决的方式选举县委员会委员。

2. 对于第十章第6条规定中代表性不够充分的群体，县委员会执行委员会可以从以下人员中指派：（1）女性，（2）表列种姓或表列部落，（3）少数民族，（4）商会，（5）印度青年代表大会，（6）印度国家学生联盟，（7）国大党青年团，（8）在文学、科学、艺术、社会服务等领域有专业知识或实践经验的人。按照第十章第1条规定，如将15%的县委员会委员名额分配给青年代表大会成员，这些成员的年龄不得超过30周岁。

第十一章　邦委员会

一、邦委员会由以下成员组成：

（一）乡委员会选举的委员：

1. 每个乡委员会以无记名投票的方式为邦委员会选举一名代表，该代表将成为邦委员会委员；

2. 一名党员只有是邦委员会所在地区的居民或在该地区拥有从事商业或工作的场所时，才有资格作为来自该地区的乡委员会的代表，成为竞选候选人。当然还要满足以下条件：

（1）选举的条件和方式要依照工作委员会的规定；

（2）在以下邦和联邦属地中，邦或联邦属地委员会委员的数量应当与邦或属地议院成员的数量相同：

A. 阿鲁纳查尔

B. 果阿

C. 曼尼普尔

D. 梅加拉亚

E. 米佐拉姆

F. 那加兰

G. 本地治里

H. 锡金

I. 特里普拉

（3）安达曼－尼科巴群岛、达德拉－纳加尔哈维利、达曼－第乌、洛克沙威和昌迪加尔的属地委员会各有 25 名委员。

（二）任期满 365 天并且仍然是党员的邦委员会前主席。

（三）没有资格成为邦委员会主席或书记的县委员会主席。

（四）居住在该邦的全国委员会委员。

（五）国大党立法会议选举的委员（邦委员会或属地委员会委员最多为 15 名，以这种形式选举出来的委员占委员总数的 5%）。

（六）依据工作委员会规定，当代表性不够充分时，邦委员会执行委员会从其他特殊群体中指定的委员。

二、邦委员会委员每年要向邦委员会交纳 50 卢比，其中 25 卢比交给全国委员会作为代表费用。邦委员会委员要每 3 年一次在当选委员的 3 个月内为党的基金筹集 100 卢比，并储存在邦委员会。邦委员会给委员出具收据。

该委员将及时收到有邦委员会书记签名的证明书，证明他是一名委员并且筹集了党的基金。

在规定时间内没有交纳或筹集基金的委员无权行使委员职责，包括参加邦委员会会议的权利，直到交齐所欠资金为止。邦委员会要在工作委员会规定的时间内向全国委员会办公室提交一份有证明书的党员名单。

注：邦委员会决定党的基金在各初级委员会中的分配比重。

三、邦委员会要协调外围组织的活动，同时：

1. 通过县委员会执行一般职能；

2. 向工作委员会提供由邦委员会组织撰写的年度工作报告，包括经审核的资产负债表；

3. 在工作委员会规定时间内，参照第五章第一（一）条和上述第二条规定，向全国委员会交纳党费。

四、经工作委员会慎重决定，在工作委员会规定日期之前未完成组建邦委员会的邦将没有资格参加党的年会。

五、如邦委员会没有履行党章规定的职责或者不服从工作委员会指导，工作委员会将解散该邦委员会，并组建临时委员会在该邦开展党的工作。

六、在全国委员会工作委员会指导下，邦委员会或地区委员会要为自己的固定资产设立一项信托，同时也要为属于县委员会、乡委员会及其他从属于邦委员会或地区委员会的委员会的财产设立一项信托。包括理事会主席及其他当然理事在内，这种信托的理事会应有3—9名理事。该信托理事会由邦委员会或地区委员会任命，相关人员要经全国委员会工作委员会批准。邦委员会或地区委员会主席是该信托理事会的当然主席。负责相关邦委员会或地区委员会的全国委员会总书记和财务主管是该董事会的当然理事。除主席和上述两位当然理事外，该信托理事会的任期为三年。上述财产以该信托的名义进行管理，如在特殊情况下不能按此执行，则要接受全国委员会工作委员会的指导。

第十一章第一条关于邦委员会的规定：

1. 按照第十一章第一（一）条规定，邦委员会委员的选举规定如下：

（1）所有构成代表选区的乡委员会委员在约定时间和地点进行选举，每名委员都有权为候选人投票。选举结果按照得票多少确定。

（2）如确有必要，选举采用无记名投票的方式。

（3）邦委员会委员候选人可以不是下级委员会委员。

（4）只要有至少50%的基本单位选举乡委员会会员，代表选区就有资格选举自己的代表。

2. 对于第十一章第一（六）条规定中代表性不够充分的特殊类别群

体，邦委员会执行委员会可以从以下人员中指派：（1）女性，（2）表列种姓或表列部落，（3）少数民族，（4）商会，（5）印度青年代表大会，（6）印度国家学生联盟，（7）国大党青年团，（8）在文学、科学、艺术、社会服务等领域有专业知识或实践经验的人。按照第十一章第一（一）条规定，如将15%的邦委员会委员名额分配给青年代表大会成员，这些成员的年龄不得超过30周岁。

3. 按照第十一章第一（五）条规定，邦委员会委员选举如下：

根据单张可转让选票机制而定的比例代表制，国大党立法会议选举的委员应占邦委员会或属地委员会委员总数的5%。邦委员会或属地委员会委员最多为15名。

第十一章第二条关于筹集党的基金的规定：

每名邦委员会委员要在当选委员的前3个月内为党的基金筹集100卢比或相当面值的票券。邦委员会给委员出具相应收据。

第十一章第六条关于各邦信托理事会的规定：

如按照第十一章第六条规定任命的理事不再是党员，他在信托理事会中的职位将自动空缺，同时全国委员会主席任命新的理事填补邦委员会层面的这个空缺。当这种情况出现在县、乡或村委员会等较低层级时，由邦委员会主席任命新的理事填补空缺，并报全国委员会主席批准。

第十二章 代 表

全体邦委员会委员都是全国委员会代表。

第十三章 全国委员会

一、全国委员会由以下成员组成：

（一）根据单张可转让选票机制而定的比例代表制，从邦委员会委员中选出的八分之一代表（此类型委员不得少于5名）；从昌迪加尔、安达曼－尼科巴群岛、达德拉－纳加尔哈维利、达曼－第乌、洛克沙威属地委员会选出的 4 名委员。

（二）代表大会主席。

（三）任职满一年并且仍然是积极党员的前主席。

（四）非全国委员会官员的邦委员会主席。

（五）国大党议会党团领袖。

（六）联邦属地和中心城市议会的立法机构和国大党立法会议党团领袖。

（七）国大党议会党团根据单张可转让选票机制选举出的 15 名委员。

（八）根据工作委员会规定，工作委员会从其他代表性不充分的特殊类别群体中指定的委员。

二、（一）代表大会主席是全国委员会主席。

（二）全国委员会负责贯彻执行代表大会制定的工作规划，同时有权处理任期内出现的问题与情况。

（三）全国委员会有权在不违背党章的前提下作出规定，规范能够团结各下级委员会的代表大会的有关事宜。

（四）全国委员会根据工作委员会要求召开会议，每年不得少于 2 次，或者有不少于 20% 的有投票权的全国委员会委员向工作委员会联合提出要求，全国委员会可以召开会议。这种要求需要详细说明申请人希望召开全国委员会会议的目的。如一年中还没有提出过召开会议的要求，应要求召开的会议要在接到要求后的 2 个月内召开。在任何应要求召开的会议上，工作委员会都会酌情颁布新的工作条款。

（五）在除应要求召开的会议以外的所有全国委员会会议上，根据有关规定，至少要有 2 个小时用于讨论提前预告给全国委员会委员的提案。

（六）召开全国委员会会议的法定人数为 100 人或委员总人数的五分之一。

（七）每名全国委员会委员每年要捐款 100 卢比，并在当选委员的前 3 个月内为党的基金筹集 200 卢比并储存在全国委员会，同时收取全国委员会开具的收据。该委员将收到有全国委员会书记签名的委员证明书。未在规定时间内捐款或筹集资金的委员，如不交清有关费用，将无权参加全国委员会会议、常务委员会会议或其他党内会议。

注：全国委员会委员不为邦委员会筹集基金。

第十三章第一条关于全国委员会的规定：

1. 根据第十三章第一（七）条规定，全国委员会的委员选举如下：

根据单张可转让选票机制而定的比例代表制，国大党议会代表团可以向全国委员会推选 15 名委员。

2. 对于第十三章第一（八）条规定中代表性不够充分的特殊类别群体，工作委员会可以从以下人员中指派：（1）女性，（2）表列种姓或表列部落，（3）少数民族，（4）商会，（5）印度青年代表大会，（6）印度国家学生联盟，（7）国大党青年团，（8）在文学、科学、艺术、社会服务等领域有专业知识或实践经验的人。按照第十三章第一 1 条规定，如将 15% 的全国委员会委员名额分配给青年代表大会成员，这些成员的年龄不得超过 30 周岁。

第十三章第二（四）条关于全国委员会会议接待委员会的规定：

1. 在其辖区内召开全国委员会会议的邦委员会，要为会议召开进行必要筹备，并且为此成立在其领导下的接待委员会。非该邦委员会委员也可以成为接待委员会委员。

2. 接待委员会从其成员中选举出主席及其他官员。

3. 接待委员会可以为会议开支筹集资金，并为与会委员安排必要的接待和住宿。接待委员会也为访问者进行必要的安排。

4. 邦委员会委托审计人员对接待委员会的收入和支出进行审计，并在会议结束后 4 个月内将账目报表和审计报告报送全国委员会办公室。接待委员会的剩余资金由全国委员会和该邦委员会平均分配。

第十三章第二（五）条关于全国委员会非官方决议的规定：

希望提请全国委员会审议提案的委员，要在会议召开至少前十五天将有关提案书面报至全国委员会办公室。

第十三章第二（七）条关于全国委员会委员筹集资金的规定：

每名全国委员会委员要在当选委员的前 3 个月内为党的基金筹集 200 卢比或相当面值的票券。邦委员会给委员出具相应收据。

第十四章 被指派的委员

根据工作委员会规定，工作委员会以及邦和下级委员会执行委员会可以指派 15% 的全国委员会委员、邦委员会委员及其他下级委员会委员。这些委员在任何组织选举中都没有选举权，也不能参与竞争组织中的选举，但是并不妨碍他们通过常规途径竞争各级委员会中的完全委员资格。

第十四章（A） 当然委员

只要是党员，（农村和城市的）地方机构、合作社、农业市场组织、议院、立法会议、议会等机构的成员都是相应委员会的当然委员。

第十四章（A）关于当然委员的规定：

1.（1）村潘查亚特委员、自治委员会委员、乡潘查亚特委员是初级委员会的当然委员。

（2）县潘查亚特委员、乡潘查亚特主席、自治委员会主席、乡级合作社和农业市场组织的主席是乡委员会的当然委员。

（3）县潘查亚特主席、县级合作社主席、县级农业市场组织主席以及自治机关主席是县委员会的当然委员。

（4）议院和立法会议委员是乡委员会、县委员会议员部门、各自邦委员会的当然委员。

（5）议员是乡委员会、议会选区的县委员会、各自邦委员会、全国委员会的当然委员。

2. 当然委员在各自委员会的选举中没有选举权，但可以参与讨论决策和表决决议。

第十五章 常务委员会

一、常务委员会由以下成员组成：

1. 全国委员会主席

2. 工作委员会委员

3. 工作委员会的长期邀请者和特别邀请者

4. 邦委员会主席

5. 在议院和立法会议中的国大党立法会议党团领袖

6. 所有全国委员会外围组织的领袖以及全国贸易联盟大会的主席

7. 国大党议会党团官员

8. 北东合作委员会主席

二、在召开党的年会之前，常务委员会要在党主席领导下召开会议。工作委员会或指导委员会要向常务委员会提交包括年会决议草案在内的工作规划。如新的党主席在年会召开前选举产生，他任命的工作委员会还未履行自责，那么由党主席任命上述指导委员会。决议草案至少要在会议召开 2 周前递交给常务委员会或全国委员会委员。在起草决议时，工作委员会或指导委员会要考虑到邦委员会上报的决议和常务委员会委员递交的决议。

三、常务委员会对该规划进行讨论，并形成能够提交公开大会的决议。如果有可能，要用 4 个小时讨论常委员会委员或邦委员会提交的决议。

第十六章 全体出席的党的年会

一、年会一般每三年召开一次，会议时间和地点由工作委员会或全国委员会决定。

二、年会由党主席和全体代表组成。

三、（一）年会审议常务委员会最初提交给大会并希望其采纳的决议；

（二）此后年会将接受不包括上述第（一）条在内的所有重要提议。在日程安排好以前，要有40名代表要求主席以书面形式允许他们在会议召开前递交这些提议。除非之前已经召开过常务委员会讨论，并且得到三分之一以上与会委员的支持，否则这些提议将不予通过。

四、在其辖区内召开年会的邦委员会要为大会召开进行必要的筹备，并且为此成立在其领导下的接待委员会。非该邦委员会委员也可以成为接待委员会委员。

五、接待委员会从其成员中选举出主席及其他官员。

六、接待委员会可以为大会开支筹集资金，并为与会代表安排必要的接待和住宿。接待委员会也为访问者进行必要的安排。

七、邦委员会委托审计人员对接待委员会的收入和支出进行审计，并在大会闭幕后6个月内将账目报表和审计报告报送全国委员会。接待委员会的剩余资金由全国委员会和该邦委员会平均分配。

第十七章　特别会议

一、如全国委员会决定召开，或者多数邦委员会通过提案要求党主席召集特别会议时，要召开党的特别会议。

二、特别会议由年会召开所在邦的邦委员会负责组织。

第十八章　选举党的主席

一、中央选举局主席是选举党主席的当然选举监察人。

二、任何党员代表只要获得10名代表联合提名，就可以参加党主席竞选。提名须在工作委员会的规定期限前提交选举监察人。

三、选举监察人要公布所有提名人员名单。任何提名人员都可以在获得提名的7天内向选举监察人书面提出退出竞选的请求。

四、在删除要求退出竞选的人员名字后，选举监察人要尽快公布最终候选人名单，并将其交给邦委员会。如最终候选人只有一名，他将自动成为下届年会的主席。

五、工作委员会规定的投票时间应确定在公布最终竞选候选人名单7天以后。在规定的投票时间，每名党员代表都有资格按照以下方式投票选举党主席：如只有2名候选人，党员代表要在印有候选人姓名的选票上选择其中1名；如有2名以上候选人，党员代表要用标注数字1、2的方式选择至少2名候选人。在这种情况下，他可以按照自己的意愿选择2名及以上候选人，但是选择候选人不足2名时，该选票视为无效。选票要投到专用投票箱中。

六、邦委员会要尽快将投票箱上交全国委员会。

七、在接到投票箱以后，选举监察人清点每名候选人的第一顺位得票数。如某名候选人第一顺位得票数超过总数的50%，他将当选为党主席。如没有候选人第一顺位得票数超过50%，则第一顺位得票数最少的候选人将被淘汰，为他投第一顺位票的选民的第二顺位票仍将计入其他候选人的得票数。在这一轮得票统计中，得票最少的候选人将被淘汰。根据投票顺位对选票进行转让之后，在接下来的每轮得票统计中，得票最少的候选人都将被淘汰。通过这种方式，最终得票数超过50%的候选人将被选举为党主席。

八、如出现党主席死亡或辞职等特殊情况，将由资历最深的总书记负责履行主席职责，直到在全国委员会开展新任党主席选举工作期间，工作委员会任命一名临时主席为止。

九、党主席在当选后和任职期间主持年会。当大会期间没有产生工作委员会时，党主席将全面行使工作委员会的权力。

第十九章 工作委员会

一、工作委员会由党主席、党的议会党团领袖及其他23名委员组成。在这23名委员中，根据工作委员会的规定，有12名由全国委员会选举产生，其他委员由党主席任命。党主席从全国委员会委员中任命一名财务主管和一名或多名总书记。主席有权从全国委员会委员中任命一名或多名书记或联合书记。书记或联合书记负责主席交办的工作任务。工作委员会委员一般从全国委员会委员中产生，特殊情况下，非全国委员会委员也可以被任命为工作委员会委员。但是，如在担任工作委员会委员 6 个月内未能被选为全国委员会委员，该委员将被终止工作委员会委员资格。

二、工作委员会会议的法定人数是 8 人。

三、工作委员会是党的最高执行机关，有权贯彻党和全国委员会制定的纲领和政策，并对全国委员会负责。它对党章条文的解释和实施有最后决定权。

四、在每次召开全国委员会会议前，工作委员会要提交前一次全国委员会会议的记录以及本次会议的议程。工作委员会负责按照有关规定分配时间，讨论全国委员会委员提交的非官方决议。

五、工作委员会可以委派一名或多名审计员、检查员或其他官员审查党的所有委员会或组织的记录、文件和账簿。这些委员会或组织有责任为审计员、检查员或其他官员提供所有必要信息，并允许他们审查所有办公室、账目及其他记录。

六、工作委员会有权开展以下工作：

（一）为党的本职工作作出规定。这些规定可以取代全国委员会的决议。

（二）发布与党章一致的命令，对党章未提及的所有事项作出规定。

（三）监督、指导和管理所有邦委员会、下级委员会和接待委员会。

（四）对委员会（不包括全国委员会或个人）进行相应的纪律处分。

（五）在特殊情况下，放宽第五章第一（一）1 条、第五章第二条、第八章第二条、第八章第三条中有关条款的规定。

七、全国委员会每年委派审计人员对工作委员会掌管的全国委员会账目进行审计。

八、在工作委员会规定的时间内，初级委员会、县委员会、邦委员会和全国委员会必须完成组建。

九、工作委员会要设立一项信托，管理全国委员会的固定资产。该信托理事会理事由工作委员会任命，包括理事会主席及其他当然理事在内，理事会应由 5—9 名理事组成。党主席是该信托理事会的当然主席。负责管理全国委员会的总书记和全国委员会的财务主管是该董事会的当然理事。除主席和上述两位当然理事外，该信托理事会理事的任期为三年。上述财产以该信托的名义进行管理，如在特殊情况下不能按此执行，要接受工作委员会的指导。

十、为了能够处理特殊情况，工作委员会有权采取它认为有利于党的利益的措施；如果采取的措施超出党章赋予工作委员会的权力时，工作委员会要在之后的 6 个月内尽快向全国委员会申请批准。

第十九章第一条关于工作委员会的规定：

选举 12 名工作委员会委员的程序：

1. 提名：

（1）具有完全投票权的全国委员会委员才有资格参与竞选工作委员会委员。

（2）提名需要获得具有完全投票权的全国委员会委员的推荐和支持。

（3）一名全国委员会委员可以向工作委员会推荐 12 名委员。

（4）提名书要征得被推荐候选人的同意。

2. 选举方法：

（1）以投票表决的方式选举。

（2）一名选举人可以在一张选票上投 12 票。不投票表示支持每一名候选人。

（3）如一张选票上多于 12 票，那么该选票无效。

（4）得票最多的 12 名候选人当选。

（5）选举规定要对可能产生的递补选举进行必要的修正。

（6）选票上要注明该候选人是否是需要保留类别的人群，即女性、表列种姓、表列部落、其他落后阶级、少数民族等。

（7）上述依照第十九章第一条制定的规定需要与第六章（A）一、二条关于为女性、表列种姓、表列部落、其他落后阶级、少数民族保留席位的规定放在一起进行理解，并且能够确保为上述类别人群保留席位。

第十九章第九条关于全国委员会信托理事会的规定：

如信托理事会理事退党或辞职，他在信托理事会中的职位自动空缺，并由党主席任命一名新理事补缺。

纪律规定

1. **根据第十九章第六（四）条进行纪律处分的官员：**

根据下列限制，工作委员会、邦或属地委员会执行委员会、县委员会执行委员会可以对违纪的委员会进行处分：

（1）工作委员会可以处分除全国委员会以外的所有委员会和委员。

（2）邦委员会执行委员会只能处分其下级委员会，以及除全国委员会委员和议员以外的个人。邦委员会只能建议全国委员会对此类全国委员会委员和议员进行处分。

（3）县委员会执行委员会只能处分其下级委员会，以及县委员会及其下级委员会委员。县委员会不能处分立法会议的代表或委员。如出现这种情况，县委员会只能建议相应委员会对其进行处分。

2. **第二十七章第二条规定下的授权：**

依据第二十七章第二条规定，工作委员会可以将它的权力授予下级委员会。邦委员会、属地委员会、县委员会的执行委员会不能移交自己的权力，但是可以命令其附属委员会调查它提出的纪律处分，并向相关执行委员会提出处分建议。

3. **停职的权力：**

（1）如有证据表明出现违纪情况，党主席可以命令解散全国委员会以下的任何委员会，也可以命令任何党员停职。在下一次工作委员会会议召开之前，党主席可以处理这类事项。

（2）如有证据表明出现违纪情况，邦委员会主席可以命令解散邦委员会以下的任何委员会，也可以命令邦委员会及其下级委员会的任何党员停职，但是不能命令议员和全国委员会委员停职。所有这些停职及其之后作出的决议要在决议之日起一周内向全国委员会报告。在下一次邦委员会执行委员会会议召开之前，邦委员会主席可以处理这类事项，并且处理工作要尽快进行，以便在停职命令发出一个月内进行纪律处分。

4. 违反纪律：

违反纪律行为包括：

（1）蓄意从事违背党的规划和决议的宣传；

（2）故意违反任何主管当局的规定或命令；

（3）从事与党的基金、党员登记或委员会选举有关的欺骗行为；

（4）从事道德沦丧、黑市、通奸、贿赂、腐败、仿造、挪用党的基金、卖酒等犯罪行为；

（5）故意开展降低党的声望的活动，或者负面宣传委员会及其官员的行为。

5. 通告：

（1）不给机会解释，则不能进行纪律处分。至少要有两周时间对相关委员会或个人进行通告，它（或他/她）可以在此期间解释自身情况，并对所受指控作出辩护。工作委员会可以适时减少通告时间。

（2）如有证据表明相关委员会或个人有违纪情况，能够进行纪律处分的委员会主席可以提议发出通告。

6. 处罚：

处罚包括以下方式：

（1）对于一个委员会来说，解散该委员会以及其他惩罚个人委员的处分是必要的。

（2）对于任何委员会的官员或委员来说，可以免除他的职务或委员资格，或者规定在一段时间内，不能被选举或任命为任何委员会的官员或委员，抑或不能登记为初级党员。

（3）对于一名党员来说，可以在特定时期内取消他的党员资格。

如果受到纪律处分和惩罚的人是地方机构、立法会议、议会成员，或者在全国委员会中有其他任职，都要被勒令辞去相应职务。

7. 纪律处分报告：

县委员会或邦委员会执行委员会采取的纪律处分，要在实施处分一周内分别向邦委员会和工作委员会报告。

8. 上诉：

（1）受到纪律处分的委员会或个人在收到处分命令三周内，可以就邦委员会执行委员会的决议向工作委员会提出上诉，或者就县委员会执行委员会的决议向邦委员会执行委员会提出上诉。在上诉过程中，要服从上诉的命令。但是，全国委员会或邦委员会主席可以视情况终止执行上诉的命令。

（2）在相关委员会发出处分命令的三周内，可以进行二次上诉。

（3）在处理针对纪律处分的上诉过程中，由此出现的空缺无须填补。这里指的纪律处分包括开除出通过选举产生的委员会。

第二十章 财务主管

财务主管负责管理党的资金，保管所有投资、收入和支出的账目。

第二十一章 总书记

一、总书记要服从主席的日常管理，并负责全国委员会办公室。

二、总书记负责起草和公布党的年会议程，包括大会闭幕后的账目审查工作。

三、总书记负责起草全国委员会和工作委员会的工作报告，包括最后一次提交该工作报告以来这段时期的账目审计报告。同时在全体出席的党的年会召开前，将该工作报告提交全国委员会第一次会议。

第二十二章 党员资格的审查

中央选举局通过邦选举局安排党员资格审查工作。邦选举局负责处理党员资格审查的要求。邦选举局在适当层级上任命审查委员会。

第二十二章关于党员资格审查的规定：

1. 有人拒绝按照第五章第一（一）（二）条和第二条规定登记，或者名字从党员登记簿中删除或登记错误，抑或有党员拒绝将自己的名字登记在党员登记簿上。这些人要在初步选举名单公布后的 7 天内，向邦选举局任命的县审查委员会提交报告，说明发生上述问题的理由。

2. 在听取审查不合格人员或其他参与者的情况报告后，县审查委员会将决定是否在党员登记簿上加入、更正或删除其姓名。县审查委员会一般要在收到上诉报告后 7 天内解决相关问题。

3. 县审查委员会有权审查党员的党籍表，并调查党章中关于党员资格的有关条款是否得到落实。县审查委员会也可以审查党员提交的定期报告。在听取有关人员的解释后，县审查委员会作出审查决议。

4. 县审查委员会要简要记录有关进程，有关审查决议的复印件要在决议下达 3 天内交给当事人。

5. 如当时该县没有设立县委员会，而只有一个临时委员会，所有审查不合格人员要将有关报告提交由邦选举局任命的县审查委员会。

6. 审查不合格的人员在县审查委员会作出审查决议的 10 天内，可以就此向邦选举局提出上诉。

7. 邦选举局和县审查委员会有权按照有关规定，将权力授予其附属委员会或个人。

8. 审查不合格人员在邦选举局作出审查决议的 10 天内，可以就此向邦选举局提出上诉。

第二十三章　选举争议

为了组织选举以自由公正的方式进行，邦选举局有必要采取这个步骤。邦选举局负责裁决选举争议。所有对邦选举局决议的上诉，交由中央选举局解决。

第二十三章关于选举争议的规定：

1. 关于党主席、党的财务主管、邦委员会执行委员会委员、全国委员会委员选举的异议，要在选举结果公布后的 15 天内提交中央选举局。中央选举局在其成员中选任陪审员，召开专门会议解决有关异议。

2. 只有相关邦委员会委员才能提出上述第 1 条款所说的申诉。

3. 每份选举请愿书而非第 1 条中有关内容，要在选举结果公布后的 7 天内提交邦选举局。

4. 选举请愿书以亲自送交或挂号邮寄的方式提交邦选举局。

5. 邦选举局有权在处理请愿或上诉的过程中发布禁制令。

6. 邦选举局一般应在提交选举请愿书后的 30 天内对其加以解决。

7. 中央选举局要出台规定，规范邦选举局在处理选举请愿和上诉过程中的行为。

8. 除提交选举请愿书或上诉的候选人以外，其他人未经邦选举局批准，不得出现在邦选举局。候选人可以聘请律师。

9. 邦选举局和县审查委员会有权按照有关规定，将权力授予其成员。

10. 基层或乡层级的选举争议要在选举结果公布后的 10 天内提交县委员会执行委员会。县委员会执行委员会要在收到争议报告后的 10 天内对其加以解决。

对县委员会执行委员会决议的上诉，要在决议下达后的 10 天内提交邦选举局。县委员会层级的选举争议，要在结果公布后的 10 天内提交邦选举局。邦选举局要在收到此类上诉后的 10 天内全部加以解决。

对邦级的选举争议要在选举结果公布后的 10 天内提交中央选举局。中央选举局要在收到此类争议后的 10 天内全部加以解决。

邦选举局是基层、乡或县级选举争议的最终裁决机构。邦选举局的选举争议需要从党章角度进行研究，相关规定需要提请中央选举局裁决。这种问题需要在有关选举结果公布后的 10 天内提交中央选举局。

第二十四章　选举机构

一、选举局：工作委员会须建立一个全国委员会的中央组织选举局，由 3—5 名委员组成，其中 1 名为主席。该选举局主席和委员在任职期间不得担任任何组织的官员。除管理有组织的选举以外，该委员会还要监督和管理因组织选举而进行的党员登记。从开始党员登记到选举最终完成，该委员会要确定选举的日程表。

二、中央选举局主席是选举党主席办公室以及工作委员会委员的当然选举监察人。

三、全国委员会的中央选举局任命邦委员会层级的邦选举局，由3—5名委员组成，其中1名为主席。该选举局委员的任期为3年。该选举局主席和委员在任职期间不得担任任何组织的官员。中央选举局任命邦或属地选举监察人。

四、为顺利开展有组织的选举，中央选举局要制定必要的规章制度。

五、邦选举监察人指导本邦所有党内选举。经与邦委员会、属地委员会或县委员会的执行委员会进行磋商，该选举监察人可以任命县选举监察人及其他此类人员，这对于严格指导邦或属地的选举至关重要。邦选举监察人有时还要完成中央选举局分配的其他工作。

六、邦选举监察人一般只能担任一届，但是在任命新邦选举监察人之前，他可以继续担任，抑或中央选举局可以根据相关规定将该选举监察人免职。

第二十四章关于选举机构的规定：

1. 邦选举监察人及其下属的所有选举监察人都是党员，同时不能担任任何委员会的官员或委员。他们也不能在所在地区成为任何党内选举的候选人。在担任选举监察人及此后的6个月内，他们在所在地区作为选举监察人开展活动。

2. 邦和县选举监察人要将办公室设在各自邦和县委员会总部，如各自上级委员会特别批准，他们可以将办公室设在其他地方。

3. 邦选举监察人负责指导本邦所有党内选举。邦选举局要为严格管理选举作出必要的与党章和有关规定一致的决策。

4. 如确定选举监察人在一定程度上没有履行与其职位相适应的职责，中央选举局可以免除该选举监察人的职务，邦选举局也可以免除相应的县选举监察人及其他选举官员的职务。在被免除职务以前，有关选举监察人有机会就相关指控进行辩护。

5. 未经邦选举监察人或比自己级别高官员批准，选举监察人及其他官员无权将自己的职责委派给他人。

6. 不得任命参加竞选的候选人在各自所在地区担任选举监察人或其他选举官员。因此，参加乡委员会竞选的候选人不得被任命为该乡的选举官员，参加县委员会竞选的候选人不得被任命为该县的选举官员。某乡的选举官员或选举监察人也不得参加来自该乡的邦委员会竞选，但是可以参加来自其他乡或选区的邦委员会竞选。

7. 县选举监察人要服从邦选举监察人的管理和监督，并负责指导该县所有党内选举。经邦选举监察人批准，县选举监察人可以任命该县的投票站人员及其他官员。

8. 县选举监察人要安排投票站地点，规定每个投票站覆盖的地区，并至少在投票日前10天公布这些信息。县选举监察人还要至少在投票日前10天通知投票日期和时间。

9. 投票官员负责维持投票站秩序，并公正地管理选举。

10. 候选人或其代理人要亲自向相关选举监察人提交由邦选举局规定的提名书，并将其交给该选举监察人。提名书可以印刷、打印或手写。

11. 如合法提名的候选人要撤销，至少要在投票日前48小时向相关选举监察人提交撤销书。撤销书需要手写，并由提出撤销候选资格的候选人签字。

12. 以下是投票选举的程序：

（1）投票站人员负责保持投票的保密性，并组织选民依次在投票站投票。

（2）县选举监察人或相关投票站人员允许候选人的代理人进入投票站观察事关候选人利益的投票。为此，投票站人员在将选票交给选民之前，会把名字的首字母签在每张选票的空白处。

（3）投票结束时，投票站人员会清点每名候选人的得票数，并将得票数报告选举监察人。候选人及其代理人如果愿意,可以在清点票数时在场。

(4) 在收到每名候选人的得票数以后,选举监察人将宣布投票结果。

13. 以下是在基层选举中以举手表决方式投票的程序:

(1) 在进入会场前,投票站人员仔细审查每名选民。

(2) 投票站人员与每名候选人的一名代理人共同清点人数。人数清点完毕后,候选人代理人在人数清点单上签字并交给投票站人员。

(3) 如果有可能,投票站人员要为每名候选人标明各自的区域,并要求选民站到自己选择的区域,以便于统计得票数。

(4) 基层党员议会的投票站人员要预告推荐竞选候选人的时间以及退出竞选的时间。投票站人员还要通知投票开始和结束的时间。如果认为有必要,投票站人员有权将投票时间延长半小时。

14. 在竞选期间,候选人不得使用传播媒介争取选民,也不得使用不受欢迎的宣传册等公共宣传方式。如违反这些规定,该候选人的竞选将视为无效,并可能会受到进一步纪律处分。

15. 邦委员会委员第一次会议由邦选举监察人主持召开,如邦选举监察人缺席,可由中央选举局推荐一名人选主持召开。这次会议要选举出邦委员会主席,包括副主席和财务主管等官员在内的所有执行委员会委员,以及需要由邦委员会选举的其他所有委员。

县委员会委员第一次会议由县选举监察人主持召开,如县选举监察人缺席,可由邦选举监察人推荐一名人选主持召开。这次会议要选举出县委员会主席,包括副主席和财务主管等官员在内的所有执行委员会委员。

第二十五章(A)　议会局

工作委员会组建由党主席及其他 9 名委员组成的议会局。党主席任议会局主席,其中 1 名委员为国大党议会党团领袖。议会局负责管理和协调党的立法会议党团的议会活动。

第二十五章（B） 选举委员会

一、中央选举委员会由议会局委员及其他由全国委员会选举的委员组成，这是为了：

1. 对邦和中央立法会议候选人进行终选；

2. 管理选举运动。

二、邦选举委员会由邦委员会或属地委员会主席、党的立法会议党团领袖，以及（或）联合属地的议会或中心城市委员会中的党领袖组成。邦选举委员会至少要有4名其他委员，但委员总数不超过10名，由邦委员会或属地委员会常务会议选举产生。得票数超过选票总数的三分之二，即当选为邦选举委员会委员。该选举以投票表决的方式进行，选民在每张选票上选择的候选人数量最多可以与委员会应选委员人数相同。如每名候选人的得票数都未超过三分之二，则根据单张可转让选票机制进行新一轮投票。邦委员会或属地委员会主席是邦或属地选举委员会的当然主席。

三、根据以上方式选举产生的邦或属地选举委员会，可以推荐中央和邦立法会议候选人竞选中央选举委员会。

四、中央选举委员会制定必要的规定，指导邦选举委员会管理候选人选举及其他选举相关事宜。

第二十五章关于议会局和选举委员会构成的规定：

1. 议会局的构成：

工作委员会在成立后的第一次会议上，从工作委员会委员中任命人员组建议会局。议会局工作到新议会局产生为止。

2. 选举委员会的构成：

（1）中央选举局主席是选举监察人，负责指导中央选举委员会委员选举。

（2）全国委员会一般在成立后的第一次会议上，从全国委员会委员中任命人员组建中央选举委员会。中央选举委员会工作到新中央选举委员会产生为止。其主要职责是组织参加大选或可能举行的中期选举。

(3) 邦委员会一般在成立后的第一次会议上，从邦委员会委员中任命人员组建邦选举委员会。邦选举委员会工作到新邦选举委员会选举产生为止。邦选举监察人是本次选举的选举监察人。

(4) 如邦选举委员会没有按照党章规定选举产生，中央选举局要采取必要的措施指导邦选举委员会的选举。

3. 中央选举委员会9名委员的选举程序：

(1) 提名要得到具有完全投票权的全国委员会委员的推荐和支持。

(2) 一名具有完全投票权的全国委员会委员，可以从具有完全投票权的全国委员会委员中推荐最多9名委员。

(3) 提名书要征得被推荐候选人的同意。

(4) 选举以投票表决的方式进行。

(5) 投票按照单张可转让选票机制而定的比例代表制进行。

第二十六章 缺 额

一、任何根据党章组建的委员会或理事会代表或委员职位都可能因辞职、免职或死亡而出缺。

二、除用其他方法补缺以外，要以相同的方式选举委员进行补缺。选举出来的委员要一直工作到该空缺职位任期结束。

三、如未补充缺额，只要是正常组建的委员会或理事会，都不能由于缺额而解散。

第二十六章（A） 基层组织和部门

一、党主席可以创建基层组织或部门承担有关工作。

二、这类基层组织或部门的主席或成员由党主席任命。

三、经与邦委员会磋商，这类基层组织或部门可以任命邦一层级的基层组织或部门的主席或成员。

第二十七章 其 他

一、任何人不得担任两个同级委员会的委员。

二、委员会可以将自己的任何权力授予下级委员会或个人。

三、最新一次人口普查的人口数量是党的规划的基础。

四、如涉及小数点问题，采取四舍五入的方法。

五、本党章中出现的"投票"等字样，指的是有效票。

六、乡、县、邦委员会从其委员中选举主席、副主席、财务主管以及执行委员会委员。各委员会主席从其执行委员会委员中任命书记。

七、如在关于党章的规定、内容、说明或程序方面，党员和委员会或委员会之间出现任何质疑或争议，由党章规定的有关主管部门加以解决。该主管部门的决议对于所有党员和委员会都具有最终效力和约束力，不容任何人在法庭上提出异议。

八、如有委员未经请假，连续三次缺席任何委员会会议，将被取消该委员会委员资格。

第二十八章 党章的修正

只有党的年会才能修改和完善党章。全国委员会在年会闭会期间，可以对除第一章以外的党章内容进行修改和完善。如工作委员会认为确有必要，全国委员会不得修改党章，除非在专门为此召开的会议上有超过三分之二的委员表示赞成。对党章的修改建议至少要在召开专门会议前一个月交给每名与会委员。全国委员会对党章的修正需要提交下次年会批准。在批准之前，有关修正内容可以从全国委员会规定的日期起执行。

其他（规定）

一、不符合竞选条件的候选人：

（一）选举官员

邦选举监察人及其他选举官员在任职期间及此后的 6 个月内，不能在当职地区作为候选人参加任何党内选举。

（二）不交纳捐款及其他应缴费用的人：

1. 每名党员每月都应该在（中央和邦的）党的立法会议党团领袖规定的时限内交纳捐款。

2. 未在党的立法会议党团领袖规定的时间内交纳捐款的立法会议委员，将禁止代表党或参加组织选举。

3. 党的立法会议党团书记要不定期向邦委员会和县委员会书记通报未按时交纳有关费用的委员。

4. 邦委员会和县委员会书记在收到通报信息后，要告知邦选举监察人和县选举监察人，这些立法会议的委员没有资格参加组织选举。

5. 邦委员会、县委员会或初级委员会不得提名上述委员参选任何委员会或附属委员会。

6. 立法会议委员交清欠款后，党的立法会议党团书记要通知邦委员会和县委员会书记有关欠款已交，邦委员会和县委员会书记也要将此情况告知邦选举监察人和县选举监察人。如在提名截止时间的 24 小时之前收到该通知，邦选举监察人和县选举监察人要宣布这些委员有资格参加组织选举。

7. 如不是立法会议委员的党员欠款，也没有资格参加组织选举，并且不能被提名推荐到任何委员会或附属委员会。

二、选举方法：

党章或规定没有特别说明委员或委员会的选举方法时，一般采取投票表决的方式选举；如候选人有 2 名以上时，采取简单多数的方法选举。

三、委员会的构成：

如一个委员会的全体合法委员中有四分之三以上的委员是按程序选举产生的（包括选举产生的保留名额），那么该委员会就是按程序组建的。对于乡委员会来说，来自基层单位的委员中，有 50% 是按程序选举产生的即可。

四、指派委员的任期：

指派委员的任期与委员会中通过选举产生的委员任期相同。

五、选择委员会的决定：

（一）邦委员会或县委员会委员不是从他的居住地选举产生时，他应该在第一次会议之前，书面向该邦委员会或县委员会报告他希望成为其中一员的县委员会或乡委员会名称。这样他就可以在他被选举出来的地区中选择县委员会或乡委员会。

（二）议会或国家立法会议成员被选举出来的地区归入多个初级委员会或县委员会时，该成员将成为管辖其住所的初级委员会或县委员会的当然委员。

六、惯例

（一）委员会主席有权将其任命或提名的官员免职，前提是该官员没有履行自己应有的职责。但是在免职决定生效之前，该官员有机会解释他的情况。

（二）如在一段时间内不能履行职责，委员会主席在征得上级委员会同意后，有权从副主席中任命短期的执行主席。

（三）党章中出现的"有保证的印度土布"一词，是指经印度土布委员会或印度土布理事会鉴定的印度土布。

七、县和乡临时委员会的构成：

如根据党章或在上级委员会指导下，县委员会、初级委员会及其低级别委员会未能成功组建或运转，上级委员会要解散该委员会，并组建一个临时委员会在该地区开展党务工作。但是县委员会不能被取代或解散，如没有工作委员会批准，邦委员会不得组建临时委员会。如没有邦委员会批准，县委员会也不得取代或组建下级临时委员会。临时委员会的任期只有3个月。经直接上级委员会批准，临时委员会的任期可以从3个月延长至1年。除特殊规定外，临时委员会享有与正常委员会相同的权力和待遇。

在特殊情况下，工作委员会有权将临时委员会的任期延长至1年以上。

八、外围组织的作用：

（一）每个外围组织都有自己的章程，有自己不同于党籍的成员身份。每个层级都要进行正规选举。每个层级的外围组织及其母体机构要建立密切合作的体制。特别是在政策问题上，外围组织及其母体机构要召开大规模的、密集的磋商会议。

（二）外围组织要保证在官员选举方面的自主权。它们可以自主制定自己的纲领。

（三）每个外围组织都有一个党主席领导的顾问委员会。该顾问委员会是党主席在与各个外围组织进行磋商以后任命的。

九、制定附加规定的权力：

如在贯彻执行党章规定过程中遇到困难，党主席有权发布命令，制定必要的规定用以解决困难。

党籍表

序号：

照　片

我志愿加入国民大会党。我接受党章第一章中的如下规定：

"印度国民大会党的宗旨是为印度人民谋求幸福与进步，以和平与宪法规定的方式，在印度建立一个以议会民主制为基础的社会主义国家。在国内实现机会均等以及政治、经济、社会权利的平等，并谋求世界和平与友谊。"

我不是其他具有独立成员资格、章程和纲领的政党或教派成员。我随该表格交纳3卢比，作为从_____年到_____年的党费。

姓名：_____

（＊）性别：男/女　　　　　　　　（＊）请在相应位置打钩

（＊）属于：表列种姓/表列部落/其他落后阶级/少数民族

　　　　　　　　　　　　　　　　（＊）请在相应位置打钩

父亲或丈夫姓名：_____

原籍：_____

固定居住地或工作地点：_____

年龄：_____　　　　　　　职业：_____

移动电话：_____　　　　　固定电话：_____

投票站委员会/单位：_____

序号：_____　　　　　　　名称：_____

乡的名称：_____

_____　　　　　_____

证明人签字、按手印　　　　　　申请人签字或按手印

日期：_____

登记员签字：_____

注：填写的地址要确保能够找到。

_____县委员会书记记录。办公室已收到_____的上述党籍表以及从_____年到_____年的党费 3 卢比。申请书已由登记员_____先生/女士保存。县委员会的登记序号是：_____。

日期：_____

县委员会书记签字：_____

序号：_____

给申请人的存根：收到_____先生/女士提交的党籍表以及从_____年到_____年的 3 卢比党费存根，存根号：_____。

登记员签名：_____　　　　县委员会书记签字：_____

　　　　　　　　　　　　　　　　　　　　日期：_____

声　明

我声明：

1. 我年满 18 周岁；

2. 我是有保证的印度土布的习惯穿用者；

3. 我远离酒饮料和毒品；

4. 我不以任何形式支持或实施社会歧视，并保证为废除它而奋斗；

5. 我支持建立一个没有宗教和种姓制度区别的统一社会；

6. 保证完成工作委员会制定的包括手工劳动在内的最低限度的任务；

7. 我拥有的财产低于最高法律规定的限额；

8. 我坚持世俗主义、社会主义、民主主义原则并为之奋斗；除政党集会以外，我不直接或间接地公开批判党的现行纲领和政策；

9. 我订阅全国委员会批准的期刊；

10. 我遵守国民大会党党章的条款和规定。

申请人签名：＿＿＿＿＿＿＿
日期：＿＿＿＿＿＿＿

宗　旨

"印度国民大会党的宗旨是为印度人民谋求幸福与进步，以和平与宪法规定的方式，在印度建立一个以议会民主制为基础的社会主义国家。在国内实现机会均等以及政治、经济、社会权利的平等，并谋求世界和平与友谊。"

（本文出处：http：//inc.in/documents/constitution.pdf）

（杨大群　译）

印度共产党（马克思主义）章程及章程所附规定

〔1968年12月印度共产党（马克思主义）第八次全国代表大会讨论通过，1995年4月第十五次代表大会部分修改〕

第一章 名 称

党的名称为印度共产党（马克思主义）。

第二章 宗 旨

印度共产党（马克思主义）是印度工人阶级的革命先锋队。党的宗旨是通过建立无产阶级专政的国家，实现社会主义和共产主义。党以马克思主义和列宁主义的哲学和原理作为行动指南。马列主义为劳苦大众指明了消除人剥削人，彻底解放的正确道路。党高举无产阶级国际主义旗帜。

第三章 旗 帜

党旗是长为宽1.5倍的红旗。旗中心为白色交叉的锤子和镰刀。

第四章 党 员

1. 年满18岁的印度居民，接受党的纲领和章程，愿意在党的一个组织中工作，执行党的决定并定期交纳党费（按规定交纳的党费和党税）的，有资格入党。

2.（a）吸收党员要由个人申请和两位党员作介绍人。介绍人必须本着负责的精神向党支部或有关组织提供本人了解的有关申请人的详细情况。如果党支部准备吸收申请人入党，则呈报上级委员会，由上级委员会作出决定。

（b）党支部以上直至党中央的各级党委均有权直接吸收党员。

3.（a）所有入党申请书必须在递交或上报的1个月内呈交相关的委员会。

（b）预备党员的预备期从通过他为预备党员之日算起，为期1年。

4. 如果其他政党的县或邦级的领导成员申请加入我党，除需要乡、县或邦委员会批准外，还需上级党委批准方可入党。在特殊情况下，党中央委员会或邦委员会可接收为正式党员。邦委员会接收此类人员入党前须经党中央委员会同意。

5. 被开除的党员必须由将其开除的党委或上级党委批准方可重新入党。

6. 预备党员的义务同正式党员一样。预备党员的权利，除了没有表决权、选举权和被选举权以外，也同正式党员一样。

7. 党支部介绍或党委接收预备党员时，应安排进行有关党的纲领、章程及现行政策的基础教育，并考察其在党支部和党组织的活动情况。

8. 预备党员预备期满，党支部或有关党的委员会应讨论他能否转为正式党员。不具备党员条件的，党支部或党的委员会应取消预备党员资格。转正报告应由党支部或有关党的委员会定期呈报上级党委。

9. 上级委员会对报告详细审查，并与提交报告的党支部或党委商议后，可对决定进行修改。县级及邦级党委对接收预备党员及批准预备党员为正式党员行使监督权，并有权修改或拒绝下级党委作出的有关决定。

10. 党员可从一个组织转入另一个组织，但必须由其所在组织同意，并通过其所在的组织将其申请呈报上级主管部门。

第五章 入党誓词

预备党员入党必须在誓词上签字。誓词如下:

"我接受党的宗旨与目标,遵守党的章程,忠实执行党的决定。

我为实现共产主义理想而奋斗,为国家、工人阶级、劳苦大众无私服务,永远将党与人民的利益置于个人利益之上。"

第六章 党员档案

所有党员档案由县级党委监督保管。

第七章 党员资格审查

1. 由党员所属的党组织对党员资格进行年度审查。党员如果无正当理由,连续一定时期不参加党的组织生活及活动,或不交纳党费,则失去党员资格。

2. 党员资格审查报告应由党支部或有关党的委员会呈报上级委员会备案。

3. 党员有权对失去党员资格的决定提出申诉。

第八章 退 党

1. 党员要求退党,应向所属党支部或党组织递交辞呈。有关组织可接受并从党员名册中将其除名,同时呈报上级委员会。如果退党涉及政治原因,党组织可以拒绝接受辞呈,将其开除。

2. 一个要求退党的党员,犯有理应开除的违犯党纪行为,而且证据属实,则应开除党籍,而不作为退党处理。

3. 对退党要求作为开除党籍处理,应立即上报上级党委以备批准。

第九章 党　费

1. 所有的党员及预备党员每年应交 2 卢比党费。党费每年交纳一次，第一次于入党时交纳，以后于 3 月底之前由党员交给党支部或党组织书记。逾期仍不交纳党费的党员将被开除。若有正当理由，中央委员会可延长交纳期限。

2. 支部或党组织收取的党费将由相关的委员会交给中央委员会保管。

第十章 党　税

每个党员每月必须交纳中央委员会规定的党税。领取年薪及按季节领取薪水的党员必须在季节或每季度初按同等比例交税。逾期 3 个月仍不交纳的党员将被除名。

第十一章 党员的义务

1. 党员有如下义务：

（a）定期参加所属党组织的活动并忠实执行党的政策、决定和指示。

（b）学习马列主义并努力提高理论水平。

（c）阅读、支持并推介党的刊物和出版物。

（d）遵守党的章程和党的纪律，行为举止要符合无产阶级国际主义精神和共产主义崇高理想。

（e）人民和党的利益置于个人利益之上。

（f）全心全意为群众服务，密切与群众的联系，向群众学习并向党报告群众的意见和要求，在党的指导下参加一个群众组织的工作。

（g）在党内培养同志式关系，并始终发扬兄弟友爱精神。

（h）以互相帮助和促进个人和集体工作为目的，开展批评与自我批评。

（i）对党忠诚老实，不辜负党的信任。

(j) 维护党的团结和统一，反对工人阶级和国家的敌人。

(k) 在党、工人阶级和国家遭受敌人攻击时，捍卫党的事业。

2. 党组织的任务是确保并尽一切可能帮助党员履行上述义务。

第十二章 党员的权利

1. 党员享有以下权利：

(a) 选举权和被选举权。

(b) 参加有关党的政策的制订和党的决议的讨论。

(c) 对党的工作提出建议。

(d) 在党的会议上对党的各级委员会和工作人员提出批评。

(e) 在党组织讨论决定对党员的党纪处分时，本人有权参加和进行申辩。

(f) 对党的组织作出的决定有不同意见，有权向上级委员会提出自己的意见。如果政治上有不同意见，党员有权向上级委员会直至党中央提出自己的意见。在上述情况下，党员首先应执行党的决定，分歧应通过实践检验和同志式的讨论来解决。

(g) 向党的上级组织直至中央作出陈述、申诉和控告。

2. 党的组织及工作人员有责任确保党员的权利得到尊重。

第十三章 民主集中制原则

1. 民主集中制是党组织的基础和内部生活的指导原则。民主集中制原则是指党内民主基础上的集中领导和集中领导指导下的民主。

在党的组织内，民主集中制的指导原则是：

(a) 党的各级机构从上到下都由选举产生。

(b) 少数服从多数决定，下级党组织应执行上级党组织的决定和指示，个人服从集体。全党各个组织执行党的全国代表大会和中央委员会的决定和指示。

（c）党的各级委员会应定期向直属下级委员会报告工作，所有下级党委应向直属上级党委汇报工作。

（d）党的各级委员会特别是处于领导地位的委员会，应经常听取下级党组织及普通党员的批评与意见。

（e）党的各级委员会的工作应严格遵守集体决策和个人负责相结合的原则。

（f）一切国际事务，涉及全印度或一个邦以上的问题，以及需要全国统一决定的问题，应由党的全国组织决定。涉及邦或者县的问题一般应由相关的党组织决定，但任何此类决定都不可与上级党组织的决定相抵触。党中央领导人对涉及邦的重大问题作出决定之前，通常应与有关邦的党组织协商。这一做法也适用于邦的党组织与县的党组织的关系。

（g）遇到影响党的全国性政策的问题，而且是首次表明党对这些问题的立场时，只有党中央领导人有资格发表政策声明。下级党的委员会可以也应该及时呈报意见和建议以供中央领导人参考。

2. 鉴于全党党员和群众运动的经验，党内生活适用下列民主集中制原则：

（a）党组织内对一切有关党的政策及工作的问题进行自由坦诚的讨论。

（b）坚持鼓励党员宣传和执行党的政策，提高他们的政治思想和教育水平，以便使他们能有效参与党内生活和党的工作。

（c）如果党委内部产生严重分歧，应尽力达成一致。如果不能，只要不是出于党和群众运动的需要必须立即作出决定的，应推迟决定，通过进一步讨论解决分歧。

（d）鼓励从上到下各级组织开展批评与自我批评，特别是来自下级的批评。

（e）坚持与党的各级组织的官僚主义倾向作斗争。

（f）党内不允许存在任何形式的宗派和宗派集团。

（g）通过发展兄弟般的关系和互帮互助来增强党性，以与人为善的态度纠正同志的错误；不以偶然的失误评价同志及其工作，而是要全面考虑其对党的工作业绩。

第十四章　全国代表大会

1. 全国代表大会是全国党的最高机关。

（a）代表大会通常3年召开一次，由党中央委员会召集。

（b）中央委员会认为有必要，或者代表全党三分之一以上党员的两个或两个以上的邦党委要求，可以召开党的特别代表大会。

（c）代表大会或特别代表大会召开的地点和时间由中央委员会在特为此召开的会议上决定代表大会的代表由邦一级会议和党中央直属的党组织会议选举产生。

（d）出席代表大会代表的构成，出席特别代表大会代表的构成及选举方式，由党中央委员会依据全党党员状况、党领导的群众运动力量、各邦党的力量决定。

（e）中央委员会委员有权作为正式代表出席代表大会或特别代表大会。

2. 党的全国代表大会的职权是：

（a）讨论和审查党中央委员会的政治报告及组织报告。

（b）修改党纲及党的章程。

（c）决定党在当前形势下的路线。

（d）以秘密投票方式选举中央委员会。

3. 选举资格审查委员会审查全体代表的资格并向大会提交报告。

4. 大会选举主持大会的主席团。

第十五章　中央委员会

1.（a）党中央委员会由党代表大会选举产生，名额由代表大会决定。

（b）任期届满的中央委员会应向大会提交候选人名单。

（c）候选人应具有领导能力，与群众有密切联系，具有坚定的工人阶级革命观，受过良好的马列主义思想教育。

（d）任何代表均可对名单上的候选人表示异议，或者另外推举新的候选人，但应该先对名单上的候选人予以认可。

（e）任何被推举的候选人有权退出。

（f）提交的名单和代表提名的候选人，将以一人一票，秘密投票的方式表决。如果没有建议名单以外的提名，将以举手方式表决。

2. 全国代表大会闭会期间，中央委员会是党的最高权力机构。

3. 中央委员会负责执行党的章程、代表大会通过的政治路线和决议。

4. 中央委员会代表全党，负责指导党的全部工作。拥有全权对党面临的任何问题作出决定。

5. 党的中央政治局和总书记从中央委员中选举产生。政治局人数由中央委员会决定。政治局在中央委员会闭会期间代表中央委员会开展工作，有权在中央委员会闭会期间作出政治、组织决定。

中央委员会从其成员中选出书记处。书记处人数由中央委员会决定。在政治局的领导下，书记处负责党中央的日常工作并协助政治局执行中央委员会的决定。

6. 邦委书记和邦委机关报主编的选举应征得中央委员会的批准。

7. （a）由三分之二的委员出席并投票，并且赞成人数超过中央委员会委员半数，中央委员会可因严重违纪、行为不轨或反党行动开除其成员。

（b）由全体委员的简单多数通过，即可补缺。

（c）如果中央委员会委员被捕，其他成员可以选举替补委员，同原来委员有同样权利，但被捕委员被释放并重新工作时，替补委员应退出。

8. 中央委员会两次会议间隔正常情况下不应超过3个月，并可应全体三分之一的成员要求随时召开会议。

9. 中央委员会讨论并决定政治组织问题及群众运动问题，并指导邦级委员会及全印度群众组织中的党小组。

10. 中央委员会负责党的财务，并通过政治局提交年度财务报告。

11. 中央委员会应向代表大会提交政治、组织报告。

12. 为加强党的领导及确保对邦和县党组织的监督，中央委员会派出代表及组织工作干部，遵照中央委员会或政治局的专门指示开展工作。

13. 中央委员会必要时可以召开扩大会议、全体会议或者工作会议，并对这些会议参加者的构成和选举方式作出决定。

14. 遇紧急情况，或者出现大规模逮捕，中央委员会、邦委员会、县委员会可以重组成较小的组织。重组的中央委员会成员由余下的政治局委员确定，并应得到监狱内外中央委员会委员的一致批准。邦委员会、县委员会重组的成员由相应委员会的剩余成员确定，并由上级委员会批准。必要时可设分委员会，以履行其职责。重组的中央委员会有权制订保护党组织的新规则。但形势正常后，应恢复原来经选举产生的各级党的委员会。

第十六章　邦级及县级党的机关

1. 邦或县的最高机关是邦或县代表大会，大会选举产生邦委员会或县委员会。

2. （a）邦或县党的机关的组织结构、权利及职责，与上文列举的全国组织的结构及职责类似，其职责限于处理邦或县的事务，作出的决定不得超出上级党的机关决定的范围。

（a）如果有必要增加这些党委会的成员，须得到上级委员会的批准。

（b）邦或县委员会选举产生包括委员会书记在内的书记处。如果上级委员会同意，邦或县委员会可以不设书记处。

（c）邦或县委员会全体成员多数决定，可因严重违纪、行为不轨、反党活动开除其成员。

3. （a）邦委员会可根据运动的需要决定县委员会的管理范围，不必受行政区划的限制。

（b）邦委员会应对在基层组织（支部）和县、区级之间建立何种党的机关作出决定，并制定有关其构成和职责的必要规定。决定要遵守中央委员会制定的规则。

第十七章 基层党组织

1. （a）党的基层组织是基于行业或地域之分组建的党支部。

（b）在工厂、学校或产业部门工作的党员根据职业和行业组成党支部。这些支部的党员又是他们居住地党支部的联系成员，或者编为居住地党支部的附属支部，居住地党支部布置的任务不应不利于他们工作单位党支部布置的任务。

（c）党支部的人数不应超过 15 人。党支部的职责和其他有关事项由邦委会决定。

2. 支部是联系其所在区域的工人、农民及其他人民群众与党的领导委员会之间的纽带。其任务是：

（a）执行上级委员会的指示。

（b）为贯彻党的政治组织决议，争取工厂和本地的群众。

（c）吸引积极分子和同情者参加活动，吸收他们为新成员，并进行政治教育。

（d）帮助县、区、乡镇党委会开展日常组织和动员工作。

3. 支部选举书记主持工作，并报上级委员会批准。

第十八章 中央和邦监察委员会

1. 党的代表大会直接选举不超过 5 名的中央监察委员会。中央监察委员会主席是中央委员会的当然成员。

2. 中央监察委员会受理：

（a）中央委员会或政治局提交的涉及纪律处分的案件。

（b）对邦委会已作出的纪律处分提出申诉的案件。

（c）因开除党籍、留党察看及除名处分决定，向邦委会或邦监察委员会提出上诉遭拒绝的案件。

3. 中央监察委员会的决定是最终决定并具有约束力。

4. 中央监察委员会的工作细则由中央委员会与中央监察委员会协商后制定。

5. 如果代表大会闭会期间中央监察委员会成员有空缺时，中央委员会有权予以补充。

6. 邦代表会议可以选举邦监察委员会以审查违纪案件。邦监察委员会的职责和权力与中央监察委员会相似，但只限于本邦范围。

第十九章　党的纪律

1. 党的纪律是维护和加强党的团结，增强党的力量，提高党的战斗力和威信，贯彻民主集中制原则的保证。不严格执行党的纪律，党在斗争和行动中就不能对群众起领导作用，不能履行对群众的责任。

2. 纪律建立于对党的宗旨、纲领和政策自觉接受的基础上。所有党员，不论其党内职务或社会地位高低，均同样受党的纪律约束。

3. 违反党的章程、决定及其他与共产党员资格不符的行为即构成违纪，应受到纪律处分。

4. 党的纪律处分有：

（a）警告。

（b）批评。

（c）公开批评。

（d）撤销党内职务。

（e）为期不超过一年的留党察看。

（f）开除党籍。

5. 对党员的纪律处分一般在劝说等其他方式无效的情况下采取。但即使给予纪律处分后，仍应继续努力帮助该同志改正错误。若有必要立即对违纪采取纪律措施以维护党的利益和威信，应及时给予纪律处分。

6. 开除党籍是党内最严厉的纪律处分，必须十分谨慎对待、认真研究再作出决定。

7. 所有涉及撤销党内职务、留党察看（调查期间的留党察看除外）、开除党籍的纪律处分，必须经上级委员会批准方能生效。在上级委员会批准前，受开除处分的党员不能参加党的任何活动。上级委员会必须在6个月内宣布其决定。

8. 受纪律处分同志的处分决定和有关事实材料应充分同本人见面，受处分的同志有权要求所属的党组织听取意见，有权向作出处分决定的其他组织提出申诉。

9. 如果党员同时为两个党组织的成员，下级组织可以建议给予纪律处分，但要得到上级组织同意才能生效。

10. 党员道德堕落、破坏罢工、酗酒、背叛党的信任、犯有严重贪污行为，可立即由所属党组织或上级党组织取消其党员资格和撤销党内一切职务，然后再提出处分事实材料和听取本人说明情况，但为期不得超过3个月。

11. 党员对任何纪律处分均有权上诉。

12. 中央、邦或县委员会有权解散并任命新的委员会，对长期违抗党的政策决定，宗派主义严重，违反党纪的下级委员会作出纪律处分。但邦、县委员会应立即将采取的行动及其必要性上报上级委员会。

13. 特殊情况下，党委会可决定立即开除有严重反党活动的党员。

第二十章　经选举产生的公共机构中的党员

1. 当选国会、邦议会或担任行政部门职务的党员，应组成党小组，在相应的党委会的领导下工作，并严格执行党的路线、政策和指示。

2. 党的议员应坚定维护人民的利益。他们在立法机关中的工作应反映人民的要求，坚持和宣传党的政策。

党的议员在立法机构的工作，应与党的议会外活动和群众运动紧密结合，并有责任帮助建立党和群众的组织。

3. 党的议员应与选民和大众尽可能保持最紧密的联系，及时通报他们在立法机构的工作，并经常听取他们的意见和建议。

4. 党的议员应保持个人高度公正诚实，生活朴素，对人民谦和，将党的利益置于个人利益之上。

5. 党的议员及在地方机构工作的党员获得的工资和津贴归党所有。有关党委会对发给这些党员的工资和津贴作出规定。

6. 对于当选市政府、乡镇、地区、村评议会等地方机构的党员，应在相应的党委会或党支部领导下工作。他们应与选民和群众保持密切的日常联系，并在当选的机构中维护他们的利益。他们应定期向选民和群众汇报工作，听取他们的意见和建议。在这些机构中的工作应与议会外的群众运动紧密结合。

7. 所有国会、邦议会、行政机构、中央直辖区选举党的候选人的提名，应服从中央委员会的决定。

由邦委会制定提名竞选市政府、县政府、区政府、村评议会的党员候选人的指导规则。

第二十章（附）

印度共产党（马克思主义）信守和忠诚于印度宪法，坚持社会主义、世俗主义和民主的原则，维护印度的主权、统一和完整。

第二十一章　党内讨论

1. 为了党的团结，在全党每个组织对党的政策进行自由、认真的讨论，是有益的和必要的。这是党内民主赋予党员不可剥夺的权利。但是，对党的政策问题进行漫无止境的讨论，瓦解党的团结和行动意志，是严重滥用党内民主。

2. 下列情况由中央委员会在全印范围组织党内讨论：

（a）中央委员会认为有必要。

（b）中央委员会内部对涉及党的政策的重要问题没有形成足够多数成员支持。

(c) 代表全党三分之一的党员的邦委会提出要求组织全印范围的党内讨论。

3. 邦委会可就涉及本邦的党的政策重要问题自行组织党内讨论，也可在代表全邦三分之一党员的县委员会提出要求并经中央委员会批准的情况下进行党内讨论。

4. 党内讨论应在中央委员会指导下进行，由中央委员会规定讨论的问题和讨论的方式。

邦委会组织讨论时，可经中央委员会批准提出讨论的问题和讨论的方式。

第二十二章 党代表大会和党的会议召开前的预备讨论

1. 中央委员会于党代表大会召开前2个月公布决议草案，供党的各级组织讨论。中央委员会公布决议草案后，邦委会须译成相应的语言文字，并尽快发给各支部委员会所需要的份数。决议修正案直接送交中央委员会，由中央委员会将报告提交党代表大会。

2. 党的各级组织召开会议对各相关委员会提交的报告和决议组织讨论。

第二十三章 在群众组织中工作的党员

在群众组织中工作的党员及其行政人员应组成小组或小组委员会，由相应的党的委员会领导进行活动。他们必须努力增强有关群众组织的团结、群众基础和战斗力。

第二十四章 附 则

中央委员会可以根据党的章程制定和党章相一致的规定和附则。经中央委员会批准，邦委也可以根据党的章程制定和党章相一致的规定和附则。

第二十五章 修正案

党的章程只能由党的代表大会进行修改。修改党的章程的提议,应于党的代表大会召开前2个月公布。

党章有关条款的进一步规定

(1988年4月8—10日中央委员会会议通过)

第四章第10条 党　员

党员从一个组织转入另一个组织,或者从一个邦调入另一个邦:

(说明:尽管事实上所有邦与邦之间的调动均由中央委员会执行,但是通常提供的有关具体情况不够充分。因此当一个邦要求中央将一个同志调入另一个邦时,要详细说明下列情况,以保存各级所有党员的准确记录。这一做法同样适用于邦内调动。)

规定:党员的调动

调动信必须附有下列细则:

姓名

年龄

入党时间

所属党组织

工作的群众组织

每月交纳党税的数额及已交纳的时间

受过何种处分

调出邦的名称

调入邦的名称

延续党员资格的时间

联系地址

附属团体:

（说明：萨尔基亚全体会议指出，群众斗争中涌现出的积极分子应编入附属团体，对其进行培训教育，以便能吸收他们成为党员。对这一条款作出下列规定。）

1. 党的组织应该采取措施将群众运动积极参加者和群众运动中涌现的积极分子编入拥有众多同情者的附属团体。

2. 党的委员会应安排对这些附属团体成员进行关于党的纲领和基本政策的教育和培训，以便让他们在思想上武装起来，经过适当时间能作为党员参加党组织。

第六章 党员档案

规定：党的章程规定党员档案由党的县委员会监督保管。县委员会负责核查并确保档案的真实性，如有关邦委员会决定，也可授权中级/区委员会保管。

第七章 党员资格审查

（说明：第一条规定，党员"如果无正当理由，连续一定时期不参加党的组织生活及活动，或不交纳党费"，则失去党员资格。这是为了防止没有章程规定的理由随意终止党员资格，因而需要在程序上作出具体规定。）

规定：

1. 开除党员之前，有关党组织必须先给其申辩的机会。党支部须将开除党员的决定以书面形式报告上级委员会。

2. 上级委员会在确认和登记党员资格时，须检查终止党籍党员的名单，并表达明确的意见。

3. 有关委员会必须向上级委员会提交延续党员资格情况报告，详细介绍吸收党员、开除党员、党员调转及党员构成的情况。

4. 延续党员资格，应由有关党员每年填写延续党员资格登记表，包括年龄、入党时间、收入、工作的战线。

5. 党费收据交给本人。

第九章 党　费

延续党员资格登记（说明：第九章第 1 条规定，"每年 3 月底之前由党员向党支部或党组织书记"交纳党费。如果党费只能在 3 月底交给党组织，上交县、邦党委则需要一定的时间。因此实际上，各邦将收集的党费上交至中央委员会的时间从 4 月至 12 月不等。因此必须规定各邦党费上交至中央委员会的截止日期。）

规定：

1. 延续党员资格登记必须于每年的 3 月 31 日之前完成。

2. 邦党委必须于每年的 5 月 31 日之前将党费上交至党中央。

3. 如有意外情况发生，只能由中央委员会、政治局决定延期上交时间。

4. 当年新吸收的预备党员的党费应于年底之前上交。

注：吸收预备党员的工作在延续党员资格登记期限过后继续进行。他们的党费单独上交中央委员会。

第十章 党　税

规定：

1. 中央委员会规定党员按下列比例交纳党税：

每月收入不足 300 卢比的，交纳 25 派萨；每月收入 301—500 卢比的，交纳 50 派萨；每月收入 501—1000 卢比的，交纳收入的 0.5%；每月收入 1001—3000 卢比的，交纳收入的 1%；每月收入 3001—5000 卢比的，交纳收入的 2%；每月收入 5001—7000 卢比的，交纳收入的 3%；每月收入 7001—8000 卢比的，交纳收入的 4%；每月收入超过 8000 卢比，交纳收入的 5%。

2. 如果党员按季度或按年度交纳党费，以其年收入为基础计算其月收入并按上述比率计算交纳党费数额。

3. 非党员的配偶及其他家庭成员有收入的，不计入交纳党费的收入份额。

注：（1）收入是领取工资的雇员及领取周薪的工人的总收入，包括实际工资和所有津贴。此外，如果党员另外从土地、经商和房产获得收入，也要计入。

（2）农民的收入要除掉农业生产的支出。

（3）靠家庭共同收入生活的，只计本人的收入份额。

（4）干旱、失业、疾病特殊情况下，由相关的邦党委决定是否免除党税。

注：地方、地区、县、邦的上交比率由有关邦党委决定。

第十五章第 10 条　中央委员会财务

1. 中央委员会有权任命一个信托委员会管理党的财产。

2. 中央委员会每年决定各邦向用于中央机构运作的党的基金、特别基金交纳的数额。

3. 政治局组建财务小组委员会：

（a）对不超过 1 万卢比的财政事务及支出有决定权。更高数额的支出提交政治局决定。

（b）财务小组委员会按季度将中央委员会及其机构的账目提交政治局。

（c）财务小组委员会将政治局批准的年度账目提交中央委员会批准（按党章规定）。

（d）财务小组委员会的一位成员负责党的财务收入和支出，并报总账核实编定。

（e）党的机关、组织应将半年的账目提交财务小组委员会。

第十六章第 3 条　邦级及县级党的机关建立中级委员会

（说明：第 3 条规定，"邦委员会应对在基层组织（支部）和县、区级之间建立何种党的机关作出决定，并制定有关其构成和职责的必要规定。决定要遵守中央委员会制定的规则。"）

邦党委可以按下列规定决定建立介于基层组织和县、区委员会之间的中级委员会：

1. 邦党委决定拟建立委员会的规模。

2. 委员会由同级代表大会选举产生，委员会选举一名书记或书记处。

3. 中级委员会代表大会代表的选举标准由邦党委决定。

4. 中级委员会行使邦、县党委的所有职责，其权限局限于所管辖的地区范围内。

5. 特别建立或任命的以协调为目的的委员会不能拥有与完全选举产生的委员会同等的权力。其工作范围以任命他们的有关委员会的决定作为指导。

6. 县代表大会及县以下委员会大会的代表名额由邦党委决定。

第十六章 中央委员会以下党的委员会（邦和县级党的机关）的财务及账目的规定

说明：与中央委员会的财务和账目规定相似，下列规定适用于所有中央委员会以下选举产生的委员会：

1. 邦一级（包括由邦委所决定成立的县级或中级委员会）的财务小组委员会由书记处设立。

2. 财务小组委员会在书记处的监督下负责开支和账目。

3. 财务小组委员会半年向党委报一次账，并上报上级委员会。

4. 年度账目由财务小组委员会审计，并报党委会批准。

5. 审批后的年度账目的复印件由邦委会上交中央委员会。

第十八章 中央监察委员会职能的规定

1. 根据第十八章规定，中央监察委员会收到申诉，应采取措施进行调查并作出决定。

2. 只有受到委屈的党员才能提出申诉。

3. 中央监察委员会有权直接与对党员审查的党组织和有关个人联系，以弄清事实，作出结论。

4. 中央监察委员会通常3个月开一次会，会议主席应在召开会议的两周前发出通知。

5. 委员多数出席构成会议的法定多数。中央监察委员会只有在全体委员或大多数委员同意的情况下才能作出决定。作出的决定应通知缺席的委员。

6. 中央监察委员会对不复杂、简单问题通常在委员中采取协商和通信联系的方式作出决定。

7. 中央监察委员会的决定应通知申诉人及相关的邦委会。中央监察委员会的决定应由有关委员会立即执行。

8. 中央监察委员会每年应至少一次向中央委员会提交有关其活动和作出决定的报告。

9. 这些规定同样适用于邦监察委员会。

有关中央监察委员会的行动程序规则

接到申诉后,中央监察委员会主席应向其他委员通报情况。

1. 对特别案件,中央监察委员会主席应建议采取紧急措施进行调查。其他委员也可提出有关建议。

2. 中央监察委员会有权向有关委员会询问对申诉作出决定所需的情况,他们应于2个月内作出回答。逾期仍无情况提供,中央监察委员会将继续调查。

第十九章第 13 条　党　纪

特殊情况下开除党员的规定,是指"严重"的反党活动。只有极为严重的情况下,如发现党员是间谍、敌探,或党员的行为严重危及党的地位,才予开除党籍。

第二十章　经选举产生的公共机构中的党员

规定:

1. 所有印度共产党(马克思主义)党员当选议员的,均需按中央委员会规定的数额交纳党税。

2. 政治局每月将邦党委按规定交纳党税的一定比例返还有关邦委会(党员所在的邦)。

(说明:章程第二十章第 5 条款规定,党的议员及在地方机构中工作的党员的工资及津贴归党所有。此前没有对议员的养老金制度，如今有了这一制度，因而作出如下规定。)

3. 党的议员以及在地方机构中工作的党员的工资及津贴，包括他们领取的养老金。

第二十二章 党代表大会和党的会议召开前的预备讨论

党的会议用于讨论总结上次会议以来的工作报告及与执行上次党的会议（代表大会）制定的路线有关的政治组织问题。代表大会政治决议草案的讨论将按党章的规定单独进行。

第二十三章 在群众组织中工作的党员

1. 在党的中央、邦和县级委员会可以成立小组委员会，其他在各个群众组织中工作的适合领导党员工作的成员均可成为委员会的成员。他们专门研究战线问题，检查党的建设，指导并协调不同群众组织中的党员的活动，不论是党组织还是支委会，监督党的政策的贯彻执行。

2. 在群众组织或者经选举产生的各级机构中工作的党员是该机构的一部分。他们要在相应的党委指导和决定下工作。

3. 小组委员会由在各级群众组织中工作的党员组成，小组委员会由相应的党委建立，除党委委员外，可包括那些党委认为具有群众经验、政治上成熟的党员同志。

4. 小组委员会在群众组织中的执行委员会、全国理事会中应执行相应党委的决定，并采取必要的措施执行党委的决议。

(本文出处：http://cpim.org/party-constitution)

(吕增奎 译)

印度共产党（马克思主义）纲领

〔1964年10月印度共产党第七次全国代表大会讨论通过，
2000年10月，印度共产党（马克思主义）
特里凡特朗特别会议最新修订通过〕

1. 导 言

1.1 印度共产党继承了印度人民进步、反帝和革命的传统。1920年，在俄国十月社会主义革命的鼓舞下，一些坚定的反帝战士成立了印度共产党。此后，党以争取彻底独立和实现社会根本变革为目标，坚持为在印度建立没有阶级剥削和社会压迫的社会主义社会而斗争。

1.2 为了无产阶级国际主义事业，党始终支持世界各国反对帝国主义秩序的民族解放运动和争取民主和社会主义的斗争。这些解放运动和斗争正是20世纪的主要特征。党以马列主义基本原理作为争取民族独立、实现社会主义和推向共产主义最终目标的行动指南。共产党人在国内率先提出了彻底独立的要求，并为此在1921年向印度国民大会党艾哈达巴德会议提交了一项决议。

1.3 共产党人在要求彻底独立的同时，强调要制订明确的社会和经济变革纲领，赋予"印度自治"这一口号激进内涵。其中应包括：取消地主制度，结束封建统治，铲除种姓压迫等。

1.4 从参加自由斗争开始，共产党人就努力组织工人参加工会、农民参加农民协会、学生参加学生会、其他群众参加相应的群众组织。正是由于共产党做了这些工作，一些全国性的组织，如全印农民协会、全印学生联合会得以建立，全印工会大会得到了加强。共产党人也发起建立了进步的文化和文学组织，如进步作家协会和印度人民戏剧协会等。

1.5 英国统治者决意消灭印度的共产主义。他们肆无忌惮地野蛮压制新生的共产主义团体，取缔共产主义刊物，以阻止革命思想的传播。他们针对共产主义运动的年轻领导人制造了一系列的阴谋事件。自 1920 年成立后不久，党就被宣布为非法，并不得不进行了 20 多年的地下活动。尽管遭受残酷镇压，党仍然在动员人民争取彻底独立和实现社会根本变革方面不断取得进展。

1.6 党的勇敢和坚定的反帝立场，吸引了各种革命力量和战士加入党内，其中包括旁遮普、孟加拉、孟买和马德拉斯的革命者，喀拉拉、安得拉邦和印度其他地区持激进反帝立场的国大党人，党的力量得到壮大。党在与国大党及后来国大社会党为代表的独立运动密切合作的同时，始终坚持为把自身建设成独立的无产阶级政党而奋斗。

1.7 二战后，印度人民反帝运动高涨。共产党在全国各地成为运动的先锋，党领导了具有历史意义的特伦甘纳农民武装斗争；党在许多邦要求建立责任政府的人民运动中也起了主导作用；党在组织和支持法、葡占本地治理和果阿的解放斗争中发挥了积极作用；工人、农民和学生的斗争浪潮，要求释放印度国民军战俘的运动，在 1946 年的海军起义达到了一个新高潮。在法西斯战败和民族解放运动达到高潮的国际背景下，面对风起云涌的群众斗争，英帝国主义与主要资产阶级政党国大党和穆斯林联盟的领导人达成妥协。国家由此分裂，印度和巴基斯坦在资产阶级和地主阶级领导下作为独立国家开始成立。达成这一妥协的原因是民族运动是在资产阶级领导下进行的。因而，反对外国帝国主义统治的民族统一战线阶段就此结束。

1.8 即使在国家独立后，共产党也同样遭到镇压。1948—1952 年期间，国大党统治者在特伦甘纳不断对共产党残酷打击，在西孟加拉及后来在特里普拉半法西斯恐怖时期反复进行镇压，在喀拉拉等地暗杀党的干部。但这些镇压都无法遏止党开展革命运动。在分离主义势力上升并威胁到国家统一时,党站在维护人民团结的斗争前沿。在反对旁遮普、特里普拉、阿萨姆、西孟加拉和克什米尔等地分离主义和分裂势力的斗争中,数以百计英勇的党的积极分子献出了生命。

1.9 自创建伊始,共产主义运动就在印度政治中发挥了进步作用。凭借其广泛的群众基础、强大的吸引力和替代资产阶级地主制度的政策,共产主义运动成为我国政治和社会生活中的重要力量。1957年第一个共产党政府在喀拉拉邦成立,后来通过努力实施有利于人民的政策,印度共产党(马克思主义)[以下简称印共(马)]和左翼力量在西孟加拉、喀拉拉和特里普拉等邦连续执政,证明了这一点。这些政府在现存的制度内进行了土地改革,加强了地方权力,恢复了评议会制度的活力,保证劳动人民的权利,增强了主张不同政策的民主力量。在艰苦的斗争过程中,党取得了巨大成就。党能够自我剖析成功与失败,不断努力从自身失误中总结经验,增强把马列主义应用于我国社会具体情况的能力。

1.10 印共(马)是在反对修正主义的长期斗争后成立的。1964年,党通过了党纲,并在后来的岁月里努力防止根据本党纲制定的战略和策略受到修正主义和教条主义的影响。20世纪最后10年,苏联和其他社会主义国家以及世界共产主义运动遭受了严重挫折,因此有必要重新评估国际形势和国际共运的经验教训。独立后半个世纪以来,印度也发生了重大变化和发展。1964年以来,印共(马)一直在根据形势发展总结经验,以更新纲领。

1.11 印共(马)向人民阐述了革命力量在革命运动现阶段要实现的战略目标。党提出的纲领将指导工人、农民、劳动人民各阶层,以及进步民主力量反对统治阶级、争取人民民主的斗争,作为迈向社会主义社会目标的一个步骤。

2. 当代世界社会主义

2.1 20世纪世界发生了翻天覆地的变化。这是一个反对帝国主义斗争的世纪。这个世纪以1917年十月社会主义革命为开端,发生了一系列伟大的革命事件。第二次世界大战反法西斯主义的胜利意义重大，其中苏联起到了决定性作用。

具有历史意义的中国革命及越南、朝鲜、古巴等国革命的成功，以及东欧社会主义国家的建立，是帝国主义和社会主义激烈冲突的结果。这也是殖民地国家进行民族解放运动，赢得政治独立的世纪。正如马列主义理论所预言的那样，这些胜利开辟了世界历史的新纪元。20世纪发生的这些革命性事件和科技革命的重大成就，为人类进步开创了前人无法想象的远大前景。

2.2 实行社会主义制度的国家开辟了一条新的道路。伴随苏联的诞生，劳动人民在人类历史上第一次生活在没有阶级剥削的社会里。迅速工业化，消灭封建残余，以及经济、文化和科学领域的全面进步，使广大人民过上了新的生活，劳动人民社会地位得以提高。铲除贫困和文盲，消灭失业，在医疗、教育、住房等方面社会保障体系的建立，科学技术的巨大飞跃发展，都是社会主义国家的开创性成就。这些都是在资本主义没有足够发展、经济相对落后的国家里取得的巨大进步。社会主义国家不得不在克服社会经济落后和反击帝国主义侵略、颠覆和威胁的艰难环境中进行建设。苏联的成就也对资本主义国家产生了影响。资本主义国家的统治阶级被迫以建设福利国家的名义，为自己的公民实行和扩大社会保障。

2.3 然而，在前无古人的建设社会主义的过程中，苏联和东欧社会主义国家犯了严重错误。这些错误源于未能正确理解社会主义建设的长期性；源于对党和国家作用的错误认识；源于没有及时有效进行经济和管理的变革；源于未能深化党、国家和社会的社会主义民主；源于官僚主义的发展；源于思想领域受到侵蚀。这些错误为帝国主义持续不断地对社会主义进行颠覆提供了方便。这些歪曲是对革命理论和实践的偏离，并没有否定马列主义的有效性。苏联解体，东欧倒退后，出现了一种新的形势。20世纪末，社会主义力量不得不再次面对狂妄的帝国主义的挑战。印共（马）坚信，尽管遭受了挫折，共产主义运动和革命力量将从失误中汲取教训，重新组织起来，迎接挑战，反击帝国主义和反动势力的进攻。

2.4 尽管经历过曲折兴衰，20世纪特别是1917年以来的发展反映了社会主义和人民斗争对人类进步进程的深刻影响。革命变革使历史出现质的飞跃并给现代文明打上了不可磨灭的印记。社会解放和社会主义变革将是一个长期复杂的进程。历史已经表明，资本主义向社会主义的变革不可能一蹴而就，即使在取得政权以后也要经历一个长期激烈的阶级斗争时期。

2.5 世界资本主义无法解决影响人类的根本问题。在发达资本主义国家里，科技进步使生产力大幅度提高，但并没有相应增加就业，却使收入和财富的差距急剧拉大。随着剩余价值率提高，工人遭受的剥削更加严重。科技进步成为财富和资产集中的工具，使财富日益集中到少数个人和跨国公司手中。事实证明，帝国主义是掠夺性和破坏性的制度。它使人类在20世纪两次陷入野蛮的世界大战，夺去了数以百万人的生命。军工产业已经成为发达资本主义国家经济的一个不可分割的部分，起到了保持旺盛的总需求的作用。新自由主义药方鼓吹削弱国家作用，导致大量削减劳动阶级和普通民众的社会保障和福利。失业增加，工作越来越不稳定，收入与财富差距日益拉大，成为资本主义的显著特征。在发达的资本主义国家，金融体系动荡，经济停滞和增长缓慢，越来越没有理性地使用和浪费资源，这些现象都是资本主义制度固有危机的表现。跨国公司对利润贪婪的追逐和富国无节制的消费，造成生态恶化并对全球特别是第三世界国家的环境构成了严重威胁。日益增长的生产社会化与剩余价值私人占有这一资本主义固有的基本矛盾也更加尖锐。

2.6 资本主义发展到当前阶段，金融资本的集中和国际化，已经达到了前所未有的程度。全球流动的金融资本为不受限制地进入各国追逐超额利润，正在侵犯各国的国家主权。帝国主义的全球秩序，服务于投机性的金融资本需要，正在全球每一个角落打破妨碍其自由流动的壁垒，把有利于这些资本的条件强加给各国。国际货币基金组织、世界银行和世界贸易组织，都是使这一不公正的后殖民主义全球秩序永久化的工具。投机性金融资本的新霸权，导致发达资本主义国家经济增长缓慢。第三世界则陷入剥削日益严重和债务日益增加的恶性循环。欠发达资本主义国家的贸易条件、工农业生产、技术流动以及服务业，都被迫适应帝国主义资本利益的需要。帝国主义体系已经将全球一分为二：富裕的发达资本主义国家和大多数人生活的发展中国家。贫富差距在本世纪最后20年里开始急剧扩大。随着帝国主义推动的全球化进程，这一趋势还在进一步发展。

2.7 旧式殖民主义结束后，帝国主义开始奉行一种新殖民主义战略。随着苏联解体，他们努力加紧对全球的控制。美帝国主义正在利用其经济、政治、军事力量，咄咄逼人地谋求建立霸权。为推动全球化，帝国主义正寻求通过扩大北约作为支柱和在全球进行军事干预，把帝国主义秩序强加给全世界。面临力量对比所带来的不利形势，中国、越南、古巴、朝鲜和老挝等社会主义国家正稳步推进社会主义事业。帝国主义积极寻求颠覆现存的社会主义国家，并在意识形态、经济和政治领域对它们发动一场残酷的战争。他们还利用全球通讯革命和对全球媒体的控制，放肆地诋毁、压制反对资本主义的思想和社会主义制度。

2.8 尽管20世纪末国际力量对比有利于帝国主义，资本主义生产力利用新技术的进步继续发展，但资本主义仍然是一种充满危机的剥削压迫和不公正的制度。唯一可替代资本主义制度的就是社会主义制度。因此，当代主要的社会矛盾依然是资本主义与社会主义之间的矛盾。由于资本主义发展不平衡，帝国主义国家之间、主要资本主义中心间的矛盾必然加剧。新自由主义在全球扩张，导致帝国主义国家与第三世界国家的矛盾迅速激化。鉴于以上提及的当前资本主义的特点，导致劳资矛盾恶化。所有这些矛盾将继续加剧并将对世界事务产生影响。

2.9 劳动阶级及其政党必须从意识形态上、政治上和组织上武装自己，坚持不懈地进行反对帝国主义及其剥削秩序的斗争。全世界的左翼、民主和进步力量必须团结起来，进行反对帝国主义的斗争，打败妄图延续和维护当前这种不公正全球秩序的统治阶级。作为建立在无产阶级国际主义基础上的政党，印共（马）致力于反对帝国主义霸权的斗争，声援全世界所有为反对帝国主义主导的全球化经济秩序，为实现和平、民主和社会主义而斗争的力量。

3. 赢得独立及独立后的历史

3.1 印度广大人民群众积极参加了争取自由的斗争，并取得了成功。爱国主义是他们的精神动力。他们盼望一个自由的印度，期待着人民过上新的生活。他们希望结束贫困和受剥削的悲惨状况。民族独立对他们来说意味着得到土地、粮食、公平的工资、住房、教育、医疗和就业。自由意味着从种姓制度和教派仇恨这样的社会丑恶现象中解放出来，意味着在民主的框架内人民的文化需求得到满足。

3.2 民族独立运动之所以取得成功，是因为工人阶级、农民、中产阶级、知识分子、妇女、学生和青年的广泛参与。但领导权仍然掌握在资产阶级手中。领导新生国家的大资产阶级拒绝完成民主革命的基本任务。印度社会要走向振兴之路就必须打破对生产力的束缚。寄生性的地主制度必须废除，把土地分配给农业工人和贫苦的农民。工业发展不受外国资本控制，将为把印度建成一个自力更生的先进工业国奠定基础。大资产阶级由于对彻底完成民主革命的任务可能带来的后果感到恐惧，因而与地主结成了联盟，并与帝国主义达成了妥协。国大党统治者的政策反映了这一大资产阶级与地主联盟的利益。印度在独立后几十年所走的资本主义道路的性质，是由统治阶级的这一特征决定的。

3.3 印度蕴藏着国家全面发展所需要的丰富的自然资源。印度可耕地面积辽阔，灌溉潜力巨大，各地有着种植各种作物的有利条件，矿产资源丰富，发电潜力也非常巨大。印度丰富的劳动力资源和印度人民的科学技术、管理和智力资源，都是国家巨大潜力的源泉。但掌握国家政权的大资产阶级没有开发这些潜力，而是走上了服务自身狭隘利益的资本主义发展道路。

3.4 印度赢得独立后，资产阶级的两面性从它与帝国主义的冲突和妥协中反映出来。掌握国家领导权的大资产阶级选择了一种特别的资本主义发展模式。它与帝国主义达成了妥协，又与地主阶级保持了同盟关系。它利用对国家的控制权一方面通过打击人民来加强自己的地位，另一方面通过施压、讨价还价和妥协来解决与帝国主义和地主阶级的冲突和矛盾。在这一过程中，它与外国垄断资本建立了强有力的联系，并与地主们分享权力。在实行经济自由化过程中，大资产阶级是向外国资本开放经济、与国际金融资本发展密切关系最强有力的鼓吹者。它也是要求对公有部门和整个经济实行私有化主要的幕后煽动者。

3.5 在印度独立初期，资产阶级未能从西方国家获得公平待遇，于是他们转向苏联寻求援助。他们选择发展国家资本主义的道路。他们开始把帝国主义和社会主义两大集团存在的现实作为可用的交易筹码，来加强自己的地位。经济实行计划是走资本主义道路的组成部分。他们所实行的预算政策和总的经济政策主要是以有利于剥削阶级狭隘阶层为出发点。由于私营部门无法为重工业和基础设施提供所需的资金，公有部门在这些大型项目中得到了发展。因此，建立这些公有企业在一定程度上有助于国家经济的工业化，有助于减少对帝国主义垄断势力的严重依赖。

3.6 在印度这样的欠发达国家，由掌握在资产阶级手中的政权作后盾的经济计划，可以在政府政策所限的范围内，有利于更方便地利用资源，从而使资本主义经济有一定速度的发展。这些计划的最显著的特征体现在工业领域的增长，特别是在国有（公有）部门建立某些重型机械制造企业。印度能获得这些成就是因为得到了社会主义国家主要是苏联的持续支援。对诸如银行和保险等金融部门和石油煤炭企业实行国有化，增强了国有部门的实力。

3.7 尽管半心半意，国家为实现工业化也采取了某些其他政策措施。国家强调开展研究与开发，制订了新的《专利法》，对外国产品和资本进入我国市场进行监管和保护小型企业。鉴于印度的具体国情，所有这些措施在一定程度上改变了国家的经济落后状况，减少了对帝国主义列强的严重依赖，并为工业化奠定了技术基础。

3.8 公有部门得到发展和国家通过有限的计划进行干预的同时，历届政府奉行的政策导致财富日益集中，垄断势力快速增长。在大资产阶级领导下，国有部门成为扩大资本主义的工具。公有金融机构的大部分贷款为大资产阶级所垄断。历届政府的预算和税收政策，目的在于把财力从人民手中转移到资产阶级和地主阶级狭小阶层手中。大规模的逃税行为导致巨额黑钱孳生，成为促进私有资本积累的一种途径。工人、农民、中产阶级等普通民众，在为资本主义的发展计划筹措资金的名义下，受到残酷剥削。由于没有实施根本的土地改革，国内市场依然有限，民族工业不依赖外国资本就无法发展。从国内外获得巨额贷款，为这种形式的国家资本主义筹措了资金。垄断势力的膨胀和外国金融资本的日益渗透是这一道路的显著特色。

3.9 统治阶级自 50 年代以来所选择的这种资本主义发展道路注定充满危机，已经走入了困境。大资产阶级与地主阶级的妥协，导致国内市场因农民购买力得不到充分增长而无法扩大。政府日益依赖向国内外贷款为工业化和国家的开支筹措资金，导致印度国际收支的严重危机和大量财政赤字。金融危机最终导致国大党政府接受国际货币基金组织和世界银行的条件。印度大资产阶级指望通过加强与外国金融资本的合作和经济的对外开放来应对这一危机。

3.10 大资产阶级早先自身资本基础薄弱，通过国家干预为资本主义的发展提供了基础设施，几十年来积累了充足的资本，依靠国家的支持和补贴养肥了自己。80 年代中期，大资产阶级与外国资本勾结，准备进入国家保留的核心部门，接管公有部门并扩展到新领域。这一情况伴随国家倡导的资本主义道路出现的危机，成为实行自由化的国内基础。从国际上看，苏联的解体加快了印度调整政策接受国际货币基金组织和世界银行支配的进程。

3.11 由于受到经济对外开放和实行自由化的各种压力，拉吉夫·甘地政府从 80 年代中期开始调整经济政策。进口自由化和不断增长的短期贷款导致巨额财政赤字。这一情况再加上国际形势的变化导致国大党政府于 1991 年为得到一笔结构调整贷款而接受了国际货币基金组织和世界银行的条件。印度人民党上台，进一步推动了自由化政策的实施。自 1991 年以来的历届政府所奉行的自由化和结构调整政策，导致印度经济向外国资本开放，公有部门逐渐缩小，进口逐步自由化。过去专门保留给国有和公有部门经营的领域，已向外国和国内垄断资本开放。为了清算公有企业的资产，公有企业的股份被廉价出售给私人垄断资本。由于关税降低，国内产品遭到外国货的排挤，导致大量企业关闭，成千上万的工人失业。国际金融资本施高压要求印度开放金融部门。银行业的私有化和保险业的开放得到优先考虑。1994 年签署《关贸总协定》导致印度不得不接受世界贸易组织机制。修改《专利法》以及开放服务业均有利于帝国主义资本的利益。所有这些变化都削弱了国家的经济主权。

3.12 走自由化和私有化的道路使大资产阶级获益匪浅。大资产阶级的队伍，随着新的企业集团的加入而得到壮大。最大的 22 家垄断集团的资产从 1957 年的 31.263 亿卢比猛增到 1997 年的 15800.472 亿卢比，增长了 500 倍。实施自由化政策以来，大企业集团和富裕阶层享受到了重大优惠，如降低所得税税率、取消财富税等税种。这样的政策使富裕阶级的财富大大增加，并扩大了他们消费的奢侈品市场。为满足这一需求，印度要么与外国资本合作在国内生产，要么从国外进口。不加区分地引入外资，正在对至关重要的民族工业产生冲击。跨国公司正在收购印度公司。尽管某些非大资产阶级的一些部门，似乎愿意与外资合作，但大量的中小资本家受到自由化政策的严重打击。

3.13 实行自由化政策以后，印度的内债、外债都有上升。仅偿付利息就占财政开支的很大比例。由于公共投资和开支下降，发展项目和扶贫计划的实施已受到影响。自由化政策已导致社会经济和地区差距大幅度拉大。即使根据官方统计，生活在贫困线以下的人数也增加了，特别是在农村地区。由于生活必需品特别是食品价格不断上涨，穷人受到了打击，在公共分配制度削弱的背景下尤为严重。国家减少了在教育、医疗、就业和福利等社会领域的开支,对劳动人民产生了灾难性影响。

3.14 工人阶级首当其冲地承受了资本家和政府所强加的沉重负担。由于物价不断上涨,工人的实际工资没有增加。随着工业领域的危机日益蔓延,工人面临着企业倒闭和失业的巨大威胁。本应保护工人权利的劳动法很不完善,而且即使现有的法律也未得到遵守。雇主普遍违反劳动法。工人进行集体谈判的权利被剥夺了。实施自由化和私有化政策已使数十万工人失业,并且得不到任何社会保障。放开劳动力市场是自由化政策的组成部分。工人通过长期斗争才获得的权益受到削弱。固定工作变成了合同工或者临时工。女工得到的工资更低,而且是首先裁减对象。童工现象增加了,他们遭受着最恶劣形式的剥削。数以百万没有组织的工人得不到劳动法的保护,甚至得不到政府规定的最低工资。大量的没有组织的工人像苦役一样工作,劳动时间长而工资微薄,劳动条件往往很危险,而且没有社会保障。正是工人阶级不断地付出劳动遭受剥削,才给资产阶级、大承包商和跨国公司带来了利润。

3.15 土地问题仍然是摆在印度人民面前的头号全国性问题。这一问题的解决需要革命的变革,包括激进彻底的土地改革,以废除农村的地主制度,消灭高利贷者剥削,消除种姓压迫和性别压迫现象为目标。资产阶级和地主阶级没有致力于,更没有以进步民主的方式解决土地问题,这是其阶级统治破产最明显的证据。

3.16 印度独立后,国大党统治者没有废除地主制度,他们所实施的土地政策把半封建的地主转变为资本主义的地主,并培养出了一个富农阶层。废除旧的地主制度合法性的立法,容许地主获得巨额赔偿,并保留大量的土地。有关租佃的法律规定地主有权以自己耕作为借口收回土地,这些法律的实施导致数以百万的佃农被逐出土地。有关土地最高限额的法律漏洞很多,地主仍保持现有的大量土地。数百万英亩的剩余土地既没有被收回,也没有分配给农业工人和贫苦农民。国大党背叛性地放弃了进行农村变革的历史机遇。只有在以印共(马)为首的左翼执政的西孟加拉邦、喀拉拉邦和特里普拉邦，现有法律规定的土地改革才得到实施。

3.17 国大党政府及其继任者的土地政策，目的是在分配投资资金和政府贷款时照顾地主和富农。这些人攫取了银行和合作社的信贷。自60年代末期以来，技术的应用、新的小麦和水稻高产品种的采用、化肥的使用，提高了粮食和非粮食作物的生产率。伴随农业发展的是贫富差距扩大。尽管印度生产了更多的粮食，实现了粮食自给，但仍有数以百万人得不到足够的粮食，忍受着饥饿和营养不良的折磨。

3.18 在土地关系上的主要趋势是资本主义关系在农村得到了发展，有如下特点：大量农村劳动群众失去财产；农业工人的数量及其占农村人口的比例大量增加；农民分化加快；农业为市场而生产；大批拥有传统租赁关系的佃农被逐出土地；农村中富人特别是地主，增加了对农业和与农业有关产业的投资，为资本以前所未有的规模再积累奠定了基础。

3.19 资本主义关系在农业的发展明显地是印度全国的主要趋势，同样显而易见的是，土地关系的特点是地区及地区内之间存在差别，资本主义生产和交换关系发展不平衡。在有些地区，资本主义在农业中得到发展，商业化农业和现金交易在农村经济中占主导地位；在有些地区，原有的地主制度、佃农制、古旧的劳役制形式、奴役和束缚仍然在农村关系中起重要作用。在全国各地，种姓隔离、种姓压迫、最恶劣形式的性别压迫、高利贷和商业资本对穷人的盘剥仍然没有减弱。资本主义在印度农业中的发展不是以坚决摧毁旧制度为基础，而是附加于前资本主义生产关系和社会组织形式之上。"现代化"的发展不排除古旧东西的继续存在，资本主义以众多方式渗透进农业和农村社会，印度就是这一规律生动的实例。

3.20 在印度独立50年后，由于资产阶级地主阶级所实施的土地政策，全国70%的农民是贫穷的农民和农业工人，他们缺乏生产资料，收入低，在普遍贫困的悲惨条件下生活。印度农村贫困的严重程度是举世无双的。即使根据官方数据，国家独立50年后在农村有2.85亿人口生活在贫困线以下。但是,贫困的表现也是多方面的,不仅限于缺少收入。对农村群众来说,以多种形式显现出来。农村的穷人没有或严重缺乏土地和其他生产资料。土地集中在少数人手里,不平等占有的状况仍然没有重大改变。灌溉资源也大都掌握在农村富人手中。农民和农业工人得不到合理利率的信贷,深陷高利贷债务之中。妇女低工资和工资待遇上遭受歧视是突出的特点。农业工人每年就业的天数平均不到180天。农村人口50%营养不良,农村的识字率极低,穷人生活在破烂的房屋里,卫生条件差,没有饮用水和卫生设施。

3.21 在农村地区,由地主、富农和大承包商组成的轴心联盟势力已越来越强大了,他们构成了农村的富人。除了在左翼执政的邦里,他们主宰着农村村评议会机构、合作社组织、农村银行和信贷机构,控制着资产阶级地主阶级政党在农村的领导权。这些人榨取的剩余价值被投入到货币信贷、投机活动、房地产开发和创办以农业为基础的企业。农村地区的统治阶级利用种姓制度来争取支持,利用暴力恐吓农村穷人,迫使他们屈服。由于地主的反对,甚至在宪法颁布50年后,任何一届政府都未能通过一项中央立法来保证农业工人的最低工资、生活条件改善和享受社会保障。

3.22 随着农村经济的迅速商业化,粮食和农产品市场大大扩大了。垄断贸易公司加紧了对农产品的控制。随着自由化政策的实施,掌握着先进技术在国际市场上经营的跨国公司,更大程度、更直接地掌控着农产品的价格。通过不平等交换和剧烈波动的物价加重对农民的剥削,这已成为一个显著的特征。结果,农民无论是作为农产品的出售者,还是作为工业品的购买者,都受到榨取。

3.23 印度在国家资本主义发展道路走到尽头时实施的自由化政策,导致农业和农村发展政策在20世纪最后十年向危险而反动的方向转变。这些政策包括:减少对农业、灌溉和其他基础设施的公共投资。正式渠道的信贷大幅度减少,最受打击的是农村贫困家庭。解决农村就业问题和扶贫工作力度减小。以发展外向型农业为主旨的政策导致土地利用和种植结构发生变化,以满足帝国主义国家的需求。放松粮食生产,损害粮食自给能力,直接威胁了国家主权。在世界贸易组织框架内,农产品进口数量限额被取消,严重影响了农民的生存。要求各邦放宽有关土地最高限额的法律、把土地出租给印度大企业和外国农业企业的压力在日益增大。跨国公司进入育种、奶业和其他农业生产领域。由于受到来自世界贸易组织和跨国公司的压力,印度现在奉行的政策是放弃国家在生物资源方面的自主权,剥夺农民和作物真正种植者的权利。由国家支持的农业研究和推广体系正在遭到削弱。

3.24 国家支持的农业资本主义的发展已导致农村贫富分化严重。地主、资本主义农场主、富农及其盟友组成了农村的富人。农村的穷人主要是农业工人、贫苦农民和手工业者。印度后来实行的农业自由化政策进一步加重农村穷人的负担。正是这种剥削性的秩序导致了普遍的贫困。不打破土地垄断,解除贫苦农民和农业工人的债务负担,就不能为国家的经济与社会变革奠定基础。

3.25 帝国主义推动的全球化和印度统治阶级实行的自由化政策,已加深了帝国主义对我国各个领域的渗透。向跨国公司和帝国主义金融资本开放经济,已成为帝国主义向印度社会各个领域进行渗透和施加影响的基础。帝国主义正在向官僚机构、教育系统、媒体和文化等领域进行渗透。

3.26 随着世界的力量对比由于社会主义受挫而发生了变化,原教旨主义、以种族为基础的反动沙文主义的蔓延,也对印度产生了影响。帝国主义企图利用这些势力的扩大来破坏印度的统一,以加强对我国的控制和影响。由于跨国公司所控制的强大的国际媒体的发展,帝国主义得以直接干预和影响我国的社会文化生活。通过跨国媒体,追求物质享受、利己主义等腐朽的价值观对我国社会产生了直接影响。由大资产阶级和其他商业利益集团控制的印度媒体,有系统地散播了相同的价值观。发扬健康、民主和世俗的价值观,就需要与这些逆流作斗争。

3.27 印度共和国宪法于1950年通过,它为国家规定了一系列指导原则：每位公民有充足的生活条件和工作权；经济制度不会导致财富集中；受教育的权利，为儿童提供免费的义务教育；为工人提供生活工资，男女同工同酬。这些原则实际上并未实现。宪法的规定和资产阶级统治者实践之间的明显差距，是对印度独立后建立的资产阶级地主制度的痛斥。

4. 外交政策

4.1 任何国家及其政府的外交政策，归根结底只不过是国内政策的延伸，主要反映的是主导该国及政府的阶级和阶级集团的利益。印度政府的外交政策自然反映了我国资产阶级的两重性：既反对帝国主义，又同帝国主义妥协与合作。纵观印度外交政策在过去50年的演变就可以看出这一两重性。在50年代中期之前，印度政府奉行的是对英国和其他帝国主义列强胆怯的让步政策。但是，从50年代中期以后，印度的外交政策开始向新方向转变。世界上出现了严重对立的帝国主义与社会主义两大阵营，这样印度就有可能避免加入帝国主义联盟。印度的外交政策转向主张不结盟，反对军事集团，争取和平与支持殖民地人民的民族解放斗争。

4.2 由于这一政策，印度与苏联和社会主义国家建立了友好关系。但是，印度年与中国发生边境冲突，为寻求军事援助一度与美国及西方大国合作。在这段时期之后，印度的外交政策又恢复了反帝色彩。印度1971年支持孟加拉国的解放斗争，与苏联签署友好条约，标志着外交进入了新阶段。在70年代，印度积极支持各国的民族解放运动，争取世界和平，在国际舞台上起了积极作用。

4.3 在对外政策方面，印度资产阶级与帝国主义的矛盾在两大问题上表现最为突出：克什米尔问题及美国利用巴基斯坦作为开展活动基地的战略图谋。作为新独立国家中的大国，印度资产阶级所倡导的不结盟政策总体上服务于我国的利益。但是，鉴于统治阶级的阶级性质，执行这一政策是摇摆不定的。向外国资本倾斜的国内政策和独立的对外政策之间的矛盾是一直存在的。

4.4 随着苏联解体以及印度在国内实现自由化的经济政策，印度的外交政策在20世纪最后10年进入了一个新阶段。在拉奥政府期间,印度的外交政策开始改变过去长久奉行的不结盟和反帝立场。由于印度放弃独立自主的方针,转而求助于外国资本和自由化政策,这使得帝国主义能够进一步向印度施压,印度在一些外交事务上的立场即反映了这一点。在90年代,印度政府与美国签署了一项关于军事训练和联合演习的军事合作协议。1998年印度人民党领导的政府上台后,亲帝国主义倾向进一步加强,印度人民党提出了做美国小伙伴的政策,成为双边关系的重大转折点。为与美国的全球战略相协调,印度在许多方面放弃了长期实行的不结盟立场。由于美国的长远计划是拉拢印度参加反对中国和俄罗斯全球计划的战略联盟,所以印度的对外政策存在着真正的危险。由于大资产阶级在国家中占统治地位,奉行的是亲帝国主义的经济政策,所以尽管奉行以不结盟和反帝为基础的一贯的对外政策本来符合印度人民的真正利益,但这一政策的实施得不到保证。

4.5 印度人民党政府在1998年5月在博克兰进行核试验后决定实行核武器化,标志着印度的对外政策和核政策进入了危险的新阶段。巴基斯坦对印度的核试验作出反应,导致印度次大陆出现核军备竞赛。这种沙文主义的核政策已破坏了印度长期奉行的不结盟和平政策,使印度在以美国为首的帝国主义压力面前更为软弱。

4.6 为扭转印度外交政策的亲帝国主义倾向,确保国家的外交政策保持不结盟的基础,抵制帝国主义的压力,印度的左翼民主力量面临着一场重大的斗争。只有这样的对外政策才能有助于印度在国际事务中保持自己独立的作用,维护自身的经济独立。

5. 政权结构和民主

5.1 印度目前的政权是大资产阶级领导的资产阶级和地主阶级统治的工具。他们与外国金融资本日益合作,实行资本主义的发展道路。这种阶级特点,在本质上决定了政权在国家生活中的角色和作用。

5.2 尽管政权结构名义上是联邦制,但绝大多数权力和资源掌握在中央政府手中。尽管大资产阶级最初反对在相同语言基础上建立邦，但群众运动和示威游行的巨大压力迫使它同意建立语言邦的要求。印度人民党政府主张基于行政管理方便建立小邦的做法，破坏了语言邦的原则。这将进一步削弱联邦制。中央政府一再利用宪法反民主的第356条，解散民选的邦政府和邦议会，这成为破坏联邦制和各邦自治的主要工具。各邦享有的权力很小，不得不依赖于中央政府。这限制了各邦的发展。

5.3 在这种状况下，中央政府和各邦的矛盾必然不断增长。这些矛盾背后存在更为深刻的矛盾，即大资产阶级与一个邦的包括资产阶级和地主在内的所有人民之间的矛盾。由于资本主义条件下经济发展不平衡，导致这一矛盾不断加剧。其政治表现是地区性政党的出现。这些政党反映本邦人民的语言和民族感情，通常是本地区资产阶级和地主阶级的代表。

5.4 独立后奉行的资产阶级和地主的政策，导致民族团结问题恶化。印度东北部地区分布着许多少数民族。他们受资本主义产生的地区发展不平衡的损害最大。这为分离主义极端势力的发展提供了肥沃的土壤，并为帝国主义代理人所利用。极端分子的暴力活动和种族冲突，阻碍了发展工作和民主活动。

5.5 宪法第370条款赋予查谟和克什米尔地区特殊地位并允许其实行自治。过去几十年，该地区的自治权遭到大幅度削减，人民的离心倾向日益增加。巴基斯坦支持的分离主义势力利用了这一形势。以美国为首的帝国主义，也利用这一争端对印度施加压力，增加对这一地区的干预。克什米尔和东北部地区问题，充分说明资产阶级和地主阶级无法用民主方式解决民族团结的紧迫问题。

5.6 7000万人口的部落和部族民成了资本主义和半封建残酷剥削的牺牲品。他们的土地被剥夺，森林使用权遭否认，成为承包商和地主的廉价和失去人身自由的劳动力来源。在一些邦的部族聚居地区，当地人民有自己独特的语言和文化。部族人民的意识已经觉醒。他们正在奋起捍卫既保持自己的特性和文化，又争取进步的权利。由于部族人民的特性和生存受到威胁，资产阶级和地主统治阶级对此的冷漠政策，导致分离主义情绪在一些部族人民中增长。在这些部族人口占多数的地区，捍卫地区自治的权利，是合理的民主要求。资产阶级、地主和包租者轴心，对部族领导者做些让步来破坏他们的团结，否定部族的合法权利甚至进行残酷镇压。

5.7 世俗主义是宪法规定的一项原则。大资产阶级的国家领导人，宣称赞成世俗主义民主的价值观。然而，大资产阶级推行世俗主义的实践却存在诸多缺陷。他们企图歪曲世俗主义的完整概念。他们企图让人们相信，世俗主义意味着所有宗教信仰都享有平等地干预国家事务和政治生活的自由，而不是实行宗教和政治的彻底分离。资产阶级不是与反世俗主义的逆流进行坚决的斗争，而是时常作出让步增强这股逆流。国民志愿团领导的教派主义和法西斯势力上升并在中央攫取了政权，对世俗主义的根基构成了威胁。他们正在有计划有步骤地使政权机关、行政机构、教育系统和媒体教派主义化。多数派教派主义的发展，也将强化少数派教派主义倾向，并威胁到国家统一。大资产阶级中的一些派别对印度人民党及其教派主义纲领的支持，严重损害国家的民主和世俗主义。

5.8 因此，我们党为继续贯彻世俗主义原则，致力于毫不妥协的斗争。对稍许偏离这一原则的行为也要予以揭露和斗争。我党一方面捍卫每一个宗教群体（无论是多数还是少数，以及不信教群体）的权利，另一方面应与宗教对国家经济、政治和行政事务的任何形式的干预进行斗争，坚持文化、教育和社会的世俗民主价值观。以宗教教派主义为基础的法西斯主义的危险倾向正逐步发展，我党应在各个领域坚决与之进行斗争。

5.9 在资本主义剥削条件下，宪法赋予少数民族的权利也得不到保障。在经济和社会领域，穆斯林少数民族都少有平等机会，遭受歧视。针对穆斯林少数民族的教派骚乱和暴力攻击，已经成为印度社会固有的特征。国民志愿团及其附属组织，不断煽动对少数民族的仇恨，也把基督教社团作为目标。这导致少数民族当中产生疏远和缺乏安全的情绪，从而滋生原教旨主义的倾向，削弱了世俗主义的基础。少数民族教派主义造成少数民族与社会疏离,阻碍了所有被压迫人民共同运动的发展。捍卫少数民族的权利,是加强民主和世俗主义的至关重要的组成部分。

5.10 资产阶级地主制度也未能消除种姓压迫。表列种姓是最严重的受害者。对贱民的不可接触制度及其他形式的歧视,尽管已被宣布为非法,但在实践中仍屡禁不止。贱民争取解放的意识逐渐增长,却遭到残暴镇压。他们的要求具有民主内容,反映了社会受压迫最深阶层的呼声。落后种姓在种姓制度横行的社会,也在维护他们的权利。

5.11 同时,一些坚持种姓分裂状态的势力大力鼓吹种姓制度,其狭隘目的是利用种姓笼络选票,并使这些被压迫的社会阶层从民主运动中分离出去。许多种姓领袖和某些资产阶级政党领导人,企图利用种姓分裂获取狭隘的选举利益,敌视所有种姓被压迫阶层的共同运动。他们无视土地、工资等被压迫阶级的基本问题,忽视作为推翻旧的社会秩序基础的反对地主制的斗争。

5.12 种姓压迫和种姓歧视有长期的历史并根植于前资本主义的社会制度。资本主义社会与现存的种姓制度达成了妥协,印度资产阶级本身也鼓励种姓偏见。贱民的绝大多数是劳动阶级的组成部分,因此工人阶级的团结以共同反对种姓制度和对贱民的压迫作为先决条件。通过社会改革运动为废除种姓制度和反对各种形式的社会压迫而斗争,是民主革命的一个重要组成部分。反对种姓压迫和反对阶级剥削的斗争是相互联系的。

5.13 印度妇女在独立运动中平等地参与了争取自由的斗争,她们原本希望在国家独立后能从长达几世纪的封建和性别压迫的枷锁中解放出来。但50多年的资产阶级—地主统治,在每个领域都延续男权家长制。妇女作为女性、工人和公民在各个领域都遭受剥削。随着自由化的进程出现了经济和社会方面新形式的性别压迫,导致针对妇女的暴力增加。经济独立和在社会政治生活中独立发挥作用,是妇女进步的基本条件。争取妇女平等地位的运动是社会解放运动的组成部分。

5.14 资产阶级和地主50年的统治,使所有国家权力机关都受到腐蚀。行政体制建立在高度官僚集权基础上，是资本主义发展的反映。权力集中在高层并由少数脱离群众的特权官僚行使，他们忠实地为剥削阶级利益服务。官僚机构膨胀及其与统治阶级的密切联系，官僚猖獗的腐败行为，都是削弱社会民主结构的因素。

5.15 司法机构被用来反对工人、农民和其他劳动人民。尽管司法制度在形式上实行贫富平等原则，但在本质上服务于剥削阶级的利益并维护其阶级统治。即使是行政与司法分离这一资产阶级民主原则，也没有完全得到执行。司法实际上受到行政机构的影响和控制。维护宪法规定的民主原则和基本权利的司法判决，也往往被统治阶级推翻。缺乏有效机制保证司法公正，各级司法部门的腐败行为，都破坏了人民对司法部门的信任。

5.16 独立后印度的武装部队的结构仍然带有殖民时期的痕迹。军队本应保卫国家，但统治阶级在其与被剥削阶级利益发生公开冲突时，越来越倾向于使用军队和准军事力量。士兵来自于农民和工人，却不得不执行艰难的任务，统治阶级使士兵和人民隔绝，剥夺了其民主权利。警察被用做镇压民众运动的工具。他们已成为政治控制和腐败的牺牲品，在许多地区已成为对穷人剥削机制的一部分。

5.17 资产阶级及其地主同盟在全国只占少数，但通过占有的土地、资本及其他生产资料，统治和剥削广大工人、农民和中产阶级。资本主义国家政权及其政府即使是议会民主制由多数票选举产生的，在政治和经济实质上代表的也是少数人的权力。

5.18 印度共和国宪法规定，在成人普选基础上选举产生议会，并赋予人民一些基本权利。但许多权利被曲解、歪曲甚至被国家行政机构所侵犯。当工人、农民和其他民主群众进行斗争时，这些基本权利实际上被剥夺。在居住着数十万群众的地区，统治阶级颁布长达数月或数年的禁令，整个地区没有集会自由。当工人、农民和其他民主群众捍卫自己的政治经济权利和要求时，遭到国家机器的野蛮暴力镇压。严酷的立法不经审讯逮捕已司空见惯。宪法有关实行全国紧急状态的规定被滥用，颁布了许多镇压民主斗争的法令。1975年宣布实行紧急状态就是对民主最严重的威胁。

5.19 在民主运动压力下，政府被迫采取措施下放行政权力给评议会和地方机构。左翼领导的西孟加拉邦、喀拉拉邦和特里普拉邦采取重大措施，确保行政权力下放给三级评议会。除在左翼领导的一些邦外，评议会自治制度不是用于扩大民主，相反却被用来维护农村的地主、高利贷者和包租者的权力。

5.20 资产阶级和地主阶级几十年的统治阻碍了印度的文化发展。损害受屈辱的妇女和被压迫种姓的风俗和价值观念，以传统和宗教的名义得以延续。文化遗产中的积极和健康成分受到教派主义意识形态的攻击。资产阶级文化保留了蒙昧主义和种姓主义的价值观。国家对提高识字率漠不关心，更不用说丰富人民的文化生活了。剥削阶级和帝国主义代理人充分利用新闻、集会和言论自由，控制着印刷、电子媒体、广播和电视网络。工人阶级无法与他们拥有的巨大资源竞争，因此无法行使这些形式上每个人都有的自由和权利。

5.21 腐败现象滋长，大量黑钱在全社会泛滥，导致资产阶级地主政权蜕化堕落。自由化进程导致最高层腐败丛生。公职人员、高级官僚和资产阶级政客，构成了破坏法律、掠夺公共资金的腐败网络。民主和公民权受到嘲弄。选举中的金钱政治、罪犯从政、舞弊行为、抢劫票箱等，对议会民主制度构成了严重威胁。

5.22 然而，成人普选制和国会、邦议会也可以作为人民争取民主斗争、捍卫自身利益的工具。当发生国内紧急状态等践踏议会民主的事件时，人民起而反对这种专制主义行径。尽管印度实行的议会制度是资产阶级统治的一种形式，但对人民也是一种进步。它为人民提供维护自身利益的一些机会和在一定程度上参与国家事务，动员他们进行争取民主和社会进步的斗争。

5.23 议会和民主制度的威胁不是来自劳动人民及代表他们利益的政党。威胁来自剥削阶级，正是他们破坏了议会制度，使之成为维护其狭隘利益的工具。当人民开始利用议会机构推动自身事业，摆脱大资产阶级和地主的影响时，资产阶级和地主就毫不犹豫地践踏议会民主，比如中央政府就多次解散选举产生的邦政府。在西孟加拉邦和特里普拉邦的实行半法西斯恐怖统治，赤裸裸地违反所有宪法条款就是统治阶级恶行的典型例证。实行总统制政府形式和削弱议会民主的议论，都是独裁主义的表现并随着自由化和国际金融资本的压力得到发展。因此最重要的是为人民的利益反对以上威胁，维护议会和民主机制，并与议会外活动相结合灵活运用这些机构。

6. 人民民主及其纲领

6.1 实践表明，在目前资产阶级和地主统治下，没有希望摆脱落后、贫困、饥饿和剥削。独立以来，大资产阶级一直掌握国家政权，一方面利用国家政权牺牲人民大众利益，强化其阶级地位；另一方面与帝国主义和大地主妥协和交易。在发达资本主义国家里，资本主义是在上升的资产阶级摧毁前资本主义的废墟上发展起来。在印度，资本主义却是被附加在前资本主义社会之上的。无论是英国殖民主义者还是独立后掌握政权的大资产阶级，都没有打算摧毁它，而这是资本主义自由发展的最重要前提条件之一。因此，目前的印度社会是垄断资本统治与种姓、教派及部族制度的特殊组合。这就要求工人阶级及其政党，团结所有致力于摧毁前资本主义社会的进步力量，巩固革命力量，努力完成民主革命，为向社会主义过渡奠定基础。

6.2 印共（马）坚定地坚持建立社会主义和共产主义的目标。鉴于目前国家政权掌握在大资产阶级和地主手中，这一目标显然还无法实现。只有在无产阶级国家里，国家政权掌握在工人阶级及其他劳苦大众手中，才能建立真正的社会主义社会。印共（马）在坚持社会主义目标的同时，结合经济发展状况、工人阶级及其组织政治意识形态成熟程度，向人民提出当前斗争目标，即在工人阶级领导下，在工农联盟基础上，联合所有真正反封建、反垄断、反帝的民主力量，建立人民民主制度。这首先需要建立人民民主国家取代当前的大资产阶级和地主的政权。只有这样，才能完成印度革命未完成的民主任务，为国家走向社会主义铺平道路。

人民民主政府的任务和纲领是：

6.3 国家结构方面：

印共（马）致力于在全国各民族真正平等和自治基础上，维护和加强印度联邦的团结，并发展联邦制的民主国家结构，概括如下：

（1）人民拥有主权。所有国家权力机构应对人民负责。国家最高执行权力机构组成人员在成人普选和比例代表制原则基础上由人民选出或罢免。在中央一级设立两院，即人民院和联邦院。应当确保妇女在其中占有足够比例。

（2）印度联邦所有各邦享有真正的自治和平等权力。部族地区或人口由特定种族构成的地区，或具有特定社会、文化条件的地区，在相关邦范围内实行地区自治，并应得到充分的发展援助。

（3）各邦不设上院，也不应由中央政府为各邦任命邦长。所有行政事务由有关邦或地方政府直接管理。各邦对所有印度公民一视同仁，不得因种姓、性别、宗教、教派、民族等理由受到歧视。

（4）在国会和中央政府工作中，承认各民族语言一律平等。国会议员有权操本民族语言，应提供所有其他语言的同声传译。所有法律、政府命令或决议，应用各民族语言颁布。不得强制把印地语作为唯一官方语言而排斥其他语言。只有赋予各种语言平等的地位，印地语作为全国范围的交流语言才能被接受。到那时，目前对英语和印地语的使用规定继续有效。应保障公民在高等教育之前以母语接受教育的权利，保障特定的语言邦政府使用本邦语言作为公共和邦政府各机构行政语言的权利，保障各邦使用本邦语言作为教育媒介的权利。在一个邦范围内，如有必要还应规定除了使用本邦语言以外，允许使用少数民族或地区语言。乌尔都语及其典籍应得到保护。

（5）人民民主政府将采取措施，发展和促进各邦及各邦人民在经济、政治和文化领域的合作，加强全国的团结。尊重民族、语言、文化多样性，并采取措施加强在多样性基础上的团结。经济相对落后的邦和地区将受到特别关注，并给予财政和其他援助，以帮助他们迅速摆脱落后。

（6）人民民主国家应确保，村级以上各级地方政府机构，由人民直接选举产生，并赋予充分职权，提供充足的财政支持。尽一切努力促进人民积极参与地方机构的工作。

（7）人民民主国家应努力向所有社会和政治机构注入民主精神。把民主建言、民主管理形式拓展到国家生活的每一领域。政党、工会、农民和农业工人联合会，以及劳动人民的其他阶级和群众组织，将在国家生活中发挥关键作用。政府将采取措施，保证立法和行政机关始终反映人民的民主意愿，确保群众及其组织积极参与国家管理工作。努力消除国家和行政机关中的官僚主义。

（8）人民民主国家将根除黑钱，铲除腐败，惩治经济犯罪和公务人员腐败行为。

（9）在司法领域推行民主改革。确保高效、公正执法。为穷人提供免费的司法援助和咨询，使他们容易得到通过法律纠正错判的机会。

（10）人民民主政府将向武装部队成员进行爱国主义、民主和为人民服务精神的教育。为他们提供良好的生活水平、服务条件、文化设施和子女的教育。鼓励所有身体合格的人接受军事训练，树立民族独立和保卫国家的精神。

（11）保证公民充分享有自由权利。公民及其住所不受侵犯。未经审判，公民不受监禁。保障思想、宗教信仰、言论、出版、集会、罢工的自由和建立政党、结社的权利，保障迁徙和就业自由及持不同政见的权利。

（12）保证所有公民有工作权的基本权利；保证公民权利平等，同工同酬，不因宗教、种姓、性别、种族和民族而有所不同。逐步减小工资和收入的差距。

（13）废除种姓和不可接触的社会压迫制度，依法惩治各种形式的社会歧视。为表列种姓、表列部族和其他落后群体提供公职和教育方面的特殊优惠。

（14）铲除社会不平等和对妇女的歧视，在财产（包括土地）继承等方面妇女与男人有平等权。确保社会各界妇女在社会、经济和家庭拥有平等权利的法律得到执行，保障妇女就业和得到公职的权利。在儿童抚养和家务劳动等领域建立支持妇女就业的体系是推动家庭结构民主化的重要组成部分。

（15）保证国家的世俗性质。禁止宗教机构干涉国家和政治生活事务。保护宗教少数派，禁止对他们的任何歧视。

（16）各级公共教育体系应提供全面科学的教育。实行中学阶段前免费的义务教育。保证教育的世俗性质。促进高等教育和职业教育的现代化。建立各领域的研究和发展机构，促进科学技术的发展。实行综合发展的体育政策，促进体育活动的开展。

（17）建立覆盖面广泛，免费的卫生、医疗和产科服务的网络；保证为劳动群众提供休养和娱乐中心，保证养老金的发放。人民民主政府鼓励非强制性的人口政策，使人民建立计划生育的意识。

（18）采取综合措施保护环境。发展计划要把保持生态平衡考虑在内。保护国家生物多样性和生物资源，免受帝国主义为私利而利用。

（19）保证残疾人作为正常公民生活和参与社会的权利。国家应认真关心老年人过有尊严生活的权利。社会权利作为基本权利，构成人民民主的根本原则。

（20）人民民主国家和政府，鼓励人民创造性地发展民主、世俗、进步的人民的新文化。采取必要措施培育和发展文学、艺术和文化，丰富人民的物质文化生活。帮助人民摒弃种姓和性别歧视、教派偏见及屈从迷信思想。宣传科学的世界观，帮助每个有自己语言的民族，包括部族人民，发展自己独特的语言、文化和与全国各族人民民主相和谐的共同生活方式。培养具有人民与其他国家人民友好相处的情感，抛弃种族和民族仇恨。

（21）重点发展公共广播系统的电子化。不允许媒体集中在私人手中及外国占有媒体，保证对媒体实行民主管理和监督。

6.4 农业和农民问题：

印度经济以农业为基础，全国有70%的人口生活在农村。因此，经济全面发展的关键是发展农业和提高农民生活水平。为实现这一目标，人民民主政府将：

（1）进行激进的土地改革，无偿向农业工人和贫苦农民分配土地，消灭地主制度。

（2）免除贫苦农民、农业工人和小手工业者欠高利贷者和地主的债务。

（3）建立国家主导的市场体系，保护农民免遭大商人及跨国公司的盘剥和价格剧烈变动的损害。保证向农民、手工业者和农业工人提供长期低息贷款和农产品的合理价格。

（4）扩大和合理平等使用灌溉及电力设施，加强国内农业的研究和开发工作。通过使用良种和现代增产技术，帮助农民改进耕作方式。

（5）保障农业工人得到充分的工资、社会保障和生活水平。

（6）在自愿基础上，促进农民和手工业者在耕作及其他产业方面组建合作社。

（7）建立全面的公共分配体系，向人民提供低价的粮食和其他必需品。

6.5 印度是一个具有不同经济发展水平和多种社会、经济形态的大国。因此，为了快速提高生产力以发展经济，为了稳步提高人民生活水平，人民民主政府应通过公有制在经济关键部门发挥主导作用，在其他部门发挥调节和指导作用。人民民主经济，应该是多种结构、多种所有制形式的经济，其中公有部门占据主导地位。鉴于世界经济的巨大变化，印度经济不可能保持孤立。国家将在利用外国先进技术的同时，坚定地增强自力更生的基础。

6.6 工业和劳工方面：

农民购买力低，垄断财团的扼杀，外国资本日益渗透，以及帝国主义代理人在几乎所有生产领域的各种形式的控制，都阻碍我国工业的发展。

资产集中在垄断康采恩手中，扭曲了经济发展并导致广泛的社会分化。依赖外国资本和国际金融资本的支配，促成一种扭曲的不能满足人民需要、受盘剥的发展模式。因此，在工业方面，人民民主政府将：

（1）采取包括国家接管等各项措施，消除国内外资本在工业、金融、贸易和服务部门的垄断。

（2）通过现代化、民主化，清除官僚主义式的管理和腐败，实行严格的监督等措施，保证工人参与管理来加强公有工业部门，提高公共部门竞争力，确保在经济中占主导地位。

（3）允许外国在选定的工业部门直接投资，以引进先进技术，提高生产能力。根据整体经济利益，规范金融资本流动。

（4）通过以合理的价格提供贷款、原材料和销售便利，扶助中小企业发展。

（5）规范和协调各经济部门和市场，实现国家经济平衡和有计划的发展。规范对外贸易。

（6）通过以下方式大幅度改善工人的生活条件：①规定最低生活工资；②逐渐减少工作时间；③为各种残疾和失业人员提供社会保险；④给工人提供住房；⑤承认秘密投票组建工会及其集体谈判的权利和罢工的权利；⑥废除童工制。

（7）最大限度减轻工人、农民和手工业者税收负担。农业、工业和贸易实行累进税制。切实执行有利于普通人的价格政策。

6.7 对外政策方面，为确保印度在维护世界和平，反对帝国主义霸权和促进国际关系民主化方面发挥公正的作用，人民民主政府将：

（1）在友好合作基础上，与所有国家发展关系。加强亚非拉发展中国家之间的团结与联系。推动南南合作，复兴不结盟运动，以反对帝国主义统治。

（2）同社会主义国家及所有爱好和平的国家发展友好合作关系。支持所有反对帝国主义、争取民主和社会主义的斗争。

（3）努力根除核战争的威胁，大力推动全面核裁军；销毁核武器、化学武器、生物武器等所有类型的大规模杀伤性武器，并禁止试验和制造；呼吁取消所有外国军事基地；促进环境保护、维护生态平衡的国际合作。

（4）作出特别和具体的努力，和平解决同巴基斯坦、中国、孟加拉国、尼泊尔、不丹、斯里兰卡、缅甸等邻国的现存分歧和争端，发展友好关系。推动南亚地区合作。

7. 建立人民民主阵线

7.1 为了完全彻底地实现印度革命的基本任务，在现阶段建立工人阶级领导的人民民主国家政权取代大资产阶级领导的资产阶级地主政权是绝对必要的。

7.2 我国革命在当前发展阶段的性质实质上是反封建、反帝、反垄断和民主的。我国革命所处的阶段决定着各个阶级在实现这一革命的斗争中所起的作用。在当今时代，无产阶级必须领导民主革命，以此作为迈向社会主义目标的必要一步。这不是旧式的资产阶级民主革命，而是工人阶级组织和领导的新型人民民主革命。

7.3 人民民主革命的首要任务是为了农民的利益实行激进的土地改革，以扫除阻碍我国农业和工业生产力发展的封建或半封建的残余。种姓和前资本主义社会制度的残余使农村长期处于落后状态，进行人民民主革命必须辅之以实行全面改革社会制度的措施。这一任务是和完成土地革命这一人民民主革命的中心任务有着密不可分的联系。第二项紧迫任务是使我国人民的经济、政治和社会生活摆脱帝国主义的灾难性影响，摆脱跨国公司和国际垄断资本的各种机构的控制。与此相关还有打破垄断资本权力的任务。

7.4 但是，如果不能坚决反对并和占据国家领导地位的大资产阶级及其政治代表进行斗争，在当前形势下这些革命的基本任务就无法完成。大资产阶级与地主阶级结成同盟，以巩固他们的阶级统治。他们还利用手中的政权来保护外国垄断资本，帮助外国资本进一步向印度渗透。而且，他们奉行的政策是与外国垄断资本进行妥协与合作，与印度大地主阶级结成同盟，极力推行发展资本主义的路线，这大大促进了我国垄断资本力量的增长。因此，人民民主革命不仅是要坚决反对地主阶级和外国垄断资本家，也要反对处于国家领导地位的大资产阶级，他们奉行同外国金融资本妥协与合作、同地主阶级结盟的政策。

7.5 只有在工人阶级及其政党印共（马）的领导下，才能成功建立人民民主阵线和取得革命胜利。从历史上看，现代社会除工人阶级以外没有任何阶级注定要发挥这一作用，我们时代的全部经验充分证明了这一真理。

7.6 人民民主阵线的核心与基础是工人阶级和农民结成坚固的联盟。这一联盟是捍卫民族独立、实现影响深远的民主变革和确保社会全面进步的最重要力量。其他阶级在革命中的作用主要取决于工农联盟的力量和稳定性。

7.7 由于资本主义深深侵入农业，农民出现明显分化，不同阶层在革命中起的作用也不相同。农业工人和贫苦农民构成了农村人口的绝大多数，他们遭受着地主和资本家的无情剥削，将成为工人阶级的基本同盟军。中农也是高利贷资本、农村封建地主和资本主义地主、跨国公司和大资产阶级控制的资本主义市场掠夺的牺牲品。地主在农村的统治以多种方式对中农的社会地位造成严重影响，这使得中农成为人民民主阵线的可靠同盟军。

7.8 富农是农民中有影响力的阶层。毫无疑问，资产阶级地主阶级的土地政策有利于他们中的一部分人，在印度独立后政权统治下，他们是受益者。他们雇佣农业工人为自己的农场干活，因而倾向于同资本家和地主站在一起。但是，富农受到物价持续动荡的冲击和垄断商人、跨国公司控制的市场的损害，因而他们也反对资产阶级地主阶级的政府。尽管富农有动摇性，但在某些时刻他们也能加入人民民主阵线，并在人民民主革命中发挥作用。

7.9 在资产阶级与地主阶级的统治下，城市和农村的中产阶级都深受其害。白领雇员、教师、专业人员、工程师、医生和知识界新阶层的大多数，构成了一个重要且有影响的群体。随着资本主义的进一步发展和自由化政策的实施，中产阶级内部的分化在加深。上层阶层是受益者，他们不赞同中产阶级其他阶层的观点。但是，所有生活必需品价格不断上涨，国家征收的税赋不断增加，失业问题严重，基本生活设施匮乏，中产阶级中的大部分人因而受到困扰。这些人能够也将成为人民民主阵线的盟友，应当尽力争取他们参加革命。在动员这一阶层参加民主事业时，进步知识分子的作用十分重要。

7.10 印度资产阶级作为一个阶级与帝国主义有着冲突和矛盾，也同封建、半封建的土地秩序有着冲突和矛盾。但是，在国家独立之后，大资产阶级和垄断资产阶级企图利用其掌握的政权通过妥协、施压和讨价还价的方式解决这些冲突和矛盾。在这一过程中，资产阶级是同地主分享权力。资产阶级具有反共性、反人民性，并坚决反对人民民主阵线及其革命目标。

7.11 资产阶级中的非大资产阶级部分处于非垄断地位，他们面临着来自大资产阶级和外国跨国公司各种形式的不平等竞争。由于资本主义发生危机，跨国公司不受限制地进入，他们与外国资本之间的矛盾将会加剧。大资产阶级利用自己的经济实力和在国家中的领导地位，企图以牺牲中小资产阶级为代价解决自身的危机。中小资产阶级将被迫走向国家政权的对立面，他们可以在人民民主阵线中找到位置。但是，应当注意的是，他们仍然在与大资产阶级分享权力，对在现制度下得到进一步发展抱有很高期望。中小资产阶级尽管在客观上起着进步作用，但与印度大资产阶级和帝国主义相比处于软弱地位，因而在大资产阶级、外国资本和人民民主阵线之间表现出不稳定和摇摆性。鉴于中小资产阶级的两重性，他们作为一个不稳定的盟友参加革命的程度取决于数个具体条件：阶级力量对比的变化；帝国主义与人民之间矛盾的尖锐程度；大资产阶级领导的国家与资产阶级其他阶层之间矛盾的深刻程度。

7.12 工人阶级必须对他们的问题进行详细、具体的研究，以全力争取他们加入民主阵线，在中小资产阶级与印度垄断资产阶级、外国帝国主义竞争对手的斗争中，应给予全力支持。

7.13 工人阶级和印共（马）从未忘记要建立人民民主阵线这一基本

目标以实现人民民主革命，也从未忘记必然与大资产阶级领导的国家政权发生冲突这一事实，但他们也确实认识到印度资产阶级（包括大资产阶级）和帝国主义之间存在着矛盾和冲突。印度开放经济、允许跨国公司和外国金融资本自由进入，将加剧这一矛盾。印共（马）认真地研究了这一现象，将努力充分利用这些分歧、矛盾和冲突来孤立帝国主义，加强人民争取民主进步的斗争。工人阶级在所有符合国家真正利益的有关世界和平、反帝的问题上，在所有与帝国主义发生冲突的经济、政治问题上，在所有事关加强我国主权与独立外交政策的问题上，将不遗余力地支持政府。

7.14 甚至在国家独立之后，反动、反革命倾向仍然存在着。他们利用浓厚封建思想的影响造成人们的落后性。近些年来，反动势力利用人们对国大党不断增长的不满情绪和该党力量的不断下降，乘机填补国大党留下的真空。印度人民党是一个奉行分裂主义和教派主义的反动政党，其反动纲领的基础是对其他宗教的仇视、排斥和极端民族沙文主义。印度人民党不是一个普通的资产阶级政党，带有法西斯色彩的国民志愿团在党内占指导和支配地位。印度人民党执政期间，国民志愿团得以进入国家政权和国家机构。印度教至上思想鼓吹印度教复兴，拒绝印度的多元化文化，以建立印度教国家为目标。这种教派主义思潮的散播，导致少数民族的原教旨主义思潮的增长。这对国家政体的世俗基础带来严重后果，对左翼民主运动构成严重威胁。而且，相当多的大资本家、地主和以美国为首的帝国主义正在全力支持印度人民党。

7.15 根据这些因素，印共（马）确定自己的任务是团结国内所有爱国力量，也就是那些愿意致力于消灭前资本主义社会一切残余的力量；愿意为农民利益彻底开展农村革命的力量；愿意反对外国资本肆意流入的力量；愿意消除所有阻碍重建印度经济、社会生活和文化的力量。

7.16 以工农联盟为核心，团结所有爱国民主力量实现人民民主革命目标的斗争，是一项长期而复杂的斗争。这是在不同阶段、不同条件下进行的斗争。在革命运动发展的特定阶段，不同的阶级、同一阶级的不同阶层，必然持有不同的立场。一个强大的共产党，只有开展群众运动，采用适当的统一战线策略来实现自己的战略目标，才能利用这些转变，把这些群体吸收到自己的阵营中来。只有这样一个拥有最真诚、最有自我牺牲精神的革命者的政党才有能力领导人民群众战胜革命运动过程中必然要出现的种种曲折。

7.17 很显然，印共（马）必须提出各种阶段性的口号，以适应迅速变化的政治形势的要求。一方面，党要人民牢记取代当前统治阶级、建立以工农联盟为基础的政府的任务，另一方面，党将把握一切机会，参加那些允诺制定救助人民计划和在现有范围内实行替代政策的政府。组建这些政府将加强劳动人民的革命运动，从而有助于建立人民民主阵线。但这不会从根本上解决国家的经济政治问题。因此，党将继续教育人民群众，即使在利用机会在各邦或中央根据具体情况组建这样的政府时，仍有必要取代当前以大资产阶级为首的资产阶级地主阶级领导的政府和加强群众运动。

7.18 印共（马）努力通过和平手段实现人民民主和社会主义变革。通过开展强大的群众革命运动，把议会和议会外的斗争结合起来，工人阶级及其盟友将尽全力来战胜反动势力的抵抗，以和平方式实现这些变革。但是，需要始终记住的是，统治阶级永远不会自愿放弃权力。他们企图违反人民意愿，通过非法和暴力手段扭转局势。革命力量有必要保持警惕，据此决定工作方针，以应对国家政治生活中出现的任何意外事件和曲折。

8. 党的建设

8.1 为实现人民民主，印共（马）把自己的革命纲领提交给印度人民。人民民主革命将开辟走向社会主义、建立无剥削社会的道路。这样一场解放印度人民的革命，必须由工人阶级和农民的联盟来领导。为实现这一目标，共产党作为工人阶级先锋队必须领导反对帝国主义、垄断资本主义和地主阶级的斗争。党必须将马列主义原则运用于我国具体国情，在政治、思想、经济、社会和文化等各个战线上开展长期的斗争，直到取得胜利。

8.2 鉴于以美国为首的帝国主义在社会主义受挫之后，大肆进行反共宣传，共产党人必须把加强意识形态领域的斗争作为一项重要任务。反共是统治阶级的首要思想武器，共产党人必须对此予以揭露并与之进行斗争。共产党人要对封建主义和资产阶级的意识形态进行不懈的斗争，以使人民免受其影响，提高人民的政治觉悟，反击那些帝国主义推动的全球化、自由化和自由市场经济支持者的宣传。

8.3 宗教原教旨主义、教派主义和种姓主义造成人民分化，阻碍他们的民主意识。这些思潮同资产阶级民族主义和沙文主义一样，被受帝国主义怂恿的反动势力利用，破坏民主运动的发展。共产党人必须对这些分裂主义思潮和势力展开坚决的斗争。

8.4 建立一个群众性的革命政党，指导革命运动和在各个战线上展开斗争。这样一个政党必须发展群众运动，在政治思想上巩固自己的影响，以便不断扩大在人民中的基础。这需要有一个建立在民主集中制基础之上的强大的、有纪律的政党。为了承担对工人阶级及所有劳动人民的历史责任，党必须不断地对自身进行教育和再教育，更新自己的思想理论水平，增强组织力量。

8.5 建设一个人民民主政府，成功地完成这些任务，工人阶级在人民民主政权中发挥领导作用，将确保印度的革命不会停留在民主革命阶段，而将通过发展生产力推进到社会主义变革阶段。

8.6 印共（马）把本纲领提交给人民，并明确表明当前的主要任务，以便让人民对自己为之斗争的目标即争取全国的民主进步有一个清楚的了解。我党号召劳动人民、工人阶级、农民、妇女、学生、青年、知识分子和致力于真正民主和创造富裕生活的中产阶级团结起来，组成人民民主阵线，争取完成这些任务和实现斗争目标。

8.7 印共（马）发扬我国人民的战斗传统和我国文化、文明中的精华。印共（马）把爱国主义与无产阶级国际主义结合起来。在党的所有活动和斗争中，印共（马）遵循唯一能指明实现彻底解放正确道路的马列主义科学的哲学和原则的指导。党团结了劳动人民中最先进、最积极和最无私的儿女，并不断努力把他们培养成为马列主义者和无产阶级国际主义者。党竭尽全力团结所有爱国民主力量，参加争取民主的斗争，为实现本纲领完成建立强大的人民民主阵线的伟大任务。

8.8 以美国为首的帝国主义正在力求主宰世界。印度的经济、政治制度，甚至主权都受到了威胁。在这种情况下，工人阶级及其政党的主要任务是，团结所有反帝进步力量，勇敢地迎击这一攻势。为了承担的革命职责，我们必须坚持无产阶级国际主义，加强世界共产主义力量之间行动的团结，汲取共产主义运动中领导革命斗争、建立社会主义的经验教训，分析社会主义受挫的原因。印共（马）誓言要继续与右倾修正主义和左倾宗派倾向作斗争。党将完成动员印度人民的任务，改变阶级力量对比，以建立人民民主阵线。

8.9 印共（马）相信，我国人民在工人阶级及其革命先锋队的领导下，以马列主义为指导，必将实现本纲领。我们党相信，在我们伟大的国家也将出现胜利的人民民主政权和走上通向社会主义的道路。

（本文出处：http://cpim.org/party – programme）

（吕增奎 译）

印度共产党章程

(2002年3月印度共产党第十八次全国代表大会修订)

序　言

印度共产党是印度工人阶级的政党。它是工人、农民、全体劳动人民、知识分子以及致力于社会主义和共产主义事业的其他人的自愿组织。

印度共产党始终坚持建设一个公正的社会主义社会的目标。在这个社会里，人人都保证享有平等的机会和民主权利，并将为消灭各种形式的剥削（包括种姓、阶级和性别剥削）和人对人的剥削铺平道路。在这个社会里，劳苦大众创造的财富不会被少数人占有。马列主义的科学是指导建立这一新的社会主义制度道路的必要前提。当然，这取决于具体的历史条件以及我国的具体特点和特征，我国的历史、传统、文化、社会构成和发展水平。只有经过艰苦的斗争，坚持民主准则和价值观，才能实现这个目标。

要建设社会主义，劳动人民就必须在社会主义民主的基础上取得政权。印度共产党坚定地忠于劳动人民及其历史使命，将为实现这个使命而努力，并且继续努力实现在印度建设一个共产主义社会的最终目标。

印度成为社会主义社会和社会主义国家后，将充分保证个人的自由权利、言论自由、新闻自由、结社自由、思想自由和宗教信仰自由。保证在承诺遵守宪法的前提下成立反对党的权利。社会主义宪法应捍卫民主和人民的基本权利。印度共产党的观点和政策将根据客观现实作出决定。我们党和国际革命运动积累的经验有助于党把革命推向前进。生活实际表明，如果走资本主义道路，只要资产阶级控制国家权力，这项任务就不能完成。

印度共产党在民主集中制和党内充分民主的基础上组织起来和工作。党坚信行动统一的必要性。党的代表大会和全国委员会的决定，应对所有党的组织和党员有约束力。在重大政治问题上的少数人意见，应该让所有党的组织和党员知晓。不允许以政治、组织或机会主义理由拉帮结派。党认为，应该进行自由和坦率的辩论。共产党应该尊重不同的意见。

印度共产党满怀崇高的爱国思想，维护印度的独立和主权，捍卫国家的团结和统一，坚决反对一切分裂主义、蒙昧主义、教派主义、复古倾向、贱民制度、种姓制度、宗教排斥及对妇女的歧视和剥夺妇女的基本权利。共产党反对沙文主义和资产阶级民族主义。印度共产党坚决维护社会各阶层表达他们选择和信奉宗教信仰的权利，但不允许宗教之间互相敌视。

印度共产党真诚忠于依法制定的印度宪法以及社会主义、世俗主义和民主的原则，维护印度的主权、民族团结和国家统一。

印度共产党坚定地为社会公正事业而斗争。长期存在的社会不平等在我们的社会中根深蒂固。社会和经济不平等已经成为我们社会进步难以克服的障碍。维护我国人民的团结，就必须与种姓观念和种姓制度作斗争。我国的优良传统、历史经验、丰富的文化遗产以及伟大的社会改革者和思想家的宝贵教导，将有助于培养党的科学精神和社会主义理想。

争取和平、反对新殖民主义、建立公正社会的斗争，是世界上所有进步力量的共同立场。印度共产党坚持独立、平等和不干涉的原则，竭尽全力与其他劳动人民的政党以及反对帝国主义、争取社会进步的力量建立友谊。印度共产党坚信，世界人民真正基本的利益是相同的，因而我们主张无产阶级国际主义。同世界其他地区的正义和进步事业团结一致，将有助于我们自己的斗争。

第一条 名称

党的名称为印度共产党。

第二部分　主要政党内部规章制度

第二条　党徽

党徽为红底背景白色的交叉锤子和镰刀，周围写着"Communist Party of India"（印度共产党）。

第三条　党旗

党旗为长为宽1.5倍的红旗。党旗中央为白色交叉的锤子和镰刀。

第四条　党员

1. 年满18岁的印度公民，接受党的纲领和章程，愿意在党的一个组织中工作，按期缴纳党费和党税，执行党的决议的，可以加入共产党。

2. 吸收新党员要由个人提出申请并通过一个党支部经两名党员做介绍人。各级党的委员会也有权吸收新党员。介绍申请人入党的党员必须本着负责的精神向有关党支部或党委提供本人了解的申请人的真实情况。所有入党申请必须在提出和推荐的一个月内提交给相关的党委。

3. 党支部全体会议有权决定吸收新党员。如果申请人被吸收入党，就成为预备党员，其预备期从吸收入党之日起为期6个月。

4. 如果来自另一个政党或地方、县或邦的一个领导成员希望加入党，除了经县或邦委员会批准外，还有必要获得上一级党组织的批准，方可接纳为党员。

5. 被开除出党的党员只有在批准其被开除的党组织或上一级党组织在考虑开除他或她的党组织的意见之后作出决定，方可重新吸收入党。

6. 预备党员的义务和权利与正式党员相同，只是他们没有选举权、被选举权和表决权。

7. 接纳预备党员的党支部或党组织，应该安排对他们进行党纲、党章和党的当前政策的初步教育，观察他们的发展，让他们作为一个支部或党组织的成员发挥作用。

8. 预备党员预备期满，有关党支部或党组织应讨论预备党员是否可以转为正式党员。有关党支部或党组织可决定预备党员转为正式党员，或者延长预备期，时间不能超过六个月。如果发现一名预备党员不具备党员条件，党支部或党组织可决定取消预备党员资格。有关党支部或党组织应定期向上一级党组织提交吸收预备党员和推荐预备党员转正的报告。

9. 上级党组织对报告审核后，经与提交报告的党支部或党组织协商，可改变或修改这样的决定。县党委或邦委员会对吸收预备党员和预备党员的转正有监督权，并且有权修改或否定下级党组织在这方面的决定。若党员人数较前一年突然出现大幅增减，党组织成员规模与党的影响和群众组织、群众运动的力量不能匹配，尤需进行监督。

10. 如果有关党组织在预备党员的预备期满后的一个月没有作出延长预备期或取消预备党员资格的决定或者没有提交报告，预备党员将转为正式党员。

11. 党员可从一个党组织转到另一个党组织，需经原党组织批准并向新单位写一封介绍信。转到外县或外邦需要同样办理。

第五条 党员誓词

所有预备党员和正式党员须签署党员誓词。誓词为：

"我拥护党的奋斗目标，同意遵守党的章程，忠诚执行党的决定。

"我将努力实践共产主义理想，为工人阶级和劳苦大众及国家无私服务和斗争，永远将党和人民的利益置于个人利益之上。"

第六条 党员证

1. 向每一名吸收入党的党员发一张党员证。

2. 党员证在全国统一形式，由邦委员会颁发。党员证的形式和内容由全国执行委员会决定。

第七条 延续党籍

1. 党籍每年延续一次。延续情况将依据党员所属的党组织在邦委员会的指导和监督下进行的检查结果。一旦党员连续6个月以上并且无正当理由未能参加党的生活或活动，或者未缴纳党费，将不予延续党籍。

2. 延续党籍将依据一个党支部或党组织的全体党员大会进行的检查结果。一旦拒绝延续，将向有关党员提出拒绝的理由，该党员有权向上一级党组织申诉。

3. 有关党组织向上一级党组织提交党籍延续报告，用于确认和登记。

4. 邦委员会和县委员会有权对党员名单进行审查。

第八条　退党

1. 如果党员要求退党，应向有关党支部提出退党申请。党支部根据党员全体会议的决定接受退党申请并除名，同时向上级党组织报告。

2. 有关党支部或党组织如果认为有必要，可说服这样的党员撤销退党申请。

3. 如果要求退党的党员犯有需要将其中止党籍或开除出党的严重违纪行为，并且这样的指控情况属实，退党可能相当于开除出党。

4. 所有相当于开除出党的退党案例应该立即报告给上级党组织，并经上级党组织批准。

第九条　党费

所有党员，正式党员和预备党员，每年缴纳 2 卢比的党费。党费在入党或延续党籍时缴纳。

第十条　党费的分配

党支部或党组织收取的党费按以下方式分配：

20% 分配给全国委员会；

40% 分配给邦委员会员会；

其余 40% 分配给县委员会、支部和地方党组织，比例由有关邦执行委员会决定。

第十一条　党税

邦执行委员会和全国执行委员会根据全国委员会批准的指导规则决定党员的党税。

第十二条　党员的义务

1. 党员有以下义务：

（a）定期参加自己所属党组织的活动，忠诚执行党的政策、决定和指示，定期缴纳党税。

（b）为维护劳动人民的利益而斗争，反对对群众各种形式的剥削和压迫，忠诚为群众服务，始终加强与群众的联系，向群众学习，向党报告群众的意见和要求，在党的指导下在群众组织中工作。

（c）学习马列主义科学，努力提高马列主义水平。

（d）阅读、支持和宣传党的刊物和出版物。

（e）遵守党的章程和党的纪律，本着无产阶级国际主义精神和共产主义的崇高理想行事。

（f）将人民的利益和党的利益置于个人利益之上。

（g）不断地与基于宗教、种姓和性别的各种压迫和歧视作斗争，坚决反对教派主义、种姓制度以及国家和地区沙文主义等分裂倾向。

（h）培养党内彼此同志式关系，不断发展兄弟友谊精神。

（i）实行批评和自我批评，以互相帮助，改进个人和集体工作为目的。

（j）对党坦率、诚实和忠诚，不叛党。

（k）捍卫党的团结，警惕党的敌人、工人阶级的敌人和国家的敌人。

（l）捍卫党，维护党的事业，防止党的敌人、工人阶级的敌人和国家的敌人的攻击。

（m）增进对印度人民优良传统、历史文化遗产的了解。

2. 每一个党组织、每一个党员和每一个预备党员，都应保护党免受反党影响的冲击，反对宗派主义，在马列主义基础上为实现党的团结和纯洁而努力。党员有义务保持警惕，阻止工人阶级的敌人通过成立分裂性组织或其他形式的分裂活动破坏党的团结。

3. 党组织的任务是尽可能帮助并确保党员履行上述义务。

第十三条　党员的权利

1. 党员有以下权利：

（a）选举党的组织和委员会，并有被选举权。

（b）自由参加讨论，以便对制订党的政策和党的决议献计献策。

（c）提出有关自己在党内的工作的建议，根据自己的能力和生活情况获得分配的工作。

（d）在党的会议上对党的组织和工作人员提出批评意见。批评意见应该提交给受到批评的同志或组织，并在适当的时间内向有关党组织报告答复情况。

（e）党支部或党组织讨论对党员给予纪律处分或评定党员犯有严重错误时，党员有权要求出席和申辩。

（f）党员对党组织的决定不服，有权向上级委员会直至全国委员会和党的代表大会说明情况。在此类情况下，党员应当执行党的决定，通过实践检验和同志式的讨论解决分歧。

（g）有权向上级党组织直至全国委员会和党的代表大会提出申诉，并在适当的时间内得到答复。

2. 党组织和工作人员有义务确保这些权利得到尊重。

第十四条　民主集中制原则

1. 印度共产党以民主集中制和党内充分民主为基础组织起来和工作。在党的结构方面，民主集中制的指导原则是：

（a）党的所有领导组织从上到下均通过不记名投票产生，全党应继续遵循保持连续性和保证提拔新干部到领导岗位的原则。

（b）少数服从多数，下级组织服从上级组织，个人服从集体。全党各个组织服从党的代表大会和全国委员会。

（c）所有党组织应定期向下一级组织报告自己的工作，所有下级组织也应向上一级组织汇报自己的工作。

（d）所有党组织，特别是领导机关应经常听取和研究下级组织或普通党员的意见和批评，并尽快作出适当的答复。

（e）所有党组织的工作必须严格按照集体决定与个人负责相结合的原则。

（f）所有国际事务、全国性问题或者涉及一个邦以上的问题，或者需要全国统一决定的问题，应由党的全国性组织作出决定。所有涉及邦或县的问题，一般由相应的党组织决定。但是，在任何情况下，这样的决定都不得违背上级党组织的决定。当党的中央领导必须就邦的重要问题作出决定时，应该在与有关的邦党组织磋商之后进行。邦党组织在涉及县的问题上也应该这样做。

（g）在影响到党的全国性政策、且系党首次阐明观点的问题上，只有中央领导有资格发表政策声明。下级党组织和党员可以并且应该提出意见和建议，供中央领导参考。

根据全体党员和群众运动在党的内部生活领域的经验，以下民主集中制指导原则适用：

（a）对党、党的政策和工作有影响的问题在党内进行自由和公开的讨论。

（b）继续鼓励党员积极地宣传和执行党的政策，提高他们的思想政治水平，改善对他们的普遍教育，以便让他们能有效参与党的生活和工作。

（c）党组织内部发生严重分歧时，应努力达成一致意见，否则应通过多数表决作出决定。

（d）若问题并非亟待解决，则无需结束讨论。

（e）对重大政治问题上的少数观点应该让所有党组织和党员知晓。

（f）鼓励从上到下的各级党组织开展批评和自我批评，尤其是来自下面的批评。

（g）坚持反对各级官僚主义倾向的斗争；领导机构的所有党员都为本机构的民主和集体运作负有特殊的责任。

（h）党内不允许存在任何形式的宗派主义和宗派集团。

（i）通过发展党内兄弟关系和相互帮助增强党的士气，以与人为善的态度纠正同志的错误，评价同志及其工作不能单凭某一错误或问题，而是要考虑到他们为党服务的整体表现。

第十五条 党的全国代表大会

1. 党的全国最高机关为党的全国代表大会。

（a）全国委员会通常每隔3年定期召开一次党的代表大会。如果由于不可避免的原因推迟，全国委员会应向党的代表大会提交报告说明原因。

(b) 特别党的代表大会由全国委员会自行决定召开，或者在代表不少于三分之一党员的邦党组织提出要求时召开。

(c) 党的代表大会或党的特别代表大会召开的日期或地点由全国委员会决定。

(d) 例行党的代表大会代表由邦的代表会议和直属于党中央的党组织会议选举产生。

(e) 党的代表大会代表的组成由全国委员会决定。

(f) 党的特别代表大会代表的组成和代表的选举方式由全国委员会决定。

(g) 全国执行委员会和中央监察委员会的成员有权作为正式代表出席党的例行和特别代表大会。全国委员会的其他成员可列席党的代表大会，但只有当选代表方有表决权。

(h) 各邦向全国委员会如数缴纳党费的份额，应作为考虑各邦出席党的代表大会代表人数的基础。

2. 党的例行代表大会的职能和权力如下：

(a) 讨论并表决全国委员会的政治和组织报告。

(b) 修订、修改党的纲领和党的章程。

(c) 决定党对当前局势的策略路线和政策。

(d) 以不记名投票方式选举中央监察委员会。

(e) 以不记名投票方式选举全国委员会。

(f) 听取并表决中央监察委员会的报告和其他指控。

(g) 听取并表决审计委员会的报告。

3. 党的代表大会选举主持大会的主席团。

第十六条　全国委员会

1. 全国委员会由党的代表大会选举产生，成员不超过 125 名，具体人数由党的代表大会决定。全国委员会候补委员人数不超过全国委员会正式委员人数的 10%。候补委员有权出席全国委员会的会议并参加讨论，但无表决权。

（a）全国委员会届满前应向党的代表大会推荐候选人名单。

（b）候选人名单应着眼于组建一个基础广泛，与群众有密切联系，工人阶级的革命立场坚定，受过马列主义教育的、有能力的领导班子。名单上应集中来自各邦、各群众阵线和其他党的活动领域的出类拔萃和经验丰富的代表，每个邦至少应有一名代表。

尤须注意候选人名单上有足够的妇女、工人阶级、表列种姓、表列部落和落后地区的代表。

（c）候选人名单至少有五分之一不是即将卸任的全国委员会委员。

（d）任何代表均可对候选人名单的人选提出反对意见，并提出新的人选。

（e）被推荐的候选人有权退出。

（f）候选人名单同代表们提名的其他人选通过不记名投票和一次分配票数表决。

2. 全国委员会有权任命空缺的委员，但数额不得超过全国委员会委员总数的10%，并且须经与会的全国委员会成员的三分之二投票赞成的情况下方可生效。

全国委员会的空缺一般由候补委员填补。

候补委员人数不足，全国委员会还有权增补候补委员，但须经与会的全国委员会成员的三分之二投票赞成方可生效。

第十七条　全国委员会的职权

1. 全国委员会是党的全国代表大会闭会期间的最高权力机构。

2. 负责实施党章，执行党的代表大会通过的政治路线和决议。

3. 全国委员会代表全党，负责指导党的全部工作。全国委员会有权对党面临的任何问题作出全权决定。

4. 全国委员会全体会议闭会期间，由全国执行委员会行使全国委员会的职权。执行委员会从全国委员会成员中选举产生，人数不超过31人。总书记和书记由全国委员会从全国执行委员会委员中选举产生，如认为必要时可从书记中选举一名副总书记。上述人员组成全国书记处，人数不超过

9 名。全国执行委员会的候选人名单由即将届满的全国执行委员会推荐。包括总书记和副总书记在内的全国书记处的候选人名单由新的全国执行委员会推荐。

5. 候选人名单可采取等额或差额选举方式。在从基层增加多名候选人的情况下，名单可进行表决。在这样的情况下，最终推荐的名单将按字母顺序排列。这也适合于较低级别的推选。

6. 全国委员会应选举一名司库，还可选举一名助理司库。它还应该选举一个审计委员会负责审计账目，每年向全国委员会报告一次。

7. 全国委员会有权填补全国执行委员会的空缺，也有权撤销委员资格，并进行改组。

8. 全国委员会有权填补中央监察委员会可能出现的任何空缺。

9. 全国委员会至少每 6 个月举行一次会议，或者应三分之一委员的要求举行会议。

10. 全国委员会应讨论并决定全国执行委员会提交的政治报告、组织报告及其他事项。全国委员会可决定讨论任何其他建议或问题。

11. 全国委员会在党的代表大会召开时，提交全国委员会的政治报告、组织报告及审计委员会的报告。

第十八条　全国执行委员会

1. 全国执行委员会负责指导党在全国委员会闭会期间的工作。它负责执行全国委员会的决定和指示。它决定任何政治问题和组织问题以及群众运动问题，还指导邦委员会的工作。它向全国委员会下一次会议提交工作报告和讨论报告。

2. 全国执行委员会代表全国委员会履行职责，执行以下任务：

（a）召开全国委员会的例行会议，为全国委员会起草报告和决议，至少在全国委员会会议开幕前一周散发给全体成员。

（b）指导和协助邦委员会的工作。

（c）指导党的报刊和出版物。

（d）指导印度共产党议会党团的工作。

(e) 指导党在所有印度群众组织（或群众阵线）的工作。

(f) 组织党的教育工作。

(g) 监督党的财务。

(h) 保持与兄弟政党关系。

3. 总书记、副总书记（非常设）和全国书记处的职能是代表全国执行委员会指导和执行当前的工作。

全国执行委员会至少每 2 个月举行一次会议。

全国执行委员会将成立代表它执行具体任务的部门和委员会。这些部门将根据全国执行委员会制定的规定开展工作。

第十九条　党的各邦机关

1. 党的各邦最高机关是党的邦级代表大会。

2. 例行党的邦级代表大会由邦委员会每隔 3 年召开一次。

3. 党的邦级特别代表大会由邦委员会自行决定召开，或者由代表不少于党员总数三分之一的党组织提议召开。党的邦级特别代表大会可应三分之一的党员提议，与全国执行委员会协商之后召开。

4. 党的例行邦代表大会由县级党的代表大会和直属于邦执行委员会的党组织的代表大会推选的代表构成。

5. 党的邦级代表大会的代表基数由邦执行委员会决定。

6. 党的邦级特别代表大会的代表基数和代表的选举方式由邦委员会决定。

7. 党的邦执行委员会和邦监察委员会的成员，有权作为正式代表出席例行或特别代表大会。邦委员会的其他成员可列席党的代表大会，但只有当选代表方有表决权。

8. 各县出席党的邦级代表大会代表的名额以各县已向邦委员会如数缴纳党费的党员比例为准。

9. 邦级例行党的代表大会的职能和权力如下：

(a) 讨论并执行邦委员会的政治和组织报告。

(b) 根据党的总政策和方针以及自己的经验决定党的路线和本邦的群

众工作，对党的总路线和党的全国性政策提出修改建议。

(c) 选举出席党的全国代表大会的代表。

(d) 选举邦监察委员会。

(e) 选举邦委员会。

(f) 听取并表决党的邦审计委员会的报告。

(g) 听取并表决党的邦纪律委员会的报告。

(h) 党的邦级代表大会选举主持大会的主席团。

第二十条 邦委员会

1. 邦委员会由党的邦级代表大会选举产生，成员不超过125名，具体人数由党的邦级代表大会决定。邦委员会的候补委员名额不超过正式委员人数的10%。候补委员有权出席邦委员会的会议，并参加讨论，但无表决权。

2. 任期届满的邦委员会应提交候选人名单。

3. 候选人名单的拟订应着眼于组建一个能够适应日益发展的群众运动和党的活动需要的领导班子，但是应该参照第十六条第1款（b）项的总体考虑。

4. 党的邦级代表大会对邦委员会成员的选举应遵守第十六条第1款（c）至（f）项提出的规则和原则。

5. 邦委员会是邦党组织在两届党的代表大会之间的最高权力机关。

6. 邦委员会代表全邦的党组织，负责指导它在两届党的代表大会之间的工作。邦委员会有权对全邦性质的问题作出全权决定，但是须遵守党的全国代表大会和全国委员会制定的政策。

7. 邦委员会两次全体会议之间的工作由邦执行委员会承担。邦执行委员会从邦委员会成员中选举产生，人数不超过31名。邦委员会从邦执行委员会成员中选举1名书记和1至2名副书记。邦执行委员会的候选人名单由届期已满的邦执行委员会推荐。邦委员会在必要时可决定选举产生包括书记和副书记在内的书记处，人数不超过9名。书记、副书记和书记处其他成员名单应由新的邦执行委员会推荐。

8. 邦委员会有权决定补充邦执行委员会的空缺,也有权撤销任何成员资格和进行改组。

9. 邦委员会有权决定补充邦纪律委员会可能出现的任何空缺。

10. 邦委员会至少每四个月举行一次会议,或者在三分之一的成员提出要求时提前举行会议。

11. 邦委员会应讨论并决定邦执行委员会提交的政治和组织报告及其他事项。邦委员会可负责处理任何其他事项。

12. 邦委员会应选举一名司库和选举一个审计委员会,负责审计账目和每年向邦委员会提交审计报告,并向党的邦级代表大会报告。

13. 邦委员会有权决定增选空缺的委员,人数不得超过邦委员会成员的10%,并且只有在与会的邦委员会成员的三分之二投赞成票的情况下方能生效。

14. 邦委员会还有权决定增选空缺的候补委员,但只有在与会的邦委员会成员的三分之二投赞成票的情况下方能生效。

第二十一条 邦执行委员会

1. 邦执行委员会负责指导党的邦级机关在邦委员会闭会期间的工作。它负责执行邦委员会和上级组织的决定和指示。它有权决定任何政治问题和组织问题以及群众运动问题,并向邦委员会报告。

2. 邦执行委员会代表邦委员会履行职责,执行以下任务:

(a) 召开邦委员会的例行会议,为邦委员会起草报告和决议。

(b) 指导和协助县委员会的工作。

(c) 指导党的报刊和出版物。

(d) 指导党员在邦议会、区议会、市议会和其他地方机构的工作。

(e) 指导党在群众组织中的工作。

(f) 管理党的经费工作。

3. 邦执行委员会通常每个月举行一次会议。

4. 书记和副书记以及书记处的职能是代表邦执行委员会指导并完成当前的工作。为处理邦执行委员会的工作,邦执行委员会应成立代表它执行具体任务的部门和委员会。

这些机构应在邦执行委员会指导下开展工作。

5. 在没有邦书记处的情况下，邦执行委员会应选举一个由 5 名成员组成的财务小组委员会，其中包括邦书记、副书记以及司库，代表它处理财务事项。

第二十二条　各县党机关

1. 各县党的最高机关是党的县代表大会。

2. 党的县代表大会由县委员会每 3 年举行一次。

3. 党的县级特别代表大会由县委员会自行决定召开，或者在代表不少于党员总数三分之一的党组织提出要求并经邦执行委员会批准的情况下召开。

4. 党的县级例行代表大会由支部大会以及地方中级组织会议推选的代表构成。

5. 党的县级代表大会的代表基础名额由县委员会决定。

6. 党的县级特别代表大会的代表基础名额和代表的选举方式由县委员会决定。

7. 县书记处或县执行委员会（视具体情况而定）的成员有权作为正式代表出席县级例行和特别党的代表大会。县委员会的其他成员可列席党的代表大会，但只有当选代表方有表决权。

8. 各支部出席党的县级代表大会代表的名额以各支部已向县委员会如数缴纳党费的党员比例为准。

9. 县级例行党的代表大会的职能和权力如下：

（a）讨论并执行县委员会的政治和组织报告。

（b）根据上级党组织的决定确定党的路线和本县的群众工作。

（c）选举县委员会。

（d）选举出席党的县级代表大会的代表。

（e）听取并表决党的县审计委员会的报告。

（f）党的县级代表大会选举主持大会的主席团。

10. 县委员会由党的县级代表大会选举产生，成员的具体人数由党的县级代表大会决定。县级代表大会选举不超过县委员会正式委员人数的10%的县委员会候补委员。

11. 县委员会的选举应遵守第十六条第1款（c）至（f）项作出的规定。

第二十三条　县委员会

1. 县委员会是县党组织在两届党的代表大会之间的最高权力机关。

2. 县委员会代表全县的党组织，指导党在两届县代表大会之间的所有工作。

3. 县委员会有权作出有关县党组织的工作的决定，但是须遵守党的路线和上级党组织的决定。

4. 县委员会应选举一个县书记处或县执行委员会，包括从其成员中选出一名书记，执行县委员会两次会议期间的工作，还可选举一或两名副书记。县书记处或县执行委员会的成员人数由县委员会决定。县委员会和执行委员会或书记处的成员名单，由届期已满的县委员会、执行委员会或书记处分别推荐。

成员较多的县或情况特殊的县，邦委员会可允许县委员会选举县执行委员会和县书记处。

5. 县委员会有权决定补充县书记处或执行委员会的空缺，也有权撤销任何成员资格和进行改组。

6. 县委员会至少每2个月举行一次会议，或者在三分之一的成员提出要求时提前举行会议。

7. 县委员会应讨论并决定县书记处或县执行委员会提交的政治和组织报告及其他事项。县委员会可负责处理任何其他事项。

8. 县委员会应选举一名司库和选举一个审计委员会，负责审计账目和每年向县委员会提交审计报告，并向党的县级代表大会报告。

9. 县委员会有权决定增选空缺的委员，人数不得超过县委员会成员的10%，并且有在与会的县委员会成员的三分之二投赞成票的情况下方能生效。

第二部分　主要政党内部规章制度

第二十四条　县书记处或执行委员会

1. 县书记处或县执行委员会负责指导县党组织在县委员会闭会期间的工作。它负责执行县委员会和上级机关的决定和指示。

2. 县书记处或县执行委员会对影响党在本县工作的政治问题和组织问题作出决定，并对下级机构进行指导。县书记处或县执行委员会应遵照县委员会和上级机关的决定履行自己的职责。

3. 县书记处和县执行委员会的职责包括：

（a）召开县委员会的例行会议，为县委员会起草报告和决议。

（b）检查下级组织的工作。

（c）指导群众组织，并给予实际帮助。

（d）散发党的刊物和文件。

（e）指导党员在城市和地方机构的工作。

（f）管理县党组织的经费。

（g）组织县党校和党员的教育工作。

第二十五条　中级党的机关

1. 邦委员会可决定在支部和县委员会之间成立 1 个或多个党的中级地方机关，例如小区、大区、区、街区或镇委员会以及地区委员会（在镇内）。

2. 这些地方组织或机关的最高权力机关是党的地方代表大会，由本地区支部大会选举的代表构成。地方委员会的成员有权作为正式代表出席代表大会。

3. 地方党的代表大会和支部大会按照各自的邦委员会制订的时间表每年或每 2 年举行一次会议，一般在延续党员资格登记之后举行。

4. 小区、大区、区、街区或镇的地方党组织的代表大会应选举一个地方委员会以及出席党的县级代表大会的代表。

5. 地方委员会负责有关地区的党务工作，协调直属党支部的工作。

6. 地方委员会应选举书记和一名副书记，并在必要时按照邦执行委会的决定选举一个执行委员会或书记处，负责当前工作。

7. 地方委员会应每月向县书记处或县执行委员会报告工作。

8. 地方委员会至少每月举行一次会议。

9. 地方委员会在县书记处或县执行委员会的指导下工作。

第二十六条　资深党员

凡是长期为党和劳动人民服务并一直担任党的各级委员会委员，对党委会的工作作出过有益的贡献，但因年迈或疾病不能从事日常工作的同志，均可被长期邀请出席党的有关委员会的会议，以便使党从他的经验和意见中受益。

第二十七条　基层组织

1. 党的基层组织是支部。

2. 基层组织的最高权力机关是支部全体大会。

3. 支部负责与群众的日常直接联系，组织党在本地区的活动。

4. 支部讨论有关党的工作和群众活动所有问题，并作出必要的实践决定。

5. 支部的党员可分成规模大小不等的党小组。每个党小组有自己的召集人。

6. 党小组的职能是分配和检查党员个人的工作。为了促进有助于支部的政治讨论，可在党小组内开始组织初步讨论。

7. 支部在村庄、村评议会、市行政区、街道、产业、工厂、行业和公共机构的基础上建立。支部的最多人数由邦执行委员会确定。

8. 支部的职能是：

（a）执行上级委员会的指示。

（b）争取本地区和本活动领域的群众支持党的政治和组织决定。

（c）在本地区和本活动领域建立和参与群众组织活动。

（d）销售党的刊物和出版物。

（e）收取党费和党税以及管理党的经费。

（f）吸收同情者和积极分子入党并对他们进行教育，帮助他们识字脱盲。

（g）对上级委员会的日常组织工作和宣传工作给予帮助。

9. 支部在全体大会上选举1名书记和1名副书记，开展目前的工作。支部党员若超过25名，应选举包括书记和副书记在内的支部委员会。

10. 支部全体会议至少每月举行一次，支部委员会或支部书记在会上汇报所做的工工作，提出工作建议。

11. 支部全体会议选举出席上一级党组织代表大会的代表。

12. 支部委员会的书记每2个月向上一级委员会和县委员会提交一份招收新的预备党员和正式党员的情况报告。

13. 在必要的情况下，党员是自己工作地点或居住地点支部的正式成员，除此以外也可视具体情况需要作为工作地点或居住地点党组织的无表决权的非正式成员。

第二十八条　中央监察委员会

1. 应成立一个由党的代表大会选出的中央监察委员会，成员不超过11名。

2. 全国委员会向党的代表大会提交中央监察委员会的建议名单。推荐名单的候选人应考虑在党内的资历（党龄不得少于10年），以及在党组织的经验和为人正直清廉。

3. 选举程序与全国委员会的选举程序相同，但是中央监察委员会的选举在全国委员会的选举之前举行。

4. 中央监察委员会选举委员会主席，主席有权出席全国执行委员会的所有会议并享有表决权，但是处理违纪案的会议除外。中央监察委员会的所有成员均有权出席全国委员会的会议并有表决权。

5. 中央监察委员会应受理：

（a）全国委员会或全国执行委员会提交给它的案例。

（b）邦执行委员会或邦委员会已给予纪律处分的案例。

（c）向邦监察委员会提出申诉被驳回，有关同志又向中央监察委员会申诉的案例。

（d）党员提出的有关邦委员会或全国委员会的成员（包括各自的执行委员会和书记处的成员）腐败和严重违纪行为的案例。中央监察委员会可自行处理相关案件，或将对邦委员会成员指控的案例转交邦监察委员会处理。中央监察委员会应尽一切可能在受理之日后的六个月内对所有案例和申诉作出决定。

6. 中央监察委员会应提醒全国执行委员会、全国委员会、邦委员会和县委员会注意它可能发现的违反党章的案例或者不公正和侵犯党员权利的案例。

7. 中央监察委员会的决定应该是最终决定，应该尽早执行。全国执行委员会可以三分之二多数的表决结果决定暂缓执行中央监察委员会的决定，并在第一时间提交给全国委员会作出最终决定。

8. 然而，在所有情况下，党员都有权利向党的代表大会申诉。

9. 中央监察委员会可应全国委员会或全国执行委员会要求或自行决定，对任何党组织党员的资格进行审查。

10. 中央监察委员会可每隔3年组织召开一次中央监察委员会成员和邦监察委员会主席的会议，以便交流经验，探讨共同的问题，对有关工作领域的重要问题作出决定。

第二十九条 邦监察委员会

1. 应成立一个由党的邦级代表大会选出的邦监察委员会，成员不超过9名。

2. 推荐候选人的指导原则与中央监察委员会相同。

3. 邦监察委员会选举委员会主席，主席有权出席邦执行委员会的会议，并享有表决权，但是处理违纪案的会议除外。邦监察委员会的所有成员均有权出席邦委员会的会议并有表决权。

4. 邦监察委员会应受理：

（a）邦委员会或邦执行委员会提交给它的案例。

（b）县委员会或县书记处或县执行委员会已给予纪律处分的并且有关

同志提出申诉的案例。

（c）向县监察委员会或县书记处或县执行委员会提出申诉被驳回的案例。

（d）党员提出的有关县委员会或邦委员会的成员腐败和严重违纪的案例。

（e）中央监察委员会根据第二十八条向邦监察委员会提出的案例。邦监察委员会应尽一切可能在受理之日后的 6 个月内对所有案例和申诉作出决定。

5. 邦监察委员会应提醒邦执行委员会和县执行委员会注意它可能发现的违反党章或者对党员不公正或者侵犯党员权利的案例。

6. 邦监察委员会的决定通常应该是最终决定。邦执行委员会可以三分之二多数的表决结果决定暂缓执行邦监察委员会的决定，并立即上报中央监察委员会或邦委员会。

7. 邦监察委员会可应邦委员会或邦执行委员会要求或自行决定对任何党组织党员的资格进行审查。

8. 邦监察委员会可制定自己的活动规则。

第三十条　党的纪律

1. 党的纪律是维护和加强党的团结统一，增强党的力量，提高党的战斗力和威信，贯彻民主集中制原则所不可缺少的保证。不严格执行党的纪律，党在斗争和行动中就不能对群众起领导作用，不能履行党对群众的责任。

2. 党的纪律建立在自觉接受党的宗旨、纲领和政策基础之上，全体党员无论在党组织或公共生活中地位高低，都必须平等接受党的纪律的约束。

3. 违反党章和党的决定，及其他与共产党员资格不符的行动和行为即构成违纪，应当受到纪律处分。

4. 党的纪律处分有：

（a）警告；

（b）严重警告；

（c）公开警告；

（d）撤销党内职务；

（e）留党察看，最长不超过一年；

（f）开除党籍。

5. 对党员的纪律处分一般在劝说等其他方式无效的情况下采取，但即使给予纪律处分后，仍应继续努力帮助该同志改正错误。若违纪行为需要立即采取纪律措施，以维护党的利益或威信，应及时给予纪律处分。

6. 党员若被发现有下列行为，应由所属党组织或上一级党组织及时给予处分。这些行为包括：破坏罢工、有酗酒恶习、道德败坏、背叛党的信任、在财务上有违规行为，损害工人阶级和党的利益的行为。

7. 对违纪党员由党员所在党组织或上一级党组织给予纪律处分。若该违纪党员同属多个组织，第4款中（e）和（f）项所列纪律处分只能由党员所属的最高级别的党组织自行或下级组织建议情况下作出决定。其他所有纪律处分可由党员所属的任何组织作出决定。

8. 开除党籍是党内最严厉的纪律处分，各级党组织应当十分慎重，认真研究后再作出决定。

9. 对党员处以留党察看或开除党籍的纪律处分必须经上一级党组织批准才能生效。此类决定必须立即报告并经上一级党组织批准。上级党组织应当在3个月内做出决定，若未能在接到报告后的3个月内就此事召开会议，则应当在接到报告后举行会议上做出决定。在留党察看或开除党籍的处分待上一级党组织审批期间，应撤销该违纪党员的一切党内职务。

10. 受纪律处分同志的处分决定、所犯错误和其他有关事实材料应充分同本人见面。受处分的党员有权要求处理此事的党组织听取个人意见。

11. 无论受到何种纪律处分，本人均有权提出申诉。

12. 对下级组织一再违抗党的政策和决定，严重宗派主义或严重违反党的纪律，以及经一再敦促仍长时间活动不力，不执行党的决定的下级党的委员会,在给予适当机会作出解释后,全国委员会或邦委员会有权决定解散或给予纪律处分。

第三十一条 经选举产生的公共机构中的党员

1. 当选国会、邦议会或担任行政部门职务的党员,应组成党小组,在相应的党委会的领导下活动,严格遵守党的方针、政策和指示。

2. 党的议员应坚定维护人民的利益。他们在立法机构的工作应当充分反映群众运动的要求。他们应当坚持和宣传党的方针政策。党的议员在立法机构的工作应与党的议会外活动和群众运动紧密结合,所有党的议员有责任帮助建立党和群众的组织。

3. 党的议员应与他们的选民和群众保持尽可能的密切联系,适时向他们通报在议会中的工作,并经常听取他们的意见和建议。

4. 党的议员应保持个人高度公正诚实,严于律己,生活简朴,对待群众谦逊有礼,将党的利益置于个人利益之上。

5. 党的议员和经选举担任公职的议员获得的工资和津贴应当按照有关党的委员会对他们收入所需缴纳党税的规定按时缴纳,不得拖欠。缴纳党税应是他们收入的第一笔支出。

6. 当选市政当局、地方机构和村评议会的党员,应当在相应的党委会或党支部的领导下活动。他们应与选民和群众保持密切的日常联系,在当选的机构中维护他们的利益。他们应定期向选民和群众汇报工作,听取选民和群众的意见及建议。党员在地方机构中的工作应与该机构热烈的群众运动相结合。

7. 所有参加议会选举党的候选人提名,应服从全国执行委员会的决定。参加邦议会或中央直辖区的议事机构党的候选人提名,应由相关的邦执行委员会最终决定并宣布。参选市政当局、地方行政机关、区委员会和村评议会的党的候选人提名,应由邦委会,或邦执行委员会制定指导规则。

第三十二条 担任公共职务的任期

总书记和副总书记(非常设),以及邦党委书记的任期不得连续超过两届——每届任期不少于两年。在特殊情况下，有关党组织可以通过无记名投票，由四分之三以上的多数票决定可以允许任期超过两届。如果这样的决定获得通过，该同志也可和其他候选人一起参加选举。至于县和县级以下的担任公共职务的任期，邦委员会可以制定必要的规定。

第三十三条　选举方式

各级党的机关选举，以及为选举出席党的全国代表大会和党的邦级代表大会的代表，必须采用无记名投票方式。如果涉及多个选区，选举应以单个小区投票的结果为基础。推荐名单外的任何候选人必须由其他同志推荐。不管是推荐名单上的提名还是由其他同志推荐的同志，均有权退出。

被补充提名的同志在选举缺席情况下，必须出具事先写下的书面声明，表明自己接受这样的提名。在这种情况下，若有必要，该候选人也可以通过书面声明，授权其他同志代表其本人撤回候选人的资格。

第三十四条　党内讨论

1. 为了党的团结统一和有关群众路线的党内讨论应定期举行，成为党内生活的重要特征。党内讨论应在全国范围内展开，或根据问题的具体性质在不同级别的党组织召开。

2. 组织党内讨论应在下列情况下进行：

（a）涉及全印度或全邦的重要问题，且不必立即作出决定的情况下，由党的中央或邦级机关在作出决定之前进行党内讨论。

（b）全国委员会或邦级委员会内部对涉及党的政策的重要问题没有取得足够多数支持。

（c）代表全党三分之一党员的邦级党的组织要求组织全国范围的党内讨论，或者代表全邦三分之一党员的县级党的组织要求组织全邦范围的党内讨论。

第三十五条　党的全国代表大会和党的代表会议召开前的预备讨论

全国委员会在全国代表大会召开前2个月公布决议草案，供党的各级组织讨论。对决议的修改意见在代表大会召开前送交全国执行委员会分类整理。政治和组织决议草案应包含对过去一段时间的简要回顾，总结经验和教训，供全体党员发表意见。所有决议和文件草案须分发到各邦委员会。

第三十六条 在群众组织中工作的党员

在群众组织及其执委会工作的党员，必须组织起来并在相应的党的委员会领导下开展工作。他们必须努力增强所在群众组织的团结、群众基础和战斗力。

第三十七条 附则

全国委员会可以根据党章制订和党章相一致的细则。党的邦级委员会也可以经全国委员会同意，根据党章制订和党章相一致的细则。

第三十八条 修正案

党的章程只能由党的代表大会或者在紧急情况下由全国委员会三分之二多数同意的情况下修改。上述两种情况都必须在党的代表大会或全国委员会举行前2个月公布修订党章的通知和建议，如果发生紧急情况或者出于某些原因，由全国委员会三分之二多数同意在全国代表大会召开前宣布取消修改动议。

党章细则

1. 第四条的细则：有关第4款。相关的上级组织根据自己的是非判断，可以做出决定，接收党员作为预备党员或正式党员。

非全职党员迁往外地时必须通知其所属组织，领取由相关党委书记签署的所在组织的调转证明。党员在同一县城的各乡镇之间调动，或在同一邦的各县城之间调动，县委员会或县执行委员会是相应的审批机关。党支部不得接收未持有有关党委签发的调转通知书的任何外来组织的党员。

全职党员未经所在党组织或委员会的事先许可，不得迁往外地。

2. 第五条的细则：新入党的党员除了填写党员表格，还必须在全体会议举行时宣誓。宣誓仪式由会议主席主持。

3. 第六条和第七条的细则：应发给预备党员党员证，但必须特别注明是预备党员。

党员证须统一式样，证件上须准确注明所有项目。每个党证都必须有邦委书记的签名或复印签名以及县委书记的签名。

4. 第六条的细则：如果党员资格未延续而失效，且不存在该党员需重新入党达到党员资格全部条件的要求，在上级委员会的批准下，可以重新接纳为正式党员。

5. 第七条的细则：党员由于所在党组织的失误，未能在全国委员会规定的时间内延续党籍，有权要求延续党籍，即使已经过了规定的期限，只要在2月底前（也就是规定的延续党籍截止日后4周内）直接向上一级委员会申请延续党籍，并向申请延续党籍的委员会缴纳党费和党税。

在这种情况下，申请人必须在其申请书上写明本人或所在组织为延续党籍所作出的努力。接受延续党籍申请的党委会将对申请的理由进行核实并作适当的决定。

6. 第十一条的细则：有工资、薪水和类似收入的党员，按月缴纳规定的党税。有季节性收入的党员则按年度缴纳。

党员在规定的缴纳期结束后4个月仍然未补交，所在党组织将予以警告。如果党员在每年的延续党籍登记期间仍未缴纳党税，党籍将不得延续。在上述情况发生后3个月内，如果该党员补交了所有未缴纳的党税并申请重新入党，将被重新接纳并延续党员资格。

党员如遇到困难情况，例如失业、久病、歉收等，经所在党组织以及上级组织批准，可以免交党税。所有党员证必须包含有关党费和党税缴纳情况的项目。

7. 党中央必须在党的代表大会前，邦委员会必须在党的邦级代表大会前发布指导原则，其中包括旨在提高妇女、表列种姓、表列部落和落后种姓在各级领导机关代表比例的具体意见。在检查其他指导原则执行情况的同时，对于迫切需要大力改善领导机关社会构成工作的执行情况，要求汇报、经常性检查和进行总结。

7. （a）第十六条和第二十条的细则："全国委员会或邦委员会，视情况认为有必要或紧要的时候，可邀请不超过 10 名或委员会成员总数 10% 的党员作为相关委员会永久嘉宾，但无表决权"。这通常是为了让会议和活动具有更好的代表性。

8. 第十八条的细则：为了某些领域工作的区域性协调，全国执行委员会可以召开临时的相关邦委员会的代表会议，或在认为有用和必要的地方设立区域协调委员会。

9. 第十九条的细则：第 9 款（c）：当某个邦无法举行定期的党的邦级代表大会，选举参加全国代表大会代表的方式由全国委员会或全国执行委员会决定，同样，县级代表会议不能举行，则由邦委员会或邦执行委员会决定选举方式。

党员不能由不是所在的党组织选举成为党的各级会议的代表。

党的各级会议可以选举按优先顺序排列的候补代表，其名额不得超过正式代表总数的十分之一。候补代表有权列席全国代表大会以及党的各级代表会议，但没有投票权。

除非替补缺席的邦的代表成为正式代表，方可享有投票权。这项规定也适用于下级各党组织。

10. 第二十五条的细则：党支部全体会议有权决定职限范围的各项事务。但地区党的全体会议报告党的各项决定或与群众运动相关的问题则仅限于与本身有关的事务，所作的任何决定都只具有建议性质，而同级党的委员会拥有最终决定权。

11. 第二十七条的细则：邦监察委员会须准备当年年度工作和活动报告，呈交中央监察委员会，并抄送邦委员会。中央监察委员会审核其报告并向相关的邦监察委员会提出建议。

12. 第三十一条的细则：第 5 款：上面提到的对不缴纳党税的党员采取的行动，适用于国会议员和邦议会议员，但前提是：有关未延续党员资格的党员的规定，对邦议会议员，由邦委员会或邦执委会作出决定；对国会议员，由全国委员会或全国执委会作出决定。

13. 召开会议和履行委员会职责：全国、邦或县一级的委员会召开常规会议，必须提前两个星期发出通知，执委会召开会议必须提前一个星期发出通知。一般情况下，在发出会议通知的同时也应当告知会议议事日程。召开紧急会议可以临时发出通知。

法定人数：全国委员会和邦委员会召开定期会议，执委会召开紧急会议出席人数必须达到半数以上；全国执委会和邦执委会召开常规会议出席人数必须达到三分之二以上；县和中间级别的地区召开党委会，必须达到五分之二以上的出席人数；党支部召开会议，出席人数必须达到支部全体党员的三分之一以上。如果达不到法定出席人数，会议可以听取汇报或举行一些非正式的讨论或磋商。但只有达到规定的出席人数，相关党组织在会上作出的决定才能生效。

党组织的任何成员若想把某些议题纳入会议议程，必须将议题建议提交给有关组织的书记作出汇报。书记有权决定是否把该项议题纳入会议议程。

除非因某些特殊目的而召开的紧急会议，一般情况下，党组织每次会议的第一项议题是要回顾并审查上次会议决定的执行情况。在会议议事日程和时间表作出决定后，其他事项——如会议的具体程序和时间分配等——应由此次会议的主席或根据具体情况，由负责主持会议、安排讨论的主席团来决定。

邦委员会应对邦和邦以下级别的党组织召开会议、保存会议记录等事项制定具体规定，以便使涉及此类问题的争议和争端减小到最少。此外，还应该就召开会议类似的问题制定指导方针，以确保充分利用会议的时间解决问题。

所有党的委员会必须保留出席会议的记录。若有成员未提前请假缺席会议，必须事后要求其作出解释并记录在案。任何成员没有正当理由连续3次缺席会议，相关的党组织应给予除名惩罚。

（本文出处：http://www.communistparty.in/p/constitution.html）

（吕增奎 译）

印度共产党纲领

(1992年4月印度共产党第十五次全国代表大会通过)

独立前,印度共产党把印度革命划分为两个阶段:当前的反帝国主义、反封建主义阶段(即民主革命阶段)和接下来的反资本主义阶段(即社会主义革命阶段)。印度共产党实行广泛团结工人阶级、农民阶级、中产阶级和国家资本主义,组成全国民主阵线的战略。

1947年印度赢得独立标志着一个新纪元的开始。对印度和整个世界而言,这是具有重要历史意义的事件。这是印度群众运动达到前所未有的高度,以及世界力量对比出现新的变化所导致的结果。

革命的新阶段

这标志着全国革命的胜利,虽然事态的发展过程与印度共产党最初的构思或预期并不完全一致。伴随着革命胜利的是国家的分裂,这是一个可怕的后果。但它也为印度人民迈向更深层的政治独立,赢得国家主权和经济独立提供了契机。在党的号召下,印度人民推动革命进入一个新阶段,即完成反帝反封建任务,重新建立一个自给自足、民主繁荣的经济,确保提高人民生活水平,扩大和深化民主,建立民主制度,保障个人权利、民主自由和文化,迅速发展文化的阶段。

发展和新阶段

在这一阶段我们取得了很多成绩,包括:赢得了国家主权的独立,在普及世俗民主和建立议会制政府的基础上制订宪法，以成人选举权和多党制为基础开展选举；实现立法、行政和司法的分离；建立了联邦制政府，将权利分配到中央和地方。虽然在社会阶级问题上还存在很多局限，但我们仍然取得了很大进步。在全国解放斗争的过程中，社会各界对很多基本问题也达成了普遍共识。

一个历史性的进步是对封建制度下的王公领地进行整顿肃清，将王公领地和邻近地区合并，根据语言分界线，同时遵循民主原则和多语言、多民族国家人民的意愿对印度进行了重新划分。这实际上是一场自下而上和自上而下同时进行的革命，它克服了时间障碍，促使执政者兑现他们公开对人民做出的承诺。团结的群众运动——在此过程中印度共产党发挥了显著作用——及其他坚定不移的反封建力量使这一具有历史意义的进步成为可能。印度的国家统一得以继续深入，不同语言和种族群体的身份得到广泛确认，实现了对他们的政治整合，为他们的经济、文化和政治发展开拓了广阔视野。

印度1947年获得独立后，民族资产阶级的领导者印度国民大会党成为执政党，开始制订宪法，领导人民将印度建设成为一个新国家。

印度的国家机器是在各种矛盾及和帝国主义、封建主义势力的妥协下建立的，这是一个权力高度集中、机构繁多的国家机器。在管理这个幅员辽阔、社会高度复杂的国家过程中，印度也呈现出一些负面现象，比如官僚主义、高度中央集权、严重腐败和在政客—警察—犯罪分子相互勾结基础上不断增强的黑手党网络，深入到经济和政治生活中。

印度经济的发展和矛盾

在经济领域内，印度在实现经济独立、发展工业和农业生产力等方面取得了相当大的进步。

在此过程中，通过对很多殖民时期建立的外资企业实施国有化，依靠建设公共部门来建设印度所急需的基础设施，以及苏联和其他社会主义国家对各种大型基础工业项目的援助为印度经济发展提供了帮助。以重工业为核心,发展多样化、强大的公共部门为印度经济实现自给自足奠定了基础。

但此后走上的资本主义发展道路导致印度社会两极分化,贫富差距进一步加剧。垄断家族迅速发展,其名下的资产不断增加。与此同时,中小型工业尤其是微型和小型工业部门也获得了飞跃发展。贫富分化严重,10%至12%处于社会上层的人生活非常富裕,而30%至40%的人却生活在贫困线以下。由于就业机会严重匮乏、自营职业范围有限、激进的土地改革遭遇阻力,加上工业设施被缩减或关闭,印度失业率大幅上升。

工业增长速度放慢脚步。规划偏离了正确路线。

国内外债务急剧增加,令印度濒临债务陷阱。最近的财政金融危机——表现在贸易收支差额上的不利地位——预示了印度经济面临的危险。预算赤字不断增加和税收结构不合理使经济发展的负担越来越多地转嫁到普通老百姓头上。地区间经济增长和发展不平衡加剧。掠夺国家资源和公共财产,积聚大量黑钱和境外存款,奸商牟取暴利,非法走私之类的行为猖獗。

新经济政策

从20世纪70年代和80年代末起,印度开始执行一套新的经济自由化政策,也被称为"新经济政策"。当时这一政策被吹嘘为"经济改革"。支持新经济政策的有工业家、大地主、右翼和中间偏右翼政治势力的精英分子。这一政策有很深的来自私营经济和"自由市场经济"学说的意识形态暗示,并高举"社会主义已经失败"的旗帜来为自己做宣传。

"新经济政策"的基本特征有:

——远离和诋毁国有经济,转向私有化经济,加大经济对私营部门的依赖。

——全面走向垄断经济,向跨国公司敞开国门。鼓励国内公司以现代化、获取技术和资本、增加出口潜力的名义和国外企业合作。

——放开进口,进一步强调出口导向型经济发展。

——实行偏向大企业和垄断家——包括海外印度人和跨国公司——的财政政策（货币贬值、金本位制政策等等）。

——以世界经济一体化为名，寻求和西方发达国家的经济接轨。

这些都是世界银行和国际货币基金组织所提倡的针对印度和其他发展中国家的救助措施。最近中央预算和文案中制订的政策措施显示，政府仍打算接受世界银行和国际货币基金组织的条件，将卢比贬值，继续走这条毁灭性道路。如果不能逆转这种趋势，这样的经济政策必将加剧印度的经济危机，破坏我们的经济独立性和主权。

另一条经济发展道路

印度经济正面临危机，但我们绝不能低估印度经济的弹性和找到办法克服经济困难及危机的能力。不管从全世界还是印度一个国家来看，资本主义作为一个体系仍然具备这样的能力，它有能力通过各种手段解决经济危机。

要解决印度经济面临的根本问题，我们必须走社会主义道路，这是唯一的办法。但在当前的情况下，我们必须想办法另辟一条经济发展道路，来帮助我们解决当前的经济困难，鼓励经济走全面发展的道路，建立一个自给自足的民主型经济。这样的经济发展道路要求我们：

——通过土地改革、增加就业等计划来扩大国内市场，同时通过信贷和营销设施促进自营职业的发展。

——破除阻碍生产力发展的桎梏，加速发展生产力。

——减少进口（譬如说减少进口迎合精英分子口味的消费品），节约外汇。

——对公共部门进行重组和民主化，提高公共部门的成本效益，使其更具竞争力，更负责，更加关心民生。

——限制外债增加，采取措施对印度的债务进行重新规划；通过合理的手段，在一定程度上可以把印度外债转化成外国投资。

——重新调整税收结构，增加印度富人包括大土地主的税收负担，为普通老百姓减压。充分利用国内资源来发展经济。

——破除经济中的官僚主义成分，减少中央繁文缛节和层层递进的审批制度，这只会滋生腐败，制造强大的政客—官僚分子—垄断家族连带关系。

——组建"工业成本和定价局"，调查重要工业物资的生产成本，公布成本审计报告，以此来遏制垄断定价和暴利。

——以经济发展的整体利益为重，招商引资，允许外国投资进入高科技比重大或急需高科技来推动发展的工业。

——在必要的情况下，通过国家干预为弱势部门和落后地区争取利益，通过民主化和权力下放重新调整经济规划过程。

——曝光黑钱，堵住所有产生黑钱的漏洞，消除其来源。

——向小型工业、乡村企业和合作社扩大信贷，为它们提供市场支持，保护非垄断部门的利益，防止其受到国内外垄断势力的威胁。

在采取上述措施的同时，我们国家也必须与周边国家（特别是南亚区域合作联盟国家）发展更密切的经济、社会和文化关系，加强科技合作，为发展睦邻友好关系，加强政治交流奠定基础。在这个过程中，政治关系发展有利于经济、社会和文化关系的发展。它还能使印度减少国防支出。在今后的几个世纪内，这些国家的经济能补充印度经济的不足，与之相辅相成。长期以来，帝国主义使这些国家互起争执，企图根据自己的利益和每个国家打交道，对这些国家的经济造成了巨大破坏。我们必须通过大力发展地区合作，加速建立国际经济新秩序和平等的贸易投资条款来扭转这种趋势。

变化中的印度农业

在这一时期内，封建殖民主义农业制度发生了很大改变。在国内很多地区，生产关系发生了变化。农业生产方式、粮食和粮食耕种模式也发生巨大变化。无论在土地市场上还是劳动力市场上，一个统一的国家买方和卖方市场正在迅速形成。

废除中介土地所有权是前进过程中迈出的重要一步。但除了喀拉拉邦、孟加拉邦和早期推行激进土地改革的查谟-克什米尔地区，以及通过强大的群众运动迫使当局通过部分土地改革方案的地区外，土地租赁、通过立法制定土地持有最高限额等其他土地改革政策在很大程度上遭到了抵制。在设定土地持有最高限额的议案下，只有1%左右的耕地得到分配。因此，虽然在多种因素的作用下，土地集中程度已得到缓解，但土地过于集中的情况仍没有改变。在印度中部和东部的某些地区，半封建制生产关系依然盛行。

资产阶级政府曾采取一系列措施发展灌溉、农产品市场和通信等多种农村基础设施，同时逐步对商业银行实行国有化，扩大信贷和其他合作机制以促进农业生产力的发展。

在此过程中，执政党迫于地主的压力和自身阶级利益，中途放弃了土地改革，转而引进种子肥料技术来加快农业生产速度。在引进种子肥料这件事上，帝国主义的压力也是一个因素。

这种新的农业战略是根据富裕农民和政府资助最多的地区的需要而制订的，在已经不平等的社会结构上强行实施这一政策，结果是令地区和社会不平等进一步加剧，大大加强了富裕农民和资本家农民的社会经济地位，加强了他们对农村生产秩序的控制，以及他们的政治影响力和在国家权力结构中的份额。

在这种情况下，农村地区的社会矛盾日益尖锐，引发严重的社会冲突。对表列种姓、表列部族和其他社会底层阶级的暴行日益增加证明了这一点。

为了缓解这些社会矛盾，政府发起了各种旨在减少社会不平等现象的计划，包括"小农发展机构"、"贫农和农村劳动力发展机构"、"扶贫计划"、"就业保证计划"、"农村综合发展项目"计划等等。

这种一方面加深现有的社会不平等现象，另一方面又通过各种计划缓解社会不平等的矛盾过程直到今天还存在于农业生产中。

今天，社会生活中的一个重要事实是：在社会上处于不利地位、为获得社会经济平等和自尊而抗争的弱势群体不甘于接受上层剥削阶级和其他压迫者的社会压迫。

小农和贫农的迅速发展是一个积极因素,但农业部门一个令人担忧的趋势是自谋生路的农民越来越少,贫穷化加剧,农村劳动人口剧增,农业部门过度拥挤,70%的劳动力仍然依靠农业为生。如今,农村劳动力正从落后地区迁移到发达地区寻求工作机会,前往城市地区的农村劳动力越来越多。

随着绿色革命技术的发展,谷类粮食的生产率有所提高。小农的生存能力也有所改善。和1950—1951财年相比,粮食产量增加了3.5倍以上,虽然当前的消费水平仍然较低,但印度离自给自足的目标越来越近。在绿色革命领域内,农业增长在一定程度上也带来了多样化。地区不平等进一步加剧。

在大多数地区,自给自足的农场经营已经让位给以市场为主的现代化商业农场经营,因此,小农经济也被卷入了市场经济的漩涡。

农业生产对市场的依赖和商品化,以及商品—金钱的关系大大强化。垄断家族和跨国公司对农村市场的控制加强,他们正在操纵市场剥削农民。在不平等的贸易条件下,大量资源从农业部门转移到工业部门,各种公共商品供给公司也无法改变被中间商剥削的局面。

部族人民的自然经济也受到商品—金钱和市场关系的影响,导致他们慢慢出现分化,受剥削加重。

一方面是绿色革命的发展,另一方面是过度依赖外国融资和技术以及像肥料、杀虫剂之类的农业进口产品,这使得印度的农业部门发展超越了国家界限,尤其是在农商领域内。20世纪80年代实行的开放政策进一步推动了这种现象的发展。

种子肥料技术需要耗费大量水和肥料。这种以施加大量抗病毒肥料为基础的新品种种子容易遭到虫害侵蚀,因此需要使用大量杀虫剂,最终造成严重的环境问题。因为积水和土壤盐分不恰当,数以百万公顷的农业用地土质恶化。很多具有天然抗虫害特性的传统作物品种被毁。

我们必须改变这种高能耗、高成本、以灌溉为基本前提的技术，寻找一种成本更低、产量更高、不破坏环境平衡、能改进土壤粗密度和肥度，可同时用在有灌溉条件和无灌溉条件的农业用地上的新技术。从这一点来考虑，正在迅速崛起的生物科技为我们提供了一个好机会。

政府必须大力推广生物科技政策，这是最符合我们国家利益的，同时还能减少对化学肥料和杀虫剂的依赖。这种技术也适合小农使用。我们决不能屈服于跨国公司的压力，进口他们的生物技术，让他们自由进入我们的农业部门。

在这样的局势下，党将争取在农业部门实现下列目标：

1. 废除农业部门的所有封建和半封建残余，严格执行最高上限制和土地租赁法，取消所有不平等土地交易，对所有可耕种的荒地进行开垦和分配，加强植树造林。

2. 加快农业和粮食产量增长，减少地区发展的不平衡，进一步强调陆地农业的发展和印度中部、东部地区的农业增长。为灌溉、农村电气化、市场发展、补贴信贷、通讯等农村基础设施建设的发展投入大量公共投资。发起多用途河谷项目确保解决防洪、盐田进水、灌溉和发电问题。进行大规模植树造林活动，维持生态平衡。

3. 为农产品制定有利可图的价格，维持工业和农业贸易的平等，反对垄断企业和跨国公司的剥削。农业应该成为一个有利可图、有回报、值得尊敬的职业。

4. 确保农村劳动力的社会保险、最低生活工资和土地，中央必须通过立法保证农村劳动力权益。劳动权应该成为一个基本权利，应保障农村劳动力的就业或失业补贴和自营职业者的相关资源或方法。必须反对社会和种姓压迫，争取权力下放和民主权力结构。

5. 应当鼓励乳品业、家禽饲养业、水产业、养蚕业、社会林业、牧羊业、园艺业和渔业等辅助性职业，使农业发展多样化。除了粮食种植，这些职业也能为农村提供就业机会，增加收入。

6. 鼓励农村地区发展工业，应当大规模提倡农村地区发展小型工业、乡镇企业，尤其是农工业，这样就能使很大一部分依靠农业生存的劳动力转向非农业部门。必须大幅缓解农业部门过度拥挤的现象，增加农村人口的收入水平。

7. 必须反对世界银行和国际货币基金组织所提倡的向跨国公司和自由市场力量敞开大门，任其自由进入印度农业部门，鼓励竞争的做法。应当大力保护小农和贫农经济，采取一切可能的措施令其生存下去，包括在信贷、植物供给、种子肥料、恰当的技术和农产品销售上为他们提供优惠条件。鼓励小农和贫农进行不同形式的合作。在鼓励某些农产品出口的同时，应当优先考虑扩大国内市场。

8. 应当把所有的扶贫计划、农村发展计划和增加就业计划与农业发展计划结合起来，通过民主选举的村评议会、群众组织和其他志愿机构执行这些计划。凡截留、贪污资金的人应当逮捕归案。

9. 发展更好的本土生物技术和基因工程技术，这一点上文已经阐述。

随着国内矛盾日益尖锐，社会上的紧张气氛越来越浓，对滥用紧急条款、滥用宪法第356条和357条规定的总统权力和行政管理机构权力的批评不断增加。对议会规范和制度日趋走向独裁的批评不断增加。

中央政府长期一党独裁垄断权力，导致各邦对中央财政的依赖，单一政府主义趋势加强使得中央和地方的关系恶化，这也受到普遍批评。

政治犯罪化、选举进程失真和日益兴起的反民主趋势激起了公众的强烈抵制，印度人民的民主意识日益增强，维护民主权利的行动也日益增多。一党独裁首先在各个邦被打破，然后是中央。要恢复一党独裁统治似乎不太可能。而建立两党分治的制度，挤出左派势力似乎也不可能成功。各个邦的非议会制政府留了下来，虽然它们不断遭到攻击，称其滥用宪法权力。左翼领导的邦政府也赢得了共存的权利。企图用总统制来取代议会制，或通过其他途径推翻议会制的阴谋没有成功。虽然议会制民主有很大的局限性和弱点，但仍在发挥作用。我们必须保卫和维持这种制度。我们也迫切地呼吁进行选举改革，以遏制金钱权力和垄断性权力。

我们必须捍卫宪法的基本原则，防止其遭到反动分子的攻击和独裁统治的歪曲。除了宪法内在的缺点和局限性外，我们也必须意识到，国家政策中的大多数指导性原则在很大程度上并没有得到全面执行，甚至完全被忽略。这也为我们拉响警钟，促使我们加快步伐，把一些指导性原则转化成基本权利和有效措施来付诸执行，并根据时代变化、当前面临的新挑战和群众愿望对宪法进行修正。

国家完整面临的威胁增加，国内分裂主义趋势日益突出，印度教、穆斯林和锡克教等教派主义，不断增加的社会、地区紧张形势和种姓冲突对我们国家的统一和完整造成日益严重的威胁。

感受到群众觉醒威胁的强大封建残余势力和特权阶级；宗教剥削；种姓和地区裙带关系；为了选票、名利和反动目的，通过煽动群众教派情绪取得政治收益，特别是在议会中的收益；年轻人当中失业人口不断增加，且心怀不满；地区发展不平衡和社会不平等现象加剧，这些都进一步加剧了分裂主义和极端主义趋势。如果无法及时通过民主方法解决这些问题，投机分子就会利用这一趋势达到其有利的政治目的，使整个问题变得更严重。捍卫国家完整和解决上述所有问题是我们最迫在眉睫的任务。

分裂主义者和国民志愿服务团——来自印人党的威胁

狂热的教派分子越来越多地诉诸暴力，对我们的社会结构造成更大的威胁。分裂主义者诸如建立"卡里斯坦"和"自由克什米尔"等要求伴随着恐怖主义，变得越来越明目张胆。最近，宗教原教旨主义者和神正论者等所宣扬的，其中最恶劣、势力最大的是国民志愿服务团、世界印度教徒大会、印人党和湿婆军等宣传的"印度教特性"和"印度教国家"论，对我们的国家统一和完整、民主制度和组织、长期形成的多元化文化遗产及社会结构造成很大威胁。在境外帝国主义势力的教唆和支持下，这些宗教极端组织得到国内最反动的特权阶级的支持和利用。

助长狭隘的排外性的少数民族地方自治只会加强国民志愿服务团和印人党等组织的力量，而不是打击他们。

国民志愿服务团和印人党出于自身目的，在巴布里清真寺和克什米尔等问题上大做文章，对世俗主义和印度国家统一发起声势浩大的攻击。他们肆意歪曲历史，用谎言来欺骗印度人民，将印度教民族主义奉为唯一正确的民族主义，宣传带有攻击性的宗教狂热主义和排他主义，这与印度几个世纪以来传统的宗教包容性、睦邻友好和四海之内皆兄弟的信念大相径庭。这些势力不仅想分裂印度人民，还想倒退到过去，镇压所有民主和进步。

所有这些狂热的教派势力都是故意曲解宗教的真正涵义，以达到他们的政治目的。没有一个宗教会鼓吹教派仇恨、敌意和暴力。而这些宗教极端势力却恰恰相反，它们违背了传统宗教留下的包容、博爱、宽厚待人的宗旨，而是用宗教狂热主义和原教旨主义来取而代之。印度共产党必须团结所有左翼、爱国和世俗力量，联合起来反对这些分裂势力，捍卫世俗力量和各教派团结，这是在多种宗教并存的印度，保卫国家统一的重要先决条件。印度共产党不带有偏见，支持保证所有宗教信仰自由，保留各个宗教的重要传统和惯例，包容其他信仰。印度共产党支持全面保障少数民族的生命和财产，坚决反对所有针对少数民族的歧视，不管是通过公开手段还是秘密手段，宗教手段还是民族手段。我们支持宗教和国家分离论，坚决反对所有利用宗教、宗教地点和机构达到政治目的的行为；支持与真正的宗教信仰者建立对话和合作，联手采取行动遏制教派仇恨和暴力。这样的合作是可能的，也是必要的。

印度的种姓制度和社会公正

被一些古代经文所推崇的种姓等级制度存在剥削和压迫，是最有害、最反动的封建残余势力之一。它已成为野蛮社会暴行的一个成因，也是民主和进步的一大严重障碍。勇于挑战这种不平等现象，为广大受剥削、受压迫的群众挺身而出抗议的圣人和改革家永垂不朽！在此过程中，不同类型的改革运动、最近的贱民起义活动以及各种各样的保留政策发挥了积极作用，在一定程度上缓解了这一社会不平等现象。但这一有害制度的根源依然存在。历史经验表明我们在管理国家上存在不足，或者侧重发展经济，或者侧重执法，很难做到两者兼顾，很多只是纸上谈兵。我们必须采取多方面的改革措施，解决经济、社会和政治领域内的问题。必须对整个体系进行根本性的改革，必须以更快的发展速度提供就业机会，实行激进的土地改革，扩建教育、医疗保健和其他社会设施，有效采取扶贫措施，确保社会表列种姓和落后种姓能够享受到政府通过的保障其利益的法案，鼓励和支持不同种姓间通婚。必须反对引起种姓紧张和冲突的种姓沙文主义。争取社会公正、消除种姓压迫和不平等是加强民主和国家完整的一个重要条件。我们的目标是彻底根除社会种姓制度，建立一个人人平等、没有种姓之分的社会。

妇女问题

性别不平等以及在此基础上的性别歧视和压迫，是封建残余的另一种表现。妇女在我们社会中一直低人一等，资本主义发展利用和加重了这一问题。如果不能彻底消除男女之间的不平等地位，让妇女从双重剥削中解放出来，我们的社会就不能成为一个现代化、民主的文明社会。倘若不能做到这一点，不能让妇女积极参与所有的民主运动，任何社会和文化革命都不可能取得成功。必须采取一切可能的措施，让妇女和男性在平等的条件下参与一切经济、教育、文化和政治活动。诸如取消嫁妆、反对殉夫自焚、反对童养媳之类的法律不能只停留在书面文字上，而是要严格执行。

除了这些，我们也应当迫切呼吁通过立法，保障妇女的财产权，为那些被赶出家门的妇女提供有效帮助（这些妇女不是被社会遗弃就是穷困潦倒），鼓励寡妇再嫁等等。必须唤醒广大群众保护妇女的意识，反对大男子主义。

应当扩大托儿所、幼儿园等设施，在妇女分娩前后为其提供带薪休假。同工同酬，废除一切对妇女不利的规定，支持所有争取妇女解放和社会平等地位的妇女运动。这一点必须得到充分保障，它是我们社会民主化的一个组成部分。

语言问题

一切语言皆平等,各邦在进行行政管理和下达指令时,应当彻底用印度各语言来取代英语。每个邦的政府部门、公共机构和执法部门可以使用自己本地语言进行管理。各级政府必须使用印度本国语言下达指令。乌尔都语和文字在其传统使用地区必须得到保护。曼尼普尔语和尼泊尔语应当被收录在宪法附件八中。在实行大语种的各邦,为少数民族提供母语教育。在全国竞争性的考试中,必须提供宪法附件八中所列各个语种的试卷。不得拒绝要求加入某个语种的合理要求,这也是现行的做法。

民族和部落问题

在印度这个多语言、多民族国家中,民族问题是一个非常关键的问题。虽然已经过语言重组,很多问题仍未能得到解决。弱小民族和部落人民正在日益觉醒,为自身语言、文化的发展争取空间,为获得政治权利和身份认同而抗争。1991年的人口普查表明,印度境内有大约3000种语言和方言,但只有59种语言作为下达指令的媒介被接受。部落人民为自己争取身份认可和家园的运动达到了新高潮。争取建立贾甘德邦、博得兰邦及包括北部察查县—米基尔山脉在内的自治邦的部落运动均已成为大规模群众运动,中央必须启动对话机制来找到解决办法。未来将出现更多这样的标语和运动。在很多邦部落人口已占到相当大的比例。

调整中央—地方关系

随着部落人民的逐渐觉醒,印度现有各邦对中央侵蚀地方权力、地方上严重缺乏财政权力和资源,而发展经济的责任却主要落到他们肩上感到极为不满。通过滥用宪法条款、各种修正法案和措施,权力越来越集中到中央,印度开始走向中央集权主义,而非联邦政府。这使得各个邦,不管是大邦还是小邦,普遍出现怨恨情绪,也使它们不断要求获得更多权力,拥有更大的行政管理、政治和财政自治权。印度共产党支持国家统一和建立强大的中央政府。但它也相信，只有在联邦制的基础上才能建立统一的国家，国家统一才能得到保障。

因此，印度共产党要求按照联邦制的原则重新调整中央和地方的关系，并修改宪法。党紧急呼吁大规模调整中央和地方之间的权力分配（以及财政资源），让各个邦拥有更多自治权。

此外，必须对宪法进行修正，提供政治和行政管理措施来满足部落人民和其他种族群体或族群的愿望。在现有的邦或作为印度国家联盟组成之一的地区管辖范围内，部落人民的所有居住地区，以及部落人口占多数或组成最大族群的地区应当获得某种形式的地区自治，这具体取决于当地的发展阶段、该地区人民的意识和其他条件。像建立贾甘德邦和乌塔拉卡汉德邦之类的要求应当立即予以批准。应当允许部落人民使用森林资源，充分保护他们居住或拥有的土地。应当立即承认他们的财产权，并对森林法进行适当修改。

科学技术革命

独立前印度作为一个殖民地和帝国主义无情剥削的对象，根本无法参与工业革命。后来它也只能部分参与工业革命，并且已远远落后于其他国家。印度的社会结构具有多重性，它侧重发展资本主义，同时强大的前资本主义残余势力依旧存在。在此情况下，印度必须奋发图强，迎接当前科技革命的新挑战。

独立后印度的科学技术获得了长足进步，但我们仍有很长的路要走。我们相信，作为科技革命的产物，技术实践首先应该用来满足印度人民的需求，其次是提高印度人民的生活水平和居住环境。

在我国，当政的资产阶级求助于资本主义道路来取得发展。而走资本主义发展道路则意味着，科技革命是为了迎合社会精英阶层的需要。虽然我们在国防生产、零配件项目及电子产品、农业生产的有限部门取得了重大突破，但我们普通工业生产能力依然较低。在项目开发方面，科技人员的能力还未得到充分利用。大体上说，科技进步带来的好处还没有对多数印度人的生活产生影响。

政府实行的新经济政策允许跨国公司进入我国，工业开放政策带来了几个与技术有关的问题。虽然我们欢迎为改善国民经济引进国外最新技术，但我们也坚持认为，引进的技术必须为多数人服务，能为绝大多数印度人提供更廉价的食物、衣服、蔽身之处和更多就业机会。

经验告诉我们，科技进步一般会节约劳动力，导致资本密集型生产。我们必须确保不引进这样的技术，不让工人因为劳动力相对过多而失业。应当采取措施对资本补贴型工业进行再投资，对工业和服务业部门因为引进技术而失业的工人进行再教育。这一切必须经过事先规划，以循序渐进的方式来完成。事实上，目前我们并没有吸收进口技术，长期以来我们要么是一直依靠跨国公司，要么就是得到重复性技术。为了避免这种现象，我们必须建立一个工业基地，通过在特定时期内与外国公司合作来吸收进口技术和经验。

以更快的速度大力发展本土科技基础设施对我们国家的进步是必不可少的。为了实现这个目标，为了在自给自足基础上重新发挥我们国家的资源优势，印度共产党将要求政府为科技投入足够资金。

在某些情况下，引进新科技会对健康带来不利影响。政府在规划和批准程序时应该考虑到新技术对人类生活和生态环境的长期影响。如果不符合某个环保标准，就不能批准该项工业技术。应当进一步强化和严格执行涉及环境污染的法律。

科技革命也令工人阶级的组成发生变化。和直接从事原材料生产的工人相比，服务业和通讯业的工人数量相对增加。一方面白领工人、技师、工程师和原材料生产领域的专家数量不断增加；另一方面从事低技术含量工作的非熟练工数量也在增加。这就需要通过建立工会将他们吸收进来。

在资本主义体系下，滥用技术以满足少数垄断阶级的狭隘利益将会引发真正的危险。只有通过恰当的制度和结构改革化解这种危险，新技术及本土支持技术才能真正起到造福人民的作用。在此情况下，印度共产党的首要任务是和其他民主力量一起争取必要的制度和结构改革。

环境保护

水污染、空气污染、大肆采伐森林、无情猎杀野生动物、工业污染增加，废气排放导致大气污染增加，这些都对人类生活和健康造成越来越大的威胁。我们必须用积极合作的态度来看待形形色色的环保运动，并积极寻找解决办法，通过官方和民间机构采取各种短期和长期措施，有效解决本国以及全球的环境污染问题。

对外政策任务

在对外政策领域内，最初的摇摆不定和妥协很快被独立发展的冲动所代替。我国的对外政策走上了一条独立、反殖民的道路，在平等的基础上与其他力量合作迅速投入到为世界和平、裁军及国际合作而奋斗的事业中去；团结民族解放力量，积极参与不结盟运动，与其他社会主义国家（尤其是苏联）和新解放的国家发展友谊及合作。

反抗帝国主义在克什米尔、果阿制造阴谋，在迭哥伽西亚设置军事基地，与社会主义国家进行真诚合作以及加入第三世界与西方列强作斗争的经历为印度对外政策的发展奠定了坚实基础。这使印度能够建立民主和自由的国际关系。印度在这一领域内发挥着重要作用，积极参与不结盟运动，赢得了尊敬和荣誉。

在今天国际关系风云变幻和新的发展趋势下，确保对外政策的正确方向、开展更广泛的合作、在更公平的基础上扩大国际关系和外贸、始终如一地为国际经济新秩序而奋斗、纠正现有的世界金融体系使其更加公平，这些比以往任何时候都重要。必须进一步开展南南合作和不结盟运动，坚决支持和平及国家独立，抵制新殖民主义。

今天，加强与中国、古巴、越南和朝鲜民主主义人民共和国等的密切合作及友谊具有比以往更重要的意义。应当特别关注亚洲、非洲和拉美国家的发展动向。

此外,必须以更大的努力发展地区合作,改善与邻国的关系(特别是巴基斯坦和孟加拉国),强化南亚区域合作联盟。

在此领域内,一个重要任务是进一步加强联合国的力量,应使其更为民主化,对联合国的组织进行结构改革,确保联合国不受帝国主义压力的影响(不管是公开的还是秘密的),确保联合国继续在世界范围内发挥维和作用。应建立一个没有武器和战争的世界,这个目标要求我们进一步加强联合国的力量,确保所有联合国成员国都享有平等地位,通过联合国大会民主参与联合国的决议和决定,同时通过定期咨询,让非政府组织有机会参与联合国的决策过程。必须重新评估联合国安理会的角色,没有联合国大会的批准,不允许一小部分成员国对重大的和平及安全问题做出决定。另外,必须根据所有成员国的一致意见,对联合国安理会"常任理事国"的组成进行改革。

坚持发展民主

虽然我们强调社会主义是我们的最终目标,是取代资本主义的发展道路,也是有效解决贫穷、失业、文盲、收入不平等、阶级剥削和社会压迫等基本问题的发展道路,但今天印度共产党的重点是坚持发展民主,强调在经济、政治和文化所有的领域内对整个社会经济体制进行民主改造。在印度今天的具体条件下,它意味着:

——控制和管理垄断阶级、跨国公司的发展,抵制新殖民主义渗透活动和进攻。

——消灭所有封建残余,实行大规模土地改革,采取有效措施终止特权阶级的剥削和压迫,消除男女之间的性别不平等,采取有效措施废除高利贷和债务奴役。

——扩大公共部门,对其进行民主化改造;通过无记名投票选出代表,让工人参与管理;通过激励措施提高工人的积极性和生产率,提倡

"工作文化"。

——限制罪恶的资本家剥削农民生产者，为农产品提供有利可图的价格，通过立法规定农民工的最低工资标准。

——大力拓展公共分配系统，充分利用小贸易商，但要建立群众监督委员会来捍卫消费者利益。

——鼓励自愿建立真正的合作社，鼓励小企业家和工人参与行业生产，鼓励传统手工艺人和自营职业者。

——采取有效措施，为所有居民提供适当的医疗保健和住房；政府为低收入者建造的住房实行城市土地销售限价；为所有村庄提供饮用水。

——为工人和受雇者制订最低生活工资标准，保障社会治安和其他工会权利。

——保障公共部门、所有中央、邦及地方政府机构（如公司、市政当局、村评议会等等）雇员和工人的政治、民主权利，包括参与所有经选举而组成的团体的选举，实现他们在任命、晋升、服务条件等方面的第一要求。

——确保武装部队成员（包括准军事部队和警察在内）在工资、住房、子女教育、养老金（满足军人按级别领取养老金的要求）以及退役转业方面拥有合理的待遇。

对政治结构进行民主化

在此领域内，我们将重大政治任务概括为下列几点：

巩固和扩大民主，整顿民主制度，推行民主标准和价值观；取消所有严峻刑法和所有抑制民主权利的法规；改革选举，包括实行比例选举制；限制垄断权力和金钱权力，使选民能够自由选出他们心目中的代表，确保选举能真实体现选民意愿。

——捍卫和加强国家的世俗民主制度，保障宗教信仰自由，保留各个宗教的重要传统和惯例，一视同仁。充分保障少数民族的安全和财产，不得以宗教信仰或教条为由在政治生活中歧视少数民族，政教分离。

——采取有效措施保障社会公正,任何社会种姓、不论男女都享有平等地位和机遇。

——工作权是人的基本权利,除此以外,还要采取措施扩大年轻人的就业机会,保障教育、体育、文化活动及其他社会福利计划,保障民主和大众教育体制。

——在联邦制的基础上重新调整中央和地方关系;大规模调整中央(联邦)和地方之间的权力分配,在确保国家统一的前提下,在民主基础上建立强大的中央政府,同时让各个邦充分享有政治、行政管理和财政自治权。将权力下放和转移到地区、本地机构及村务委员会,目的是吸引群众积极参与行政管理和发展工作。

——抑制官僚主义、繁文缛节和腐败,采取有效措施,自上而下纠正不良作风。对官僚机构进行全面、彻底的改革,令其对人民更负责。

——保障个人行动自由和言论、集会、结社自由,在不违反宪法的前提下,保障组建反对党的权利。

教育和文化

国家进步和社会改革的一个重要条件就是普及教育,不断提高国民的教育素质、科学知识和文化水平。这就要求我们废除当前只为上层阶级利益服务的国家教育政策。必须逆转以牺牲大众教育为代价、提倡精英教育的教育方针。制订和贯彻推广大众教育的政策。在初等教育方面,应该分散权力,强化非正式教育,从而使工人阶级也能接受教育。课程提纲必须与国家发展的要求和群众的实际需要密切结合,同时还要培养学生对人文科学和科技的兴趣。

要呼吁对我们的创造性文化生活进行民主化,令其充满生机,丰富多彩。这就需要制订新的国家文化政策,综合我们先辈留下的宝贵文化遗产和人类文明创造的所有文化财富,以及印度多语言、多种族社会创造的多元文化。必须捍卫印度的进步文化遗产和多元文化,防止反动腐朽的文化势力入侵。由于帝国主义控制的跨国媒体机构大肆歪曲事实,其对国内大众媒体的入侵日益加剧，这个任务现在变得越来越紧迫。这些跨国媒体机构企图麻醉我们的思想，向我们灌输殖民思想，令我们远离自己的文化根源。必须充分利用新的组织形式，发动新的大规模人民文化运动，将我们的民族主义、国家统一、教派和谐、理性思维和积极争取社会变革和社会公正的光荣传统发扬光大。忠于事实、生活和群众是我们坚定不移的信条。

阶级合作

必须动员所有民主、反帝、反封建、反垄断力量，建立最广泛的民主阵线。在这个战略下，必须充分考虑到工人阶级、农民工、小农阶级、其他劳动阶级、知识分子、中产阶级以及非垄断势力的民族资本主义的作用。农民工和知识分子的数量不断增加，发挥的作用也越来越大，必须密切关注他们的动向。必须牢牢记住：工农阶级联盟是发挥关键作用的力量，也是阶级联盟的基础和核心。

应当通过群众运动以及经济、政治和意识形态领域内的斗争来团结广大民主力量，建立阶级联盟。必须使阶级力量对比发生根本性的变化，壮大民主力量，暴露和孤立反动力量、教派力量，大大加强左翼力量，团结所有世俗和民主力量，加强他们之间的合作、协调及团结。

左翼的作用

必须大大加强左翼力量，统一所有左翼政党、力量和因素的行动，包括尚未加入"左翼阵线"的左翼政党、社会主义者和在知识界及其他领域内的广大独立左翼人士。团结印度共产党和印度共产党（马克思主义）以及纳萨尔分子中提倡共产主义团结的人将对左翼团结合作提供很大帮助。

统一民主群众组织是一项极为重要的任务，它能大大提高劳动工人、年轻人、妇女、教师和学生在社会上的作用。

必须动员提倡社会公正的社会改革组织和社会行动组织。

必须改变当前的阶级力量对比和政治力量对比，目标是建设一支更强大的左翼和民主力量。夺取中央政权，成为执政党将是一个重大突破，为我们执行这些基本任务提供帮助。

左翼力量在执行上述任务、建立最广泛的合作和统一阵线的过程中也能壮大自己的力量，赢取声望。印度共产党将不遗余力地履行这些职责。

和平道路的可能性

印度共产党努力通过和平手段实现这样的民主目标，从民主社会过渡到社会主义社会。通过发起强大的群众革命运动，并在这样的群众运动支持下，团结所有左翼和民主力量，建立最广泛的民主阵营，长期赢取议会多数席位，工人阶级及其盟友将尽最大的努力击败反动势力的抵抗，将议会改造成真正代表人民意愿，对社会、经济和政治结构进行根本性改革的机构。

与此同时，革命力量也有必要调整自己的目标和工作方向，为实现上述目标而努力，这样他们才能勇敢地面对国家政治生活中出现的一切紧急情况和变动。

向社会主义过渡

印度共产党从建党之初就把社会主义作为印度赢得独立后的发展目标。通向这个目标的道路就在于通过坚持发展民主完成上述任务。当我们完成上述任务后，国家经济就会变得充满活力、繁荣高效、自给自足，拥有高水平的生产力和生产率，能以全体人民的福祉为前提吸收所有科技进步，充分发挥广大群众的积极性来消灭落后的封建残余，并创造条件，充分利用我们国家丰富的物资和人力资源。

随着民主得到加强和普及，广大人民群众能在生活的各个领域内充分表达他们的民主意愿，消除所有基于宗教、种姓、性别、语言和民族而产生的歧视、不平等和压迫，并在上述过程中发挥越来越有效的作用，印度共产党及其他所有支持社会主义的力量也将得到进一步加强。

这中间还有一个很长的过程，在这段时期内，印度或许不得不经历一些政治变革和重组，削弱反动势力，增强民主力量和社会主义力量。

印度共产党将全力履行自己的职责。在此过程中，党的意识形态、政治支柱和群众基础将大大加强。在这种情况下，向社会主义过渡的主观和客观条件将日趋成熟。

必须审慎考量，对这条道路以及在印度当前的条件和历史阶段发展社会主义的概念进行重新定义。现在只能说它代表着一个由工人阶级领导的工人、农民、其他劳动阶级、知识分子和中产阶级组成的国家，拥有民主的多元化经济，公共部门在其中发挥主导作用。

在彻底执行激进的农业改革、农业发展政策，鼓励经济生活的各个领域发展自愿合作社的基础上，农民所有权将获得充分发展。在工业方面，生产资料的社会主义所有制将发挥主导作用，与此同时，私营企业、合资企业、合作社、小型企业等其他形式的生产单位也将在整体经济中共存和相互作用。国家将使用计划机制来管理和促进经济增长，提高人民的生活水平，消灭剥削，缩小社会和地区发展差异，保卫国家主权，实现自力更生。

社会主义社会将是一个仁慈、公正的社会，人人都有平等机会，民主权利得到充分保障，人剥削人的现象不再存在。在社会主义社会，广大劳动人民创造的财富不会再被少数人所占有。

印度共产党相信，在通向长期民主和社会主义的道路上，马克思列宁主义思想是不可缺少的必备条件。党将努力运用马克思主义思想方法，作为理解和改变印度社会的一个工具。在批判教条主义和腐朽思想的同时，印度共产党将在马列主义思想和印度革命遗产的指导下，追求适合我国具体特征、历史、传统、文化、社会组成和发展水平的发展道路。

（本文出处：http://www.communistparty.in/p/party-programme.html）

（吕增奎 译）

印度人民党章程和条例

第一章 名 称

党的名称为"印度人民党"(以下简称为"党")。

第二章 宗 旨

党承诺将印度建成一个强大、繁荣的具有现代、进步、开明前景的国家,它从印度古代文化和价值中汲取灵感,因此,能够作为伟大的世界力量,在确立世界和平和公正的国际秩序中发挥效力。

党致力于建立一个民主国家,确保每位公民,不论种姓、信仰和性别,社会和经济平等,机会均等,信仰和表达自由。

党忠诚于依法成立的印度宪法,忠诚于社会主义、世俗主义和民主原则,维护国家主权、统一和完整。

第三章 基本理念

党的基本理念是完整的人本主义。

第四章 承 诺

党致力于民族主义和民族融合,以民主主义,甘地主义,积极的世俗主义和价值政治,着手社会经济问题,建立一个摆脱剥削的平等主义社会。党主张经济和政治分权。

第五章 旗　帜

党旗由橙黄色和绿色两种颜色垂直组成，比例2∶1，党的蓝色的选举象征物位于橙黄色部分的中央，占据其二分之一位置。绿色部分靠近桅杆。

第六章 选举象征物

党的选举象征物为"莲花"。

第七章 组织结构

1. 国家级

（a）党的全体会议和特别会议；

（b）全国委员会；

（c）全国执行委员会。

2. 邦级

（a）邦委员会；

（b）邦执行委员会。

3. 地方委员会。

4. 地区委员会。

5. 曼达尔委员会。

6. 克拉姆/沙哈里·肯德拉。

7. 基层委员会。

注：

曼达尔或者基层委员会由所属邦执行委员会决定。人口达到5000以上才可设立基层委员会。

1. 地区与邦所辖行政单位地位相当，邦执行委员会另作决定除外，但是人口达到五十万以上的城市可被视为独立地区。

2. 人口超过二百万的城市应由所属邦执行委员会划分为一个以上的地区。

第八章 邦属单位范围

党的邦属单位服从于印度宪法所述的邦和地区联盟。条件是全国执行委员会有权设立大都市区域的地方委员会或者邦属单位管辖之内任何特区。该类委员会的权力和职能应由全国执行委员会确定。

第九章 党员资格

（A）1. 年满十八周岁，接受上述第二、第三和第四章章程，未加入其他政党的印度公民，在党员申请表（表A）作出书面声明，按规定缴纳党费，成为一名党员。
2. 党员资格一般为六年（由全国执行委员会不时决定）。党员新一届任期开始必须重新填写申请表。在此期间，党员资格由于死亡、辞职或免职而终止。
3. 除拥有长期居住权或者在某地从事稳定职业，否则不予入党，但不可在一个以上的地方同时入党。
党员必须以书面形式向所属地区/邦申请变更地点。
（B）所收党费每三年将按以下比例分配到各组织： 国家10%　　邦15%　　地区25%　　曼达尔50%

第十章 任 期

一般情况下，所有委员会/执行委员会及领导干部和委员的任期为三年。

第十一章 党员登记

1. 基层委员会委员登记应与全国执行委员会规定的条例相一致，由地区执行委员会充分认证和授权的曼达尔委员会准备。经验证的会员注册副本将被发送到有关基层委员会和地区委员会。

2. 登记应包括全名、父亲/丈夫姓名、年龄、职业、地址、党员申请表序列号和每位党员的登记日期及其首次加入印度人民党的年份和申请表序号。

第十二章 积极党员

1. 积极党员条件：

（a）党龄不少于三年。

（b）递交积极党员申请表的同时缴纳一百卢比保证金（个人或者募集）。即使申请没有通过，保证金也不会退还。

（c）参加包括宣传发动活动在内的各种党的活动。相关单位将负责个人的参与记录。

（d）订阅党中央的杂志。

2. 只有积极党员有资格参与曼达尔委员会竞选，或者成为曼达尔委员会之上的任一委员会委员。

3. 每届任期伊始，每位积极党员应填写表格提交地区办公室。

4. 每期积极党员应征表应和地区主席的推荐信一起传阅。这些表格应由一个三人委员会负责考察，其中两名为地区主席任命，另一名作为三人委员会的主席由邦主席任命。

委员会可以豁免分则1（a）和（c）中特定情况。小组委员会决定将通知地区办公室。

对地区小组会议决定不服应在十日内向邦执行委员会组成的三人委员会提出上诉。

对邦三人委员会决定不服的应向由中央主席任命的三人组成的全国委员会提出二次上诉。

通过的表格应返回地区办公室，准备曼达尔积极党员列表。

5. 积极党员列表应包括全名、父亲/丈夫姓名、年龄、职业、地址、首次入党表格序号、积极党员表格的序号、日期和其他必要说明。

6. 地区委员会准备的曼达尔积极党员列表的电子版副本应分别提交曼达尔、邦和中央办公室。

7. 积极党员有权参加所属曼达尔直接相关的地区和邦级党内选举。

8. 不可在全国执行委员会公布选举计划之后对参加选举的积极党员采取纪律行动。

第十二章（A） 邦类型

（a）邦应分为三类：

第一类——拥有三个或三个以下人民院席位的邦。

第二类——拥有四至二十个人民院席位的邦。

第三类——拥有二十一个以上人民院席位的邦。

（b）目前的四级组织体制不具可行性，邦/地区联盟可以在征得中央主席同意的前提下采取适当的体制。

第十三章 基层委员会

1. 基层委员会党员数量不低于二十五名，越多越好。

2. 基层委员会主席和党员应由该区所有委员按照规定选举。

3. 基层委员会可分为四类：

（1）拥有二十五至四十九名党员的基层委员会。

（2）拥有五十至一百四十九名党员的基层委员会。

（3）拥有一百五十至二百九十九名党员的基层委员会。

（4）拥有三百名或以上党员的基层委员会。

4. 第一类基层委员会选举出的主席和十二名党员干部中至少有四名女性。其中由主席任命两名秘书。

第二类基层委员会选举出的主席和十八名党员干部中至少有六名女性。由主席任命一名秘书长，两名秘书。其中应有一名女性。

第三类基层委员会选举出的主席和二十四名党员干部中至少有八名女性。由主席任命两名副主席，一名秘书长和两名秘书。其中至少两名女性。

第四类基层委员会选举出的主席和三十名党员干部中至少有十名女性。由主席任命三名副主席，两名秘书长和三名秘书。其中至少有三名女性。

5. 主席的党龄不可少于一年。地区主席因特殊情况，可以忽略这一要求。

第十三章（A） 村中心/城镇中心

村中心/城镇中心依据邦赋予的权限可以拥有数量不等的基层委员会。曼达尔主席可以在曼达尔执行委员会委员中任命一名中心召集人。中心的基层委员会主席应为中心委员会委员。

第十四章 曼达尔委员会

1.（a）第一类曼达尔委员会应包括一名主席和至多三十名委员，其中至少十名女性和三名低种姓/贱民部落。曼达尔主席应从所辖委员会委员中任命最多三名副主席，两名秘书长，一名财务主管和三名秘书。其中至少三名女性和一名低种姓/贱民部落。

（b）第二类曼达尔委员会应包括一名主席和至多四十五名委员，其中至少十五名为女性，三名低种姓/贱民部落。曼达尔委员会主席应从其所辖委员会委员中任命至多四名副主席，两名秘书长，一名财务主管和五名秘书。其中至少四名女性和一名低种姓/贱民部落。

（c）第三类曼达尔委员会应包括一名主席和至多六十名委员，其中至少二十名为女性，四名低种姓/贱民部落。曼达尔主席应从其所辖委员会委员中任命至多六名副主席，两名秘书长，一名财务主管和六名秘书。其中至少五名女性和两名低种姓/贱民部落。

2. 委员会主席和委员应由曼达尔所辖基层委员会民选主席们选举，数量由邦执行委员会决定。

3. 只有积极党员有资格成为曼达尔委员会委员。必要情况下，地区主席可以忽略此条规定，但在三年内必须成为积极党员。

第十五章　地区委员会

(1) (a) 第一类地区委员会应包括一名主席和至多四十五名委员，其中至少十五名女性和一名低种姓/贱民部落。地区委员会主席从所辖委员会委员中任命至多四名副主席，两名秘书长，一名财务主管和五名秘书。其中应有四名女性，一名低种姓/贱民部落。

(b) 第二类地区委员会应包括一名主席和至多六十六名委员，其中至少二十二名女性和六名低种姓/贱民部落。地区委员会主席应从所辖委员会委员中任命至多六名副主席，两名秘书长，一名总秘书长（组织），一名财务主管和六名秘书。其中至少五名女性，和一名低种姓/贱民部落。

(c) 第三类地区委员会应包括一名主席和至多九十名委员，其中至少三十名为女性，六名邦委员会委员。地区委员会主席应从所辖委员会委员中任命至多八名副主席，三名秘书长，一名总秘书长（组织），一名财务主管和八名秘书。其中至少七名为女性，两名低种姓/贱民部落。

(2) (a) 曼达尔委员会委员应从他们之中选出一名曼达尔代表参加地区主席选举。

主席应由所有当选的曼达尔委员会主席和曼达尔代表选举。地区选举团任意10%委员可以共同推举任意一名积极党员为地区主席候选人，但是该推举应来自至少三分之一民选的曼达尔。主席应提名委员会其他委员，给予地域的、专业社会的、组织范围的、应有的代表性。

(b) 经邦主席同意，地区主席可以在所辖委员会委员之外任命总秘书长（组织）。他将成为委员会正式委员。

3. 主席必须有六年及以上主要委员经历，其他委员会委员必须有三年及以上主要委员经历。同时他们必须为积极党员。特殊情况下，为了地区单位的最大利益，经邦主席同意，地区主席和最多五名委员可以例外。

4. 除前任办公室的永久特邀委员之外，地区执行委员会特邀委员应不超过执行委员会总人数的20%。

第十六章　邦委员会

1. 邦委员会应包括：

（a）委员应由分则副条款2所述地区组织选举。

（b）由不少于十人的立法会的所有委员选举的占10%的委员。如果总人数小于十人，那么所有人都当选。

（c）10%的国会委员，但不少于三人。如果该邦国会委员数量少于三人，那么所有人都当选。

（d）各邦的所有全国委员会委员。

（e）所有前任邦主席。

（f）邦执行委员会所有委员。

（g）地区委员会所有工作人员。

（h）邦众议院和邦委员会的党领导。

（i）地区委员会主席和秘书长。

（j）企业、自治市、集会和街区的党主席。

（k）邦主席任命的委员（不超过二十五名）。

（l）邦人民阵线和基层组织主席。

2. 地区当选的曼达尔委员会委员选举的邦委员会委员数量应与邦议会分配给该区的席位数量相等，假如这些当选委员应包括属于既定部落的最少人数，那么就应与他们所在区为他们保留的议会席位相等。每个地区的两个立法会选区应合并然后分为不同部门，至少每个部门选出一名代表。部门的划分由邦执行委员会决定。如果当选委员中没有女性，如果地区所有席位已满，那么应由该区委员会追加选举一名女性委员和一名不属于既定部落的代表。

3. 邦委员会所有委员需支付五十卢比费用。

第十七章　邦执行委员会

1.（a）第一类邦执行委员会应包括一名主席和至多七十五名委员，

其中至少二十五名为女性，六名低种姓/贱民部落。

（b）第二类邦执行委员会应包括一名主席和至多九十名委员，其中至少三十名为女性，七名低种姓/贱民部落。

（c）第三类邦执行委员会应包括一名主席和至多一百零五名委员，其中至少三十五名为女性，九名低种姓/贱民部落。

2. 按照全国执行委员会制定的条例，主席应由第十六章1中所述（a）（b）（c）类邦委员会委员选举。

3. 当选主席任命该执行委员会。

（1）主席应从第一类执行委员会委员中任命至多六名副主席，两名秘书长，一个总秘书长（组织），六名秘书和一名财务主管。其中至少五名女性和三名低种姓/贱民部落。

（2）主席应从第二类执行委员会委员中任命至多八名副主席，三名秘书长，一个总秘书长（组织），八名秘书和一名财务主管。其中至少七名为女性，三名低种姓/贱民部落。

（3）主席应从第三类执行委员会委员中任命至多十名副主席，四名秘书长，一个总秘书长（组织），十名秘书和一名财务主管。其中至少九名为女性，三名低种姓/贱民部落。

（4）选举团任意十名委员可以共同推举任意一名积极党员为主席候选人，该党员需有三届任期和十年主要委员经历。但这个推举应来自于至少三分之一的选区。还要征得候选人本人同意。

5.（a）总秘书长（组织）的设定必须征得中央主席的事前同意。如果因任何原因必须解散或者改变总秘书长，同样需要事前征得中央主席的同意。如果情况出现，中央主席可以直接任命总秘书长（组织）。

（b）事先征得中央主席同意前提下，邦主席可以在他的执行委员会之外任命总秘书长（组织）。该人选应为执行委员会全权委员。

6. 邦主席应在其所辖委员会中任命25%新委员。邦执行委员会特邀委员数量不可超过总量的25%，永久性特邀委员除外。

第十八章 全国委员会

1. 全国委员会应包括：

（a）委员由分则副条款 2 所述邦委员会选举。

（b）国会所有党员选举的 10% 国会党员，不少于十人；如果党员总量少于十人，那么全部当选。

（c）所有前中央主席。

（d）所有邦主席。

（e）人民院（下院）和联邦院（上院）所有党领导。

（f）邦委员会领导。

（g）中央主席任命的委员（至多四十名）。

（h）全国执行委员会委员。

（i）所有印度人民阵线和基层组织主席

2. 第十六章 1 中所述三类邦委员会委员选举的全国委员会委员数量应与人民院分配给该邦的数量相等，假如这些当选委员应包括属于既定部落的最少人数，那么就应与他们所在邦为他们保留的席位数量相等。一个邦的两个人民院选区应合并之后重新分为不同部门，每个部门至少选出一名代表。部门划分应由全国执行委员会决定。

3. 全国委员会每位委员应缴纳 100 卢比费用。

第十九章 中央主席选举

1. 中央主席选举团应包括：

（a）第十八章 1（a）（b）中提到的全国委员会委员；

（b）第十六章 1（a）（b）（c）中提到的邦委员会委员。

2. 举行选举应与全国执行委员会制定的条例相一致。

3. 一个邦选举团中任意二十名委员可以共同推举任一积极党员为中央主席候选人，该候选人应有四届任期和十五年党龄。但是该推举应来自于至少五个已完成全国委员会选举的邦。必须征得候选人同意。

第二十章　全国执行委员会

1. 全国执行委员会应包括主席和由主席任命的至多一百二十名委员，其中至少四十名为女性，十二名低种姓/贱民部落。

2. 主席应从全国执行委员会委员中任命至多十三名副主席，九名秘书长，一个总秘书长（组织），一名财务主管和十五名秘书。其中至少十三名为女性，三名低种姓/贱民部落。

3. 只有至少三届任期的积极党员才可以任命为执行委员会委员。主席可在特殊情况下给予多达十五名委员豁免。

4. 必要情况下，中央主席可任命一个或多个秘书协助总秘书长（组织），邦主席在邦一级拥有同样任命权。

5. 必要情况下，中央主席可以任命地区性秘书组织以协调两个或更多地区组织，邦主席在邦一级拥有同样权力。

6. 中央主席应任命至少25%新委员。全国执行委员会特邀委员数量不可超过总量的30%，永久性特邀人员除外。

7. 在国家和邦一级别，只有全职工人可以被任命为总秘书长（组织）。他有权在放弃职位两年后质疑任何选举。

第二十一章　主席任期

主席任期不可超过一届即三年。

第二十二章　全体大会

1. 有权参加全体大会的有：

(a) 全国委员会全体委员；

(b) 邦委员会全体委员；

(c) 国会中的党员；

(d) 邦立法会中的党员；

(e) 党中央决定可以参加大会的其他人员。

2. 党的全体大会一般每届任期举行一次，时间和地点由全国执行委员会决定。

3. 中央主席主持上述大会。

第二十三章 特别会议

1. 如果全国执行委员会决定或者由至少三分之一全国委员会委员联名向中央主席申请，可以召开特别会议讨论议程中的具体需求。

2. 全国委员会所有委员为特别会议代表。

第二十四章 权　利

1. 全体会议和特别会议的所有决定对所有单位、组织和委员具有约束力。

2. 服从条款1所述决定，全国委员会是党的最高决策机构。

3. 服从条款1和条款2，全国执行委员会为党的最高权力机构。所有权力未经特别授予其他组织的，都由全国执行委员会掌握。它应制定细则以助所有组织单位发挥作用，应制定细则维护资金以利于每年的审计和批准。全国执行委员会有责任给其他所有单位组织分配权力，制定条例，建立举行选举和解决争端的机制。

4. 所有其他单位和组织在各自领域内履行的职能由全国执行委员会决定。

5. 全国执行委员会为不同级别纪律委员会制定规则，决定有关违纪违规问题。

6. 对辞职、开除和死亡造成的空缺由全国执行委员会制定规则填补。

第二十五章 国会委员会

全国执行委员会应成立一个国会委员会，包括党中央主席和十名其他委员，其中一名为国会领导，中央主席为国会主席。国会委员会秘书应由中央主席提名一名秘书长担任。

国会委员会有权监督和调控立法会和议会政党行为，指导政府构成，也有权监察立法会和议会委员以及各单位工作人员的违纪行为。采取这些行动很有必要。委员会还讨论和决定那些未被党采用的变化着的政策，直至其被党所采纳。委员会有权在全国执行委员会之下指导调控各组织单位。这些决定应在颁布二十一天之内经全国执行委员会特别会议批准。

第二十六章　中央选举委员会

1. 全国执行委员会应成立一个中央选举委员会，该委员会包括国会委员会和全国执行委员会依照规定选举的其他八名委员。反政府示威委员会中央主席是中央选举委员会的当然委员。中央选举委员会应：

（a）对邦立法会和国会候选人作最后选择；

（b）组织选举活动。

第二十七章　邦选举委员会

通过制定必要的条例，邦执行委员会可以推举一个邦选举委员会，委员至多15人。邦反政府示威委员会主席为邦选举委员会的当然委员。邦选举委员会应：

（a）向中央选举委员会提议立法和国会席位的候选人；

（b）对各种基层机关、联营机构和其他类似单位的党的候选人选举作出最后选择；

（c）组织邦选举活动。

第二十八章　协调委员会

邦：协调党的组织和立法会两方面，使之更好的理解和合作。邦主席应建立一个七人协调委员会，其中邦主席为委员会主席，其他六名委员中，三名来自邦执行委员会，三名来自立法会，包括立法会的领导。这个委员会接受中央国会委员会的监督和领导。

地区：地区主席应建立地区协调委员会。地区主席和其他四名地区委员会资深委员与印度人民党在企业、自治市、区村务委员会和联营机构的领导人一起组成地区协调委员会。地区主席为委员会主席。委员会将在邦协调委员会的监督指导之下协调、管理和引导这些基层组织的行动。

曼达尔：曼达尔主席应成立一个曼达尔协调委员会，该委员会包括街区一级的村务委员会领导，在曼达尔之内的最基层村务委员会两名代表，和三名曼达尔委员会委员，其中一位为秘书长。曼达尔主席为委员会主席。这个委员会将在地区协调委员会的监督管理之下管理、协调曼达尔之下的村务委员会活动。

第二十九章 邦资金和账户

从递交邦主席的十个人名单中选出五名委员组成邦财务委员会。其中一人为邦财务主管。该五人委员会由中央财务主管任命，负责各邦的资金征收、支出和账户维护。该委员会在邦主席和中央财务主管的指导下工作。

第三十章 党员登记簿审查

邦执行委员会和邦委员会应对各曼达尔保存的六年任期的党员登记簿进行定期审查，处理所有对违规行为的投诉并改正记录。如遇严重违规行为报告，必要情况下，全国执行委员会将负责处理。除非上述登记通过审查和改正，否则邦选举监察官员将无法参加选举。

第三十一章 反政府示威委员会和成员

1. 根据全国执行委员会规定，所有反政府示威委员会成员，年轻人，农民，少数民族，表列种姓和贱民部落有权在国家、邦、地区和基层的各种级别组织中被任用。

第三十二章　竞选纷争

服从全国执行委员会的相关规定，邦执行委员会、地区委员会和曼达尔委员会在其各自管辖范围内处理各组织和单位在选举中出现的各种纷争。

第三十三章　章程解释

全国执行委员会有权解释党的章程的各条款，这也意味着对突发事件具有同等效力。全国执行委员会关于上述的决定为最终决定，对所有组织和委员具有约束力。

第三十四章　章程的修订

党的全国委员会有权利修订、改变和增加章程，全国执行委员会也有权作出同样的修订、改变和增加。由执行委员会所作的修改应提交下届全国委员会会议认可，但是在获得批准之前由全国执行委员会决定付诸实施。

表格 A

印度人民党_____邦

主要委员申请表

日期_____　任期_____　申请表序列号_____

我_____

志愿加入印度人民党。我已满十八周岁。我承诺遵守背面的誓言。

我首次入党年份是_____。据此我缴纳五卢比作为党费。

姓名_____

出生日期_____

父亲/丈夫姓名_____

性别_____

工作地点_____

地区_____

地址_____

国会_____

地址_____

集会_____

城市_____

曼达尔_____

身份证号_____

村_____

电话号码_____

投票站号码_____

电子邮件_____

职业_____

教育_____

社会类别_____

申请人住址_____

申请人签名_____

拇指印

宣　誓

• 我信仰印度人民党的基本理念，完整的人本主义。

• 我坚决致力于民族主义和民族融合，以民主主义，甘地主义，积极的世俗主义和价值政治，着手社会经济问题，建立一个摆脱剥削的平等主义社会。

• 我赞成不以宗教为基础的世俗国家理念。

• 我坚信此任务只可通过和平方式实现。

- 我不相信基于种姓、性别和宗教的歧视。
- 我不会承认任何形式的贱民身份。
- 我不是其他政党委员。
- 我坚决遵守党的章程、条例和纪律。

(本书出处:http://indir.bjp.org/images/pdf_2012_h/constitution_eng_jan_10_2013.pdf)

(吕增奎 译)

印度大众社会党章程

(1984年6月22、23、24日由德里Red Fort举行的全国代表大会通过，经过不时修订，由中央执行委员会依据2000年7月28日举行的党代表会议决议重新起草)

第一部分 名称、宗旨、目标

第一章 名 称

1. 党的名称为"大众社会党"，本章程为"大众社会党章程"。
2. 本章程自1984年6月25日起生效施行。
3. 党旗为长宽比3∶2的矩形蓝色旗帜，旗帜中间为白色党徽。
4. 党的标志为大象。

第二章 宗旨和目标

1. 党的主要宗旨和目标是作为社会经济运行的推动者，在实践中，以实现印度宪法所阐述的普遍正义、自由、平等、博爱的最高原则；其次是国家治理，特别是总结了以下摘录的宪法序言："我们，印度人民，郑重决定建立至高无上、不朽的民主共和国，确保其所有公民：社会、经济、政治公平正义；思想、言论、信仰自由；地位和机会平等；促进人们之间的团结，确保个人的尊严和国家的统一和完整。"

2. 党应将自己的理念视为一种运动，与以上阐述的主要宗旨，以及作为一种工具推动此运动的政治活动和参与治理一道，致力于消除对弱势群体的剥削，消灭社会经济变革过程中的贫穷与不均。

3. 党的主要宗旨、党的公共事务方法，遵循以下原则：

（1）法律面前人人平等，印度公民有权在一切事务和社会各界获得真正意义上的平等，哪里没有平等就在哪里培养，哪里拒绝平等就在哪里坚持并为之奋斗。

（2）个人获得充分、自由、不受阻碍地发展是人类的基本权利。国家正是促进和实现这样发展的工具。

（3）不惜一切代价，在任何情况下，印度宪法赋予印度公民的权利要服从于宪法所载的制度。

（4）宪法规定以国家为中心，国家保障几个世纪以来饱受剥夺的弱势群体的社会经济利益，在公共事务中坚持实践第一。

（5）"富人"和"穷人"之间的经济差距和鸿沟决不能践踏我们共和政体"一人，一票；一票，一值"的政治原则。

（6）政治权利保障那些无法摆脱经济社会依赖和剥削的经济困难群众的利益。

4. 在不影响贯彻上述党的宗旨前提下，党的特别目标如下：

（1）下层种姓，在册部落，其他落后阶层，以及少数民族，是印度最受压迫和剥削的人民。牢记这样一个广大群体，他们就是"社会大众"。党应将这些大众组织起来。

（2）党应为这些遭受践踏的大众效力：

　a. 摆脱落后；

　b. 反对剥削和压迫；

　c. 在社会和公共生活中提高他们的地位；

　d. 改善他们的日常生活环境和条件。

（3）印度的社会结构建立在由种姓制度所产生的不平等之上。党的运动应着眼于改变社会制度，并在平等和人的价值的基础上重建社会制度。

5. 为进一步促进上述宗旨和目标，如本章程所指定，党组织单位有权：

（1）为党购买，租赁或以其他方式取得并保持动产或不动产，投资和处理党的款项，如此方式不时确定；

（2）为贯彻党的宗旨和目标，以担保或者无担保的形式筹集款项；

（3）为有利于达成上述宗旨和目的所作出的其他合法的偶然性行为，前提是所有行为都应得到国家主席的明确批准而施行。

第二部分 党员和组织结构

第三章 党员资格

1. 年满 18 周岁印度公民，接受党的纲领和章程，未加入未经党中央执行委员会批准的其他政治和社会组织，定期缴纳党费，有资格入党。

2. 党费每三年增加 10 卢比。党中央执行委员会有权在任何时候审查党费总额。

3. 一年的党员资格应从当年 1 月 1 日至 12 月 31 日。

4. 公民有权选择在居住地或者工作地入党。

5. 根据党章规定，除非被取消资格，任何党员都有权投票选举或者质询任一党组织。

第四章 组织结构

1. 大众民主党中央组织包括：

（1）党的国家主席。

（2）党的国家副主席。

（3）党的秘书长。

（4）党的各部部长。

（5）党的财务大臣。

（6）中央议会。

（7）中央执行委员会。

2. 大众民主党的地方性组织应包括：

（1）各邦议会。

(2) 各邦执行委员会。

(3) 地区议会。

(4) 地区执行委员会。

3. (1) 地区执行委员会是党的基层组织。

(2) 地区议会应由每1000名地区党员选举出的代表们组成。

(3) 地区执行委员会应包括1名主席（兼地区议会主席），1名副主席，秘书长、部长和财务大臣的数额按下述（12）执行。地区执行委员会主席应由地区议会代表通过投票或者协商的方式选举。委员会其他负责人由地区主席提名任命。

(4) 各邦议会应由邦辖地区执行委员会主席组成。

(5) 各邦执行委员会应包括1名主席（兼邦议会主席），1名副主席，秘书长、部长和财务大臣的数额按下述（12）执行。邦执行委员会主席应由该邦议会代表通过投票或者协商的方式选举。每名代表应由该邦5000名党员选举。委员会其他负责人由邦主席提名任命。

(6) 中央议会由各邦执行委员会主席和其他负责人组成。

(7) 中央执行委员会包括1名国家主席，1名国家副主席，秘书长、部长和财务大臣名额按下述（12）执行。

(8) 国家主席应由每10000名党员所选举出的代表通过投票或者协商的方式选举。中央执行委员会其他负责人由国家主席提名任命。

(9) 地区执行委员会主席，经所属邦执行委员会主席批准，有权免职地区执行委员会其他负责人。

(10) 邦执行委员会主席，经国家主席批准，有权免职邦执行委员会其他负责人。

(11) 国家主席有权在任何时间干预或免职各邦或地区执行委员会负责人，并对撤除的部门进行直接改选或者提名（视情形而定）。

(12) 各邦和地区执行委员会负责人数额应由中央执行委员会根据宪法决定。所有党的议会和执行委员会及其负责人的任期均为三年。

4. 国家主席主持党的会议和中央议会、中央执行委员会会议。中央议会、中央执行委员会会议由国家主席召集，必要的时候，会议议程应由国家主席批准。

5. 中央执行委员会休会期间，国家主席行使中央执行委员会所有权力。

6. 国家主席空缺时，由国家副主席代行国家主席所有职权。此种情况下，国家副主席所作决定应事后获得国家主席的批准。

7. 倘若国家主席不幸离世，国家副主席应立即自动承担国家主席的职责，直至国家主席本届任期结束。

第五章 中央秘书处

1. 中央秘书处应协助国家主席贯彻党和中央议会的政策和计划。秘书处包括由国家主席提名的若干秘书长、秘书和其他负责人组成。在秘书处的协助下，国家主席掌管资金，以及相应的投资、收入和支出。

2. 党或党中央筹集的款项应该以党的名义储存在相应的国有银行。该账户必须由国家主席或副主席，或者由国家主席正式授权的中央执行委员会负责人进行运作。如日常开支或紧急支出的款项应由国家主席，或者国家副主席，或者党的办公厅负责。

第六章 中央执行委员会

1. 中央执行委员会是党最高权力机构。它拥有本章程条款的最终解释权。委员会还有权在特殊情况下，为了消除困难，在不违背本章程规则的前提下，放宽这些规则。

2. 在与本章程保持一致的前提下，中央执行委员会应为本章程条款的管理、执行和其他行政事项，制定章程未作具体说明的条例。

3. 中央执行委员会应制定党纪条例。

4. 中央执行委员会应监督、管理、调控所有邦、地区执行委员会和议会的运行。

5. 除国家主席和国家副主席之外，中央执行委员会有权针对任一委员会及其负责人，采取适当的纪律处分。

6. 特殊情况下，为了党的利益，中央执行委员会有权采取它认为适当的行动，倘若行动超出了章程规定的委员会的权力，应尽快提交中央议会批准认可。

7. 中央执行委员会每年应为党和中央议会制定账目。

8. 经国家主席批准，中央执行委员会可以委派一位或多位审计员、巡视员或者其他负责人检查所有记录、文件、账册以及党的机构。当政机构及其负责人应向以上所列审计员等提供所需信息，并允许他们检查所有办事处、账目和记录。

9. 邦执行委员会为确保本邦、本地区工作的顺利开展而制定条例，应与本章程和中央执行委员会制定的条例保持一致。倘若出现不一致之处，除非经国家主席和中央执行委员会批准，否则无效。

第七章　邦、地区执行委员会

1. 各邦、各地区执行委员会应在各自管辖范围内为党负责。

2. 各地区执行委员会应制定该地区党的活动报告和地区议会工作报告，包括年度账目表，并提交所属邦主席以及邦执行委员会。

3. 同样，各邦执行委员会应制定该邦党的活动报告和邦议会工作报告，包括年度账目表，并提交国家主席以及中央执行委员会。

4. 任何州或地区执行委员会在工作中与本章程或者中央执行委员会颁布的条例发生分歧时，后者经国家主席批准，可以暂停该委员会工作，并在其管辖范围内成立专门委员会继续党的工作。

5. 因辞职、死亡或者免职造成邦和地区执行委员会职务空缺时，除非中央执行委员会或者国家主席另有指示，同样应以选举/提名的方式填补空缺职务，新选举/提名的负责人任期为上述职务的剩余任期。

6. 正当组建的委员会的行为，不会因为职位空缺而无效。

第八章　纪律规章

1. 以下行为构成违纪：

(1) 违背党的政策。

(2) 公开批判党的政策,且屡禁不止。

(3) 党内拉帮结派,或者为以挑战党的领导的权威为目的的人员提供支持。

(4) 在党员中挑拨离间,或者进行中伤活动。

(5) 以任何方式阻碍党的工作。

(6) 侵占党的资金。

(7) 加入不被党认可的团体、党派或者社团,或者该组织的原则未经中央执行委员会批准。

(8) 滥用或者误用党授予的领导职权,因此导致党组织的失误;在选举中,滥用权力反对候选人。

2. 违纪党员应接受的处罚包括:

(1) 永久开除党籍。

(2) 留党察看。

(3) 开除公职。

(4) 暂时或永久取消任职资格。

3. 所有党员的违纪处罚应由邦执行委员会或者中央执行委员会(视情况而定)决定,国家主席有权直接审理任何违纪案件。

4. 不服处分者有权上诉,若国家主席认为适当,可以委托中央执行委员会听取上诉或者自行听取。

5. 经过国家主席批准,中央执行委员会应发布上诉决定。

6. 国家主席所作决定为终审决定。

第九章　章程修订

本章程修订应由中央议会过半数决定;

本章程修订也可以由党的最高权力机关——中央执行委员会施行,经修订的条款不能妨碍党的宗旨、目标和基础结构,旨在特定情况下更高效地运行。

第十章　约束性条款

1. 大众社会党坚决忠诚于依法确立的印度宪法和社会主义、世俗主义和民主主义原则，坚持国家主权、领土统一和完整。

（本文出处：http://eci.nic.in/eci_main/mis – Political_Parties/Constitution_of_Political_Parties/ConstitutionOfBSP.pdf）

（张甲秀　译）

印度共产党（马克思主义）关于整风运动

印度共产党（马克思主义）拥有领导阶级和阶级斗争的光荣历史。党的发展是经过无数干部的艰苦工作和牺牲换来的。为了实现自己的革命目标，党就必须克服政治、思想和组织上的不足。通过不断地开展整风运动，改善党的工作作风，消除组织的不足，为党员提供正确的政治和思想方向，共产党才能不断地发展壮大。

为什么要开展整风运动呢？在阶级分化的社会中，统治阶级统治着国家，它们的意识形态在社会中占据支配地位。在这样的社会中，共产党成为不同意识形态渗透的长期对象。统治阶级试图削弱共产党的意识形态和特征来达到削弱和瓦解党的目的。因此，共产党必须长期地抵制这样一些影响和渗透。整风必须是一个长期的过程，而不是一种一劳永逸的努力，才能保护党的革命性质。整风运动的目的是消除错误倾向和缺点，使党变得更加团结和强大。

党的第十九次代表大会呼吁对党内的错误倾向发动一场整风运动。大会为此要求中央委员会修订1996年的整风运动文件。第十五届下议院选举的选举评估突出了整风运动的必要性。

1996年，中央委员会通过了一份整风运动文件。这份文件是1996—1997年整风运动的依据。回顾过去12年的经验，首先必须自我批评地指出，尽管我们为1996年文件指出的某些问题提出纠正措施，并在过去几年里予以贯彻落实，但是我们未能持续长期地开展整风运动。例如，为反对宗派主义斗争和支持喀拉拉邦恢复民主集中制原则而进行的斗争是过去几年的一项重要工作。上次整风运动的另一个不足是整风过程不是自上而下，不是从政治局和中央委员会进行的。

1996年的文件正确地指出了外部的影响和倾向渗透到党内和影响到党员的物质条件和环境。在印度，农民阶层和小资产阶级占据着主导地位，而且党是在资产阶级和半封建的环境下开展工作的。在这样一种状况下，外来的阶级价值观和习气渗透到党内的基础是长期存在的。1996年的文件列出了为外来的阶级价值观进行渗透奠定基础的条件和因素。它们是：

（1）社会主义遇到的挫折、对马克思主义的意识形态攻击以及关于除了资本主义别无选择的宣传产生了影响。

（2）帝国主义全球化与自由化的攻击推动了市场经济、消费主义和个人主义的价值观的蔓延。大众媒体散播了这样一些价值观。

（3）在社会主义遇到挫折的背景下，反动的、沙文主义的和原教旨主义的意识形态和势力出现了加速增长的势头。

印度也目睹了反动村社势力的兴起和认同政治的影响。这对进步和科学的思想来说是一种不利的环境。

（4）改变阶级力量之间关系的斗争所遇到的种种困难和共产主义运动缓慢而又不均衡的发展为适应现存资产阶级秩序的态度创造了条件。大量新党员对党和党的主要目标缺乏基本的了解。

（5）与资产阶级政党的策略联合尤其是选举联合，使资产阶级的工作作风可能渗透党内。资产阶级政党所运用的金钱力量和其他做法对我们党的干部产生了腐蚀性的影响。

（6）大量的党员是近年来入党的党员。由于我们没有足够的力量对培训新党员和那些需要再教育的老党员，党员的政治意识低下。这加上其他的组织弱点为外来的影响渗透到党内创造了条件。

1996年文件所列举的所有这些因素今天仍然存在。但是，在开展那场整风运动的10多年后，我们不得不了解现在的状况和变化。

（1）首先，上面所列举的一些因素已经进步巩固，影响进一步深化。

例如，自由化和新自由主义政策已经实施了20年。资本的进攻使资本主义在所有的领域进行了快速的扩张。除了经济之外，私人部门还入侵了其他所有社会领域，例如教育、卫生和其他基本服务。市场资本主义的价值观通过大众媒体的扩散已经出现了指数级的增长，尤其是在私人网络媒体增长之后。现在对人民意识的攻击变得更加直接和阴险。毫无疑问，与以前相比，外部的价值观和思想对我们党的领导人和干部产生了更大的影响。

（2）新自由主义哲学不仅影响到了经济，而且影响到了政治制度。除了财富的集中外，还有形成了企业—政治家联盟。无论是在哪里，公司企业的利益与政治体系都交织在一起。金钱权力的地位在政治尤其在选举中提高到了前所未有的水平上。

（3）在1996年整风文件颁布后的12年里，我们党在各个层面上尤其是通过选举的理解保持着与资产阶级政党的联系。随着商业—政治联盟的兴起，金钱的使用和其他资产阶级做法也随之兴起。这些对我们的干部产生了腐蚀性的影响。

（4）目前，40%的党员是2001年后入党的。大多数新党员仍然需要具备关于党的基本知识，尚未站立在阶级和阶级斗争的基础之上。尽管我们扩大了我们党的教育机构，但是仍然有大量的新党员和由于老党员缺乏足够的教育，政治—思想水平仍然达不到要求。这种状况导致党内初选了各种各样的封建的、资产阶级的和小资产阶级的倾向。

（5）对党的阶级构成的分析表明，75%的党员来自工人阶级、贫农和农业工人。但是，在党的主要委员会中，只有30%的委员来自这些阶级。70%的委员来自中产阶级和其他阶层。这为外部的阶级影响提供了基础。

（6）印度共产党（马克思主义）是左派的最大的组织。它在三个邦中领导着以左派为首的政府。党的十九大指出，就我们党在国家政治中正在扮演的角色而言，统治阶级加强了对我们党的进攻。这种进攻还反映在商业化媒体中，表现为对党及其领导人的敌视性报道。宣传的目标是削弱党建立在工人阶级观点和马克思主义之上的立场。这些无情的压力旨在歪曲和破坏党的形象和政治。

各邦委员会对政治局提出的问题的解决状况表明，党内的错误倾向出现了增长。新的问题也进一步出现。这些都与上面提到的因素有关。在各邦中，当出现了违背民主集中制、议会偏差和违返共产主义规范的时候，采取了一些措施和行动。我们一直着力解决那些露出苗头的问题。这样做并不足以挖出问题的根源，因此，必须在政治、思想和组织上采取系统的措施，才能解决问题的根源。未来一段时期内，中央委员会将会解决意识形态的问题，统一党的思想。

议会主义：一种改良主义的偏离

印度共产党（马克思主义）一直致力于发展阶级斗争和群众斗争，加强群众运动。为了扩大党在群众中的影响，党把议会内和议会外的活动结合起来。在印度，议会民治制度已经根深蒂固，成为了政治制度的基本特征。只有借助在议会上的活动，将其与议会外的斗争统一起来，党才能取得成功。与这种对待议会活动的正确观点相反，议会主义和选举机会主义的倾向损害了党的基本路线。1996年的文件正确地指出了这种偏离现象：

> 议会主义的灾祸不应该仅仅视为个别领导人和干部为了保持当选的职位和权力而出现的离经叛道。它是一种完全改良主义的观点，把党的活动局限于选举工作，幻想唯有选举斗争才能确保党的成功。忽视组织群众运动、发动斗争和加强党的建设的工作就是这种议会主义观点的结果。

过去十年的经验表明，问题变得更加严重了。各个邦委的反应表明了议会机会主义的明确增长。个别干部在未被提名为候选人时反叛的案例不断增长。在特里普拉邦，一名邦委委员当在最新的选举中未被提名为候选人时反叛，因而被开除出党。在泰米尔纳德邦，一名邦委委员由于在地方机构选举中不服从党的决定而被开除出党。在最近的国民议会和议会选举中，安德拉邦发生了令人触目惊心的此类事件，造成两名邦委委员被开除。在人民院邦最新一次议会的选举中，三名议员因为叛党而遭到开除。其中两名议员因为不再被提名而退党。

外部的资产阶级的影响找到了以议会机会主义为表现的渗透形式。议会主义的增长也与提高物质条件和改善生活方式的想法有关。由于国会议会和立法院议员的薪水和外快比担任党的干部更多，因此，就产生了谋求这些职位的渴望和想法。在许多邦中，党并未收取立法院议员的高额薪水和津贴。尽管如此，一些立法院议员不缴纳党费或者遵守议员发展基金的规定。此外，还存在当选的议员在工作上不与党和群众组织相结合的问题，尤其是在较弱的邦中更是如此。

最近出现的现象是候选人和党委在选举中使用资产阶级政党的方法。正如以前所指出的那样，在选举中与资产阶级政党之间的联合是腐蚀性影响的根源之一。金钱、吃喝和其他腐败行为已经出现了增长。在安得拉邦和泰米纳度邦等一些邦中，选举所花费的资金达到了前所未有的水平，并且这种做法正在蔓延。与资产阶级政党的选举联合导致我们的一些候选人和党委采取了它们的方法和实践。我们应该坚决地拒绝这样的实践。我们的党员必须牢记，当我们进行竞选和为赢得选举而奋斗的时候，我们的目标不能只是不择手段地赢得选举。

高估形势尤其是选举前景是普遍的现象。高估形势通常是为了加强竞选的主张。党选举失败时，这样一些主观的评判还造成了士气低落。党内还有一种要求只有地方候选人应该参加地方议会和国家议会选举的倾向。

所有的报告显示，在三级评议会和地方机构中，当选代表的行为存在严重的问题。在三个大邦之外，包括村委会委员和委员长在内的许多当选代表并不在党的控制范围之内。一些当选代表卷入了制度化的腐败和舞弊。对这样的当选代表进行审查的努力造成一些人退党，一些人加入其他的政党。尽管我们在十八大上讨论了建立一种指导和监督机制，但是大多数邦并未取得太大的进展。如果基层的当选代表不遵循党的规定，就会对党造成直接的伤害。

民主集中制

1996年的文件指出了不健康倾向、宗派主义、职业主义、个人主义和集体工作的缺乏等现象的存在，这一切都损害了民主集中制的运作。

中央委员会指出，在喀拉拉邦，宗派主义的根源是议会主义以及争夺党委委员和党内关键职位的权斗，而这些关键职位则决定了候选人和当选职位。为了获得党内的职位，一些人谋求党内幕后组织和个人的支持，这行为完全违反了民主集中制的原则。宗派主义的盛行滋生了所有这类错误的倾向。长期的宗派主义在喀拉拉邦造成了不良的后果。我们目睹了旁遮普邦的宗派主义如何损害了党。我们党已经出现了一些在代表大会中利用不道德方法来影响选举的事例。只有党员增强政治和思想的自觉性，时刻牢记党的基本革命目标，才能遏制违反民主集中制的现象。个人主义之所以增长，是因为缺乏集体领导，缺乏批判和自我批判。一些同志存在把个人的利益凌驾在党的利益之上的行为。

尽管1996年的文件告诫领导委员会不要把党内讨论的内容泄露给资产阶级媒体，但是这个问题变得更为普遍。这不仅仅是泄露问题，而且也是系统地利用资产阶级媒体来宣传个人或宗派的利益问题。企业媒体的特征和它们如何被用来反对党的问题没有得到解决乃至思考。

官僚主义行为和拒绝接受批判的行为不利于党内民主。领导人对个别同志的喜好和厌恶导致对干部缺乏正确和集体的评价。同时，自由主义和个人主义是伴随出现的现象。应该付出更多的努力来保护党内民主，纠正所出现的所有权力过度集中的趋势。

党的各级机构都出现了联邦主义问题。在像印度这样一个存在多种民族、语言和文化的国家中，坚持一条集中的政治路线和共同的组织原则就成为一种特别的挑战。党的不均衡发展状况也是导致这种倾向的一个因素。联邦主义违反了集中的政治路线，是某些单位不尊重上级党委和中央路线并独自行动的倾向。这将会损害民主集中制原则，因此必须同联邦主义倾向作斗争。

资产阶级社会的腐化影响与坚持共产主义规范

共产党的主要资产是它的干部。他们的无私工作、朴素、正直是党赢得人民支持的重要因素。党拥有成千上万名忠诚的干部。无数的干部为了共产主义运动牺牲了生命。但是，如果某些领导人和干部不遵守共产主义规范和价值观，党就存在形象受到损害和被认为与资产阶级政党无异的危险。正是在这个领域中发生了最大的腐化，1996年的整风文件已经指出了这一点。外部的资产阶级和小资产阶级价值观的渗透表现为奢侈的生活方式、建设远远高于最低生活需要的住宅、为子女的婚礼花费巨资、组织奢侈的节日活动，等等。这些现象逐渐地得到了默许，党内也没有人提出任何质疑。

有一些同志购买了资产，花费的费用与他们的公开收入来源并不相符。我们党应该采取措施，规定领导人和担任公职者的家庭成员和亲友不应该利用他们的地位谋取与其公开收入来源不相符的金钱或资产。

当这样一些超出经济能力的购买资产和获得收入的事例出现时，人民就会知道。但是，即使当投诉存在的时候，一些党委对于是否接受投诉并进行调查犹豫不决。

在1996年的整风文件中，我们已经发布了关于接受商人、公司、大贸易商和承包商宴请和礼物的指导方针，但是违反规定的案件时有发生。领导委员会的委员过去常常向党申请建设住宅、购买汽车和其他资产的许可。现在大多数地方不再遵守这种做法，因而我们应该予以恢复。与工人阶级政党不相符的观点的另一种表现是，某些地方在党的大会和群众组织上花钱大手大脚，张贴领导人的大幅海报和画像，接待时存在大量的浪费。以庆祝资产阶级领导人的方式来庆祝党的领导人。

新出现的问题是党的领导人和干部在管理非政府组织时的联合问题。党的十八大文件《关于若干政策问题》为此制定了规定。一些干部在管理非政府组织时使用资金不受到任何监督和问责。这种行为应当被禁止。应当对非政府组织的管理进行检查，严格地执行规定。

过去20年里,新自由主义政策、资本主义和市场的价值观得到了扩散。私人部门入侵了社会的所有领域。这影响到了社会的方方面面,滋生了新的问题。像房地产这样的各类企业和服务商拥有足够的合法和非法赚取渠道,随之存在的有组织犯罪的滋生。在党强大的某些地方,这些既得利益集团试图影响我们的同志。房地产开发商、承包商和酒商谋求与我们的同志以及村委会、地方机构和当选职务上的工人人员建立关系。

在一些邦的政府中,腐败行为的范围不断扩大。喀拉拉邦和西孟加拉邦发生了一些受贿的情况,在建筑材料合同和供应中出现了一些舞弊行为。

工会出现了从工人、承包商和收费提供工作中非法地筹集资金的事情。在党内,一些同志通过各种企业变成了新富阶层,而且他们的世界观的变化在党内产生了负面影响。

一些同志为了致富而腐败和滥用权力。我们党不愿意对这样一些涉及领导人或那些在党内具有影响的同志的案件进行调查。这些趋势损害了共产党的特征。

改造世界观与坚持进步价值观

1996年,我们强调,共产党员必须站在反对一切社会压迫形式——种姓歧视和不可触摸规则、压迫妇女的社会习俗和大男子主义、诸如童婚和嫁妆这样的社会恶俗——的斗争的最前沿。第二个方面是党员自身必须公开抛弃种姓制度、社会偏见以及蒙昧主义实践和仪式。领导人必须成为遵守共产主义标准的模范。1996年以来的十二年经验表明,这方面采取了一些措施,但并不够。

党的最近两次代表大会强调了党直接解决社会问题的重要性。尽管大多数党员不践行不可触摸习俗或种姓歧视,但是他们不愿意着手解决社会问题,发动反对它们的运动。各级党委不愿意发起反对社会压迫实践的斗争。单纯谴责个人对贱民的暴行并不够,相反,我们应当发动一场反对不可触摸习俗和种姓压迫的长期运动。在许多情况下,各级党委并不积极地阻止或者停止干部遵循各种仪式和宗教习俗。

党内提高了对妇女问题的意识。但是，大男子主义观点仍然存在。党内发生了一些性骚扰的事件。在许多地方，党的领导人和干部不鼓励他们的女性家庭成员参与政治活动，也不愿意让女干部担任党委委员。这一切表明，必须在性别问题上对党员进行教育。

我们党的工人阶级观点的首要性遭到了侵蚀。这来源于改良主义思想、议会主义和适应资产阶级价值观的倾向。有些领导人轻视工人阶级斗争和罢工。各级党组织与群众之间的联系遭到了削弱。

党的资金筹集

党始终强调正确地维护党的资产和遵循资金筹集指导方针的重要性。为了满足竞选的费用支出，从个人和富裕部门而不是从群众中筹集巨额资金的趋势日益增强。从群众中小额地筹集资金的指导方针必须加强。政治家和商人之间的关系日益紧密，新自由主义政策的影响日益扩大，从而扩大了从商业的游说团体和代理人那里筹集大量资金的范围。我们在这里必须警惕的是，不应当使资金筹集关注这样一些因素。

在某些地方，为了召开党的会议和群众组织的会议以及建设办公室，筹集了大量的资金。这些方面的账面没有得到正确的保存，也没有提交给各自的党委。党员和各个党员应当坚持关于资金筹集的指导方针，应该确定各级党委筹集资金的上限。应当禁止在选举期间从资产阶级政党和领导人那里收取金钱的行为。如果在选举期间需要共同支付费用，同样应当制定出指导方针。

整风的组织措施

（1）只有党不断地从事阶级斗争和群众斗争，才有可能与外来的影响作斗争。党应当解决阶级问题和群众问题，发动长期的斗争。

（2）必须按照党章规定的程序发展新党员，每年对党员身份进行更新和审查。

（3）激活各个党支部，推进所有群众组织中的一切党员工作。

（4）应当加强从工人阶级和其他基本阶级中发展党员的工作，采取措施在思想上配备来自这些阶级的干部，并促进这些工作；保证全职干部的工资能够维持家庭生活的基本需要，使来自基本阶级的同志成为全职工作者。

（5）各级党委应该践行批评与自我批评，培育党内民主，与官僚主义倾向作斗争；教育党员应该避免所有类型的宗派活动。

（6）应该系统地组织党员教育，全力提高党员的政治、思想水平。

（7）贯彻落实中央委员会关于群众组织方法的决议，保证群众组织的民主运作，维护群众组织的独立性。

违纪行为的调查机制

经验表明，当受到关于党的干部和领导人的腐败或舞弊行为的投诉时，许多党委没有立即采取行动。由于宗派、自由主义和不愿意对抗重要干部等各种原因，一些党委经常不能采取行动。

当党员必须在组织体系内处理违反组织纪律案件时，必须调查对腐败行为、不尊重共产主义规范和价值观的指控，必要时应该采取措施。

为此，中央委员会应该设立中央纪律委员会。中央纪律委员会的委员应该由若干政治局委员和中央委员担任，有权调查对干部腐败或违反纪律的指控。中央纪律委员会可以独立进行调查，或者下令相关邦党委或地区党委进行调查。中央纪律委员会可以设定正在进行调查的各级党委的调查时限，可以要求它们提交调查报告和记录。

中央纪律委员会的所有报告将会转给相应党委，以便于它们采取合适的措施。如果中央纪律委员会认为在任何问题上采取的措施不适当，它就可以提交给政治局和中央委员会作出决定。

整风的指导方针

整风运动必须贯彻落实下列措施:

(1) 教育党的干部掌握把议会内外的活动与加强群众运动和阶级斗争的目标相结合的基本方法。

(2) 揭露任何议会和选举机会主义的倾向,遏制片面地强调选举活动、忽视群众运动和组织工作的倾向。

(3) 执行各级当选代表任期两届或三届的原则。在邦议会中,必须在邦党委的批准下才可以给予某些特殊情况的例外,在国家议会中,必须在中央委员会的批准下才可以给予某些特殊情况的例外。地区党委同样有权批准下级选举职位。

(4) 教育党员遵守党员规范和避免一切与之不符的社会、种姓和宗教实践。党员应当反对并动员群众反对不可触摸习俗、种姓歧视、妇女压迫等社会恶习。

(5) 应当调查对腐败和其他舞弊行为的指控,需要时采取纪律措施。执行关于正确地使用党费、维护账目和检查的规定。应该制定筹集党费的指导方针。

(6) 必须采取政治和组织措施来遏制宗派主义。必须对党员进行民主集中制程序的教育;坚决地制止宗派倾向,保证党内民主的氛围。

(7) 中央委员会、邦委员会、地区委员会(和大邦的区域和地方委员会)的所有委员必须每年向相关党委申报个人的收入和资产。应该修改申报表,包括更多的资产和资产来源信息。这些信息应该进行严格审查,到下一年新报告完成时向上级党委提交审查报告。

贯彻落实整风运动的框架

中央委员会关于整风运动的决议应当:

(1) 传达到各级党组织。

（2）政治局和中央委员会将会根据整风文件讨论政治局和中央委员会的整风过程。同样的，各邦党委将会准备各自的整风报告，贯彻落实各自的整风过程。之后过程将会延续到地区党委和下级党委。贯彻落实整风运动的时间表是到2010年6月完成。中央委员会应该评估贯彻落实情况。

（3）整风意味着按照正确的原则统一和加强党的力量，不应当用于恶意中伤或私人议程。讨论应该在自由、坦诚的氛围中进行。

（本文出处：http://www.cpim.org/marxist/201001-rectification.pdf）

（吕增奎　译）

图书在版编目（CIP）数据

世界主要政党规章制度文献. 印度 / 俞可平，陈家刚主编；张文镝，吕增奎分册主编 —北京：中央编译出版社，2016.6

ISBN 978-7-5117-3045-9

Ⅰ.①世…　Ⅱ.①俞…　②陈…　③张…　④吕…
Ⅲ.①政党-规章制度-文献-印度　Ⅳ.①D564

中国版本图书馆 CIP 数据核字（2016）第 140296 号

世界主要政党规章制度文献. 印度

出 版 人：葛海彦
责任编辑：盛菊艳
责任印制：尹　珺
出版发行：中央编译出版社
地　　址：北京西城区车公庄大街乙 5 号鸿儒大厦 B 座（100044）
电　　话：（010）52612345（总编室）　　（010）52612335（编辑室）
　　　　　（010）52612316（发行部）　　（010）52612317（网络销售）
　　　　　（010）52612346（馆配部）　　（010）55626985（读者服务部）
传　　真：（010）66515838
经　　销：全国新华书店
印　　刷：山东鸿君杰文化发展有限公司
开　　本：787 毫米×1092 毫米　1/16
字　　数：550 千字
印　　张：38.5
版　　次：2016 年 6 月第 1 版第 1 次印刷
定　　价：230.00 元

网　　址：www.cctphome.com　　邮　　箱：cctp@cctphome.com
新浪微博：@中央编译出版社　　微　　信：中央编译出版社（ID：cctphome）
淘宝店铺：中央编译出版社直销店（http://shop108367160.taobao.com）　　（010）52612349

本社常年法律顾问：北京嘉润律师事务所律师　李敬伟　问小牛
凡有印装质量问题，本社负责调换。电话：（010）55626985